高速列车设计方法研究

张曙光　编著

中　国　铁　道　出　版　社
2009年·北　京

图书在版编目(CIP)数据

高速列车设计方法研究/张曙光编著.—北京:中国铁道出版社,2009.1
ISBN 978-7-113-09129-3

Ⅰ.高…　Ⅱ.张…　Ⅲ.高速列车:客车-设计
Ⅳ.U271.910.2

中国版本图书馆 CIP 数据核字(2009)第 017006 号

书　　名:**高速列车设计方法研究**
作　　者:张曙光　编著

责任编辑:薛　淳　韦和春　王风雨　王明容
封面设计:崔丽芳
责任校对:张玉华
责任印制:郭向伟

出版发行:中国铁道出版社　(100054,北京市宣武区右安门西街 8 号)
网　　址:http://www.tdpress.com
印　　刷:北京佳信达欣艺术印刷有限公司
版　　次:2009 年 1 月第 1 版　　2009 年 5 月第 3 次印刷
开　　本:787 mm×1 092 mm　1/16　印张:20.25　字数:440 千
书　　号:ISBN 978-7-113-09129-3/U·2313
定　　价:80.00 元

版权所有　侵权必究

凡购买铁道版的图书,如有缺页、倒页、脱页者,请与本社读者服务部调换。
电　　话:市电(010)51873170,路电(021)73170(发行部)
打击盗版举报电话:市电(010)63549504,路电(021)73187

PREFACE 序

自2007年4月18日铁路实施第六次大面积提速调图以来，在环渤海、长三角、珠三角3大区域和主要干线累计开行了160余组时速200公里及以上的“和谐号”国产高速列车，部分区段运行时速达到250公里；2008年8月1日，我国第一条时速350公里高速铁路——京津城际铁路建成通车，10组CRH2－300和CRH3型时速350公里国产高速列车投入运营，最高运营时速350公里，最高试验时速达到394.3公里，铁路既有线提速的成功实施和京津城际高速铁路的开通运营前后，为系统开展高速列车的科学研究提供了试验验证平台。

京津城际高速铁路由我国工程技术人员首次进行高速列车的系统调试与系统试验，历时181天，累计走行40余万公里，系统试验时速逐级提升至394.3公里，共进行了72项测试试验和系统评估，涵盖了牵引性能、速度控制、运行阻力、制动性能、动力学性能、车内外噪声等28个方面。在此基础上，重点开展了CRH2－300、CRH3型高速列车动力学性能比较、舒适度与平稳性指标、轮重减载率、线路变坡与车体垂向振动关系、空气动力学对轴重的影响、车间减振器和横向半主动减振器对动力学性能的影响、动车组车轮磨耗规律、噪声试验对比等分析研究，取得了大量试验数据和分析研究结果，为进一步优化高速列车的系统设计提供了丰富的技术资源。

高速列车的设计制造是一个复杂的系统工程，此项工作在我国尚处于起步和初级阶段，本书基于高速列车系统动力学理论所提出的系统设计思想及设计方法，是在实践中不断研究总结所形成的，也是阶段性的收获和体会，随着我国高速列车技术的不断发展，还将进一步丰富与完善。

本书主要参考了京津城际高速铁路的相关试验研究报告，以及轨道交通国家实验室(筹)所做的台架试验与分析计算报告。同时在本书的编著过程中，得到了中国铁道科学研究院、西南交通大学、北京交通大学、南车青岛四方机车车辆股份有限公司、北车集团唐山轨道客车有限责任公司和长春轨道客车股份有限公司等单位和相关人员的大力支持，在此表示感谢。

期望本书能对我国高速列车系统设计有所帮助，不妥之处望给予指正。

2008 年 12 月于北京

CONTENTS 目录

1 绪　　论 …… 1
1.1 京沪高速铁路和面临的挑战 …… 3
1.1.1 京沪高速铁路和新一代高速列车 …… 3
1.1.2 京沪高速列车运行面临的挑战 …… 4
1.2 高速列车系统动力学 …… 10
1.2.1 高速列车系统动力学问题 …… 10
1.2.2 高速列车系统的力学关系 …… 13
1.2.3 高速列车系统动力学理论 …… 14
1.2.4 高速列车系统(广义)动力学研究 …… 20

2 京津高速列车试验分析 …… 25
2.1 时速300～350 km动车组结构介绍 …… 28
2.1.1 CRH2－300型动车组 …… 28
2.1.2 CRH3型动车组 …… 31
2.2 时速300～350 km动车组性能分析 …… 34
2.2.1 基于高速列车系统动力学的试验方案和测试技术 …… 34
2.2.2 高速列车系统各环节振动响应对比分析 …… 35
2.2.3 高速列车振动传递关系分析 …… 36
2.2.4 高速列车不同位置车辆振动状态分析 …… 41
2.2.5 会车振动分析 …… 42
2.2.6 运行阻力试验分析 …… 44
2.2.7 车间耦合减振器试验分析 …… 46
2.2.8 半主动控制试验分析 …… 47
2.2.9 弓网试验分析 …… 50
2.2.10 车轮磨耗跟踪试验分析 …… 51
2.2.11 平稳性和舒适度的对比分析 …… 53
2.2.12 线路状况对高速列车动力学性能的影响 …… 55
2.2.13 不同线路条件的动力学性能对比分析 …… 59
2.2.14 安全性分析 …… 60
2.3 新一代高速列车的优化设计 …… 62

2.3.1 基于试验结果的优化提升 …… 62
2.3.2 基于运用需求的优化设计 …… 64
2.3.3 基于高速列车系统动力学理论的优化设计 …… 66

3 速度的设计 …… 77
3.1 临界速度设计 …… 79
3.1.1 影响临界速度的主要因素 …… 79
3.1.2 临界速度设计方法 …… 81
3.2 平稳性设计 …… 83
3.2.1 影响平稳性的主要因素和减振措施 …… 83
3.2.2 平稳性性能的评价 …… 86
3.2.3 基于平稳性要求的悬挂系统设计 …… 87
3.3 轮轨关系设计 …… 94
3.3.1 轮轨关系评价 …… 95
3.3.2 轮对及踏面设计 …… 102
3.3.3 线路不平顺运用要求 …… 108
3.4 弓网关系设计 …… 113
3.4.1 弓网关系评价 …… 113
3.4.2 接触网设计 …… 115
3.4.3 高速受电弓设计 …… 122
3.5 流固关系设计 …… 136
3.5.1 流固关系评价 …… 137
3.5.2 外形设计原则 …… 141
3.5.3 列车流固耦合振动 …… 142
3.6 牵引传动系统设计 …… 150
3.6.1 系统设计思路 …… 150
3.6.2 列车牵引功率设计 …… 150
3.6.3 列车牵引特性设计 …… 151
3.6.4 列车牵引传动系统容量设计 …… 152
3.6.5 新一代高速动车组设计计算算例 …… 153
3.7 制动系统设计 …… 157
3.7.1 常用制动设计 …… 157
3.7.2 紧急制动设计 …… 161

4 舒适性设计 …… 167
4.1 广义舒适度 …… 169
4.1.1 广义舒适度的定义 …… 169

4.1.2 广义舒适度的分类 …… 169
4.2 舒适度因素的影响及控制 …… 170
4.2.1 振动的影响及控制 …… 170
4.2.2 压力的影响及控制 …… 183
4.2.3 噪声的影响及控制 …… 188
4.3 广义舒适度的评价 …… 196
4.3.1 广义舒适度的研究现状 …… 196
4.3.2 广义舒适度的评价方法 …… 197
4.3.3 广义舒适度的研究平台 …… 198
4.3.4 广义舒适度研究的后续工作 …… 201

5 节能环保设计 …… 203
5.1 低阻力设计 …… 205
5.1.1 车体低阻力设计 …… 205
5.1.2 受电弓的低阻力设计 …… 209
5.2 车体轻量化设计 …… 218
5.2.1 车体结构设计基本要求 …… 218
5.2.2 结构轻量化设计的措施 …… 219
5.2.3 车体的模态设计 …… 220
5.2.4 轻量化铝合金车体的结构设计 …… 222
5.3 噪　声 …… 225
5.3.1 高速列车噪声来源及其产生机理 …… 225
5.3.2 高速列车噪声水平、声源识别与控制 …… 230
5.3.3 高速列车主动降噪设计 …… 234
5.3.4 高速列车被动降噪设计 …… 240

6 安全性可靠性设计 …… 243
6.1 结构可靠性 …… 245
6.1.1 不同运动方式的失效行为 …… 245
6.1.2 轮轨摩擦磨损 …… 246
6.1.3 弓网摩擦磨损 …… 253
6.1.4 结构疲劳 …… 258
6.2 载荷谱 …… 269
6.2.1 高速动车组结构载荷与载荷谱 …… 269
6.2.2 轴箱载荷测试与识别 …… 271
6.2.3 测试数据处理 …… 275
6.2.4 结构载荷谱统计 …… 276

6.2.5 载荷谱损伤一致性校准 …… 277
6.3 轨 道 谱 …… 280
6.3.1 轨道不平顺谱计算方法 …… 281
6.3.2 京津城际铁路轨道不平顺分布特征 …… 282
6.3.3 京津城际铁路轨道不平顺特征分析 …… 283
6.4 风载荷安全域 …… 284
6.4.1 风载荷作用下的安全性分析 …… 284
6.4.2 车速对气动力的影响 …… 289
6.4.3 风载荷安全域确定 …… 292
6.4.4 风载荷安全域确定方法的可靠性 …… 294

7 高速列车系统服役性能设计 …… 297
7.1 高速列车服役性能分析 …… 299
7.1.1 踏面磨耗 …… 299
7.1.2 轮对安装形位误差 …… 301
7.1.3 偏 载 …… 303
7.1.4 一系定位刚度 …… 305
7.1.5 抗蛇行减振器 …… 305
7.1.6 车间减振器 …… 306
7.2 高速列车系统动力学研究体系 …… 307
7.2.1 高速列车系统动力学研究体系 …… 307
7.2.2 动力学仿真研究体系 …… 309

1 绪　　论

1.1 京沪高速铁路和面临的挑战

1.1.1 京沪高速铁路和新一代高速列车

适合高速铁路的生存环境其实只有两条基本原则[1]:第一是人口稠密和城市密集,而且生活水准较高,能够承受高速铁路比较昂贵的票价和多点停靠;第二是较高的社会、经济和科技基础,能够保证高速铁路的施工、运行与维修需要。然而,作者认为,高速铁路的生存原则还应该有第三条,即:高速铁路建设和运行本身应该符合可持续发展的需求。正是这样一条原则,高速列车相对汽车和飞机更符合中长距离的客运需求,更节能环保。中国不仅幅员辽阔、人口众多,而且东部城市相对密集,工业经济发达。因此,中国的国情非常适宜高速铁路的建设。

2004 年 1 月,中国政府发布了《中长期铁路网规划》,明确了中国铁路网中长期建设目标。到 2020 年,中国铁路营业里程达到 10 万 km,其中时速 200km 及以上的高速客运专线 1.2 万 km 以上,2008 年经国务院又批准调整到 1.6 万 km。包括"四纵四横"客运专线以及三个城际客运系统(见图 1-1)。1.6 万 km 的客运专线使我国成为世界上拥有高速铁路最多的国家,2008年4月18日开工兴建的京沪高速铁路,更是举世瞩目,全长

图 1-1 中国铁路网示意图

约1 318 km的京沪高速铁路将是世界上线路最长的高速铁路。

京沪高速列车是京沪高速铁路的核心技术装备。为全面支撑中国高速列车技术自主创新的国家重大战略需求,铁道部与科技部于2008年2月26日共同签署了《中国高速列车自主创新联合行动计划》。一场围绕高速列车的基础研究、关键技术、样机研制和产业化生产,由国内著名高校、科研院所和铁路工厂参加的京沪高速列车自主创新联合行动已经启动。京沪高速铁路运营的新一代中国高速列车具备如下特性和先进性:

(1)速度最快

京沪高速列车的平均速度达到320 km/h,持续运营速度达到350 km/h、设计速度达到380 km/h、最高试验速度达到400 km/h以上。这一速度指标远远超过当今世界高速列车运营的平均速度240 km/h左右、最高运行速度320 km/h的国外最高水平。

(2)密度最高

在京津城际铁路成功实现空地结合的CTCS-3D的基础上,京沪高速铁路将采用更加先进的、中国高速铁路独有的CTCS-3高速列车运行控制和网络化运营组织技术,实现高速列车以最小3 min的间隔追踪连发。

(3)运量最大

宽车体、长编组、多定员、良好的启动和制动性能,在高速度、高密度和网络化运营组织条件下客运周转量达到世界第一。

(4)环境友好

每小时人均牵引功率消耗不大于18 kW,运营过程实现污染物零排放,车内外噪声控制水平不低于国际先进标准。

(5)良好的综合舒适性

低噪声、低振动、低冲动,适宜的车内空气质量,宽敞的车内乘坐空间、完备的车内服务设施,数字化的旅客服务系统,保证了良好的旅客乘坐舒适性。

(6)高可靠性与安全性

安全相关设备具有足够的冗余度;对影响行车安全的关键部件,以及所有电气系统实施动态监控;高速列车防灾能力不低于国际先进水平;在风、雪、雨、雾、雷等恶劣气候条件下,仍能保证安全运行。

1.1.2 京沪高速列车运行面临的挑战

开篇提到的高速列车的生存原则告诉我们:需要有良好的社会、经济和科技基础,以保证高速铁路的施工、运行与维修需要,才能建设好高速铁路。这其中科技基础是最重要的,修路亦是,造车亦是。

对于高速列车而言,我们不仅要攻克高速转向架技术、轻量化车体技术、牵引传动技术、制动技术、网络技术、辅助供电技术等关键技术,更要从创新的源头——基础研究开始。为此在国家科技支撑计划项目“中国高速列车关键技术研究及装备研制”中,第一课题就是“共性基础及系统集成技术”,希望从基础研究开始,进行系统研究。那何谓共性基础?事实上,前面列举的关键技术的基础理论之核心是系统动力学。转向架技术实际上就是反映动力学性能的技术,无论是运动稳定性、运行平稳性还是安全性,与其说是转向架设计,还不如说是动力学性能和参数的设计;车体技术,除了车体结构成形技术,其他在车体设计中相关的刚度、模态设计技术也是在动力学研究基础上形成的,而车体的外形设计技术更是建立在空气动力学的基础上;车体和转向架设计都要进行结构疲劳强度设计,但设计的依据是来自动力学仿真计算或试验结果的动载荷。牵引和制动的计算依据是列车的动能,故牵引制动计算是建立在列车纵向动力学基础上的,而牵引和制动过程中的纵向冲动和纵向加速度限制也是动力学性能所要求的;列车的运行控制,也是应该基于车辆特征、线路特征和供电系统特征的系统动力学理论。由此可以看到在高速列车设计中系统动力学的重要性和广泛性,为此,我们把系统动力学问题的研究列为共性基础研究。事实上,制约列车运行速度提高的内在因素和外部限制也都源于系统动力学问题。

1. 高速列车自身制约因素

铁路诞生至今将近有 200 个年头,但高速列车的诞生至今还不到 50 年。随着法国人一次又一次刷新高速列车的试验速度,到目前为止,已经达到不可思议的 574.8 km/h,比采用无接触的低温超导磁悬浮列车的最高试验速度仅仅低了 10 km/h。随着京津城际铁路的开行,列车最高速度达到了 350 km/h,人们对于我国发展高速列车,并进一步提高列车速度毫不怀疑。事实上,随着列车运行速度达到 350 km/h 以上,列车速度再进一步提高是相当困难的,因为它受到诸多限制。而且这些挑战,首先是来自于高速列车自身。

(1)系统失稳

高速列车尽管复杂,但理论上它是一个确定的运行系统,在运动系统中,最大的挑战莫过于运动失稳。

高速列车采用复杂的动车组形式,采用先进的牵引、制动和网络控制,当我们抛开这些复杂的电气设备,仅仅考虑车辆机械系统本身,这时的车辆系统和老式的火车就没有本质的区别,都由轮对、转向架构架和车体这三个基本质量单元及一系和二系悬挂组成。这是一个典型的机械系统。一般的机械系统,当参数固定时,其振动特性取决于频响特性,当然,一般的机械系统都要避开共振区,以保证其运行的平稳性。对于铁路车辆来说,它不再是一般的机械系统,它的特殊性来自于轮轨接触。轮轨关系尽管在理论上是确定约束,但轮轨接触的几何特征和力学特征均具强非线性特征,而轮轨蠕滑力所扮演角色是对轮对运动进行导向,实现轮轨的对中,然而蠕滑力在铁路车辆的运行过程中也同时起着系统阻尼的作用,而这一阻尼参数会随着车辆运行速度的提高而降低,从而就有可能导致系统阻尼无法遏止车辆的系统振动,车辆系统从稳定系统变成不稳定系统。

一旦铁路车辆出现系统失稳,轮对就将出现蛇行运动,轮对在两根钢轨间横向大幅度地往复摆动,这不仅使得车辆系统的振动加剧,更可怕的是极容易导致脱轨事故,这对高速列车来说,问题就更加严重。因此,保证系统稳定是高速列车动力学性能的首要任务。

(2)系统振动

车辆沿轨道运行时,由于线路等扰动,使车辆系统各部件产生振动。车体的振动影响乘坐舒适性,而构架、轮对等的振动主要影响各部件的结构可靠性。高速列车各部件长期暴露在随机载荷的环境中,其结构可靠性是高速列车安全运行的重要保障。振动的加剧势必产生更大的载荷，对各部件产生疲劳破坏，结构可靠性降低。

车辆系统振动的激励源主要包括：轨道不平顺、轨道刚度和几何状态变化、弓网振动、车轮不圆和擦伤、高速列车和空气的动态作用。其中轨道不平顺引起机车车辆产生振动是公认的主要原因，尤其是高速列车，轨道不平顺对其振动的影响显著增大。在列车低速运行时被认为是很小的不平顺，例如幅值几个毫米的波长 40 m 以上的不平顺，在车速达到 300 km/h 以上时都会引起很大的振动[2]。因此，在线路条件和车辆条件确定的情况下，限制振动，也就相当于限制了列车的运行速度。

(3)列车脱轨

众所周知，脱轨是高速列车最严重的事故之一，列车脱轨事故的发生将给人们的生命和财产安全带来重大损失。国外曾经发生过多次高速列车脱轨事故，均造成了重大的人员伤亡，其中最惨烈的是发生在 1998 年的德国 ICE 高速列车脱轨事故，造成 100 多人死亡。

脱轨可以分四类：第一类是人为事故类脱轨，它包括铁路设施被破坏、行车组织失误等非正常条件下引起的脱轨。这类脱轨和列车的运行速度无直接关系；第二类是灾害类脱轨，它是由地震、风沙、滑坡和泥石流等自然灾害引起的脱轨。这类脱轨和列车的运行速度也无直接关系；第三类是失效类脱轨，它是由于机车车辆结构或接触表面失效所引起的脱轨。而失效往往和速度提高、振动加剧有关，因此，这类脱轨和列车的运行速度相关；第四类是固有特性类脱轨，该类脱轨是由高速列车动力学性能不好所导致的，如列车的运动失稳、轮重减载等，这类脱轨和列车的运行速度直接相关，列车运行速度越高，脱轨的可能性就越高，直接制约着列车运行速度的提高。

(4)结构可靠性

尽管脱轨事故有四种，引发脱轨的程度却不同，其中结构失效引发的事故最多，这包括德国的 ICE 和法国的 TGV 的脱轨事故。结构疲劳和材料失效等可靠性问题同样制约着列车的运行速度。

结构和材料的失效问题是一个普遍存在的问题，在其他机械领域的研究中也倍受关注。但是，高速列车安全服役的失效有着它自身的特殊性。失效基本上都是由于振动或相对运动引起的，对于高速列车来说，相对运动的形式十分特殊，呈现出多样性，基本的相对运动有高速滚动（轮轨滚动副）、高速滑动（弓网和制动摩擦副）、紧配合微动（轮轴和螺纹连接）和结构振动（转向架和车体）四种形式。在振动条件下，不同的相对运动模式就有相应的失效形式，如高速轮轨滚动中的磨损和接触疲劳，高速弓网滑动中的摩擦磨损和电弧烧蚀，轮轴等紧配合中的微动疲劳和表面胶合，结构件的疲劳损伤等；但不管何种运动方法和失效类型，他们都和速度紧密相关。速度越高，振动越烈，失效就越快，高速列车可靠性就越低。可靠性成为列车提速和发展高速铁路的制约因素。

2. 外部制约因素

要满足高速运行要求，首先要求高速列车本身具有良好的品质，但由于高速列车是运行于铁路设施上的，因此制约列车运行速度的还有外部因素。

(1)接触网波速

接触网为高速铁路提供能源，同时又参与高速列车系统的振动。接触网的振动会影响受流质量，从而影响列车的正常运行，同时会造成接触网和受电弓弓头的磨损，并引起噪声问题[3]。

在动力学研究中，往往认为接触网的垂向刚度一致性和接触线不平顺是影响弓网受流的重要因素，但这些因素是可以通过结构和参数的优化来减小对弓网受流的影响，而真正制约列车运行速度提高的因素是接触网的波动速度。当车速远小于波动速度时，相当于接触线的变形与接触振动波形一致，运行情况良好；当车速接近波动速度时，接触网的变形受到波动的限制，接触线呈刚性状态，接触网被强行弯曲变形，并产生较大的接触力，这不仅增加接触线的疲劳破坏和摩擦磨损的进程，而且振动导致离线而无法正常受流。因此，接触网的波动速度是制约高速列车最高运行速度的重要条件之一。如果想继续提高列车的运行速度，必须提高接触网的综合张力和减小单位长度的质量，需要在保证导电质量的前提下，研制轻型和具有高抗拉强度的线材，以提高接触网的波动速度。

(2)轨道波速

国外经验和研究表明，当列车速度达到或超过某种临界速度时，列车将引起轨道结构的强烈振动，主要表现为轨道下沉量的急剧增大，这将严重影响列车运行的安全性和舒适性，甚至引起列车脱轨。同时，通过轨道和路基的传播还将引起铁道线路周边建筑物的强烈振动和结构噪声。

由于轨道－路基系统的振动，并以体波(压缩波、剪切波)和表面波(瑞利波)的形式传播，这些波的波动速度就是轨道的临界速度，它是由轨道结构(含路基)和参数所决定的，是轨道的一种固有特征。根据轨道临界速度的计算方法[4]，轨道临界速度取决于钢轨和轨道的弹性模量，轨道的等效刚度和泊松比。在软土地基时轨道的临界速度约330 km/h，高速列车很容易接近或超过这一速度。当列车速度小于轨道临界速度时，轨道－路基变形传播是一个稳态过程；当列车运行速度接近或大于轨道临界速度时，轨道－路基变形传播将趋向或处于失稳状态。试验结果表明，超过轨道临界速度后，高速列车诱发轨道结构强烈振动的动力系数可高达正常情况下的10倍，这将导致轨道几何状态的恶化，引发行车安全问题，增加轨道维修工作量和费用。日本的新干线在修建过程中就出现过轨道临界速度较低而造成较大损失的情况。欧洲研究认为，要实现运营速度的目标，轨道临界速度必须达到1.5～2倍的运营速度。

从理论上来说，作为弹性地基梁，有砟轨道的“梁”，其质量是钢轨、轨枕和道床质量的和，而无砟轨道的质量仅包括钢轨和混凝土基础。无砟轨道的单位长度上的质量仅为有砟轨道的50%，从而在相同的路基基础情况下，轨道临界速度可提高1.4倍。因此，从提高轨道临界速度的角度，也应当积极采用无砟轨道[5]。

对于特别松软的地基，应采取“以桥代路”的办法，增大基础刚度，提高轨道临界速度。由于京沪高速铁路是经过了七个省市，连接了华北平原、长江中下游平原，而华北平原的最大特点就是承载层是松软土，长江中下游平原也是松软土，以桥代路成为京沪高速铁路的最大特点，桥梁占到全线长度的80.5%。

(3)噪声

噪声是结构振动产生的现象。随着列车速度的提高,轮轨相互作用、列车与空气相互作用、弓网振动都迅速加强,其噪声也更加严重。铁路噪声不仅降低了乘客的乘坐舒适性,而且会影响铁路沿线居民的生活。如何控制和减小铁路噪声,使其在乘客和环境的承受范围之内,是国内外高速列车面临的一个棘手问题。

轨道交通噪声是由各种不同类型的噪声组合而成的,通常按噪声产生的部位分类识别。按发生部位的不同,可分为轮轨噪声、空气动力噪声、机电系统噪声、结构物噪声和车内电气设备产生的噪声。由于各个国家具体情况不同,车辆噪声级也不尽相同,很难统一为一个标准[6]。但不管采用什么样的噪声标准,其目的都是控制高速列车的噪声。在以人为本的现代社会,噪声标准已经成为强制性标准。因此,噪声控制不好就会影响到最终的高速列车运营速度。

(4)能耗

高速铁路是交通运输体系中最具可持续性和环境友好性的运输模式。作为其核心技术装备,高速列车具有运能大、能耗低、污染小、安全舒适等优势,其单位能耗不到波音747型飞机的3%,不到小轿车的50%,不到磁悬浮列车的20%。在人类社会正面临资源与环境两大挑战的今天,大力发展高速列车技术对于优化运输结构,缓解能源供需矛盾,解决我国交通运输能力供给不足的矛盾,从而对支撑国民经济又好又快发展具有重要意义。

当然,减小能耗的主要途径是减少空气阻力,流线型外形设计,且使列车表面平滑是降低空气阻力的基本策略。但列车运行速度的提高总会带来巨大的空气阻力,往往与列车运行速度是几次方关系(如图1-2所示),当然这就需要巨大的能耗。因此,高速列车运行速度的设置必须考虑能耗的合理性和经济性,以及由此带来的电气系统和机械系统实施的可能性。

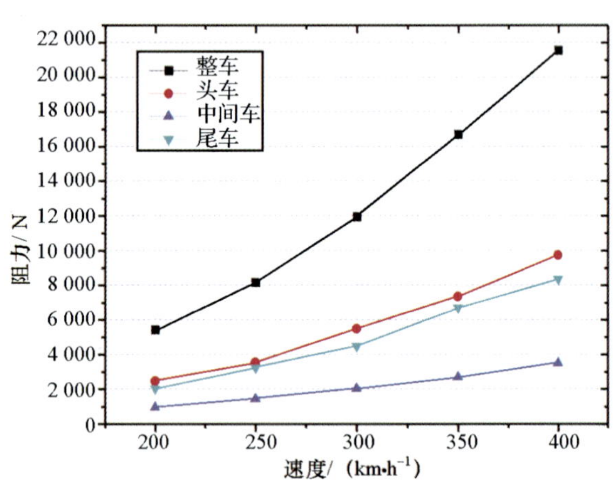

图1-2 不同速度下的空气阻力

3. 京沪铁路线路特点的影响因素

京沪高速铁路是世界上最长、运行速度最高、密度最大的高速铁路。就350 km/h以上的运行速度而言,京沪高速铁路的一些线路结构特点也会影响列车的高速运行。

(1)隧道

京沪高速铁路虽然建在平原,但全线有22个隧道,其中最长的西渴马隧道全长达到2 812 m。

当高速列车通过隧道时,列车与隧道内空气间的相互作用也要引起一系列的空气动力学效应,包括隧道入口波、隧道压力波、出口微气压波,隧道会车压力波,列车在隧道内的气动耦合振动,长大隧道内的热环境等[7]。由于受到隧道空间的限制,列车在隧道内的这些空气动力学效应不仅比明线上更为强烈，而且对高速列车的安全运行、乘客的舒适与健康及隧道内、外的环境都具有极其重要的影响，是高速铁路建设必须解决的关键技术问题。特别是由于京沪高速铁路的行车密度大，列车在隧道内高速(300 km/h 以上)会车在所难免，气动作用更加剧烈，这对列车运行的安全影响和对旅客乘坐舒适性的影响带来新的研究课题。

(2)桥梁

前面我们已经提到高速铁路采用桥梁结构可以提高线路的波动速度，有利于高速列车运行速度的提升，但同时会对列车的高速运行带来另外的问题。问题之一是线路刚度，由于类似于京津城际铁路采用的桥梁结构线路，其轨道刚度很大，而且在桥梁支撑点处和跨中的刚度不一致，这样的刚度不一致性对高速列车运行来说就是周期激扰，处理不当会引起车辆异常振动。计算分析表明，高速客运专线无砟轨道结构轨下基础的合理刚度范围应为 20 ~ 30 kN/mm(见图 1 - 3)。桥梁线路的轨下刚度如何降到合理范围，是面临的新课题。问题之二是噪声，由于桥梁结构没有路基的吸声性能好，因此在同等条件下，列车在通过桥梁时的噪声相应会高，这对列车运行的噪声控制不利。

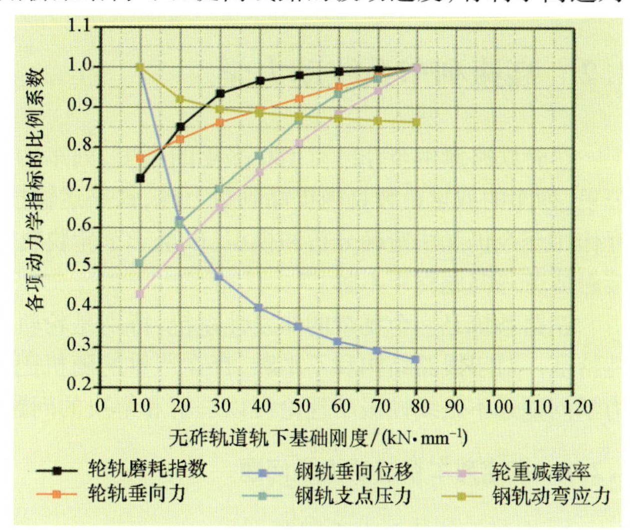

图 1 - 3 高速客运专线无砟轨道轨下基础刚度的合理范围

对于京沪高速铁路还存在另外一个问题，就是南京大胜观长江大桥采用了大跨度钢桥。钢桥的特点是刚度小、质量小、结构阻尼小。因此，列车通过时钢桥挠度大，列车振动加剧，轮轨噪声不仅得不到有效阻尼，而且车桥共振会引起更大的振动和噪声。另外，由于接触网在钢桥上，桥梁的振动势必引起弓网的耦合振动，最终可能会影响到受流。所以，列车通过钢桥的运行速度将严重受到限制。

(3)高架车站

铁路客运站，特别是特大型客运站作为城市重要交通枢纽，汇集了众多交通方式，是一个大型综合交通体。为了在最大程度上达到以上目的，各种交通方式相互渗透，形成了一个"立体"的交通运输体系。京沪高速铁路上的南京南站就是一个明显的例子。和现在的南京站最大的不同是，南京站是落地的，而南京南站却是悬在空中的，其实它就是个高架车站，站台距离地面有 12.5 m 高的距离。换言之，南京南站的站台相当于在二楼，候车大厅则在三楼，南京南站的南北广场上，各有一个高架与三楼候车大厅相连，为其他交通方式提供无缝"接口"。这种高架车站可以最大限度地与其他交通方式进行无缝连接，

极大地方便了大众的换乘等,而且可以有效缓解地域限制等方面的矛盾。但是,高架车站会对列车运行速度产生制约,制约因素包括:

- 桥上道岔限制了列车运行速度——列车通过道岔往往要产生巨大的横向力,为减小横向力,保持道岔的稳定性和高架桥的稳定性就得限制车速;
- 桥上噪声限制了列车运行速度——正如前面提到的,列车在桥上运行的环境噪声大于路基线路,而且桥下还要有旅客通过。因此,桥上和桥下的辐射噪声将限制列车在高架车站上高速通过。

1.2 高速列车系统动力学

尽管铁路诞生至今已有 180 多年的历史,列车的运营时速由十几公里提高到三百多公里,列车的载重由数百吨提高到数万吨,铁路运输技术日新月异。但传统的轮轨系统相互作用至今仍无法精确分析和模拟,以至于车轮脱轨时有发生,钢轨的波浪型磨耗和滚动接触疲劳等问题百年不解。

铁路系统是一个复杂的非线性系统,特别是轮轨关系和线路结构等都存在着强非线性特征。对于线路结构和不平顺,存在严重的随机因素和随机干扰。由此带来的系统动力学问题远不是线性振动理论可以理解和解决的问题,需要有新的思考和新的发展。

1.2.1 高速列车系统动力学问题

1. 车辆系统的动力学问题

我们从高速列车运行的制约因素就可以看到,高速列车研究要解决的问题就是解决 4 个核心问题:系统稳定性、脱轨安全性、结构可靠性和噪声。从这 4 个研究问题的定位上看,似乎在理论概念上和表现形式上有所不同,但是他们都是通过力、运动和振动来表述的,所以他们都是和动力学相关的研究。因此,高速列车研究的核心课题是车辆动力学,也就是通过车辆动力学研究,进行结构、参数的优化设计,保证高速列车的高速、平稳、安全和环保运行。

传统的车辆动力学研究是以单车为研究对象,忽略了车与车之间的耦合作用和相互影响。假设车辆匀速运动,故就不考虑列车的纵向振动问题。事实上,列车虽然可能是由相同特征车辆组成的,但列车中不同位置的车辆振动响应可能不同。在我国郑武(郑州—武昌)线上首次 200 km/h 旅客列车正线综合性能试验[8]和广深(广州—深圳)线上国产 200 km/h 交流传动电动车组性能试验[9]中,均发现列车的头车、尾车、不同位置的中间车的动力学性能是有差别的。在刚刚完成的京津城际高速列车试验中,检测了列车中所有车的振动响应,发现头车、尾车和中间车的车体垂向和横向振动加速度不一致,而且装有受电弓的车比其相邻的车的振动加速度要稍大一些,具体如图 1-4 所示[10]。所以,单车模型已经无法真实反映列车的动力学性能,需要开展列车动力学。当然,列车动力学模型是由车辆动力学模型组成的。因此,车辆动力学研究仍然是列车动力学研究基础。

2. 耦合系统的动力学问题

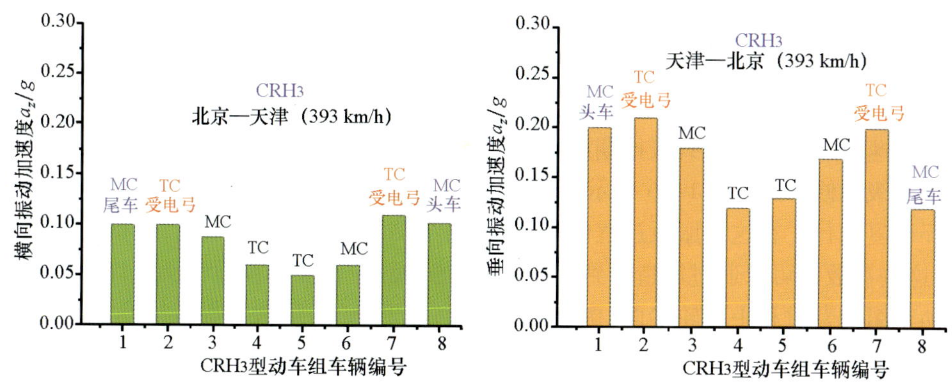

图 1－4 不同位置车辆加速度响应比较

在我们试图通过提高高速列车的动力学性能，以保证其运行品质的时候，我们还应该清楚地看到，高速列车的运行受到线路和接触网等固定设施条件的影响，同时受到牵引供电和列车运行控制系统的控制，最终还将受到空气扰动、阻力及噪声的制约。因此，高速动车组与高速铁路各子系统之间构成相互联系、相互依存、相互制约的关系，如与线路之间的轮轨关系，与接触网之间的弓网关系，与空气之间的流固耦合关系，与牵引供电系统之间的机电耦合关系，对环境作用的环境耦合关系等，如图 1－5 所示。在高速运行条件下，列车和线路轨道、接触网、空气等流固耦合系统之间的相互作用加剧，形成了复杂的耦合动力学关系。列车运行速度的提高不仅对车辆动力性能设计提出了更新、更高的要求，还加剧了轮轨和弓网的磨耗、磨损，甚至导致失效，严重影响运行；高速气流也不再仅仅是运行阻力，同时影响动车组的运行性能，甚至导致列车运行安全性问题；高速所需的大功率和高密度行车，对供电系统的电力释放和吸收提出更高的要求，一旦车与供电系统的关系没有匹配好，就可能导致电压的波动，甚至供电系统因超压、欠压或振荡冲击而崩溃。因此，高速动车组的技术创新不仅需要研究和解决列车本身动态行为问题，更需要研究和解决列车与其他各系统的耦合作用，实现高速列车及其耦合系统的系统优化和匹配。为了实现这一目标，必须把高速列车以及与列车运行品质和安全性相关联的系统耦合起来进行整体研究，发展考虑线路、接触网、气流等耦合作用的高速列车系统动力学理论。

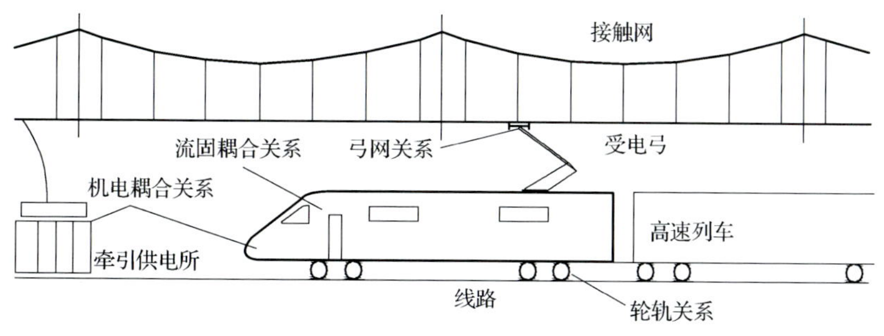

图 1－5 高速列车系统

3. 服役过程的动力学问题

正如我们前面所提到的，车辆的动力学性能完全是车辆结构参数、悬挂参数及轮轨接触状态所决定的。而这些参数会在服役过程发生变化，最后导致车辆系统动力学性能的蜕化。高速动车组从设计到服役期满，需要经历的主要节点过程包括：设计、制造、运营、一级到五级检修[11]，如图 1－6 所示，其中一级到五级检修在动车组的整个服役生命周期会循环重复进行。在这些服役过程的节点中，对于动力学参数而言，设计是确定参数的理论值，这些参数值可以通过制造得到实现，这时的参数应该控制在设计所允许的公差范围内。动车组运营过程中车轮踏面、橡胶类悬挂元件和液压阻尼器等很容易发生变化，它们是不确定时变参数，但必须保证这些参数的变化必须控制在允许的范围内。动车组的检修修程和普通车的修程不一样，分一级到五级检修。其中一级检修主要对车轮踏面和悬挂元器件的外观进行检查，检查是否有明确的失效；二级检修除了对外观进行检查外，还要进行踏面形状的测定，一旦超标，就要进行旋修；三级检修是对转向架进行解体检修，内容还是外观检查和踏面测定；四级检修同样是对转向架的解体检修，同时增加了悬挂件的参数测定，当然一旦发现动力学参数偏离允许范围，就会修理或更换元器件，以恢复悬挂参数；五级检修时，转向架和轮对全部更换。整个服役过程如图 1－6 所示。在运营过程中一般不主动去检查动力学参数，特别是悬挂参数的参数值，而是在动车组运行过程中通过运行品质响应来判断是否有异常，一旦发生异常就会到检修程序。

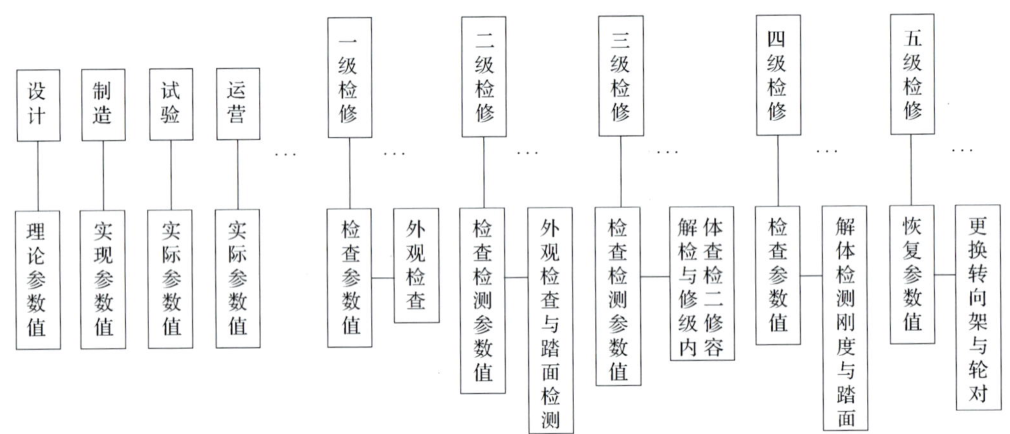

图 1－6　设计到服役结束的过程节点和参数状态

车辆动力学研究在铁路机车车辆的开发中早就得到广泛应用，但之前的车辆动力学研究主要应用在车辆的设计阶段，进行车辆参数优化和选择，这时的车辆动力学研究仅仅是为新型机车车辆设计服务的。事实上，在以往的机车车辆设计中并没有给出各个节点的参数控制范围，也没有对车辆的动力学性能进行跟踪测定，甚至在制造过程中也缺乏这样的条件和要求。但是，对于高速动车组而言，动力学性能的裕量是十分有限的，而且对列车运行的安全性要求极高，必须在各个环节对动力学参数值加以控制。如何来确定各个检修节点的周期以及相应的参数许用公差值，如何来评估运行过程中的动力学性能和

判断异常，都必须借助于高速列车系统动力学研究。因此，高速列车系统动力学研究不仅为设计服务，而是贯穿于动车组服役生命周期的全过程。随着我国高速检测列车和检测基地的建成，基于高速列车系统动力学理论的服役模拟，将成为线路状态和动车组安全评估的理论基础和基本方法。

1.2.2 高速列车系统的力学关系

高速列车系统动力学，研究的主体是高速列车（即高速动车组），其特点是要充分考虑高速动车组的列车行为及列车与线路、接触网和气流的相互作用。为了研究高速列车系统动力学问题，首先要搞清其力学关系。对于高速列车及其与之耦合的接触网、线路和气流分解成子系统，在每个子系统内部，由于是一般的机械系统或流体组织，均可以通过基本的力学定理来建模分析。作为高速列车系统力学关系的特殊性体现在相互的耦合作用关系上。对于高速列车与线路的耦合作用，实际上是车轮和钢轨的相互作用，也就是轮轨力。对于轮轨力而言，首先是轮轨间的正压力，正压力起到支撑列车的作用；另外就是轮轨蠕滑力，与摩擦力所不同的是，蠕滑力是根据轮轨间的正压力、蠕滑率和蠕滑系数决定的，尽管蠕滑系数相当于最大摩擦系数，但蠕滑系数除了与轮轨材料、表面状态等物理状态有关，而且与运行速度相关。在蠕滑力的计算中，还要考虑接触斑的尺寸效应，因此在蠕滑力中出现了与轮轨相对转动有关的蠕滑力矩。可以看到接触斑虽小，但关系描述复杂。对于高速列车与接触网的耦合作用，实际上是受电弓和接触网的相互作用，也就是弓网接触力。弓网接触力首先是弓网接触的正压力，简称接触力，它完全取决于弓网静态接触力和弓网振动引起的动态接触力。接触网压力主要在垂向，当受电弓存在倾角时，就会有一定的横向分量；当考虑接触线的几何形状时，弓网接触力在纵向（前进方向）也就会有分量了。弓网之间的相对滑动自然还会引起摩擦力，由于接触线的之字形布置，弓网相对滑动不仅仅在纵向，同时存在于横向，真正的弓网摩擦力是两个方向相应摩擦力分量的合成。气流虽然不是机械系统，但它和列车的相互作用也体现在力学特征上，有气流作用下的表面压力和摩擦力。这些相互耦合的力学关系示于图 1－7。

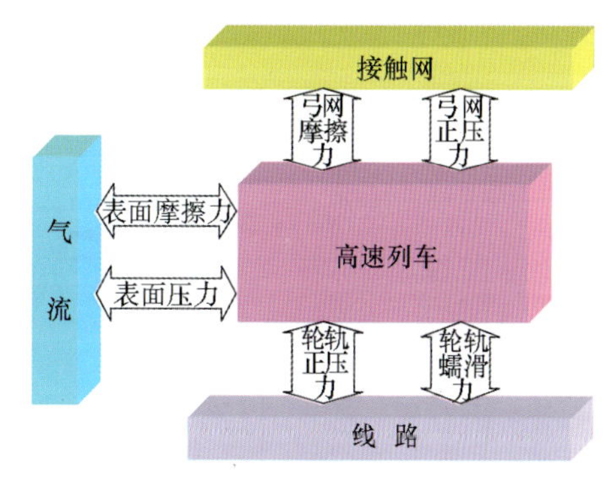

图 1－7 高速列车系统力学关系

高速列车系统耦合关系的表征习惯上采用力学关系，这是因为作用力的大小体现了相互作用的强弱，同时接触副的摩擦磨损和接触疲劳是由作用力所直接产生的。但笔者认为：力学特征是一个相互作用的结果，作用力是依据接触副在接触点的相对位移和相对速度形成的。相对位移用于计算接触副的正压力，而相对速度则用于计算切向力，也就是轮轨间的蠕滑力、弓网间的摩擦力和流固间的表面气动摩擦力。因此耦合关系的本质是相对位移和相对速度。

1.2.3 高速列车系统动力学理论

1. 高速列车系统动力学体系

高速列车系统动力学不仅要研究移动设备的运动,还要考虑与固定设备和空气介质的相互作用,形成具有高速特征的线路－车辆－受电弓－接触网－气流耦合系统动力学,具体的高速列车系统动力学体系结构和相互关系如图1－8所示。可以看到,高速列车系统动力学以轮轨相互作用模型为基础,以传统的车辆动力学为核心。图1－8中的弓网系统动力学、车辆动力学、车－线耦合动力学和空气动力学在各自的研究领域已经初步形成。我们的任务是提高各个子系统的建模精度,并实现系统的耦合。因此,首先把车辆动力学在纵向扩展成列车动力学,向上与弓网系统动力学结合,向下与车－线(桥)耦合系统动力学结合,周围与空气动力学结合,形成高速列车及其耦合系统一体化的高速列车系统动力学。轮轨相互作用模型的理论基础是轮轨接触力学和轮轨蠕滑理论,而且要考虑车－线(桥)耦合作用下的轮轨动态相互作用,轮轨相互作用的研究不仅是研究相互作用模型,还应涉及和轮轨服役相关的脱轨、黏着、疲劳和摩擦磨损的机理研究,而且这些失效行为反过来还会影响列车的动力学性能。由于受电弓运行受到强烈的气流作用,因此,空气动力学不仅仅要和列车动力学结合,还要和弓网系统动力学结合。列车动力学往往还要与用于改善列车性能的主动控制系统相结合,列车动力学必须和列车的牵引/制动控制系统相结合,甚至要与列车运行自动化控制系统相结合。可以看到图1－8所示的高速列

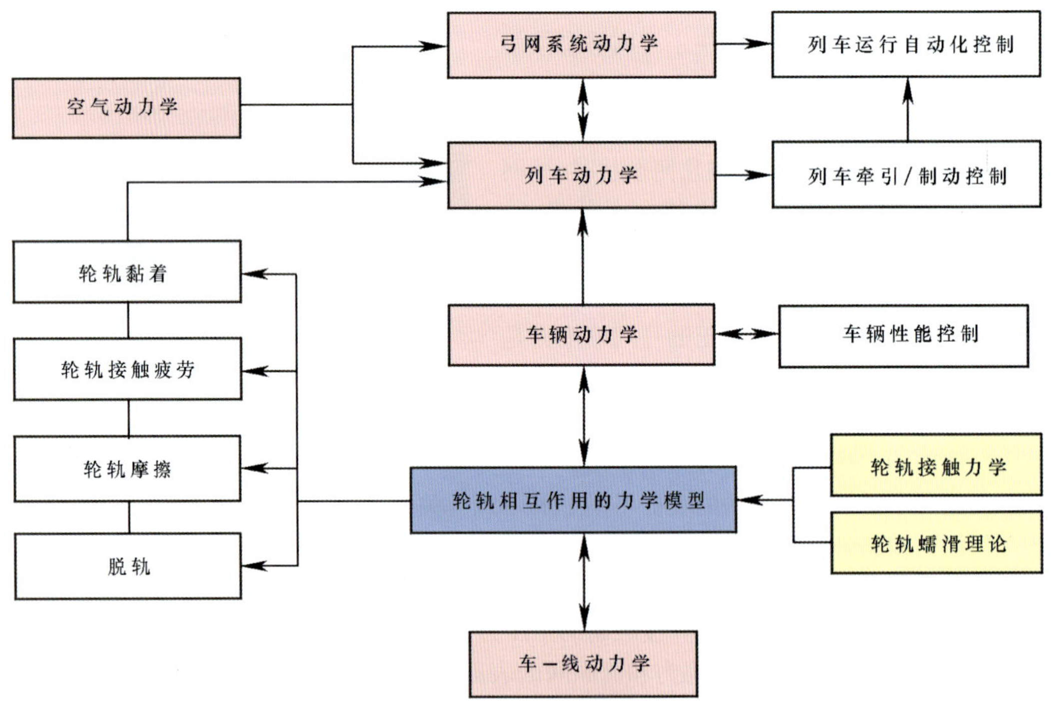

图1－8 高速列车系统动力学体系结构

车系统动力学体系,已经在原有的车辆动力学基础上得到了发展和延伸,而且,涉及的内容已经超出动力学本身,是广义的动力学问题。

2. 高速列车系统动力学模型框架

从图 1-8 的研究框架可以看到,在高速列车系统动力学模型建立时,可采用子结构方法,分别列出接触网、受电弓、动车组、钢轨、线路以及气流的运动微分方程,然后考虑各子系统之间的运动和力的耦合作用,最终构建成完整的高速列车系统的动力学模型。模型框架如图 1-9 所示。基于多刚体假设的高速列车系统动力学模型作者在文献[12],[13]中已经介绍过,下面所要介绍的是在建模方面的最新进展。

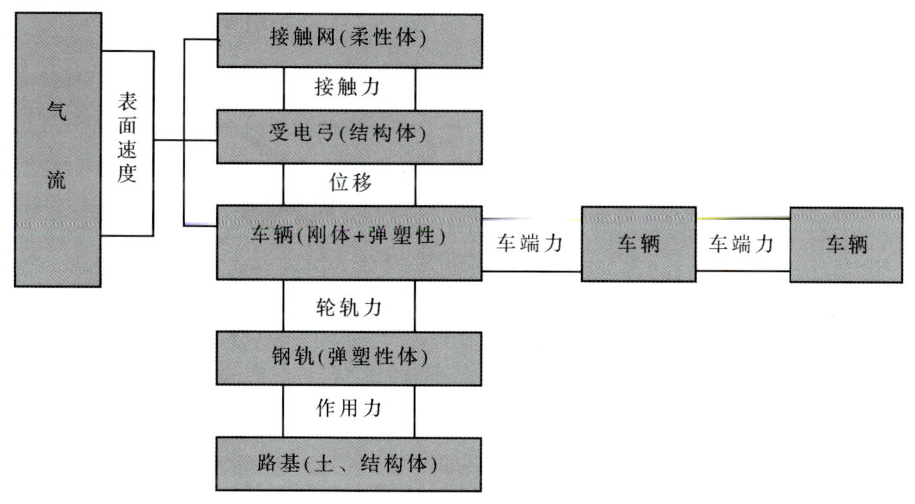

图 1-9 高速列车系统的动力学模型框图

随着计算机的发展,接触网模型宜采用计算精度高的有限元模型,如图 1-10 所示,其中承力索和接触线根据结构特点和研究的需求可以视为梁单元或索单元,吊弦采用两端带质量的弹簧单元。由于受电弓框架本身仅仅是单自由度的机构体[见图 1-11(a)],习惯上采用等效化的刚体模型,一般采用考虑弓头运行和框架运动的两质量块模型[12],可以采用考虑上框架弹性作用的三质量块模型[见图 1-11(b)],但为了考虑受电弓结构振动对弓网接触力的影响,越来越多的学者开始考虑受电弓的弹性作用,建立全弹性体受电弓模型[见图 1-11(d)]。考虑到框架弹性对受流的影响相对较小,而考虑框架弹性后的计算工作量大大增加,因此,作者建议采用考虑上框架弹性等效作用和弓头弹性的刚柔混合模型,见图 1-11(c)。弓网之间通过弓网接触力实现耦合作用。

建立列车模型首先是建立车辆模型。尽管轮对、构架和车体等主要结构件均可以采用弹性体模型,但这将大大增加计算的自由度。因此,从实效性而言,在研究车辆动力学三要素——运动稳定性、运行平稳性和安全性时,车辆模型一般还是采用多刚体模型。如果要得到精确的结构振动和动应力状态,就必须考虑结构的弹性作用。可以把弹性体描述成模态缩减模型,转化成多体系统动力学模型。当然也可以建立刚柔混合模型,进行直接积分。

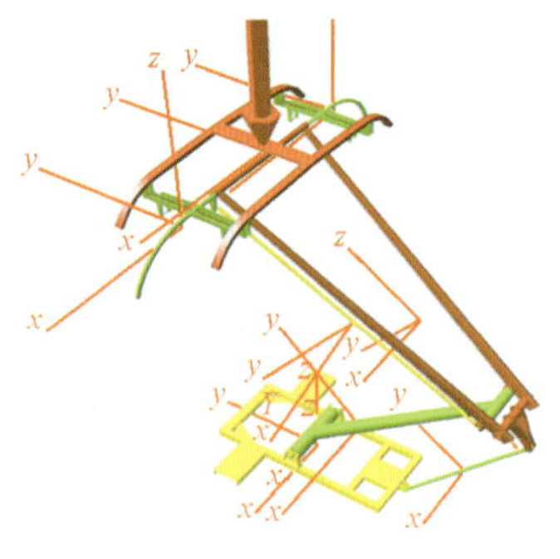

(a)多刚体模型

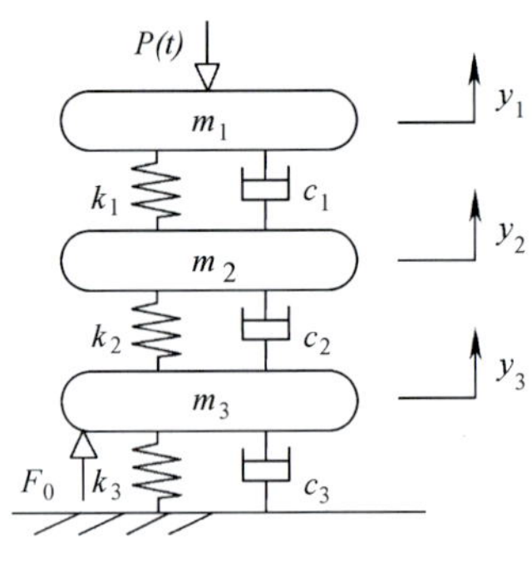

(b)集中质量模型

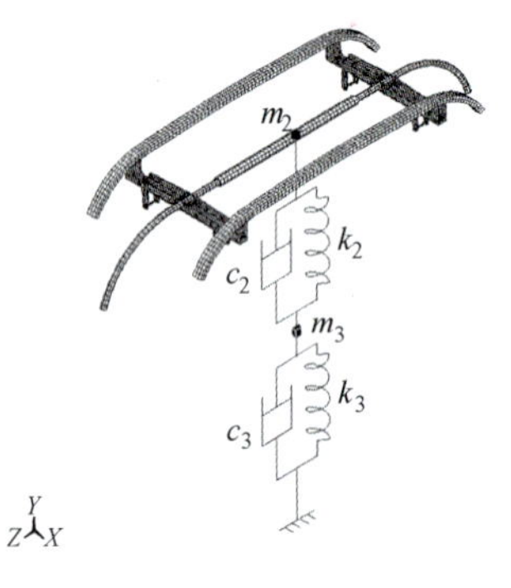

(c)考虑弓头弹性模型

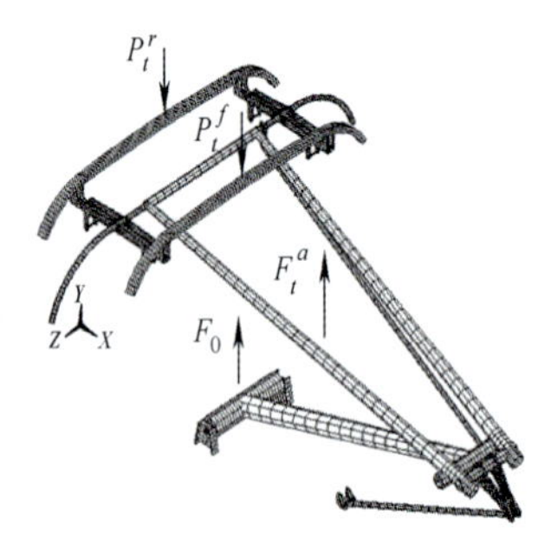

(d)全弹性体模型

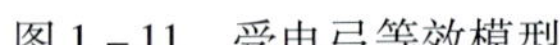

图1-11　受电弓等效模型

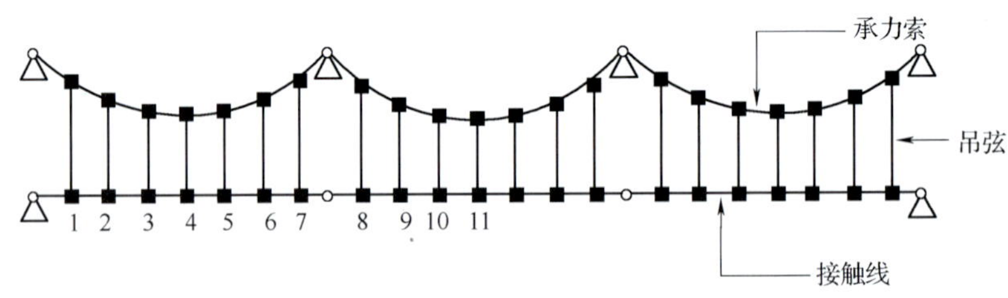

图1-10　梁单元接触网模型

为了提高动车组的动力学性能，越来越倾向于在车与车之间设置耦合减振系统，如CRH2-300型动车组。在建立各车辆模型的基础上，通过车端力的耦合作用，形成列车系统的运动方程。在列车动力学建模时，一般的方法是把列车所有要考虑的自由度的运动微分方程一一列出，并同时求解。如此一来，系统方程多，计算时的矩阵规模大，对写方程和计算都是很麻烦的事。考虑到高速列车是由结构和参数相同的动车和拖车组成，因此，完全可以采用文献[14]提出的基于循环变量的列车动力学模块化建模和递推积分方法，突破商业软件对建模和计算规模的限制。

由于受电弓的质量很小，因此在车辆振动计算中可以忽略受电弓的作用。在研究弓网振动时，受电弓基座固结在车体上，车辆振动很大程度上影响到受电弓的运动，因此要考虑机车车辆与受电弓的耦合。具体是利用受电弓基座的位移和车体的位移的一致性实现它们之间的耦合作用。

车辆与钢轨之间是通过轮轨相互作用力实现耦合的，切向力一般采用具有非线性特征和考虑自旋影响的沈氏模型。钢轨一般采用弹性梁模型，目前一般采用欧拉梁模型，但随着列车速度的提高，尤其是高速列车，高频振动作用渐强，应该采用更加合理的铁木辛柯梁模型。为了讨论特殊问题，还可以进一步细化轮轨模型，如为了研究钢轨接头问题，发展有钢轨焊接接头弹塑性计算模型（如图1－12所示）。随着列车速度和轴重的加大，制动和加速牵引频繁，轮轨接触表面热疲劳现象成了轮轨滚动接触疲劳的主要问题，为此利用有限元方法和传热学发展有轮轨接触热弹塑性耦合计算模型。模型中考虑温度场和应力场的相互影响关系，轮轨间热传导，接触区之外自由表面与环境之间的热对流与热辐射，材料热物理性能和力学性能随温度变化的影响，摩擦热在轮轨接触斑法向、纵向和横向上的传导。为了研究波浪型磨损，需要发展有轮轨材料摩擦磨损模型和轮轨三维滚动接触力学模型为一体的三维钢轨磨耗型波磨分析计算模型。因此，为了考虑到轮轨材料的服役损伤，在轮轨相互作用模型中可以考虑到轮轨材料的局部摩擦磨损和局部变形等特征，这些模型是高速列车服役模拟的基础。

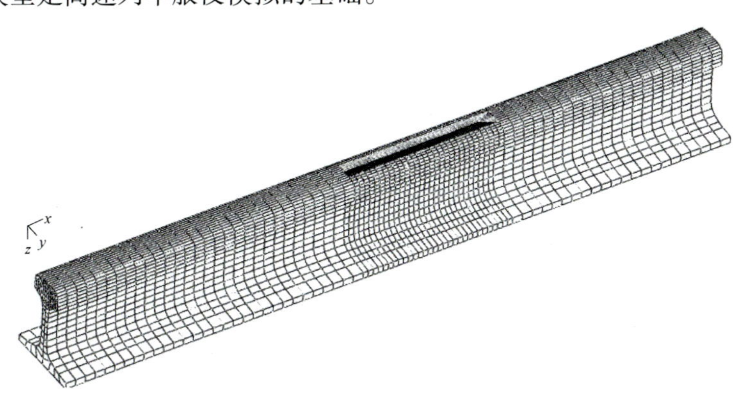

图1－12 钢轨焊接接头弹塑性计算模型

线路建模从目前的研究层面上看，除钢轨以外，一般简化成线性多体系统。实际上，高速铁路经常采用高架方式，也就是线路是桥梁结构，这时的线路模型应改为考虑桥梁弹性结构的计算模型，文献[15]建立的车－线－桥模型就考虑了桥梁模型结构，如图1－13所示。由于桥上和路基的轨道刚度相差很远，因此，在这样的线－桥结构模型中实际上还

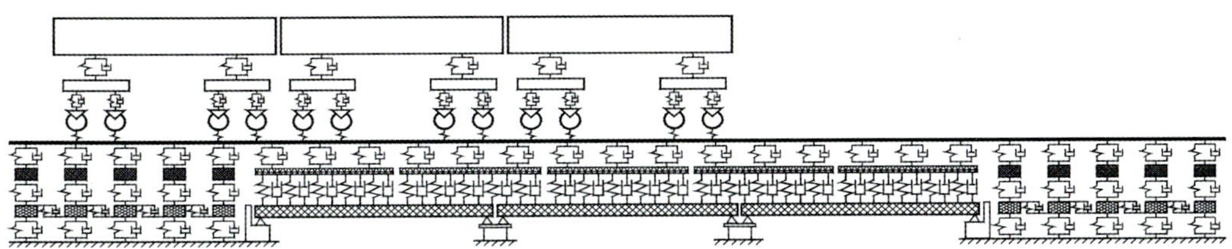

图1－13 高速铁路线－桥结构计算模型

应该考虑线－桥过渡段模型。由于接触网架设在桥上，相应的接触网模型还应考虑与桥振动的耦合作用，把桥梁的振动作为接触网的振动输入。

空气模型一般采用三维 Navier－Stokes 方程描述，它与高速列车的耦合作用采用流体边界层和列车表面的运动速度一致关系来实现。列车与空气介质相互作用的计算机仿真方法采用动边界以及相应的动态网格技术，将计算流体动力学和车辆的多刚体动力学相结合，来考察列车与周围空气介质的相互作用。具体过程如图 1－14，如积分时间到了第 i 步，车辆处于状态 i，将车辆状态 i 传到计算流体动力学程序中，计算车辆状态 i 的气动力 i，然后将气动力 i 传到车辆系统动力学程序中，计算得到新的车辆状态 $i+1$，再将车辆状态 $i+1$ 传到计算流体动力学程序，如此反复直至仿真结束。刚体状态包括刚体振动的速度和位移，气动力为等效到刚体质心的气动力。这样的计算方法实际上是一种弱耦合方法，是目前解决流固耦合常用方法之一。

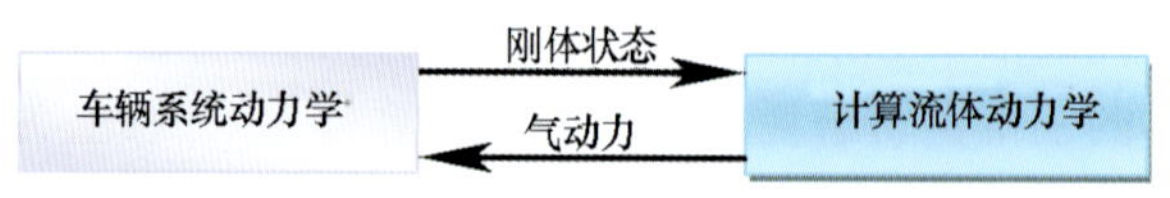

图 1－14　耦合计算原理图

从以上的建模过程可以看到，高速列车系统动力学模型的建立，关键是建立线路、车辆、弓网等各子系统的精确模型，以及确定各子系统之间的耦合关系。高速列车系统动力学仿真平台的建立是以高速列车为核心，对其他各子系统进行耦合关系的设置，如对线路，依据列车模型，给定各车轮的位置；如对弓网，给出受电弓的个数和受电弓具体位置（在某节车上的位置）；对气流模型，依据列车的形状，给出列车的外形。最后通过加载各耦合作用关系，如轮轨关系中的轮轨力、车和受电弓之间的位移和力（由于受电弓对车的作用力很小，也可以忽略）、列车和气流界面之间的压力和位移，把高速列车、线路、弓网和气流组成的耦合系统在统一的积分时间坐标内进行仿真计算，从而构建了完整的高速列车系统动力学仿真平台，如图 1－15 所示。由于采用子结构形式，这使得建模和计算均具有相对独立性，我们不仅可以对整个系统进行仿真分析，同时根据计算需要，可以屏蔽掉某些耦合系统，进行局部的耦合系统仿真计算。

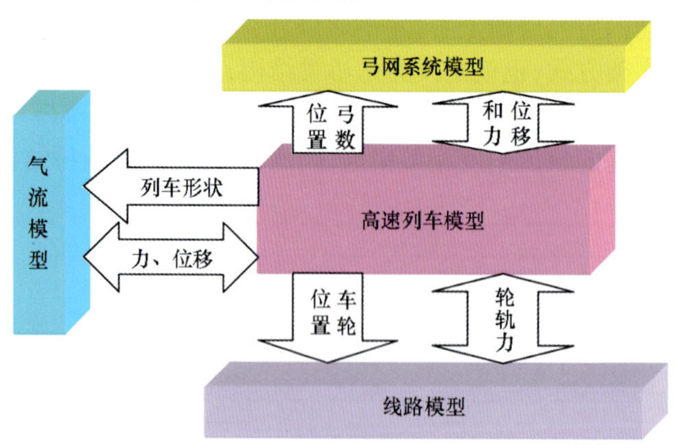

图 1－15　高速列车动力学仿真平台

3. 高速列车服役模拟

高速列车服役模拟是对高速列车服役过程进行模拟，以获得高速列车在服役过程中的性能演变规律。高速列车服役模拟的关键是知道高速列车在服役过程中的参数变化规律，或是在不同服役过程节点的参数范围，从而确定相应的服役性能。高速列车服役模拟的基础是高速列车系统动力学仿真平台。

高速列车服役模拟的计算框图如图 1－16 所示。系统模型中描述了高速列车系统模型，包括时变参数模型。把高速列车运行的边界条件作为系统输入，对此系统模型进行仿真计算，可得到计及服役过程影响的系统的响应，系统响应反过来又影响材料和结构的服役性能，引发材料和结构的失效和破坏，影响计算模型和参数的变化，进而导致高速列车系统性能的变化，出现诸如噪声、振动、疲劳等有害响应，甚至列车脱轨事故。新得到的高速列车性能进一步影响到材料和结构的服役性能，使得计算模型和参数新的变化，这样反复循环计算，就模拟了高速列车的服役过程。

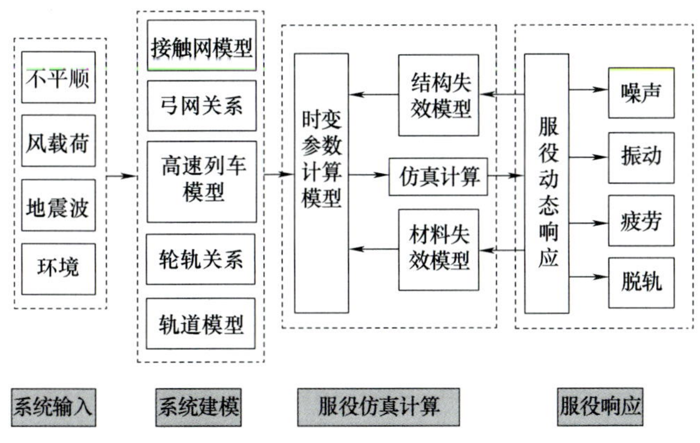

图 1－16 高速列车耦合大系统服役模拟计算的框图

可以看到，服役模拟和传统动力学仿真在内涵上有所不同，后者在得到响应结果后，仿真过程就结束了；而在服役模拟时，系统模型中加入了时变的计算参数模型，模型的参数是由系统响应导致的材料和结构的状态决定的。因此，在计算时，利用服役模型和仿真计算，需在系统响应和时变参数模型之间反复迭代，实现高速列车的服役过程模拟，得到系统响应和广义失效（即材料失效、结构损伤和参数变化）之间的关系，揭示高速列车动态行为和性能的演变规律。

开展服役模拟，首先就是建立材料失效、结构损伤和参数变化（统称为广义失效）的失效模型，并纳入高速列车系统动力学数学模型中，形成高速列车系统的服役模型。高速列车的服役模拟在理论上是可行的，主要的环节是建立各种精确、全面的失效模型，显然这是十分困难的，也没有必要，关键是抓住失效比较明显且直接影响到高速列车的运行性能的结构和参数。比较重要的因素如下[7]：

（1）参数失效 参数主要是指悬挂参数和几何参数。高速列车的悬挂参数包括一系和二系的悬挂刚度和阻尼以及干摩擦。它们的变化直接影响高速列车运行性能。由于运用时间和环境的作用，悬挂元器件，特别是橡胶件、摩擦件和阻尼器，悬挂参数变化是不可避免的，应在服役模拟中加以考虑。高速列车的几何参数变化主要集中在转向架中，如车轮的轮径、踏面形状和轮重，前后轮对的平行度（或对角线）等等。这些几何参数的变化往往是由于摩擦磨损、塑性变形等造成的。

（2）结构失效　结构决定系统的功能，但结构失效同样影响系统的性能。结构失效从轮轨到车辆和弓网结构均存在，主要形式有疲劳和摩擦磨损。对轮轨来说，由于高速滚动，既有轮轨的摩擦磨损导致的轮轨几何参数变化和波浪形磨耗等，也有接触疲劳导致的轮轨表面剥落、龟裂和断轨的失效。对车辆结构来说，特别是转向架结构，主要是疲劳带来的结构断裂等失效事故；对于弓网，由于是载流条件下的高速滑动，其失效模式不仅有磨损，还有电弧烧蚀等。

（3）材料失效　材料失效是指在系统服役过程中材料组织或成分的变化导致的机械性能变化，包括强度、硬度、韧性和摩擦磨损性能，以及导电和导热等性能，最终导致结构性能和参数的变化，或者材料表面状态的变化，如硬度、摩擦系数等。材料失效主要是材料在运用过程中力、热、电和磁之间的耦合作用，以及环境影响所致。材料失效时，由于其结构的外形基本不变，往往是缓慢而隐蔽的过程，但其影响和破坏作用不能低估。

1.2.4　高速列车系统（广义）动力学研究

传统的车辆系统动力学研究的核心是三要素：运动稳定性、运行平稳性和安全性，而列车动力学研究不仅要研究列车编组状态下车辆动力学的三要素，同时要研究列车牵引/制动控制中列车的纵向动力学行为。高速列车系统动力学和传动的车辆（列车）动力学的最大区别，在于除了研究列车本身的动力学问题外，还要研究列车运行所引起的线路、接触网和气流等耦合系统的运动响应，研究列车与耦合系统的相互作用机制，以揭示其中的耦合关系。

1. 高速列车动力学的基本研究

（1）运动稳定性研究内容

稳定性这一概念早在 17 世纪 Torricelli 时期就已经形成，但直到 1892 年才由 A · M · 李雅普诺夫给出严格的定义[16]。轮对抗蛇行运动稳定性则是车辆系统本身的固有属性，是决定能否高速运行的关键因素，属于动态（运动）稳定性的范畴[17]。

高速列车运动稳定性研究主要研究以下问题：

- 研究不同编组状态（动车和拖车位置）各车的蛇行失稳速度，以车辆最低失稳速度，确定列车的失稳速度；
- 研究列车在不同线路条件，包括直线、曲线、坡道的列车运动稳定性状态；
- 研究在不同运行工况下，包括加速、匀速和减速运行工况下的列车运动稳定性状态；
- 研究不同故障状态下的列车运动稳定性；
- 在以上列车运动稳定性研究基础上，研究动车组结构参数、动力学参数对列车运动稳定性的影响规律，并以此来优化动力学参数。

（2）运行安全性

高速列车运行的安全性是最重要的研究内容，因为，没有安全也就没有高速铁路可

言。运行安全性研究的核心是脱轨，对于高速列车脱轨往往是“谈虎色变”，也许人们还无法从德国ICE高速列车脱轨事故的噩梦中解脱出来。其实脱轨并不可怕，关键是对脱轨问题有一个正确的认识，包括脱轨现象的固有性、脱轨因素的复杂性和脱轨过程的可控性。我们在认识脱轨本质的基础上，来进行脱轨安全性的研究：

- 研究不同编组状态（动车和拖车位置）的各车的轮轨力及安全性指标：脱轨系数、轮重减载率和倾覆系数等；
- 研究列车在不同线路条件，包括直线、曲线、坡道的轮轨力及安全性指标；
- 研究在不同运行工况下，包括加速、匀速和减速运行工况下的轮轨力及安全性指标；
- 研究不同故障状态下的轮轨力及安全性指标；
- 研究保证列车安全条件下的地震、大风的临界安全域。

（3）运行平稳性

铁路机车车辆是运载工具，自然对车辆运行的平稳性有要求，随着人们对出行舒适度要求的提高，高速铁路对列车运行平稳性品质要求更高。运行平稳性问题的研究，不应该仅仅研究车体的振动，同时还应该研究整个系统的振动特征，力求系统每个零部件的振动都是平稳的。围绕高速列车运行平稳性的研究内容主要包括：

- 研究列车各车、各重要部件的振动状态，对车体而言包括振动加速度、平稳性指标和舒适度指标；
- 研究在不同运行工况下，包括起动加速、匀速和减速运行工况下的列车振动状态；
- 研究不同故障状态下的列车振动状态；
- 研究悬挂模态（刚体模态）和结构模态对列车振动状态的影响；
- 研究动力学参数，特别是悬挂参数对列车运行平稳性的影响规律，并以此进行优化设计。

2. 高速列车动力学的耦合关系基本研究内容

高速列车系统动力学研究的特点就是除了研究列车本身的动力学性能外，还要考虑轮轨、接触网、气流与高速列车运行有耦合作用，以及对高速列车运行品质的影响。

（1）轮轨关系研究

根据轮轨关系研究的内涵和习惯做法，传统概念的轮轨关系仅仅是研究轮轨接触斑上的关系，包括轮轨接触几何关系、轮轨滚动接触力学关系，影响轮轨接触性能的轮轨型面、材料和硬度等匹配关系，这包括轮轨接触带来的轮轨摩擦磨损等问题。而实际上，轮轨的相关作用是由于车辆和线路的结构、参数和状态有关，而且线路的结构、参数和状态还要直接影响到列车的动力学性能。因此，轮轨关系的研究，除了研究轮轨关系本身的内容外，还要研究车与线的耦合关系。从工程应用和高速列车设计的角度，轮轨关系研究应该考虑的内容：

- 轮轨型面匹配；
- 轮轨材料匹配；

- 轮轨硬度匹配;
- 线路刚度优化;
- 过渡段刚度变化;
- 线路不平顺。

(2)弓网关系研究

对于高速列车而言,弓网关系重要性和研究的必要性已经成为共识。然而,弓网关系到底要研究什么,解决什么问题,这样的定义还不是特别确切。相对轮轨关系研究而言,弓网关系的研究相对薄弱。根据我国第六次铁路提速试验和京津城际铁路的联调联试的情况,高速弓网关系研究应该注重以下几个方面:

- 波速率的利用;
- 弓网的跟随性和弓网匹配;
- 气流对受电弓正反向运行的影响;
- 接触线不平顺。

(3)流固关系研究

在高速列车设计中,空气动力学研究是必不可少的,但是,传统的空气动力学主要研究列车的空气阻力和列车的表面压力等,其实这样的空气动力学研究实际上是一种稳态的研究,并没有真正在研究动态的空气动力学性能。"流固耦合"是这几年才在铁路行业应用的名词,而且,流固耦合关系已经越来越得到动力学研究者的重视。在高速列车中,流固耦合关系是气流和列车的相对运动和作用关系,流固耦合动力学研究,更多地要考虑气流作用对列车动力学性能的影响:

- 不同线路和车辆状态下的空气阻力;
- 列车表面气压;
- 气流对列车运行姿态的扰动;
- 气流对列车运行安全性的影响;
- 列车风对沿线物体和人员的作用。

3. 服役模拟研究内容

高速列车系统服役模拟研究刚刚提出,由于高速列车系统的参数时变模型建立困难,还没有得到广泛应用,但随着我国高速列车的发展和运用,服役模拟会成为高速列车系统动力学研究的重点。从大的层面可分为以下内容:

(1)高速列车的运动行为

研究高速列车在不同运行条件和不同边界条件下的运动行为,特别是掌握边界条件,如风载荷、地震波对列车运行的影响,研究高速列车运动行为与运行及边界条件的关系,确定高速列车运行的安全域。

(2)广义失效及性能的演化规律

通过对服役过程的模拟,掌握广义失效(材料失效、结构损伤、参数和性能蜕化)的动态过程,研究在不同广义失效条件下的高速列车的动态性能,从而掌握高速列车性能的演变规律。一方面进行高速列车系统(包括动车组、线路、接触网)状态的辨识和安全评估;

同时，建立高速列车系统失效链，研究失效链之间的关联度，以及对列车动力学性能的影响度，由此找到改善系统性能的途径。

(3)广义失效控制标准

研究广义失效，特别是悬挂参数和几何参数变化的控制值。具体研究内容包括悬挂参数的可用范围、几何尺寸公差的允许值、轮轨磨耗和损伤允许度、车轮质量和轮径差的限制值等。为设计、生产和维护标准的制订提供理论依据。

京沪高速铁路将成为世界铁路发展史上的里程碑，创造一系列世界之最：铁路工程投资预算最大(￥2 209.4 亿元)，线路最长(约 1 318 km)，商业运行速度最高(350～380 km/h)，高速持续运行路程最长(在 350 km/h 以上持续运行 800 km)，发出间隔最短(3 min)。这些数字不仅预示着中国将成为世界高速铁路的大国，更是高速铁路技术的强国。我国政府能够作出这样一个重大的决定，是建立科学决策之上的。首先，铁道部在“引进先进技术、联合设计生产、打造中国品牌”的战略方针的指导下，我国已经完全掌握了 200～250 km/h 动车组技术和相应的生产及管理能力，并通过铁路第六次大提速试验和近两年的商业运营，掌握了动车组的运行和维修管理。其次，通过再创新，成功对 CRH2 型动车组，通过技术改进，发展成为 300～350 km/h 的动车组；同样，把 CRH3 型动车组从原设计速度的 300 km/h 提升到了 350 km/h。再是在京津城际铁路上完成了全面科学的联调联试、型式试验、学科研究性试验和运营跟踪试验，积累了大量的运用经验和试验数据(详见第 2 章)，为京沪高速铁路新一代高速列车的研制提供了及时的、难能可贵的第一手科学数据。加上前期开展的基础研究，不仅提出更加科学的高速列车系统动力学理论，使得高速列车研究水平大大提升，同时搭建了包括理论研究、仿真分析、台架试验和线路试验研究的高速列车系统动力学研究体系，为新一代高速列车的自主创新提供了基础理论和研究平台。时速 350～380 km 的新一代高速列车的自主创新并不是从零开始，而是具有良好的理论基础和科研实力。基于高速列车系统动力学理论，极大地提升高速列车设计理论与设计方法，为实现京津城际高速列车到京沪高速铁路新一代高速列车的跨越提供了保证。

参 考 文 献

[1] 百度高速铁路的字条解释(http://baike.baidu.com/view/3743.htm).

[2] 罗林. 高速铁路轨道必须具有高平顺性[J]. 中国铁路,2000,(10):8－11.

[3] 于万聚. 高速电气化铁路接触网[M]. 成都:西南交通大学出版社,2003.

[4] 雷晓燕. 轨道临界速度与轨道强振动研究[J]. 岩土工程学报,2006,28(3):144－147.

[5] 赵国堂. 提高轨道临界速度应作为客运专线设计工作的重要目标[J]. 中国铁路,2005,(1):40－42.

[6] 黄欣,董孝卿. 高速铁路车辆噪声标准的研究[J]. 铁道机车车辆,2008,28(4):38－40.

[7] 张卫华,张曙光. 高速列车耦合大系统动力学及服役模拟[J]. 西南交通大学学报,2008,43(2):147－153.

[8] 铁道部科技司. 我国郑武线首次 200 km/h 旅客列车正线综合性能试验总结[R]. 北京:1998.

[9] 铁道部科学研究院. 国产 200 km/h 交流传动电动车组(1M6T)性能试验报告,TY 字第 1488 号[R]. 北京:2000.

[10] 张曙光,康熊,张卫华,等. 京津城际铁路高速列车系统动力学试验研究报告[R]. 北京:2008.

[11] 吴敌,钟雁. 我国铁路客运动车组检修制度的研究[J]. 铁道运输与经济,2006,28(1):50-51.

[12] 张曙光. 铁路高速列车应用基础理论与工程技术[M]. 北京:科学出版社,2007.

[13] 张曙光,张卫华,金学松. Dynamics of high speed wheel/rail system and its modeling[J]. Chinese Science Bulletin,2007,52(11):1566-1575.

[14] 张卫华. 机车车辆动态模拟[M]. 北京:中国铁道出版社,2006.

[15] 翟婉明,蔡成标,王开云. 高速列车轨道桥梁动态相互作用原理及模型[J]. 土木工程学报,2005,38(11):132-137.

[16] 舒仲周,张继业,曹登庆. 运动稳定性[M]. 北京:中国铁道出版社,2001.

[17] 刘宏友. 高速列车中的关键动力学问题研究[D]. 成都:西南交通大学,2003.

京津高速列车试验分析

2007 年4 月18 日,我国成功实施了第六次全国铁路大提速调图,和谐号 CRH 系列动车组首次出现在中国铁路上,在既有线上实现了 250 km/h 的高速运营,从而揭开我国铁路高速化发展的序幕。一年之后又成功开行了京津城际铁路的高速列车,最高运行速度一举提高到 330 ~ 350 km/h。

这些看似飞速发展的背后,开展了大量的科学研究,包括试验研究,其中综合调试与评估是保证高速铁路系统安全性和可靠性必不可少的关键技术,是高速铁路集成技术的核心组成部分。在由高速列车、运行控制、牵引供电、轨道线路、客运服务、运营调度等系统构成的高速铁路大系统中,各系统内部及系统间的结构复杂、关联紧密、相互作用,必须通过综合调试,对各系统的状态、性能、功能和系统间耦合关系进行测试、验证、调整及优化;并通过综合评估,对大系统的安全性、稳定性、舒适性、环境兼容性和运输需求适应性进行全面验证。作者基于中国第一条高速铁路——京津城际铁路系统的特定需求,提出了综合调试与评估的系统方案,确立了系统构架,定义了系统接口,建立了评估标准,规范了接口的技术管理流程,并全面主持了京津城际铁路的系统调试与综合评估。在历时 181 天,累计行程 40 余万公里的工程实践中,组织进行了 2 000 余项测试、调试,完成了 200 余项试验评估,积累了大量的运用经验和试验数据。因此也建立了中国高速铁路综合调试与评估的基本模式和标准体系。

围绕高速列车本身制定了《高速动车组整车试验规范》,该规范规定了高速动车组落成后投入运营前的系列试验,包含了 28 个方面的 72 个试验项目,涵盖了动车组的牵引性能、速度控制、运行阻力、制动性能、动力学性能、辅助供电、网压波动、压力保护、空调采暖、噪声、弓网受流性能、列车信息系统及网络、电磁兼容以及高压试验、重联控制以及典型运行图的检查等整车和若干子系统性能的试验。与此同时,根据高速列车系统动力学研究的需要,利用京津城际铁路的联调联试,搭载完成了以科学研究为目的的试验,以确定高速列车在高速运行条件下的动态行为,获取各子系统的振动特征和传动关系;掌握高速列车运行时对固定设备和周围环境的影响规律,探明高速列车耦合大系统中轮轨、弓网、流固和机电耦合关系;掌握高速列车及其耦合系统在服役过程中的性能演变规律。

另外,在 CRH 系列动车组的引进技术消化吸收再创新过程中,还进行了大量的实验室台架试验,包括零部件试验、参数测定和整车的性能试验。图 2 - 1 是 CRH2 - 300 型动车组在西南交通大学牵引动力国家重点实验室进行两辆车连挂动力学性能测试,以考虑车间耦合减振器的作用。

图 2 - 1　CRH2 - 300 型动车组在滚动振动试验台上试验

京津城际铁路可以看成作为

京沪高速铁路的练兵场，完成的综合调试、高速列车型式试验、科学研究性试验和运行跟踪试验，为京沪高速列车的自主创新积累了大量基础数据，为高速铁路，特别是京沪高速铁路的研究、设计、施工、运行和维修维护提供理论基础和科学依据。因此，总结好京津城际高速列车试验研究成果，是搞好京沪高速列车优化设计的关键。

2.1　时速300～350 km动车组结构介绍

为了更好了解京津城际铁路高速列车试验研究成果，本节首先简要介绍两种时速300～350 km动车组的结构。

2.1.1　CRH2－300型动车组

1. 总体结构

CRH2－300型动车组为6动2拖组成的8辆编组，如图2－2所示。

动车组长/m	201.4
动车组宽/mm	3 380
动车组高/mm	3 700
动车组总重/t	363/412(空/重)
地板距轨面高/mm	1 300
车钩中心线高度/mm	1 000

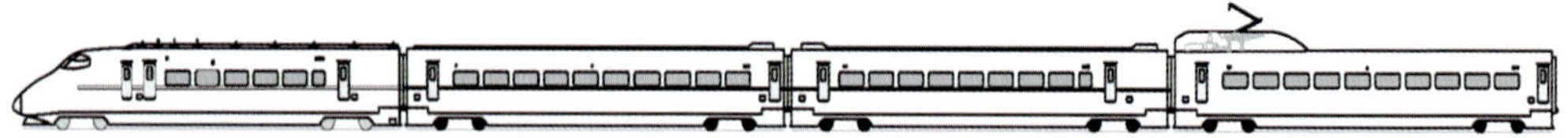

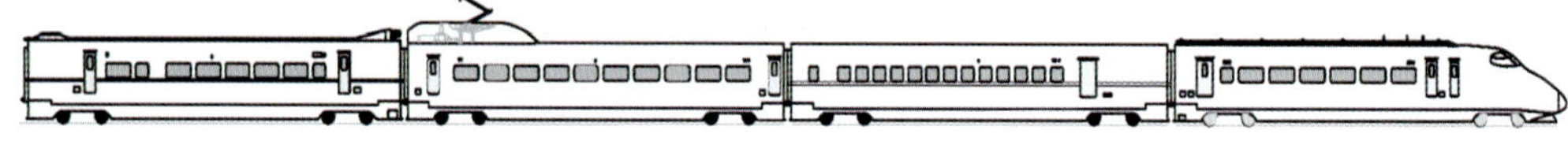

图2－2　CRH2－300型动车组编组图

2. 车体结构

车体结构主要分为头车车体和中间车车体两种。头车车体由底架、侧墙、车顶、端墙、车体附件及司机室头部结构组成，中间车车体由底架、侧墙、车顶、端墙及车体附件组成。车体结构具有以下特点：

（1）车体断面：宽幅车体，车体横断面最大宽度为3 380 mm，高3 700 mm，地板面距

离轨面为 1 300 mm 如图 2－3 所示；

（2）车体结构采用薄壁中空双壳结构，大幅减少零件数量，虽相对于单壳结构较重，但其刚性高，降噪效果好，乘车舒适性提高；

（3）车体使用铝合金材料，可回收，对环境损害低，寿命周期成本低；

（4）铝合金车体质量比钢制车体轻，车体质量为 7.1～8.3 t，大幅降低轴重，从而降低运营成本；

（5）防腐性好，可以实现无涂装设计；

（6）采用不燃性材料，防火性能好；

（7）能扩大自动化焊接范围，提高生产效率，降低制造成本，提高质量；

（8）头部结构按车头断面形状变化将纵骨架形成环状，与横向骨架叉接组焊，骨架外焊接铝制外板。如图 2－4 所示，整个头部结构焊接严格，气密性好，结构上适应配线、配管及内装需要。

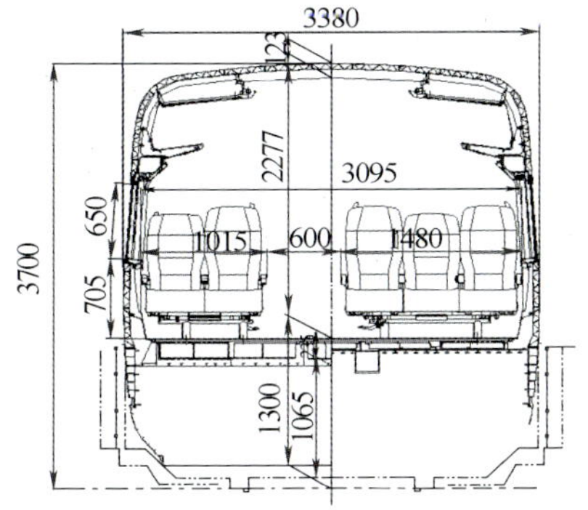

图 2－3　车体断面

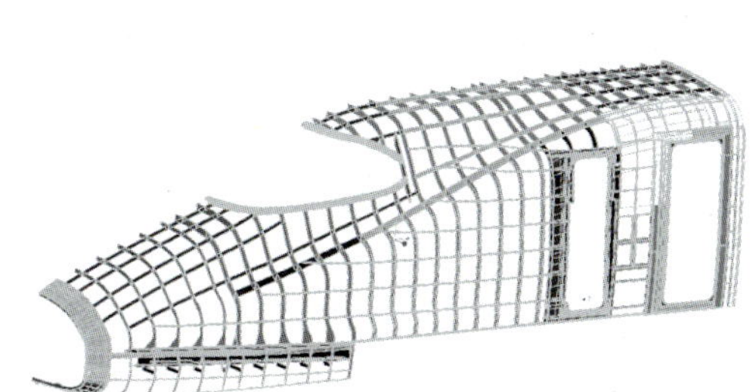

图 2－4　头部结构

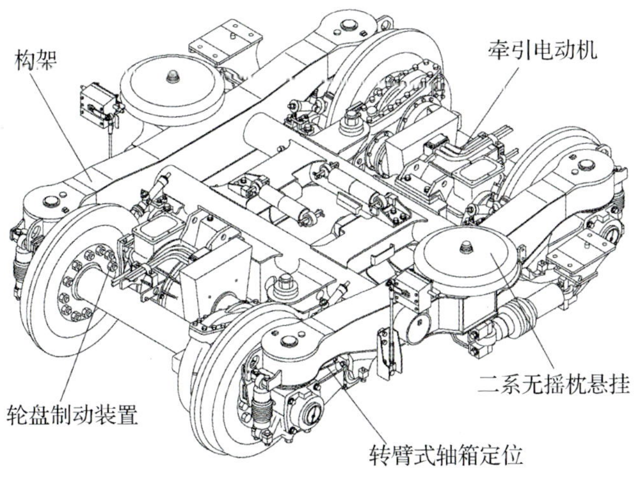

图 2－5　CRH2－300 型动车组动车转向架

3. 转向架结构

CRH2－300型动车组转向架分为动车转向架和拖车转向架两种类型，如图2－5、图2－6所示，两种转向架的主体结构基本一致。采用H形焊接构架、无摇枕二系悬挂、转臂式轮对定位、钢弹簧支撑一系悬挂、空心轴轮对及铝合金齿轮箱结构。

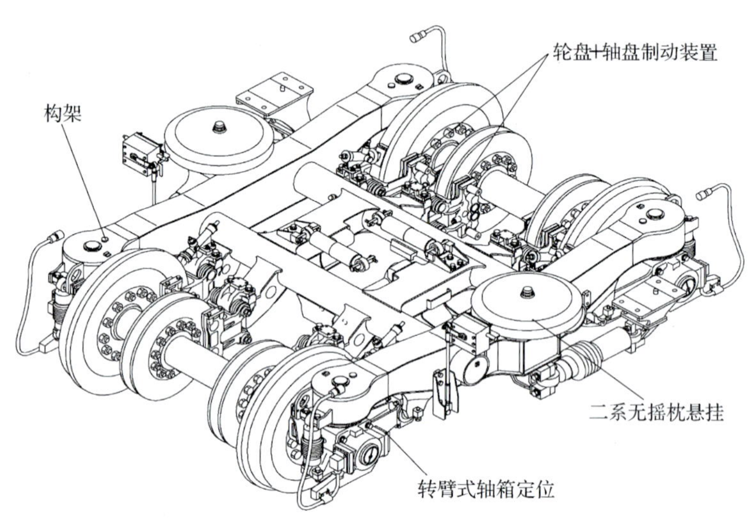

图2－6　CRH2－300型动车组拖车转向架

转向架中心距/mm	17 500
轨　　距/mm	1 435
轮对内侧距/mm	$1\ 353\ ^{+2}_{-1}$
轴　　距/mm	2 500
轴颈中心距/mm	2 000
轮　　径/mm	ϕ860（新）/790（全磨耗）
踏面形式	LMA 磨耗形踏面
承载高度/mm	1 000
转向架质量/t	7.3（动）/6.6（拖）
电机悬挂方式	架悬式
齿轮传动比	3.036
基础制动型式	动车（轮盘），拖车（轮盘＋轴盘）
半主动横向减振器	头、尾车设置
车间减振器	相邻车之间设置

转向架构架分动车构架和拖车构架两种。它们都为焊接结构，主体框架呈H形，由两侧梁和横梁构成。动车和拖车构架质量分别为1 149 t（动）/1 110 t（拖），结构分别见图2－7、图2－8。

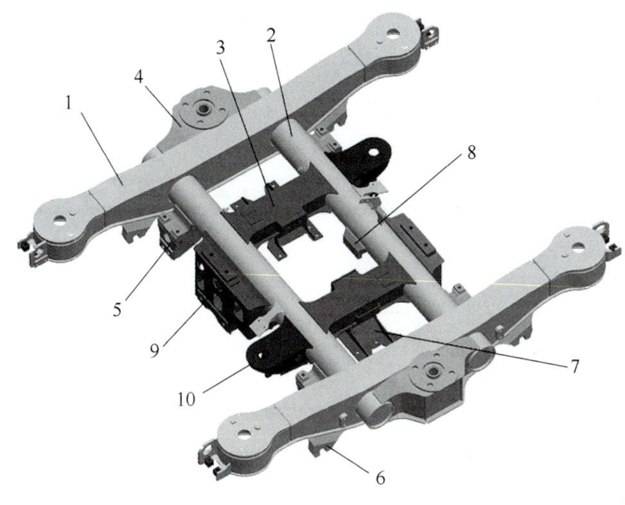

1—侧梁；
2—横梁；
3—纵向连接梁；
4—空气弹簧支承梁；
5—制动吊座（轮盘）；
6—定位臂座；
7—增压缸安装座；
8—垂向止挡；
9—电动机吊座；
10—齿轮箱吊座

图 2－7　动车转向架构架

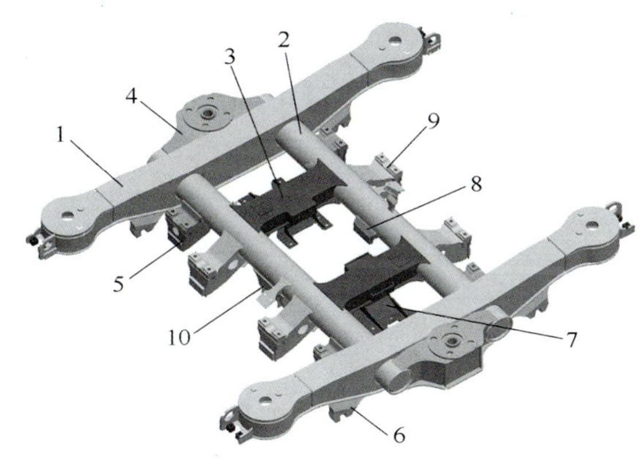

1—侧梁；
2—横梁；
3—纵向连接梁；
4—空气弹簧支承梁；
5—制动吊座（轮盘）；
6—定位臂座；
7—增压缸安装座；
8—垂向止挡；
9—制动吊座（轴盘）；
10—拉杆座

图 2－8　拖车转向架构架

2.1.2　CRII3 型动车组

1. 总体结构

CRH3 型动车组为 4 动 4 拖组成的 8 辆编组，如图 2－9 所示。

动车组长/m	200
动车组宽/mm	3 257
动车组高/mm	3 890
动车组总重/t	490/530（空/重）
地板距轨面高/mm	1 260
车钩中心线高度/mm	1 000

2. 车体结构

车体结构分为头车车体和中间车车体两种。车体结构是由底架、侧墙、车顶、端墙以及设备舱组成为一个整体，头车还设有司机室。车体结构见图 2－10 ~ 图 2－12，具有以下特点：

（1）车体断面：宽幅车体，车体横断面最大宽度为 3 265 mm，高 3 890 mm，地板面距离轨面为 1 260 mm。

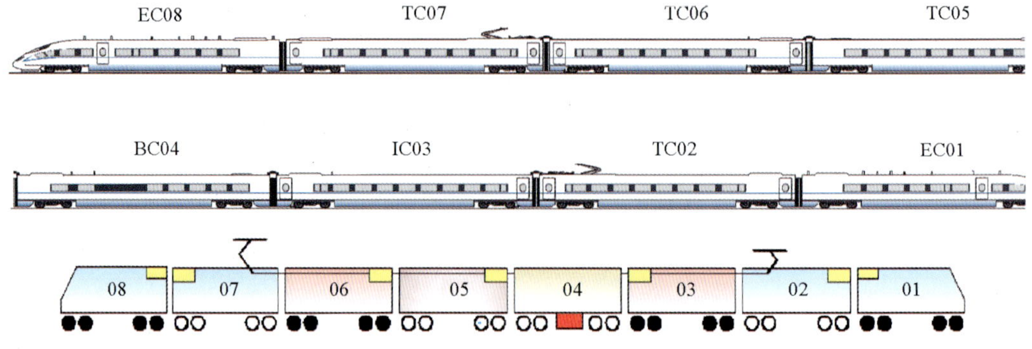

图 2－9　CRH3 型动车组编组图

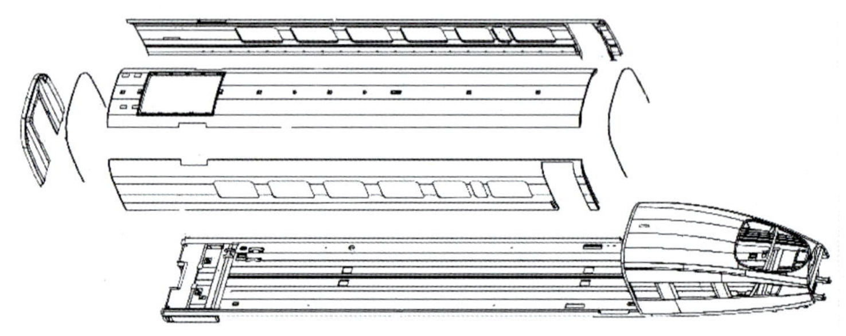

图 2－10　头车结构图

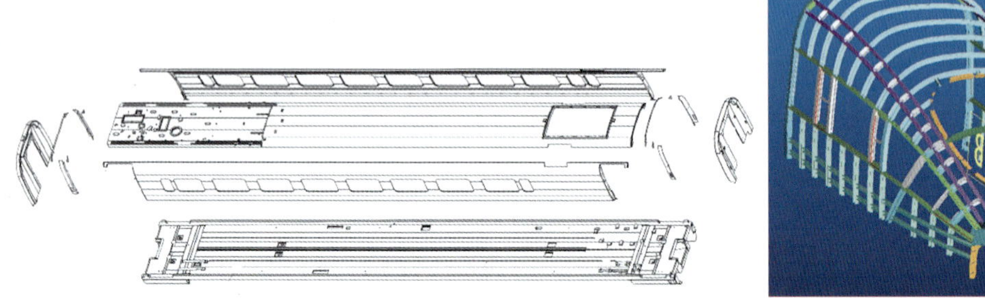

图 2－11　中间车的结构图

图 2－12　司机室骨架

（2）车体承载结构采用车体全长的大型中空铝合金型材组焊而成，为筒型整体承载结构。这样使得车体具有很好的防振、隔声效果。

（3）车体使用铝合金材料，可回收，对环境损害低，寿命周期成本低。

（4）铝合金车体质量比钢制车体轻，车体质量为 10.8～11.1 t。

（5）防腐性好，可以实现无涂装设计。

（6）采用不燃性材料，防火性能好。

（7）能扩大自动化焊接范围，提高生产效率，降低制造成本，提高质量。

(8) 头部结构按车头断面形状变化,将纵骨架形成环状,与横向骨架叉接组焊,骨架外焊接铝制外板。整个头部结构焊接严格,气密性好,结构上适应配线、配管及内装需要。

3. 转向架结构

CRH3 型动车组转向架分为动车转向架和拖车转向架两种类型,如图 2－13、图 2－14 所示。两种转向架的主体结构基本一致。

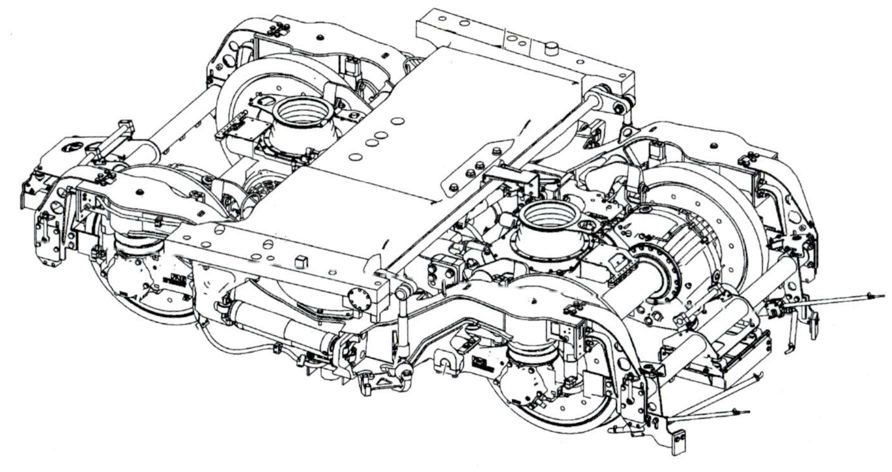

图 2－13　CRH3 型动车组动车转向架

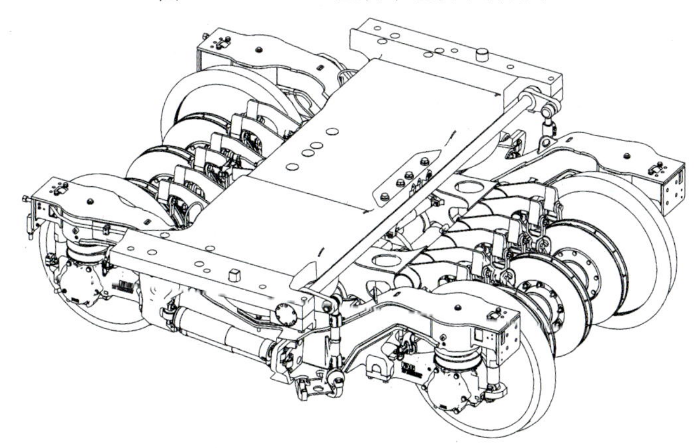

图 2－14　CRH3 型动车组拖车转向架

转向架中心距/mm	1 7375
轨　　距/mm	1 435
轮对内侧距/mm	$1\ 353^{+2}_{-1}$
轴　　距/mm	2 500
轴颈中心距/mm	2 000
轮　　径/mm	ϕ920/860/830
踏面形式	S1002G
承载高度/mm	1 010

转向架质量/t	9.5(动)/7.6(拖)
电机悬挂方式	弹性架悬式
齿轮传动比	2.79
基础制动形式	动车(轮盘),拖车(轴盘)

转向架构架分动车构架和拖车构架两种,(见图 2-15 和图 2-16)。构架为焊接结构,主体框架呈 H 形,由两侧梁和横梁构成。动车和拖车构架质量分别为 1 580 kg、1 640 kg。

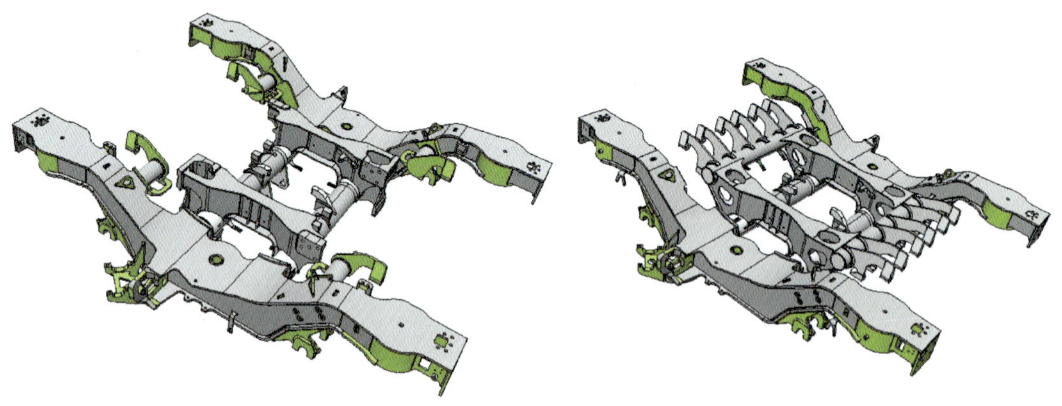

图 2-15　动车转向架构架结构　　　　图 2-16　拖车转向架构架结构

2.2　时速 300 ~ 350 km 动车组性能分析

为了考核 CRH 系列动车组的各项性能,并为研制新一代时速 350 km 及以上速度级的动车组积累经验,铁道部组织有关主机厂、高校和科研院所于 2008 年 4 月至 7 月对我国京津城际铁路(见图 2-17)运行的 CRH2-300 型和 CRH3 型高速动车组进行了系统的型式和科学研究试验。

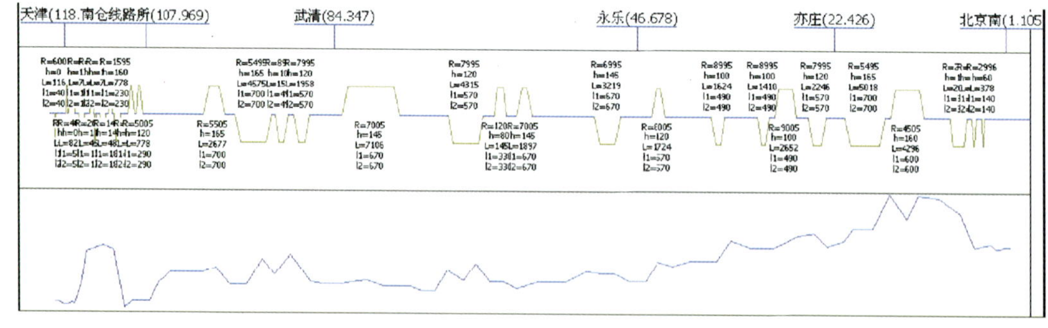

图 2-17　京津城际铁路线路图

2.2.1　基于高速列车系统动力学的试验方案和测试技术

高速列车在运行的过程中并不是一个孤立的行为,它要与线路、弓网和空气等介质发

生相互作用,因此这些作用介质会对高速列车的系统动力学性能产生影响。为了全面考察高速列车的系统动力学性能,应对高速列车进行全面的测试试验。根据图 1 – 9 所示的动力学体系,针对京津线高速列车特点制定了系统试验方案。该方案全面反映了高速列车与作用介质之间的四大耦合关系:轮轨关系、弓网关系、流固耦合关系和机电耦合关系。根据该方案进行测试可以全面了解高速列车与线路、接触网、气流和供电系统的相互作用,掌握高速列车在牵引、制动、列车交会等不同运行条件下的运动行为,从而为高速列车运用和维护提供科学依据,为更高速度等级高速列车的研制积累经验。

要实现高速列车的系统测试方案,必须采用配套的测试技术。在铁道部的组织下,铁道科学研究院研发出了一种“地对车”的安全监测系统 TPDS (Truck Performance Detecting System);西南交通大学研发了一种“车对车”和“车对地”的基于 ZigBee 无线网络技术的安全监测系统 TCSDS (Train Coach Safety Detecting Syste m)[1,2],如图 2 – 18 所示。该系统以 ZigBee 无线网络技术为通信基础,并利用 GPS 实现了时空同步,解决了高速列车全封闭车厢难以布设信号线的难题,实现高速列车试验检测技术的革新。

(a) 无线采集存储系统

(b) 构架加速度无线采集系统

(c) GPS 无线定位系统

图 2 – 18　高速列车无线检测系统

2.2.2　高速列车系统各环节振动响应对比分析[3]

本次试验根据高速列车系统测试方案对高速列车及其相互作用介质振动情况进行了全面的测试,获得了接触网、车体、转向架、轮对、钢轨、轨道板和桥梁的振动响应,详见表 2 – 1 和图 2 – 19 所示。通过试验可得出以下结论:

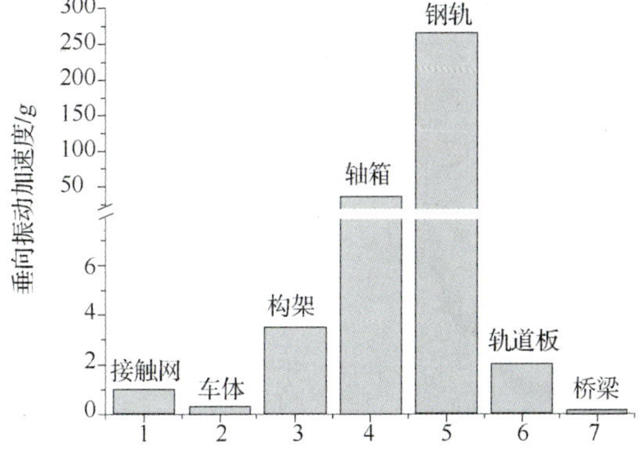

图 2 – 19　京津城际铁路高速列车系统的振动加速度响应

(1) 车轮和钢轨(尤其是钢轨)的振动最剧烈,振动是由线路不平顺和车轮表面不平顺激发的,整个高速列车系统的振动起源于轮轨的动态相互作用。

(2) 对于轨道来说,越往下振动越小:由于钢轨与轨道板之间有钢轨垫的隔振作用,所以轨道板的振动加速度急剧下降(相对于钢轨降低了 2 个数量级),由于轨道板和桥梁之间也设有减振层,当振动传到桥梁时已十分微弱(相对于钢轨降低了 3 个数量级)。

(3) 对于车辆来说,越往上振动越小:由于轮对与构架之间有一系悬挂的隔振作用,所以构架的振动加速度相对于轴箱降低了 1 个数量级;由于构架与车体之间有二系悬挂的隔振作用,所以车体的振动加速度相对于轴箱降低了 2 个数量级。

总之,列车系统的各减振层对振动的衰减效果明显,为了保证高速列车良好的动力学性能,应对各减振层进行精心设计。

表 2-1 京津城际铁路高速列车系统的振动加速度响应

序号	测试项	测试值/g
1	接触网限位器垂向振动加速度	0.5 ~ 1.5
2	车体垂向振动加速度	0.2 ~ 0.3
3	构架垂向振动加速度	2 ~ 5
4	轴箱垂向振动加速度	20 ~ 50
5	钢轨垂向加速度	150 ~ 380
6	轨道板垂向加速度	1.5 ~ 2.5
7	桥梁体垂向加速度	0.05 ~ 0.09

2.2.3 高速列车振动传递关系分析[3]

为了考察高速列车对来自轮轨相互作用引起的各种强迫振动的隔振效果,需要分析轨道激扰经轴箱和构架向车体的传递规律,为此,本次试验专门选用了一节车(CRH2-300 型的 4 号车),在其轴箱、构架和车体上分别布置了加速度传感器来记录各自的振动情况。

要搞清楚高速列车的振动传递关系,首先要搞清楚振动根源(轨道谱)的频率成分。图 2-20(a)是京津线的高低不平顺轨道谱,从图中可以看出,京津线高低不平顺的振动主频十分明显,主频的波长分布在 1.4 m,2.8 m,6.5 m,10 m,20 m,32 m,200 m 处,其中 2.8 m 与轨检车的车轮周长接近,所以该主频主要是轮对动不平衡量的反映;1.4 m 是车轮周长的一半,所以该主频主要是车轮椭圆化的反映;6.5 m 为轨道板的长度,所以该主频是轨道板长度引起的强迫振动;32 m 为桥梁的长度,所以该主频是桥梁长度引起的强迫振动;钢轨的长

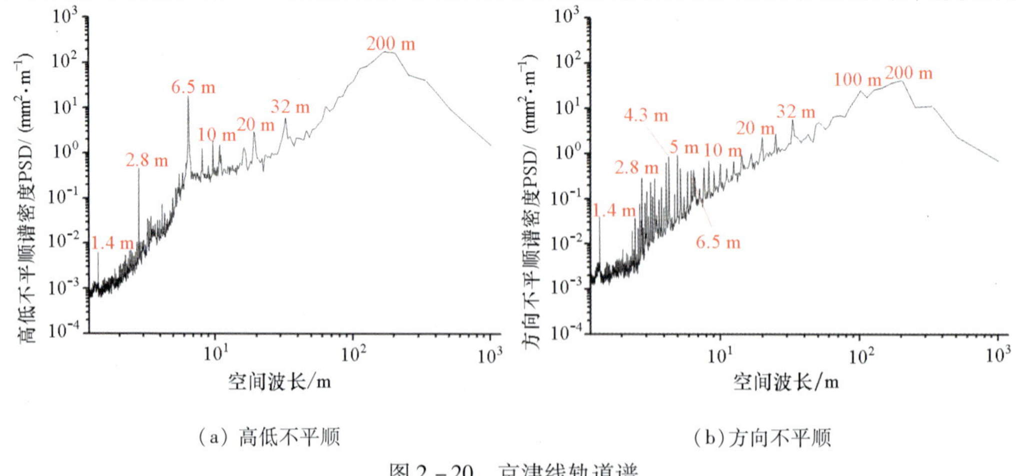

(a) 高低不平顺 (b) 方向不平顺

图 2-20 京津线轨道谱

度为 100 m,200 m 波长为钢轨长度的倍长,所以 200 m 波长的振动应为钢轨长度引起的强迫振动;此外垂向轨道谱中在 10 m 和 20 m 处也有较小的振动峰值,但振动能量相对较少。图 2 - 20(b)是京津线的方向不平顺轨道谱,从图中可以看出,方向不平顺的振动频率十分丰富,除了高低不平顺振动主频在方向不平顺中仍然存在外,方向不平顺还包含了 4 ~5 m 以及 100 m 的主振波长,但方向不平顺的这些振动峰值都没有高低不平顺振动峰值那么明显,值得指出的是,钢轨的长度 100 m 在方向不平顺中有明显的反映。

轨道谱是一种强迫振动输入,轨道谱的激振频率会随列车运行速度的提高而线性增加;表 2 - 2 列出了不同波长的激扰在不同运行速度下的激振频率,有了此对应表,便可分析来自轨道的各种强迫振动是否传递到了车上,从而考察高速列车对各种强迫振动的隔振效果。

表 2 - 2　轨道谱不同波长在不同速度下产生的激振频率　　/Hz

波长/ m 速度/($km\cdot h^{-1}$)	1.4	2.8	6.5	10	20	32	100	200
250	50	25	10.7	6.9	3.5	2.2	0.69	0.35
300	60	30	12.8	8.3	4.2	2.6	0.83	0.42
350	70	35	14.9	9.7	4.9	3.0	0.97	0.49

图 2 - 21 是 CRH2 - 300 型构架在不同速度下的垂向振动加速度响应,从图中可以看出,通过一系悬挂系统的隔振,来自轨道的大部分强迫振动都被隔离掉了,只有 2 个强迫振动传递到了构架:一个是轨道板长度 6.5 m 引起的强迫振动(250 km/h 对应的频率为 10 Hz;300 km/h 对应的频率为 12 Hz;350 km/h 对应的频率为 14 Hz),另一个是车轮周长 2.7 m 引起的强迫振动(250 km/h 对应的频率为 25 Hz;300 km/h 对应的频率为30 Hz;350 km/h对应的频率为 35 Hz)。

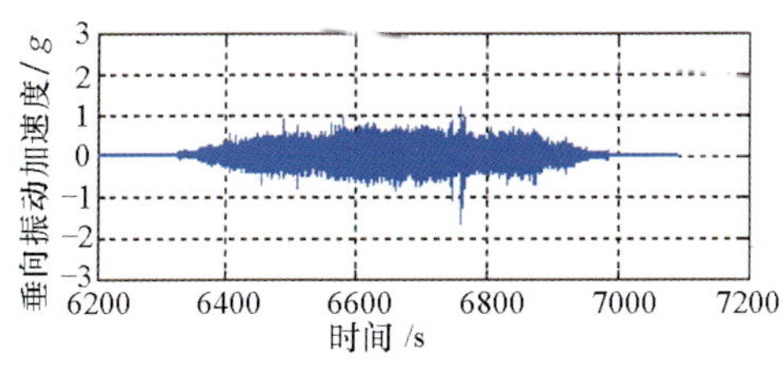

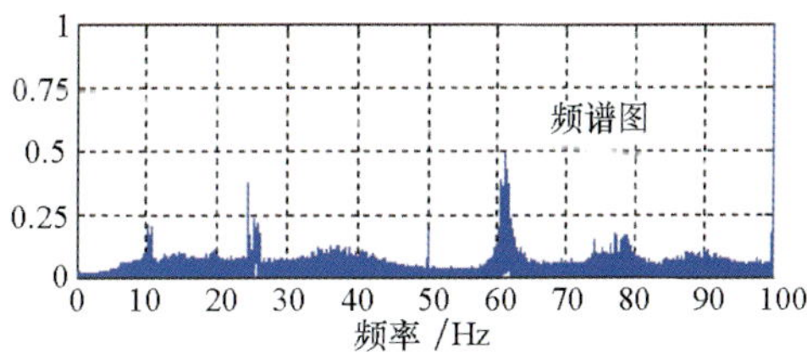

(a) 250 km/h

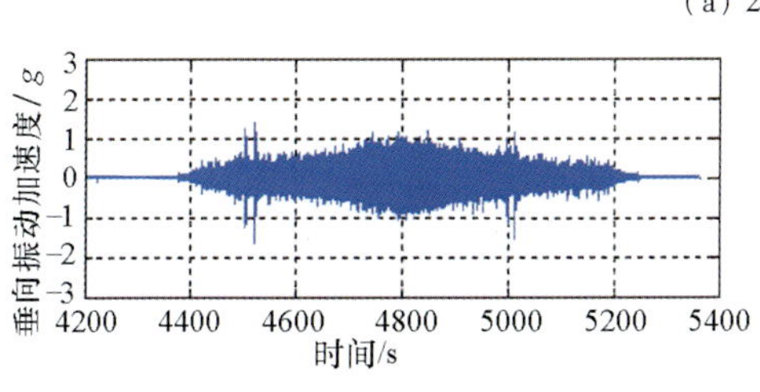

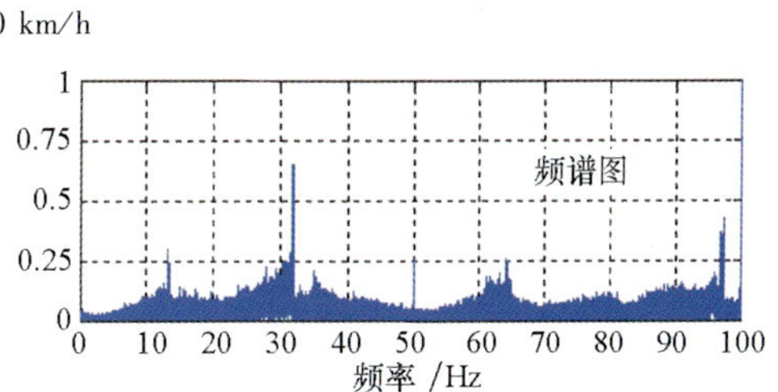

(b) 300 km/h

图　2 - 21

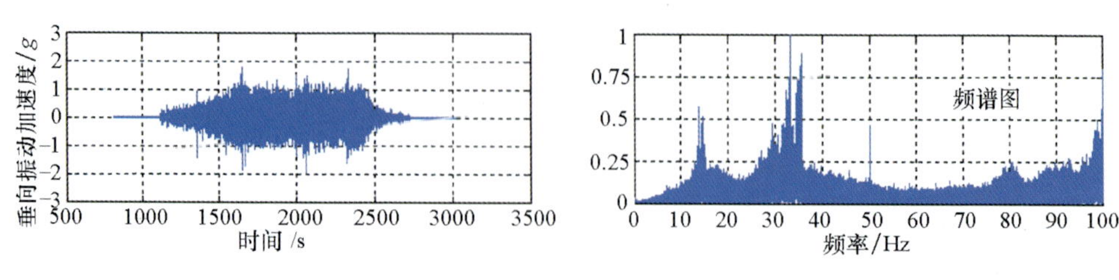

(c) 350 km/h

图 2 - 21　不同速度下 CRH2 - 300 型动车组构架的垂向振动加速度响应

图 2 - 22 是 CRH2 - 300 型车体在不同速度下的垂向振动加速度响应,从图中可以看出,轨道板长度和车轮周长(轮对动不平衡量)引起的强迫振动没有被二系悬挂系统隔离掉而传递到了车体。从图 2 - 22 还可看出,在所有速度下都在 1 Hz 和 10 Hz 处出现振动峰值,说明这振动峰值是车辆的自振频率引起的,1 Hz 对应车体的垂向悬挂自振频率,10 Hz与车体的一阶垂向弯曲结构自振频率非常接近。

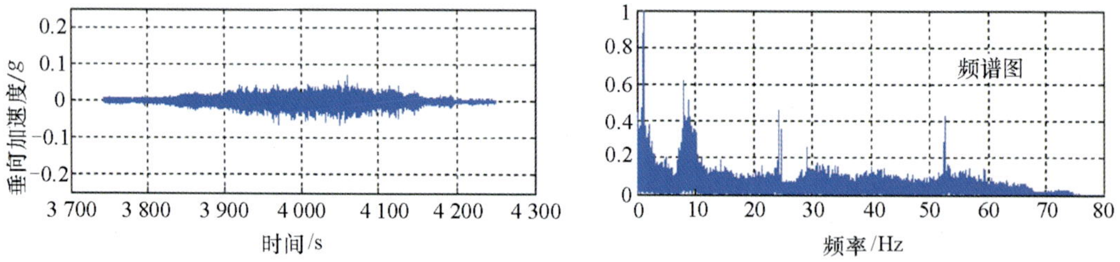

(a) 250 km/h

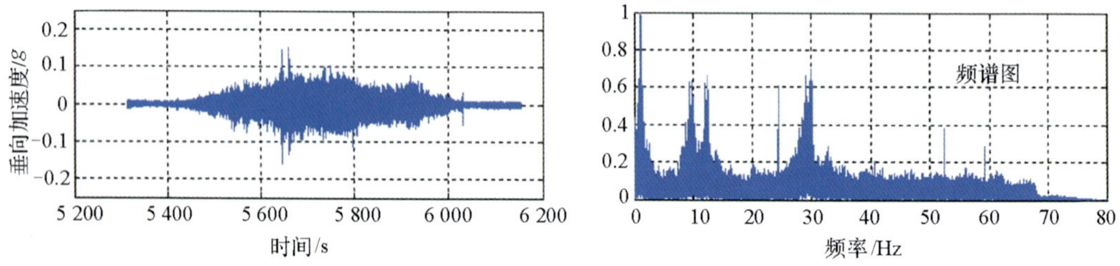

(b) 300 km/h

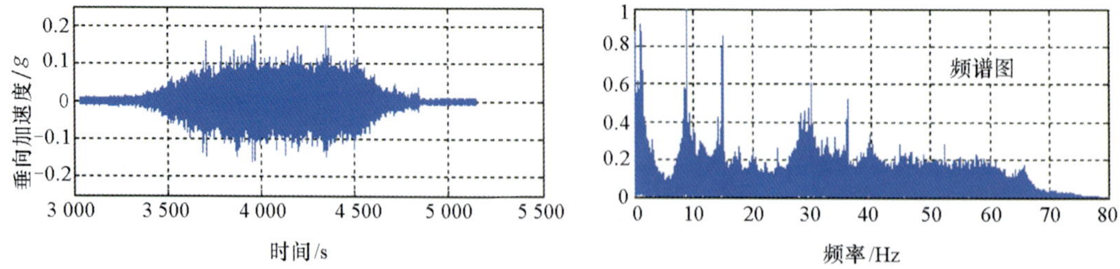

(c) 350 km/h

图 2 - 22　不同速度下 CRH2 - 300 型动车组车体的垂向振动加速度响应

图2－23是CRH2－300型构架在不同速度下的横向振动加速度响应，从图中可以看出，轨道板长度6.5 m引起的强迫振动没有在构架的横向振动引起振动峰值，车轮周长（轮对动不平衡量）引起的强迫振动在构架的横向振动中只引起了一个很小的振动峰值。

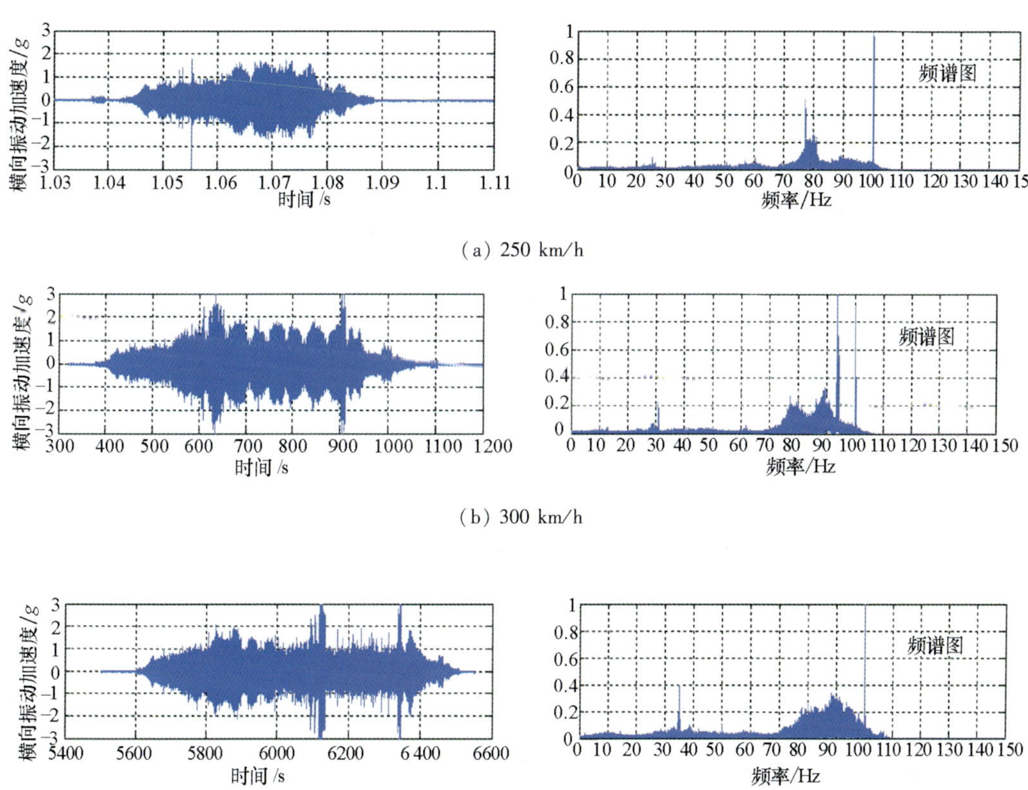

图2－23　不同速度下CRH2－300型动车组构架的横向振动加速度响应

图2－24是CRH2－300型车体在不同速度下的横向振动加速度响应，从图中可以看出，车轮周长（轮对动不平衡量）引起的强迫振动在车体的横向振动中仍有所反映，但振动能量已非常小。从图2－24还可看出，在所有速度下都在2 Hz和15 Hz处出现振动峰值，说明这振动峰值是车辆的自振频率引起的，2 Hz与车体的摇头悬挂自振频率接近，15 Hz与车体扭转结构自振频率非常接近。

表2－3　CRH2－300型动车组车体地板及中截面局部弹性振动模态

序号	模态频率/Hz	模态阻尼比/%	模态振型
1	8.73	7.13	车体地板弹性振动
2	10.52	7.28	车体地板弹性振动
3	12.55	12.70	车体地板弹性振动
4	13.92	9.23	车体地板弹性振动
5	14.16	11.79	车体地板弹性振动

续上表

序号	模态频率/Hz	模态阻尼比/%	模态振型
6	16. 20	3. 87	车体地板弹性振动
7	17. 11	3. 30	车体地板弹性振动
8	20. 54	1. 90	车体地板弹性振动
9	10. 84	4. 42	车体中截面弹性振动
10	11. 82	22. 21	车体中截面弹性振动
11	14. 03	8. 22	车体中截面弹性振动
12	15. 96	4. 92	车体中截面弹性振动
13	19. 31	1. 35	车体中截面弹性振动
14	30. 76	0. 25	车体中截面弹性振动

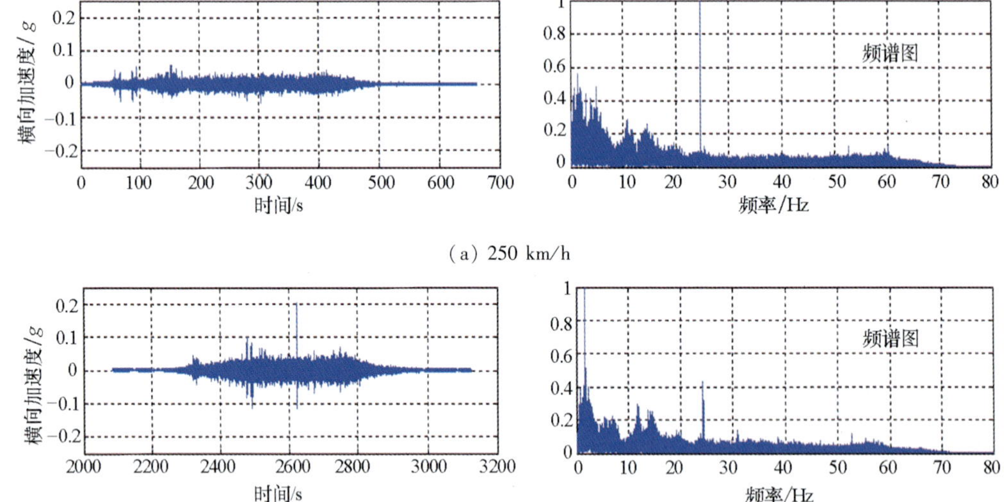

(a) 250 km/h

(b) 300 km/h

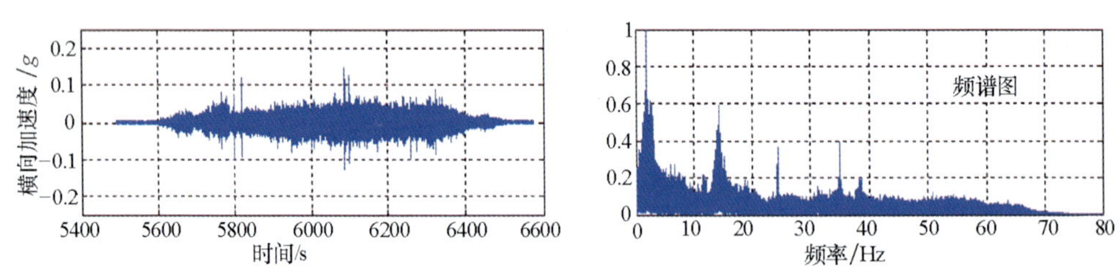

(c) 350 km/h

图 2 – 24　不同速度下 CRH2 – 300 型动车组车体的横向振动加速度响应

通过以上的分析,来自轨道谱的绝大多数强迫激扰都被 CRH2 – 300 型动车组悬挂隔振系统隔离了,只是轨道板长度 6. 5 m 和车轮周长 2. 7 m(轮对动不平衡量)引起的强迫振动在车体的垂向振动中仍有所反映,之所以这两个轨道谱的强迫振动没有被充分隔离,主要是因为车体地板和车体中截面有许多局部弹性振动频率(见表 2 – 3)与轨道板长度 6. 5 m和车轮周长 2. 7 m(轮对动不平衡量)引起的强迫振动频率比较接近而激发了车体

地板局部弹性共振。由于这两项振动的频率都较高，所以对车辆的平稳性没有太大影响（因为平稳性指标在 10 ~ 40 Hz 的频率范围内的加权系数很小），但对车辆的乘坐舒适度可能会有一定影响（因为舒适度指标在 10 ~ 40 Hz 的频率范围内的加权系数较大）。

2.2.4 高速列车不同位置车辆振动状态分析[3]

为了考察高速列车不同位置车辆的振动情况，本次试验在每节车的对角位置都布置了加速度传感器，测试布点图如图 2 - 25 所示。图 2 - 26 是 CRH2 - 300 型与 CRH3 型高速动车组各自不同位置车体的垂向加速度变化规律，图 2 - 27 是 CRH2 - 300 型与 CRH3 速动车组各自不同位置车体的横向加速度变化规律，从图中可以看出，CRH2 - 300型与

1号车	2号车	3号车	4号车	5号车	6号车	7号车	8号车
02 Ⓜ 03	04 05	06 07	08 Ⓟ 090A0B0C0D0E0F 10 11	12 13	14 Ⓟ 15	16 19	1A Ⓜ 1B

（a）CRH2 - 300 型动车组布点示意图

8号车	7号车	6号车	5号车	4号车	3号车	2号车	1号车
1B Ⓜ 1A	19 Ⓟ 16	15 Ⓜ 0D 12 11 10 0F 0E 14 0C	0B 0A	09 08	07 Ⓜ 06	05 P 04	03 M 02

（b）CRH3 型动车组布点示意图

注：CRH2 型动车组的 1 号车朝向天津而 8 号车朝向北京，CRH3 型动车组的 1 号车朝向北京而 8 号车朝向天津Ⓜ；表示动车车辆，Ⓟ表示受电弓所在车辆。

图 2 - 25　CRH2 - 300 型与 CRH3 型动车组的测试布点图

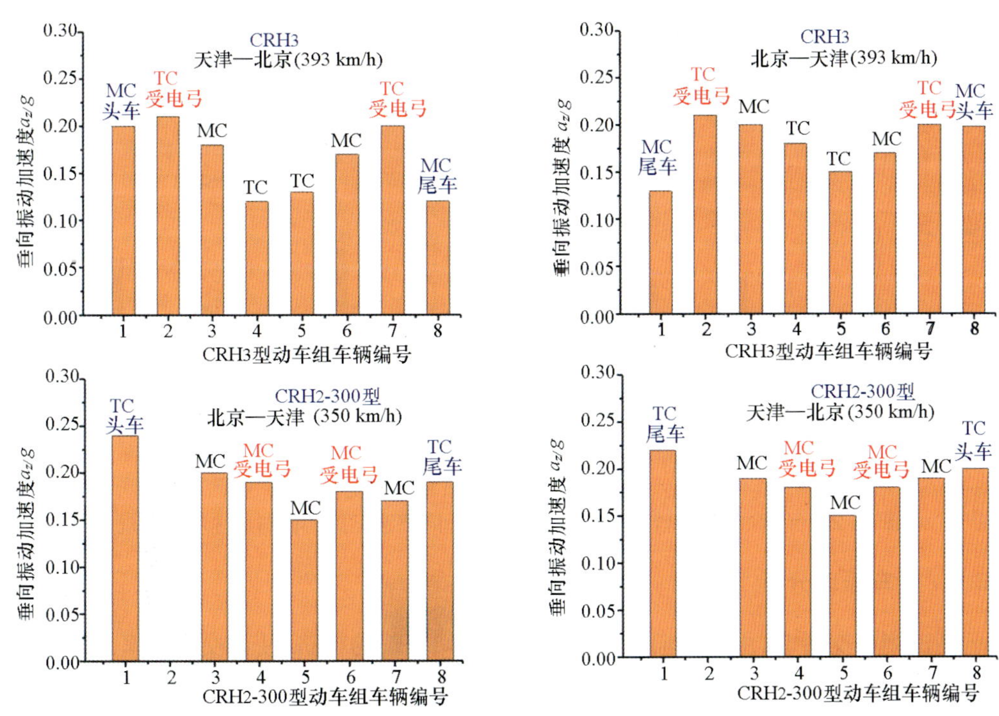

图 2 - 26　CRH2 - 300 型和 CRH3 型动车组不同位置车体的垂向加速度变化规律

CRH3 型高速动车组不同位置车体的垂向和横向加速度都存在类似的统计规律：

（1）头部和尾部车体的振动加速度比中间车体的振动加速度要大一些；

（2）同样是中间车体，装有受电弓的车体比其相邻车体的振动加速度要稍大一些。

根据测试结果，CRH2－300 型与 CRH3 型高速动车组都存在头尾车振动加速度大于中间车的现象，这在一定程度上可以解释为什么人们坐在高速列车的头尾车时会明显感觉比坐在中间车时的晃动大一些的现象。究其原因，主要影响因素有两点：

（1）头车和尾车只有一端有车端悬挂装置（处于不对称悬挂状态），而中间车两端都有车端悬挂（处于对称悬挂状态）；

（2）头车和尾车的前后端的空气流场差别极大，因而头尾车前后端受到的空气扰动力严重不对称，而中间车前后端的空气流场差别较小，所以中间车前后端受到的空气扰动力基本对称；空气扰动力对高速列车的影响尤为明显。

关于本次试验发现装有受电弓的车比其相邻车的振动加速度要大一些的现象，这可能是由于受电弓扰动空气流场引起的，不过还要通过充分的理论分析和大量的试验来验证。

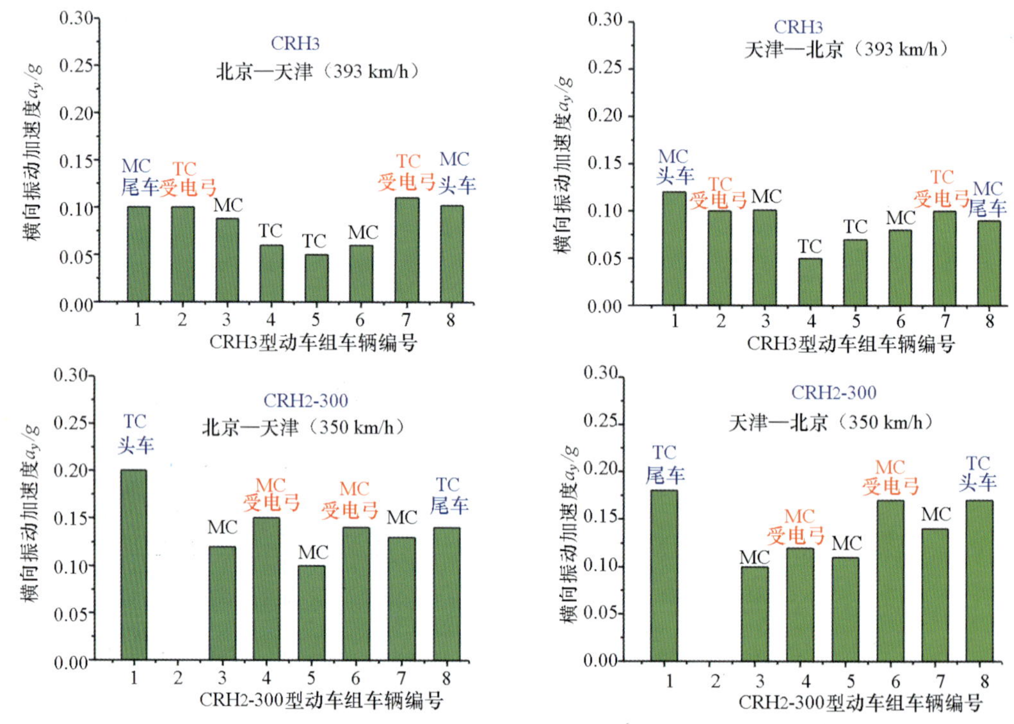

图 2－27　CRH2－300 型和 CRH3 型动车组不同位置车体的横向加速度变化规律

2.2.5　会车振动分析[3]

高速列车交会时，由于相向运动的列车对其间空气的排挤，使两交会列车之间的空气压力产生很大的波动，形成会车压力波，如图 2－28 所示。会车压力波会加剧交会车辆的振动，为了考察交会车辆的振动情况，测定了车体振动加速度（CRH2－300型动车组的测

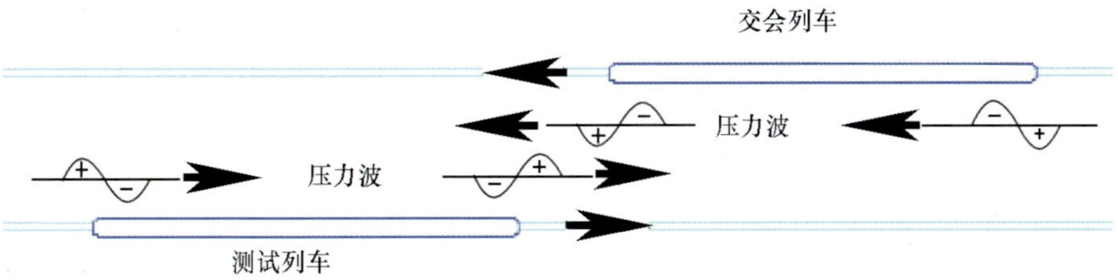

图 2－28　会车压力波的形成

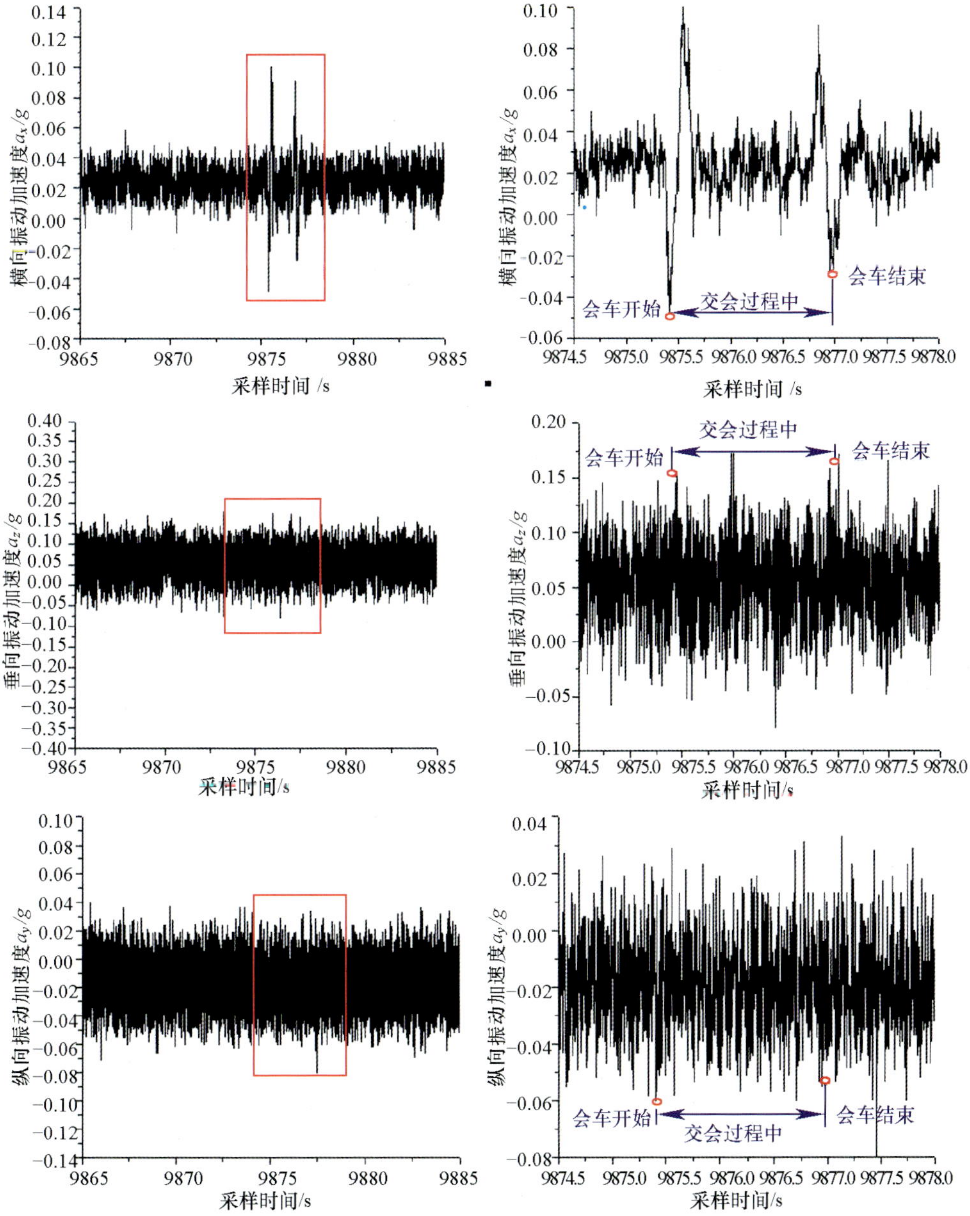

图 2－29　会车对车体振动加速度的影响

试工况见表2－4）。图2－29是CRH2－300型动车组在300 km/h速度下交会时车体的横向、垂向和纵向加速度响应，图2－30是会车前后车体振动加速度对比图，图2－31是不同会车速度下车体最大横向振动加速度对比图。从这些图中可以看出：

（1）会车对横向振动影响较大，对纵向和垂向振动影响很小；

（2）会车区比非会车区的振动大3～7倍；

（3）随着交会速度的提高，车体振动加速度越来越大；

（4）会车时车体横向振动加速度峰值达到0.2 mm/s^2 以上。

通过试验可知，会车主要是对车辆的横向振动有较大的影响，随着交会速度的提高，会车压力波对车辆的振动影响越大，这为我国高速铁路轨道间距的合理设置提供了参考依据。

表2－4　CRH2－300型与CRH3型动车组的交会工况表

序号	速度/(km·h^{-1})	行车方向	序号	速度/(km·h^{-1})	行车方向
1	250	天津——北京	7	301	天津——北京
2	250	北京——天津	8	300	北京——天津
3	248	天津——北京	9	340	北京——天津
4	276	北京——天津	10	346	天津——北京
5	276	天津——北京	11	344	北京——天津
6	276	北京——天津	12	348	天津——北京

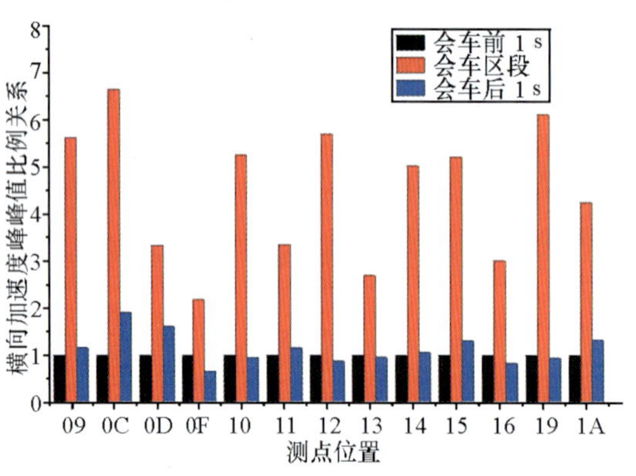

图2－30　会车前后车体振动加速度对比

会车横向振动加速度值/g

车辆运行速度/(km·h^{-1})

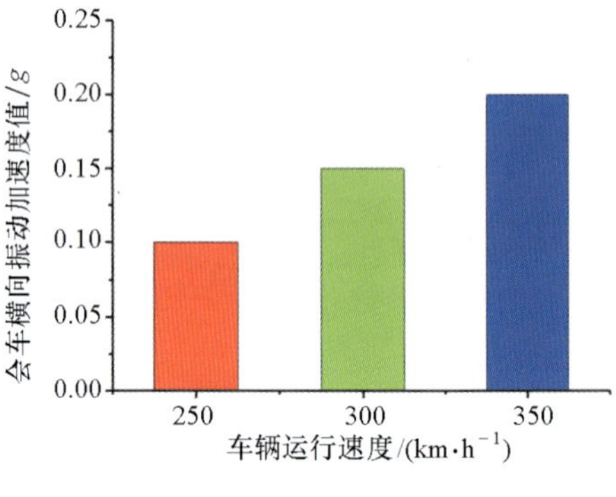

图2－31　不同会车速度下车体最大振动加速度

2.2.6　运行阻力试验分析[3]

列车在运行过程中不仅要与钢轨和弓网发生关系，还与空气发生流固耦合关系，因此列车在运行过程中主要受到来自钢轨、弓网以及空气的阻力，其中空气阻力所占的比例会随着列车运行速度的提高而逐渐增大。准确把握列车运行阻力是列车总功率设置的前提，同时也为运行阻力的优化提供参考依据。

为了考察 CRH2－300 型和 CRH3 型动车组的运行阻力基本情况，本次试验专门对此进行了测试。图 2－32 是 CRH2－300 型和 CRH3 型动车组惰行阻力试验曲线与设计曲线的对比，从图中可以看出，CRH2－300 型动车组的试验阻力与设计阻力比较接近（在 225 km/h以下速度段，计算阻力稍大于实测阻力；在 225～300 km/h 速度段，计算阻力与实测阻力基本相当；在 300 km/h 以上速度段，计算阻力略小于实测阻力）；而 CRH3 型动车组在各个速度下的试验阻力都比设计阻力小。

图 2－33 是 CRH2－300 与 CRH3 型动车组惰行阻力的对比，从图中可以看出，CRH3 型动车组单位质量阻力比 CRH2－300 型动车组小（随着运行速度的提高，差距越来越大），而总阻力的变化趋势恰好反过来（当运行速度低于 200 km/h 时，CRH3 与 CRH2－300 型动车组的试验总阻力差别不大，但当运行速度高于 200 km/h 后，CRH3 型动车组的总阻力明显比 CRH2－300 型动车组大，并且随着运行速度的提高，差距越来越大）。这说明主要是空气阻力引起的这种差距，也即 CRH3 型动车组的空气阻力比 CRH2－300 型动车组大，究其原因，主要有以下几方面的因素：

① CRH2－300 型动车组的车头细长比较小，阻力系数相对较低。

② CRH2－300 型动车组增设了半包外风挡，降低了气动阻力。

③ CRH2－300 型动车组的空调布置在车下设备舱内，不会增加额外的气动阻力。

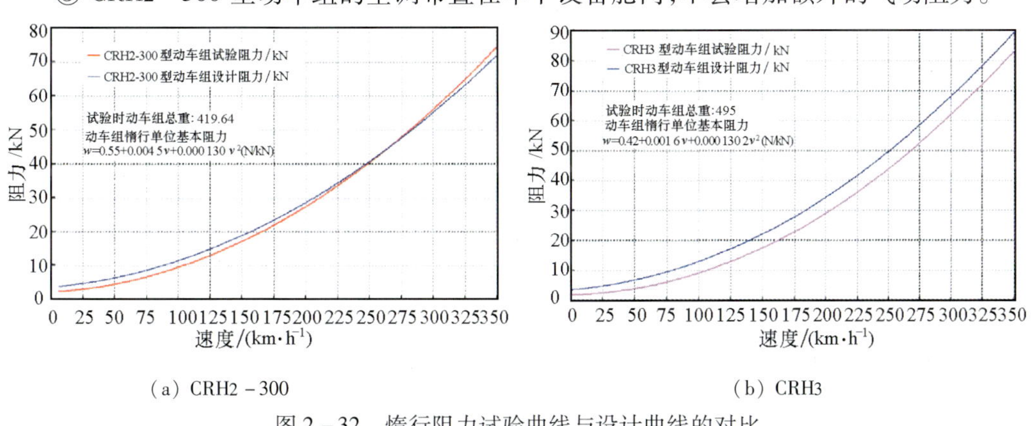

（a）CRH2－300　　（b）CRH3

图 2－32　惰行阻力试验曲线与设计曲线的对比

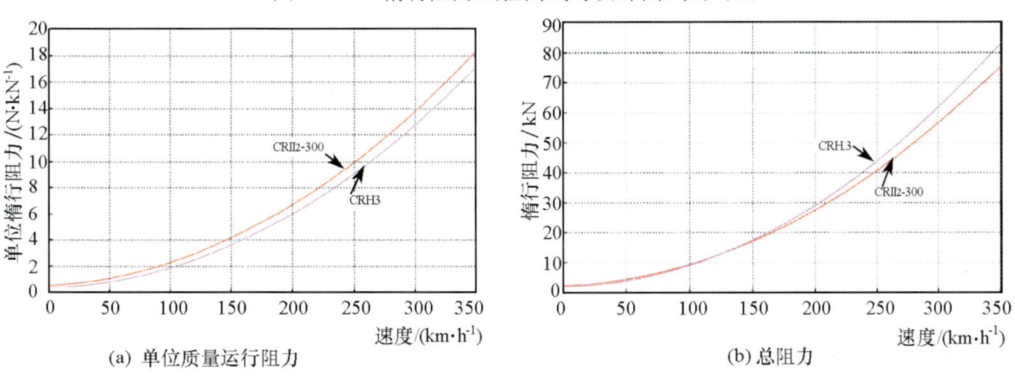

(a) 单位质量运行阻力　　(b) 总阻力

图 2－33　CRH2－300 与 CRH3 型动车组惰行阻力比较

2.2.7　车间耦合减振器试验分析[2~4]

与 CRH3 型动车组不同，CRH2－300 型高速动车组安装了车间减振器，车间减振器安装在 CRH2－300 型动车组两邻车车端之间的左、右侧呈纵向布置。为了考察车间减振器的减振效果，本次试验分别对安装有车间减振器和取消车间减振器在同一条线路上进行测试。共试验了 5 个速度级(200，250，275，300，330 km/h)，每个速度级运行一个往返。图 2－34 和图 2－35 是在 300 km/h 速度下车间减振器对不同车辆的横向和垂向平稳性的影响规律，从图中可以看出：

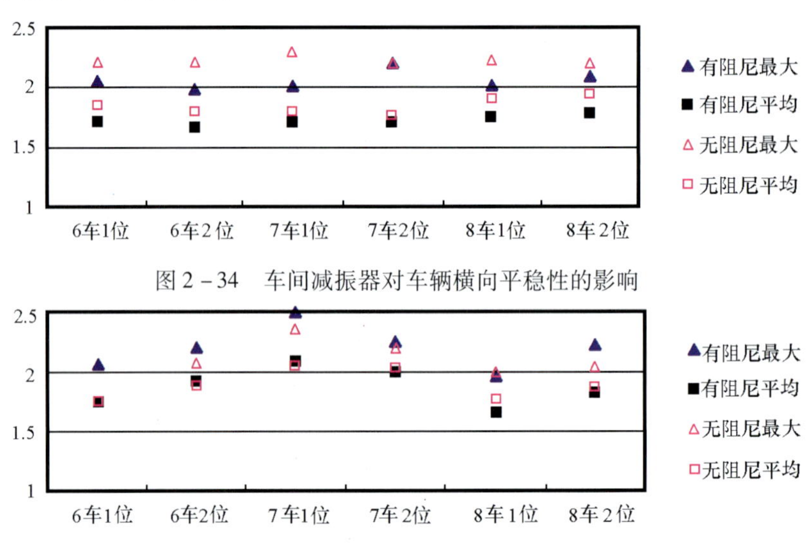

图 2－34　车间减振器对车辆横向平稳性的影响

图 2－35　车间减振器对车辆垂向平稳性的影响

(1) 车间减振器对 CRH2－300 型动车组的垂向平稳性影响不大；

(2) 车间减振器对 CRH2－300 型动车组的横向平稳性有较大的改善作用；

(3) 车间减振器对动车组的端车和中间车的横向平稳性均有改善作用。

图 2－36 是在滚动振动试验台上做了不同速度下车间减振器对车辆横向和垂向平稳

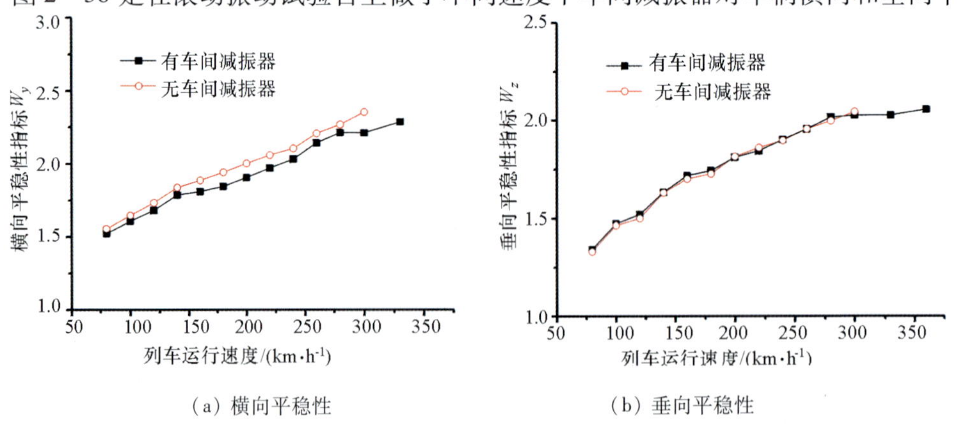

(a) 横向平稳性　　(b) 垂向平稳性

图 2－36　不同速度下车间减振器对车辆平稳性的影响(滚动振动台试验结果)

性的影响试验，结果表明：在高于 200 km/h 的速度范围，车间减振器对车辆的横向平稳性改善效果明显，而在低于 200 km/h 的速度范围内，车间减振器对车辆的横向平稳性影响较小；在整个速度范围内，车间减振器对车辆的垂向平稳性影响都较小，滚动振动试验台试验与线路试验结果一致。

图 2 – 37 和图 2 – 38 是有无车间减振器时车体横向和垂向振动频谱的对比，从图中可以看出，车间减振器对所有频段的垂向振动幅值衰减作用都不明显；车间减振器对 1 ~ 2 Hz低频横向振动幅值有明显的衰减作用，而对 3 Hz 以上的谱峰值衰减作用不明显，这说明车间减振器对抑制车体低频横向晃动具有较好的效果。

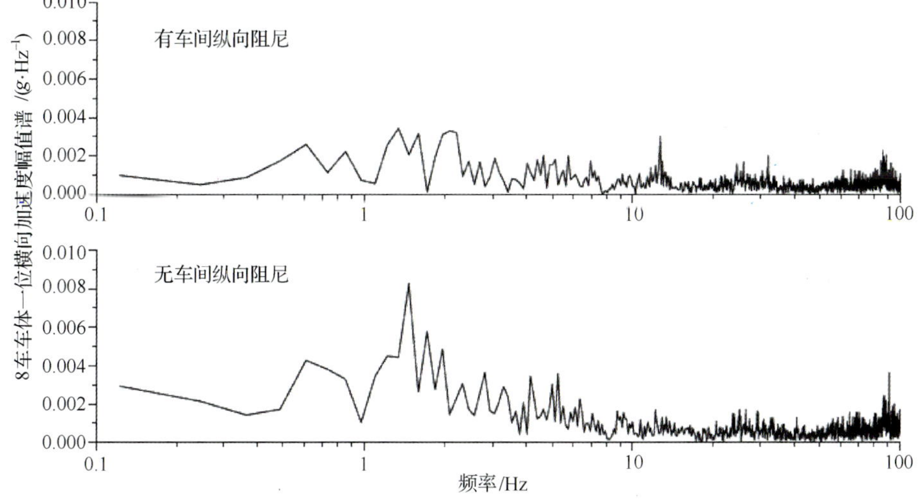

图 2 – 37　车间减振器对车体横向振动频谱的影响

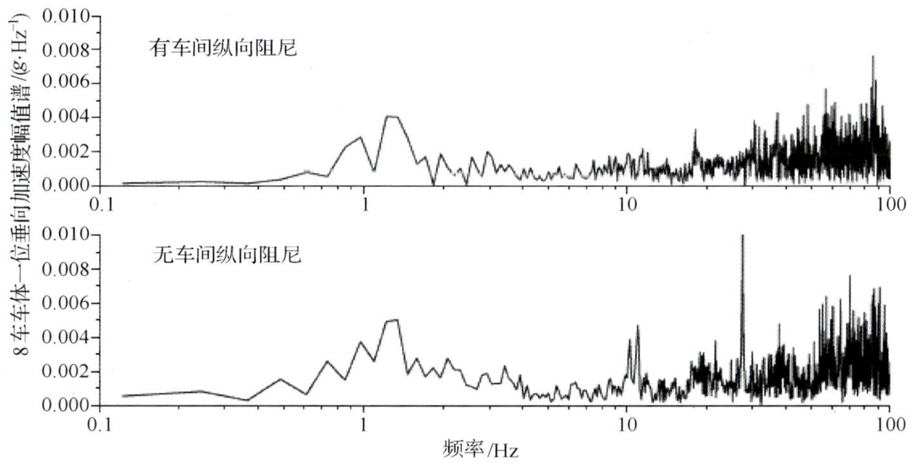

图 2 – 38　车间减振器对车体垂向振动频谱的影响

2.2.8　半主动控制试验分析[3]

采用半主动减振器是为了改善车辆在特殊运行条件下（例如进出隧道）的乘座舒适性，

新干线车辆上普遍采用半主动减振器。为考核 CRH2－300 型动车组半主动横向减振器的减振效果,本次试验分别对半主动横向减振器在开启和关闭状态下的车辆振动加速度进行了测试,共试验了 3 个速度级(275,300,350 km/h),每个速度级运行一个往返。图2－39和图2－40是在 275 km/h 速度下半主动横向减振器对不同车辆的横向和垂向平稳性的影响规律(其中被动阻尼即表示关闭横向半主动减振器时的试验结果),从图中可以看出:

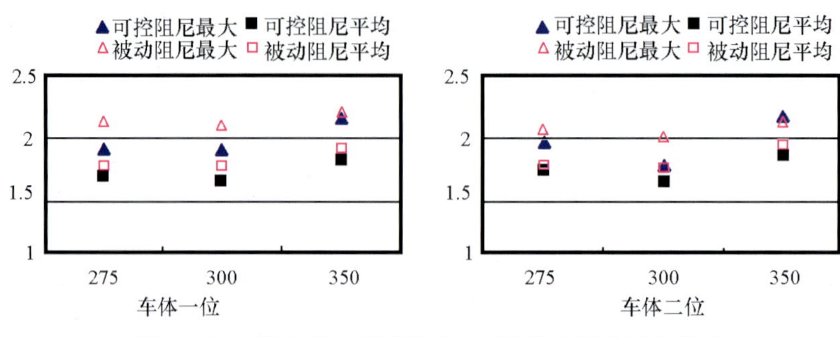

图 2－39　横向半主动减振器对车辆横向平稳性的影响

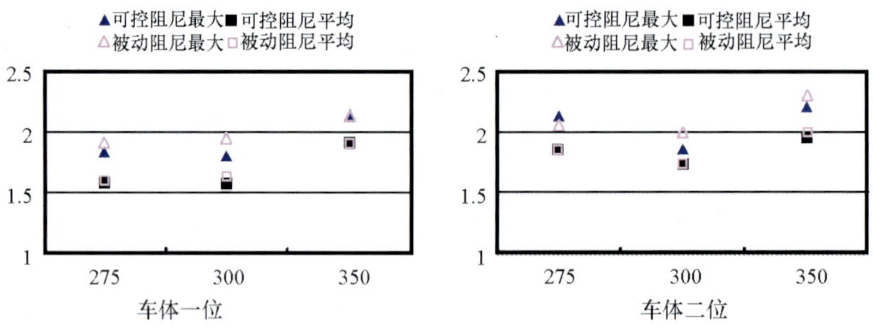

图 2－40　横向半主动减振器对车辆垂向平稳性的影响

(1) 半主动横向减振器对车辆的垂向平稳性影响很小;

(2) 半主动横向减振器对车辆的横向平稳性有较明显的改善作用,安装半主动横向减振器能使车辆的横向平稳性指标降低 10% 左右。

图 2－41 是半主动横向减振器对车辆在不同路段的横向和垂向平稳性的影响,从图中可以看出,半主动横向减振器对车辆横向平稳性在全程都有改善作用,但在距北京南站 46 km 左右时对车辆横向平稳性改善尤其明显,经过查询公里标,发现该处为永乐站的一

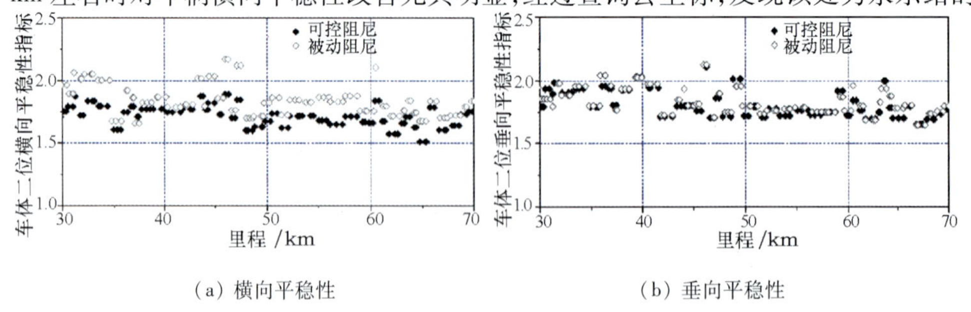

(a) 横向平稳性　　(b) 垂向平稳性

图 2－41　半主动横向减振器对车辆在不同路段的平稳性的影响

个道岔，这说明半主动横向减振器对道岔等瞬态大幅激扰的衰减效果较明显。从图中还可以看出，半主动横向减振器对车辆垂向平稳性在全程的影响都较小。

图2－42是半主动横向减振器对车辆横向振动频谱的影响，从图中可以看出，半主动横向减振器对车体1～2 Hz的横向振动有明显衰减作用，而对3 Hz以上的横向振动衰减效果不明显。图2－43是半主动横向减振器对车辆垂向振动频谱的影响，从图中可以看出，半主动横向减振器对车体各频段的垂向振动衰减效果都不明显。

综合以上分析，半主动横向减振器对抑制车体低频大幅横向激扰具有一定的效果。

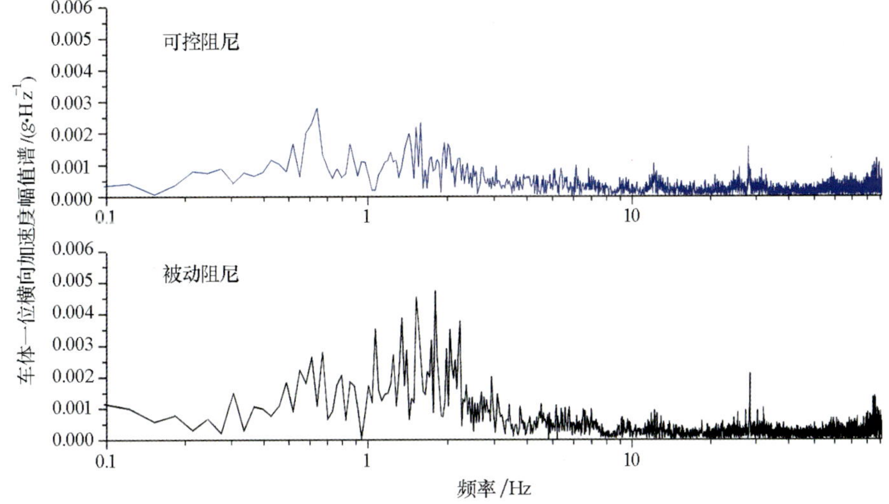

图2－42　半主动横向减振器对车辆横向振动频谱的影响

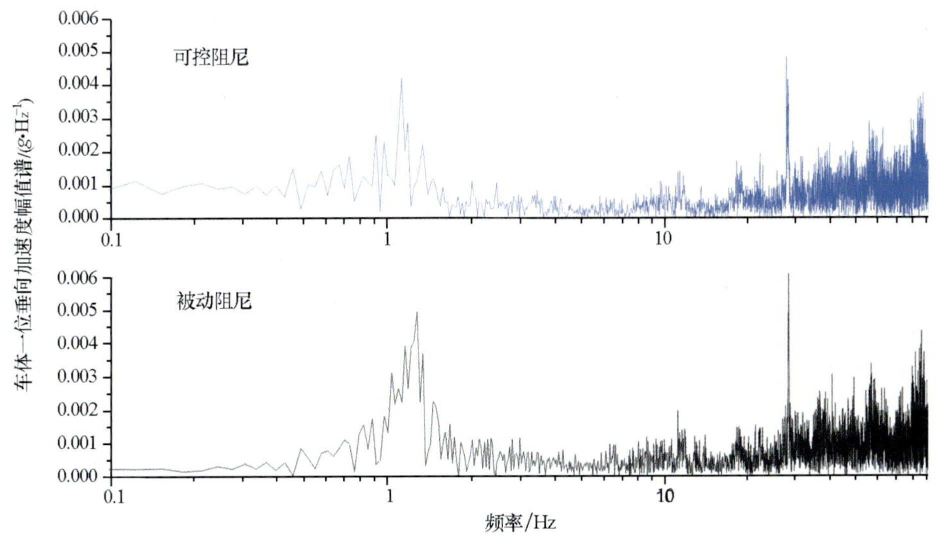

图2－43　半主动横向减振器对车辆垂向振动频谱的影响

2.2.9 弓网试验分析[3]

本次试验对 CRH2－300 型和 CRH3 型动车组弓网受流性能（弓网接触力、标准偏差、离线火花等）进行了测试，图 2－44 和图 2－45 是 CRH2－300 和 CRH3 型动车组在不同速度下的接触力散点图，从图中可以看出：无论受电弓开口方向运行还是闭口方向运行，CRH2－300 和 CRH3 型动车组在 200～350 km/h 速度范围内弓网动态接触力都随速度增加逐渐增大，但 CRH2－300 型动车组弓网接触力增大趋势较 CRH3 型动车组明显（受电弓开口方向运行时，CRH2－300 型动车组弓网平均接触力由 80 N 增加到 140 N，增加了约 60%，CRH3 型动车组弓网平均接触力由 70 N 增加到 100 N，增加了约 40%；受电弓闭口方向运行时，CRH2－300 型动车组弓网平均接触力由 120 N 增加到 180 N，增加了约 50%，CRH3 型动车组弓网平均接触力由 70 N 增加到 90 N，增加了约 30%）；CRH3 型动车组受电弓开口和闭口方向运行弓网平均接触力差别不大，仅相差 10 N 左右，而 CRH2－300型动车组开口和闭口方向运行弓网平均接触力相差较大，差 40 N 左右。从图中还可看出：CRH2－300 型和 CRH3 型动车组受电弓弓网接触力标准偏差闭口方向均比开口方向离散程度小，数值也相对较小，因此受电弓弓网接触力闭口方向较开口方向变化平稳。CRH2－300 型与 CRH3 型动车组相比，CRH3 型动车组受电弓弓网接触力标准偏差较 CRH2－300 型动车组小。

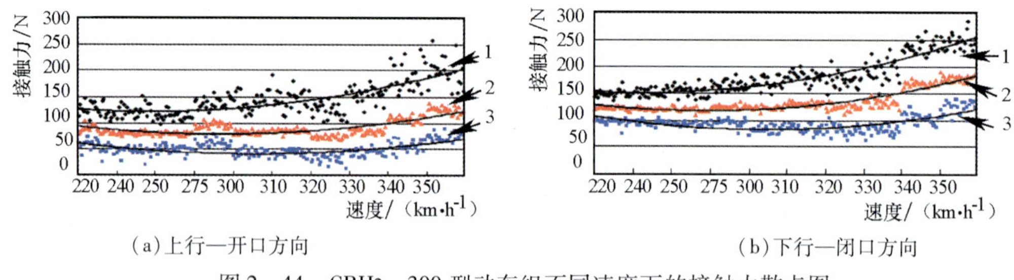

图 2－44　CRH2－300 型动车组不同速度下的接触力散点图

1—最大接触力；2—平均接触力；3—最小接触力

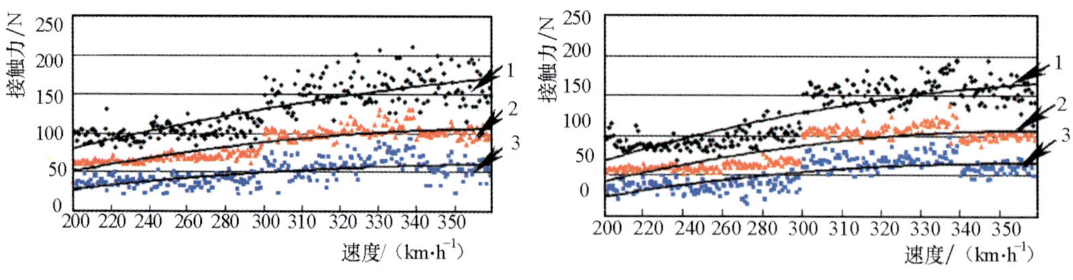

图 2－45　CRH3 型动车组不同速度下的接触力散点图

1—最大接触力；2—平均接触力；3—最小接触力

表 2－5 给出了 CRH2－300 型和 CRH3 型动车组的离线火花统计结果，从表中可以

看出:受电弓在闭口方向运行时,CRH3 型动车组弓网动态接触力比 CRH2－300 型动车组弓网动态接触力小,CRH3 型动车组弓网离线火花次数较 CRH2－300 型动车组弓网离线火花次数多,受流质量略差。

表 2－5　CRH2－300 型和 CRH3 型动车组离线火花统计表

		受电弓运行方向	速度/(km·h^{-1})					
			300	310	320	330	340	350
离线次数	CRH2－300 型	开口方向	443	262	486	459	443	391
		闭口方向	117	108	112	133	117	48
	CRH3 型	开口方向	355	379	488	516	385	451
		闭口方向	276	383	329	448	520	516

通过以上的测试结果,可以看到:对于 CRH2－300 与 CRH3 型动车组,虽然使用的是相同的受电弓,但受流性能的差异还是比较明显,原因主要在于动车组车顶形状的差异。CRH2－300 型动车组在车顶受电弓两侧安装两块翼板,如图 2－46(a)所示,而 CRH3 型动车组在司机侧安装半圆形导流罩,如图 2－46(b)所示。正是由于车顶形状的差异,造成了高速运行的受电弓周围流场分布的不同,进而导致弓网受流性能表现出较大的差异。

(a)CRH2－300 型动车组

(b)CRH3 型动车组

图 2－46　动车组车顶形状

同时也可以看到,受电弓在高速运行时,空气气流对受流的影响是不可忽视的。

2.2.10　车轮磨耗跟踪试验分析[3]

当车轮磨耗到一定程度后,会严重恶化车辆的乘坐舒适性和安全性,为了解高速动车组车轮的磨耗趋势,为高速动车组车轮旋修规程的制定提供参数依据,专门对 CRH2－300型和 CRH3 型动车组的车轮磨耗情况进行了跟踪测试。

CRH2－300 型和 CRH3 型动车组分别采用了 LMA 磨耗形踏面和 S1002G 型踏面,其主要尺寸参数和外形如图 2－47 所示(图中 S_h 为轮缘高度,S_d 为轮缘厚度)。踏面垂直磨耗量定义为距离轮背 L_2(70 mm)处的车轮半径减少量;轮缘磨耗量定义为轮缘顶部往下 16 mm 处的轮缘厚度减少量。

图 2－48 为 CRH2－300 型 06401 动车组(运行了 24 万 km)和 CRH3 型动车组(运行了 21 万 km)磨耗后的车轮外形与其标准车轮外形的对比;图 2－49 为 CRH2－300 型动车组和 CRH3 型动车组的轮缘平均磨耗量和踏面平均磨耗量的对比(都换算为每万公里的磨耗量);从图中可以看出:

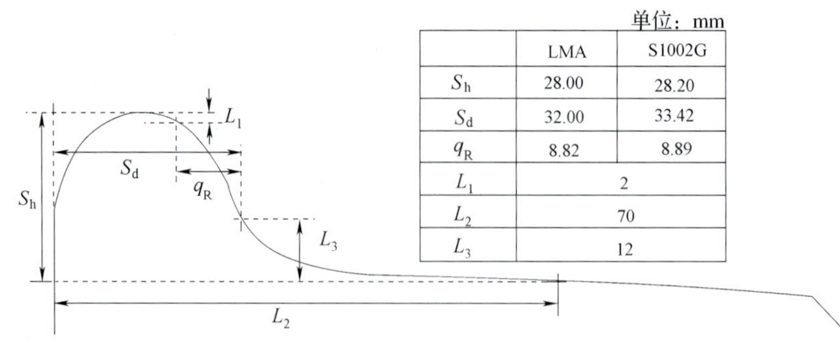
单位：mm

	LMA	S1002G
S_h	28.00	28.20
S_d	32.00	33.42
q_R	8.82	8.89
L_1	2	
L_2	70	
L_3	12	

图 2－47　LMA 和 S1002G 的踏面外形主要尺寸参数

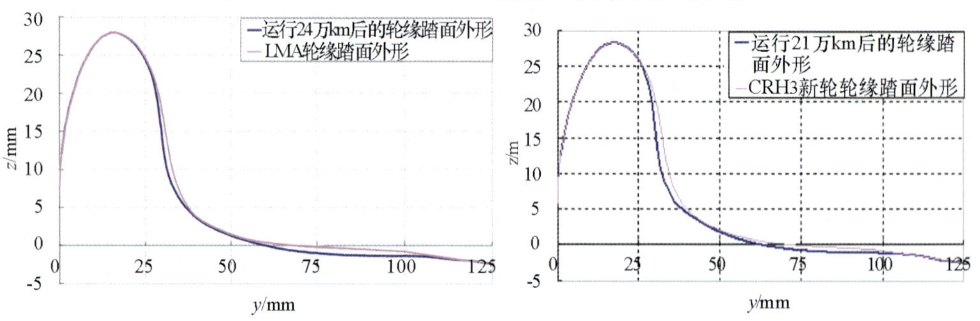

(a) CRH2－300 型车轮踏面　　(b) CRH3 型车轮踏面

图 2－48　CRH2－300 型和 CRH3 型动车组磨耗后车轮外形与新轮外形对比

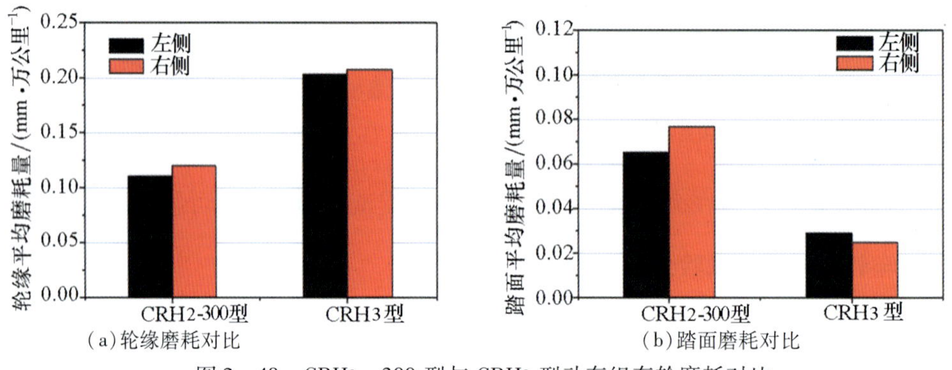

(a) 轮缘磨耗对比　　(b) 踏面磨耗对比

图 2－49　CRH2－300 型与 CRH3 型动车组车轮磨耗对比

(1) 踏面磨耗量小于通常 0.1 mm/万公里的平均磨耗量，特别是 CRH3 型；

(2) CRH3 型的轮缘磨耗大于 CRH2－300 型的轮缘磨耗；

(3) CRH3 型的踏面磨耗小于 CRH2－300 型的踏面磨耗。

经初步分析，CRH3 型的轮缘磨耗偏大的原因主要跟它的一系定位刚度偏大有关（CRH3 型的一系纵向定位刚度为 120 MN/ m，而 CRH2－300 型的一系纵向定位刚度为 13.7 MN/ m），在轴距相等的情况下，一系纵向定位刚度越大，车辆通过曲线时的轮对冲角越大，因而容易磨耗轮缘。

CRH2－300 型的轴重比 CRH3 型小，且 CRH2－300 型车轮材质硬度比 CRH3 型大，

而 CRH2－300 型的踏面垂直磨耗反而比 CRH3 型大，造成该现象的原因可能很多，目前能肯定的是 CRH2－300 型的车轮直径比 CRH3 型小（CRH2－300 型的车轮直径为 860 mm，而 CRH3 型的车轮直径为 920 mm），小直径的车轮滚动频率大（在相同里程中滚动的圈数多），同时轮轨接触应力大，这些因素在一定程度上会加重踏面的垂直磨耗量。至于其他方面的原因还需要进一步的研究。

2.2.11 平稳性和舒适度的对比分析[3]

我国通常采用 Sperling 平稳性值对铁道车辆的车体振动性能和乘坐舒适性进行评估，而国外常根据 UIC 513 定义的舒适度指标来评价车辆的乘坐舒适性。为了考察 Sperling 平稳性评价方法和 UIC 舒适度评价方法的差别，本次试验特地针对京津线上的动车组测试数据分别采用这两种评价方法来分析动车组的乘坐舒适性。平稳性指标对车辆的横向和垂向振动分别进行评判（小于 2.5 为优），横向和垂向平稳性指标的最大权重频率分别为 5.4 Hz 和 5.9 Hz，振动频率小于 2 Hz 和大于 10 Hz 的加权系数较小；UIC 舒适度包含了车辆纵向、横向和垂向振动的综合信息（小于 2.0 为舒适），但各方向的加权频率曲线是不相同的，纵向和横向车体加速度对舒适度值的影响较大的频率成分介于 0.4 ~ 5 Hz，垂向振动加速度对舒适度值有较大影响的频率的分布较宽，5 ~ 16 Hz 频率成分的影响最明显，但 2 ~ 5 Hz 和 16 ~ 40 Hz 振动的影响仍不可忽视。

图 2－50 是 CRH2－300 型动车组的 7 车车体一位端和 CRH3 型动车组的 5 车车体二位端的平稳性和舒适度的对比，可以看出，当速度大于270km/h后，舒适度指标超过了

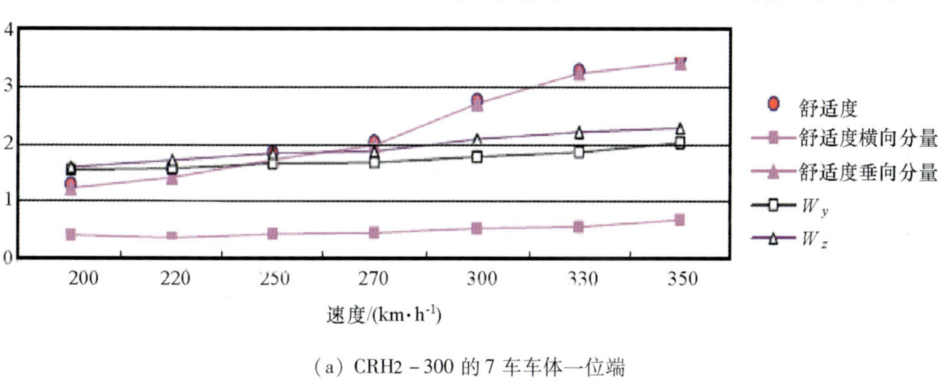

（a）CRH2－300 的 7 车车体一位端

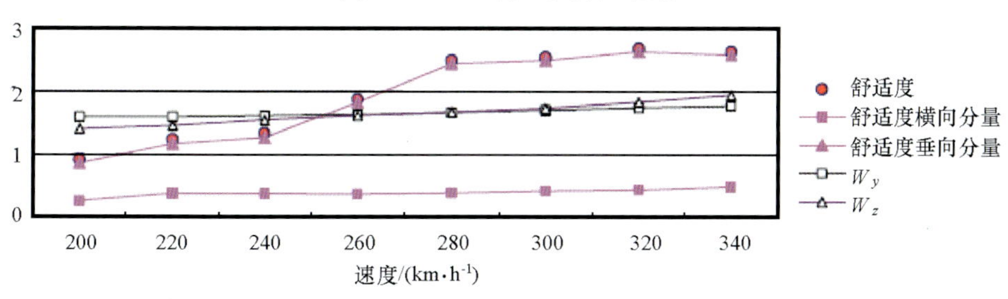

（b）CRH3 的 5 车车体二位端

图 2－50 平稳性和舒适度的对比（CRH3 型动车组的 5 车车体二位端）

2.0,而平稳性指标在所测试速度范围内都小于2.5,两种评价方法得到的舒适性结论大相径庭。从加速度频谱分析可解释该现象。图2-51是CRH2-300型动车组的7车车体一位端在360 km/h速度下的横向和垂向振动加速度频谱,从图中可知,横向和垂向加速度的振动主频在20 Hz附近,平稳性指标在该频段的加权系数很小;舒适度指标中的横向分量在该频段的加权系数也不大,但是垂向分量在该频段的加权系数较大(从图2-52可以看出,垂向分量在舒适度指标中占主导地位,横向分量所占比例较少,纵向分量的影响更是微乎其微),从而造成了两种评价方法得到的舒适性结论具有较大的偏差。

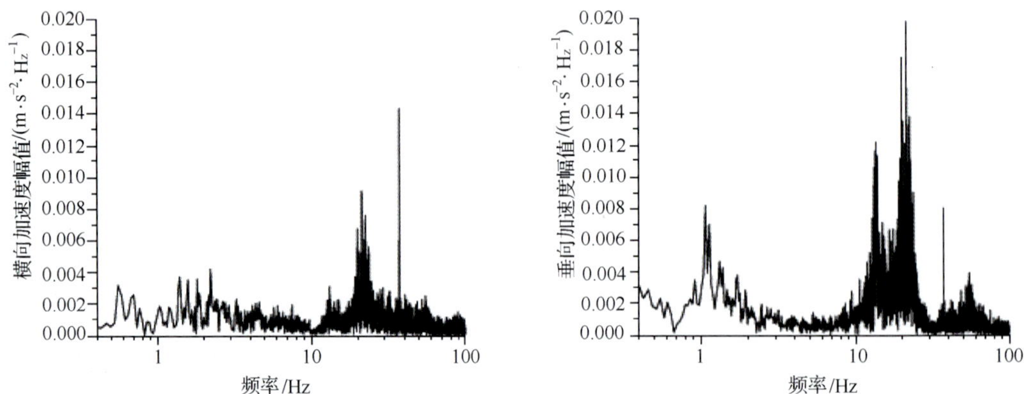

图2-51　360 km/h速度下的横向和垂向振动加速度频谱(CRH2-300型动车组的7车车体一位端)

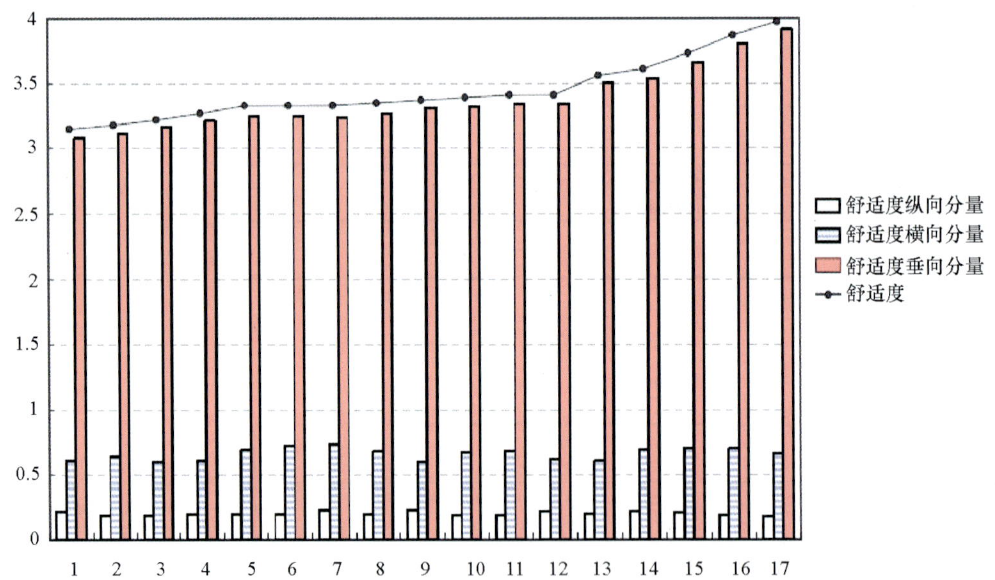

图2-52　350 km/h速度下舒适度指标各分量的对比(CRH2-300型动车组的7车体一位端)

通过上述试验数据的分析可知,不同的评价方法得出的车辆舒适性结论可能不一致,到底哪种评价方法更符合实际情况?我国高速动车组应该采用什么方法来评定车辆的乘坐舒适性?这些都需要进一步的深入研究。

2.2.12 线路状况对高速列车动力学性能的影响[3]

车辆的动力学性能不仅与车辆自身的参数有关，而与线路的条件也有极大的关系。为了考察线路状况对动车组动力学性能的影响，本次试验专门针对京津线的情况对CRH2－300型和CRH3型高速动车组的动力学性能做了统计分析。

图2－53是CRH2－300型和CRH3型动车组轮重减载率大于0.80的点随里程分布图，从图中可以看出，两种动车组轮重减载率偏大的点几乎都集中出现在某几个位置：CRH2－300型在永乐站（K46＋678）道岔出现6次，在武清站（K84＋347）道岔区出现3次；CRH3型在武清站（K84＋347）道岔出现2次，在（K28＋780）的*R*9000曲线上出现3次。

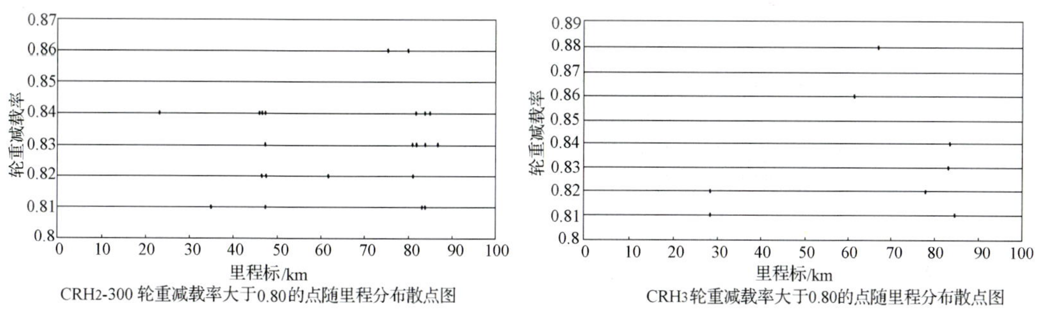

（a）CRH2－300型动车组　　（b）CRH3型动车组

图2－53　轮重减载率大于0.8的点随里程分布图

图2－54是CRH2－300型和CRH3型动车组轮重减载率大于0.8的点按线路工况的统计图，可知：

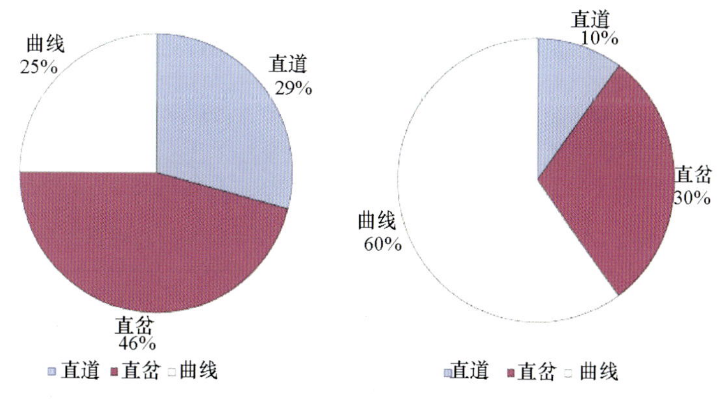

（a）CRH2－300型动车组　　（b）CRH3型动车组

图2－54　轮重减载率大于0.8的点按线路工况统计图

（1）CRH2－300型在过直岔时容易出现较大的轮重减载（道岔占46%、曲线占25%、直线占29%）；

（2）CRH3型在通过曲线时容易出现较大的轮重减载（曲线占60%、道岔占30%、直线占10%）。

表2－6和表2－7是CRH2－300型和CRH3型动车组轮重减载率大于0.8时的振动

信息,从表中可以看出,轮重减载率大于0.8时的轴箱垂向振动加速度都比较大,且振动频率一般在30~60 Hz,通过换算振动波长在3 m以下,也即线路短波激扰是引起车轮减载的一个重要因素,这和理论分析是一致的(详见3.2)。

表2-6 CRH2-300型动车组轮重减载率大于0.8时的振动信息

减载率大值点编号	减载率	轴箱垂向加速度/(m·s^{-2})	主频/Hz	振动波数目/个	构架垂向加速度/(m·s^{-2})	主频/Hz	车体垂向加速度/(m·s^{-2})		主频/Hz
							40 Hz滤波	80 Hz滤波	
1	0.86	88.09	47	1	53.66	47	1.47	2.35	48
2	0.86	95.35	47	2	48.56	47	1.57	2.45	30~50
3	0.84	121.94	39	1	29.04	61	1.47	5.30	30.60
4	0.84	100.16	60	1	28.15	60	1.57	3.04	30~60
5	0.84	66.61	47	2	41.59	25	1.08	2.26	30~60
6	0.84	99.18	42	3	28.74	47	1.37	1.77	51
7	0.84	81.13	37	2	28.84	17、55	0.88	2.26	47
8	0.84	74.95	50	1	28.35	49	1.08	2.16	50、62
9	0.84	120.56	55	3	47.48	55	1.18	2.45	52、70
10	0.84	122.63	55	2	29.14	55	1.37	4.12	30、53
11	0.82	120.47	47	2	47.77	40	0.88	2.45	30~40
12	0.83	75.73	39	1	44.93	39	1.37	2.35	31
13	0.83	87.31	40	2	36.49	40	0.49	1.77	30
14	0.83	70.14	40	3	77.60	60	1.08	2.06	31
15	0.83	158.73	31	1	46.11	31	1.57	2.26	30~80
16	0.82	122.53	47	1	38.55	50	0.78	1.28	70
17	0.82	74.95	46	1	35.71	46	0.78	1.37	30、60
18	0.82	91.04	39	2	36.59	22、46	0.98	1.28	30~100
19	0.82	124.98	49	2	32.47	62	0.98	1.47	30~80
20	0.81	68.08	47	1	32.34	20-50	1.08	1.96	30~50
21	0.81	64.65	40	2	37.67	20-50	1.08	2.06	30~60
22	0.81	78.68	39	3	23.74	20-40	1.28	1.86	30~60
23	0.81	81.82	47	1	35.32	47	1.67	2.65	47、70
24	0.81	155.98	47	1	33.35	47	1.37	2.16	30、53

表2-7 CRH3型动车组轮重减载率大于0.8时的振动信息

减载率大值点编号	减载率	轴箱垂向加速度/(m·s^{-2})	主频/Hz	振动波数目/个	车体垂向加速度/(m·s^{-2})		主频/Hz
					40 HZ	80 Hz	
1	0.88	83.57	47	4	1.70	2.05	31
2	0.86	93.17	47	2	1.66	1.89	28
3	0.84	148.47	30	1	3.18	3.33	28
4	0.83	153.40	47	3	1.78	1.99	27
5	0.82	196.93	39	5	2.67	2.74	35~38
6	0.82	86.54	48	2	1.85	1.90	30
7	0.82	226.78	39	5	3.15	3.38	35
8	0.82	73.91	39	4	1.40	2.00	30
9	0.81	235.69	39	3	1.60	2.45	27
10	0.81	143.79	47	2	1.58	14.89	31

值得指出的是,统计中未出现同时连续两个峰值轮重减载率超过0.8的情况,且轮重减载率大于0.8时的运行安全性指标值一般都比较小,所以瞬时的轮重减载不会产生爬轨脱轨的危险。

人们坐在运行于京津城际铁路的高速动车组上,有时会感觉"失重"或者"超重",以及"忽上忽下"的感觉,调查表明该现象主要出现在坡顶或者坡底的变坡点位置,对应线路纵断面图中的凸形竖曲线或者凹形竖曲线。

本次试验特地选取里程标K43~K46的区段(该区段属于高速试验区段,且包含两个变坡点。变坡点分别位于K44+227和K45+727处,对应坡度差分别为6‰和5‰。两

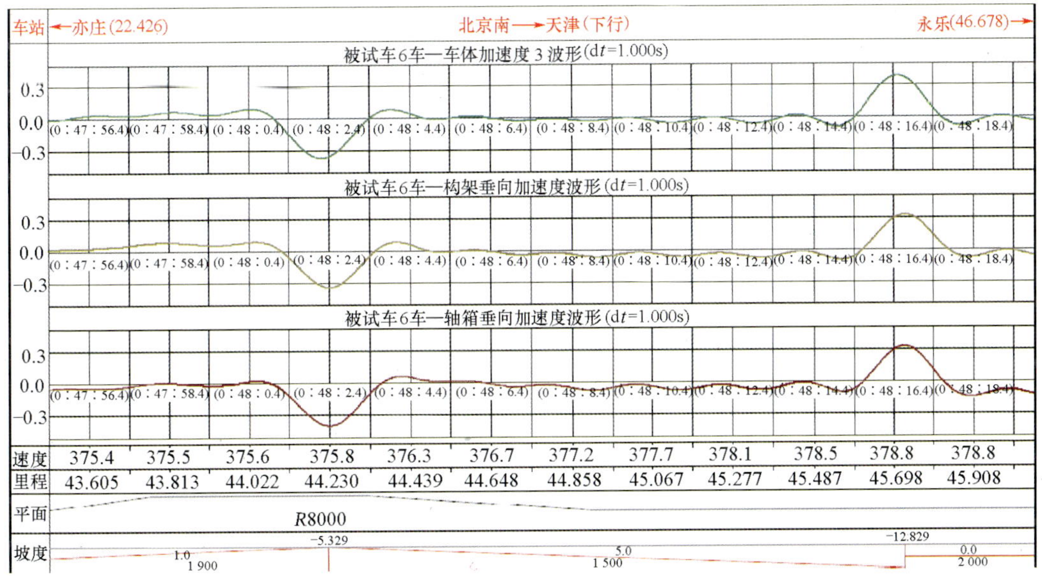

(a) CRH2-300型动车组

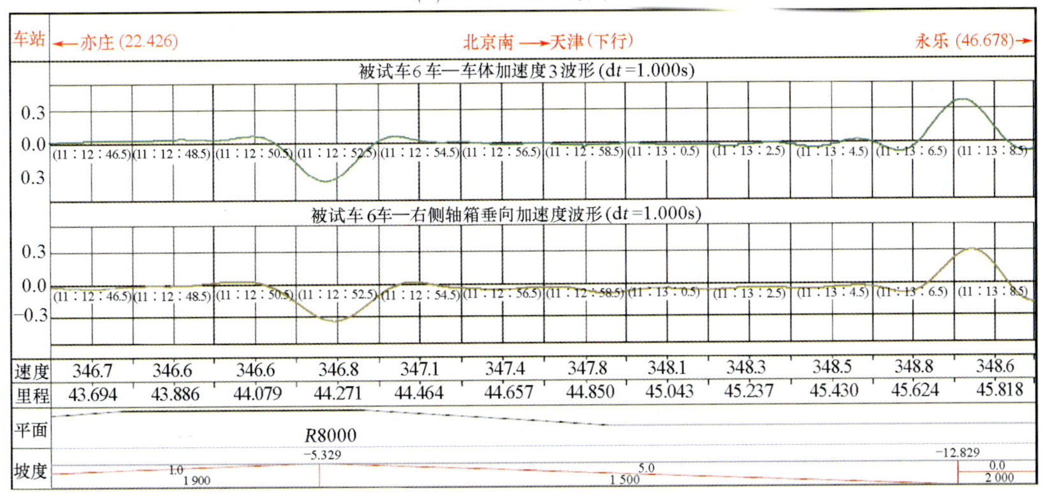

(b) CRH3型动车组

图2-55 变坡点对轴箱、构架和车体垂向振动加速度的影响

个变坡点所在的竖曲线分别为凸形和凹形，所以具有代表性）来分析高速列车轴箱、构架和车体垂向加速度波形。

图2－55是CRH2－300型和CRH3型动车组在典型变坡点区段的车体、构架和轴箱未平衡垂向加速度，从图中可以看出，在变坡点车体、构架和轴箱加速度波形均存在明显突起，并且突起的方向与变坡点所在的竖曲线形状相对应。

图2－56是CRH2－300型和CRH3型动车组车体垂向加速度10Hz滤波后的波形，可知，在变坡点位置，CRH2－300型和CRH3型动车组的振动波形有很大差别：CRH2－300型一般只产生1个明显的振动波（波长与变坡点竖曲线长度近似，即振动从进入竖曲线时开始，通过竖曲线后很快恢复到原状态）；但CRH3型一般会产生2～5个明显的振动波（振动主频为0.7 Hz，振动距离一般远大于竖曲线长度）。因此，在CRH3型动车组运行中人体更容易感觉到“忽上忽下”的感觉，初步分析认为是CRH2－300型和CRH3型动车组的二系垂向阻尼不同而引起，CRH2－300型动车组的空气弹簧设置有节流孔，能提供垂向阻尼，因而对垂向振动有明显

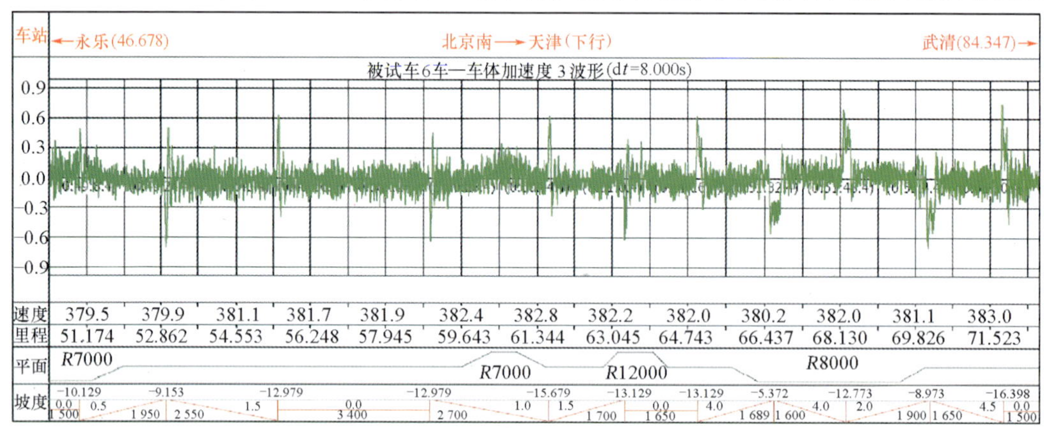

(a)CRH2－300型动车组

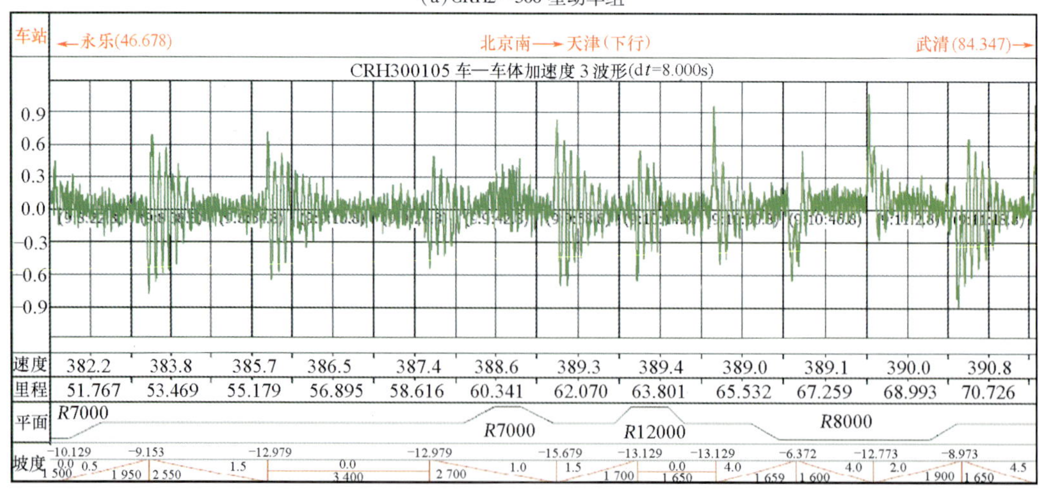

(b)CRH3型动车组

图2－56　变坡点对车体垂向振动加速度的影响（10 Hz滤波）

衰减作用;而 CRH3 型动车组的空气弹簧没有设置节流孔,同时也没有安装垂向减振器,因而垂向振动得不到充分的衰减,故车体垂向振动收敛较慢。如果 CRH3 型动车组安装二系垂向减振器,“忽上忽下”的感觉应该是可以避免或减轻的。

2.2.13 不同线路条件的动力学性能对比分析[3]

即使是同一车辆,在不同的线路上运行的动力学性能也会大不一样,为了比较同一型号车辆在不同线路上动力学性能的差异,分别于 2006 年 12 月和 2008 年 4 月在京哈线秦沈段和京津城际铁路进行了 CRH2－300 型动车组的动力学性能的对比试验。

京哈线秦沈段和京津城际铁路最大的差别在于秦沈区段除部分桥梁外,均为有砟轨道,而京津城际铁路全部为无砟轨道,也即这两条线路的等级有差别。为了尽量避开其他因素的影响,所以特地选择了这两条线路中直道上的测试数据来进行对比分析。

图 2－57 是京哈线秦沈段和京津城际铁路动力学性能的比较,从图中可以看出,CRH2－300 型动车组:

(1)在京哈线秦沈段的脱轨系数均值比在京津城际铁路上大 2～10 倍;

(2)在京哈线秦沈段的轮重减载率均值比在京津城际铁路上大 1～2 倍;

(3)在京哈线秦沈段的轮轴横向力均值比在京津城际铁路上大 2～5 倍;

(4)在京哈线秦沈段的轮轨垂向力均值比在京津城际铁路上大 20%～40%;

(5)在京哈线秦沈段的车辆横向加速度均值比在京津城际铁路上大 30%～40%;

(6)在京哈线秦沈段的车辆横向平稳性指标均值比在京津城际铁路上大 10%～20%;

(7)在京哈线秦沈段的车辆垂向加速度均值比在京津城际铁路上大 20%～40%;

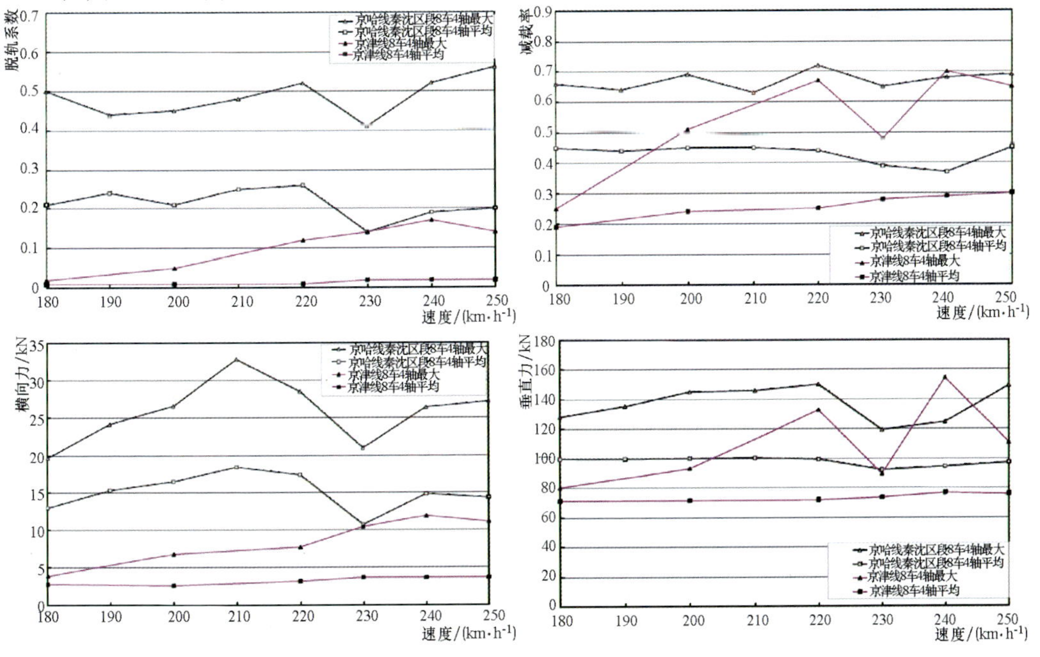

图 2－57

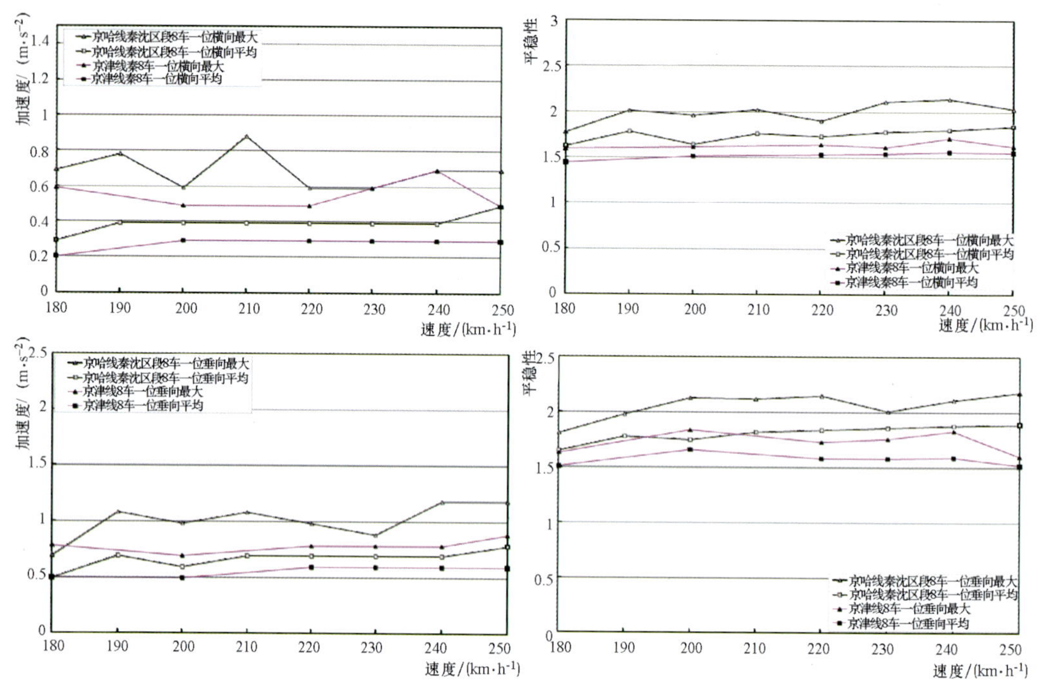

图 2－57　京哈线秦沈段和京津城际铁路动力学性能的比较

(8)在京哈线秦沈段的车辆垂向平稳性指标均值比在京津城际铁路上大 5% ~20% 。

经过对比分析发现,京津城际铁路上的动力学性能明显比京哈线秦沈段的动力学性能好,这说明线路等级对车辆动力学性能的影响极大。为了改善高速列车的动力学性能,一方面要对高速列车系统自身的参数进行优化设计,另一方面也要严格控制高速铁路的修建和维护等级。

2.2.14　安全性分析[3]

本次试验对京津线上 CRH2－300 和 CRH3 型动车组的安全性进行了对比分析,图 2－58 是不同速度下 CRH2－300 和 CRH3 型动车组的端车和中间车各项安全性指标的对

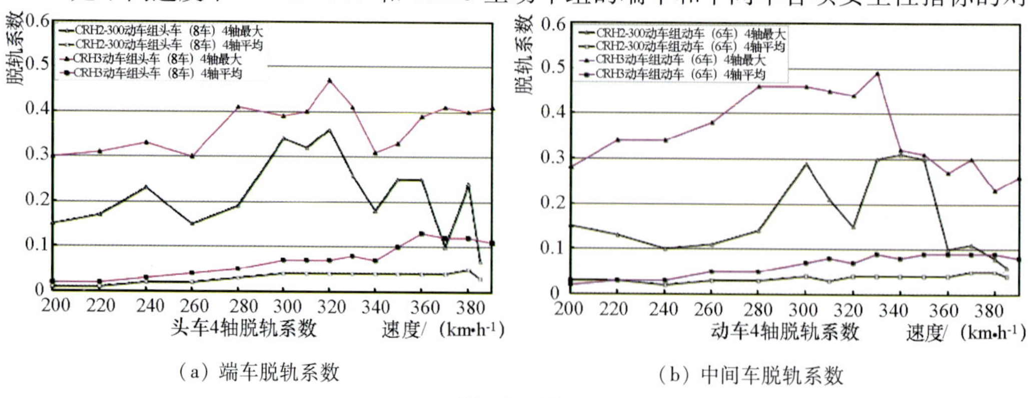

(a) 端车脱轨系数　　(b) 中间车脱轨系数

图　2－58

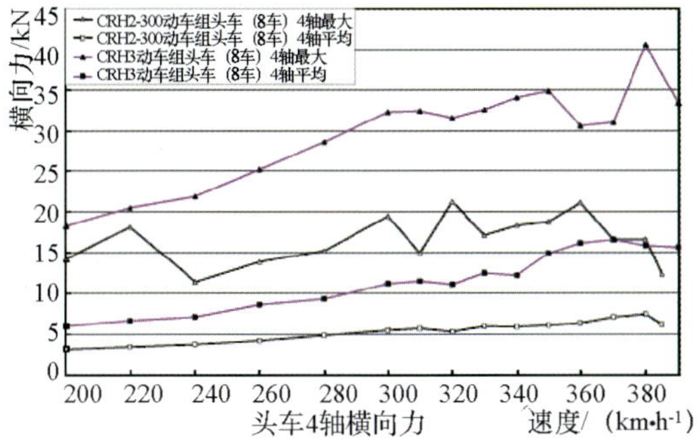

（c）端车轮轴横向力

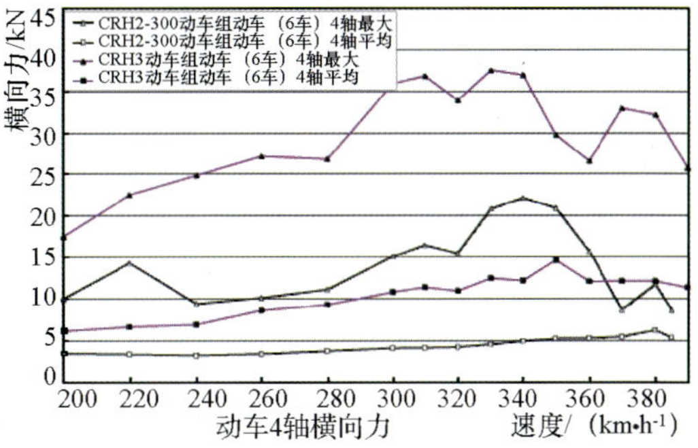

（d）中间车轮轴横向力

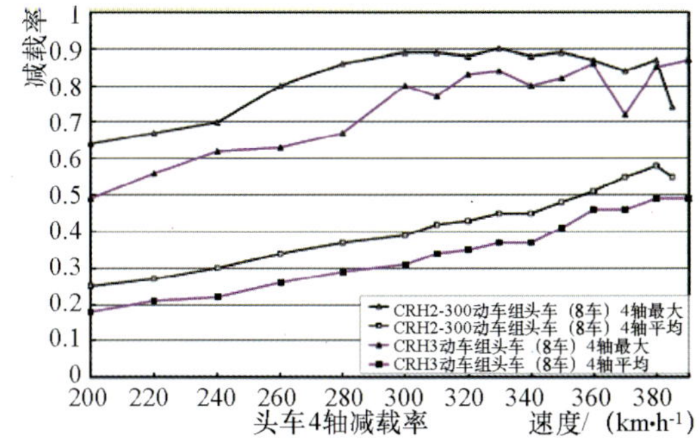

（e）端车轮重减载率

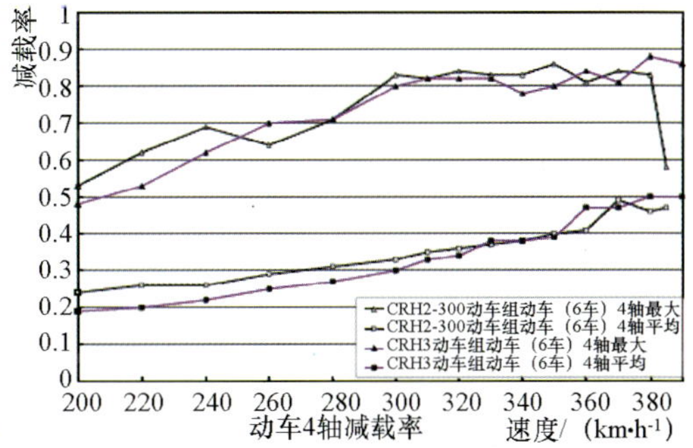

（f）中间车轮重减载率

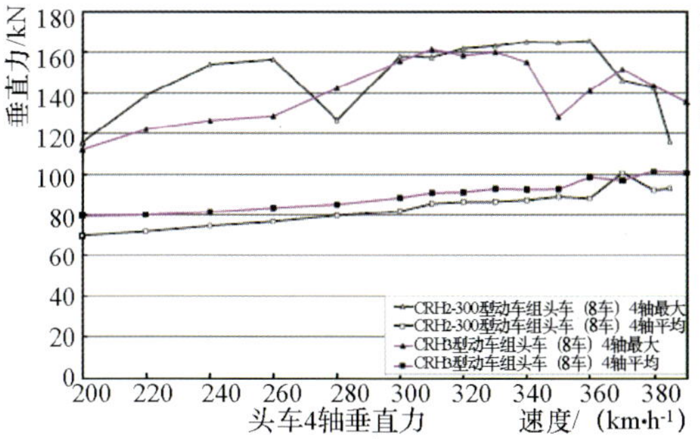

（g）端车轮轨垂向力

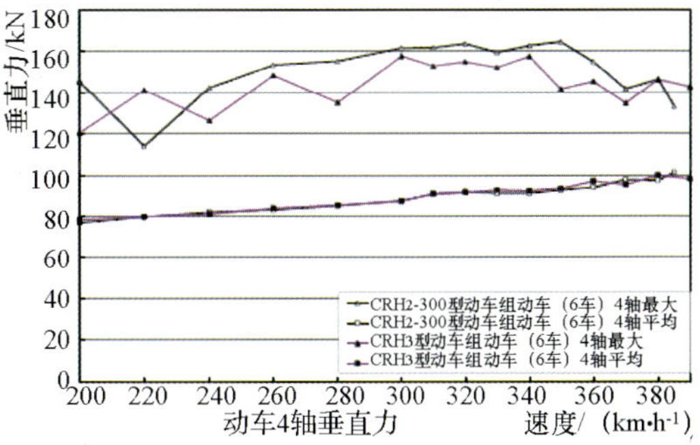

（h）中间车轮轨垂向力

图 2－58　CRH2－300 型与 CRH3 型动车组安全性对比

（1）CRH2－300 型和 CRH3 型动车组的端车和中间车的脱轨系数平均值随着速度的增高而增加；在所测试速度范围内，它们的最大脱轨系数都没有超过 0.8；在相同速度下，CRH3 型动车组比 CRH2－300 型动车组的脱轨系数大（最大差别可达 70%）；

（2）CRH2－300 型和 CRH3 型动车组的端车和中间车的轮轴横向力平均值和最大值基本都随着速度的增高而增加；在相同速度下，CRH3 型动车组比 CRH2－300 型动车组的轮轴横向力大（最大差别可达 50%）；

（3）CRH2－300 型和 CRH3 型动车组的端车和中间车的轮重减载率平均值和最大值

基本都随着速度的增高而增加；在相同速度下，CRH2－300型动车组端车比CRH3型动车组端车的轮重减载率大一些（最大差别可达30%），CRH2－300和CRH3型动车组中间车的轮重减载率差别不大；

（4）CRH2－300型和CRH3型动车组的端车和中间车的轮轨垂向力平均值和最大值随着速度的增高而变化不大；CRH2－300型动车组和CRH3型动车组的轮轨垂向力差别也不大，说明轮轨垂向力并非与轴重的大小关系密切，而是取决于簧下质量。从对钢轨的破坏作用来讲，CRH2－300型和CRH3型动车组都还具有一定提速的空间。

通过初步分析，CRH3型比CRH2－300型动车组的脱轨系数和轮轴横向力大，一方面跟CRH3型比CRH2－300型动车组的轴重大有关，更主要的原因应该是CRH3型动车组的一系定位刚度远大于CRH2－300型动车组的一系定位刚度。为了降低CRH3型动车组的脱轨系数和轮轴横向力，应适当降低其一系定位刚度。

CRH2－300型比CRH3型动车组的轮重减载率大，这与两种转向架的结构不同有关。轮重减载率是脱轨安全性的辅助评价指标（通过轮重减载率的异常变化可以反映转向架结构组装的异常或者线路的异常状态等，如理论研究表明线路短波激扰容易引起较大的轮重减载），通过优化一系垂向刚度和阻尼可以改变车辆对线路激扰的敏感度。

2.3 新一代高速列车的优化设计

根据第一章的高速列车系统动力学理论和本章京津城际高速列车等试验研究成果，新一代高速列车的设计就有了方向。需要研究的不仅仅是要解决在试验和运营中反映出来的与动力学相关的问题，更要根据京沪高速铁路对新一代高速列车的特性运用要求，进行针对性的设计，同时需要思考如何运用高速列车系统动力学，进行高速列车设计和优化。

2.3.1 基于试验结果的优化提升

通过上节对CRH2－300型与CRH3型动车组各项动力学性能试验测试数据的分析来看，CRH2－300型与CRH3型动车组的各项动力学性能总体都良好，针对京沪高速列车，它们都还存在优化改进的空间，需要进行系统研究，以全面提升其动力学性能。

（1）车轮踏面的优化：试验表明，两种动车组在运用过程中的磨耗特征不一样（CRH3型的轮缘磨耗比CRH2－300型大一些，而CRH2－300型的踏面磨耗比CRH3型大一些）。其原因除了轮对定位刚度和车轮直径的影响外，踏面外形设计是否最优化是一个倍受关注的问题。CRH3型的车轮踏面是在S1002基础上改进设计的踏面；CRH2－300型采用了我国自行设计的高速LMA踏面，两种车轮踏面10万km的磨耗量都小于1 mm，可以保证至少20万km运营里程的旋轮周期。由于两种车轮踏面具有不同的磨耗特征，在京沪高速列车的踏面设计过程中可以相互借鉴，进一步优化高速列车的轮轨关系，延长踏面运用旋轮周期，既减轻踏面磨耗又减少轮缘磨耗，特别是减轻轮缘磨耗可以减少旋轮成本，从而完善我国高速列车特有的轮轨关系。

(2) 二系悬挂参数的优化:动车组通过变坡点时,乘客往往有“忽上忽下”的失重或超重感觉是难免的,但试验表明 CRH3 比 CRH2－300 型动车组更明显一点,这可能是因为 CRH3 型二系悬挂系统没有安装垂向减振器,又没有在空气弹簧中设置适当的节流孔,对垂向振动衰减不足而造成的。但事实上,CRH3 型动车组在非变坡区段的垂向动力学良好,也就是说现有的二系垂向低阻尼悬挂是适应正常线路条件的。因此,如何来考虑二系悬挂的垂向阻尼设置还有待进一步优化研究,以进一步改善 CRH3 型动车组的垂向乘坐舒适度。对于 CRH2－300 型动车组同样有二系悬挂刚度优化的必要,特别是如何选择更加合理的空气弹簧,以减小动刚度,更有利于隔离来自轨道的周期振动(如 6.5 m 轨道板的激扰)。

(3) 一系悬挂参数的优化:从两个动车组的运动稳定性而言,应该说一系悬挂参数的选择是可以满足目前动车组的运营要求的,但还有优化的空间。事实上,CRH3 型动车组的脱轨系数和轮轴横向力比 CRH2－300 型动车组大,这主要是因为 CRH3 的一系定位刚度偏大有关,应适当降低其一系定位刚对,以适应我国的线路特征。CRH2－300 型动车组的轮重减载率比 CRH3 型大,主要是因为 CRH2－300 型动车组对线路的短波线路激扰更敏感,通过减小簧下质量、优化一系垂向刚度和阻尼可以改变车辆对线路短波激扰的敏感度。

(4) 车间减振器的应用:无论是计算、台架试验还是线路试验都表明:CRH2－300 型动车组的车间减振器有利于横向平稳性的改善。在后续的新型高速动车组设计中,可考虑安装车间减振器来改善横向平稳性。另外 CRH2－300 型动车组的横向半主动减振器在特殊的环境(比如过道岔、隧道和会车等)中能体现其功效,在后续的新型高速动车组设计中,可根据实际需要决定是否安装横向半主动减振器。

(5)车体结构振动的控制:在 250～350 km/h 速度范围内,来自轨道板长度 6.5 m 波长的强迫振动传递到了 CRH2－300 型高速动车组的车内地板,造成车内地板弹性振动被激发,影响到旅客的乘坐舒适度。因此,在后继高速列车的开发时,应该研究车体局部结构振动的控制问题,这一方面可以适当加强车体的局部结构,避免局部结构振动被激发;同时可以进一步优化悬挂参数,来减缓来自轨道的固定周期激扰。

(6)空气阻力的进一步降低:随着京沪高速列车能持续运行在 350 km/h,甚至达到 380 km/h,空气阻力急剧增加对功率的需求已经让 CRH2－300 型与 CRH3 型动车组的提升遇到困难,应该加大力度降低空气阻力。事实上对 CRH3 型动车组来说,其减小阻力的空间还很大。试验表明,CRH3 型动车组的空气阻力比 CRH2－300 型大,这主要是由于 CRH3 型动车组的车头细长比大于 CRH2－300 型,而且 CRH3 型动车组在车与车之间没有安装风挡等造成的。如果增加车头细长比、增加风挡和优化车下设备外形,就可以进一步降低空气阻力。

(7)受电弓的动力学性能优化:在优化受电弓受流性能的不断努力下,目前京津城际高速列车的受电弓受流状态良好。尽管如此,目前的弓网关系还是存在不如意的地方,例如 CRH3 型动车组受电弓开口和闭口方向运行弓网平均接触力差别不大,仅相差 10 N 左右,但受电弓在闭口方向运行时,CRH3 型动车组弓网离线火花次数较 CRH2－300 型动车组弓网离线火花次数多,受流质量略差。CRH2－300型动车组开口和闭口方向运行弓网平均接触力相差较大,差40N左右。这些差异来自于车顶结构。因此,如何进行车顶布置和受电弓导流板的设计优化,是后继高速列车研究的工作之一。

(8)车－线关系的优化匹配:无论是CRH3型动车组在变坡点的垂向振荡,还是CRH2－300型动车组对线路短波长不平顺的敏感所造成的轮重减载率增加,都说明需要进一步优化车与线路的匹配关系。事实上,高速动车组的性能不仅与车辆自身的参数有关,也与线路条件密切相关。为了改善高速动车组的动力学性能,一方面应尽量优化高速动车组自身的参数,另一方面也要严格控制高速铁路的设计、修建和维护等级。

当然,以上的优化提升项目仅仅是具体的工作需求,高速列车设计真正需要提升的是设计理论上、设计方法和优化策略。

2.3.2　基于运用需求的优化设计

1. 多样化需求

京沪高速铁路作为“陆上京杭大运河”,其主要作用连接京沪和长三角、环渤海两大经济圈,同时辐射到西北、东北地区,辐射服务里程达到3 000多公里。因此,京沪高速铁路潜在的客运市场很大,城市及城市群是京沪高速铁路客流的主要来源,对长、中、短途客流都将形成强大的吸引力,辐射全国,且任何一部分都有重要的地位。因此,京沪高速铁路的市场定位是全方位的。

京沪高速铁路在运输组织上既要满足京沪之间的点对点大运量高速运输,也需要兼顾经济区域发达城市和省会城市的到京沪两地和途径京沪的快速直达运输,最后还要照顾到沿路各站的运输需要。因此,京沪高速铁路的运输要求是多样化的。另外,京沪两地和沿路各站的经济状况也不一样,因此,对于旅客列车的乘坐要求也会有区别,因此,为了满足不同层次和类群的旅客出行需求,新一代高速列车在列车编组、座位和卧铺(跨线车)配置等进行多样化和个性化的设计。

2. 速度需求

高速列车作为一种轨道交通运输工具,它的基本属性就是速度、舒适性和安全性。在设计层面,首先要进行的设计就是速度的设计。新一代高速列车的速度定位需要考虑到运输需求:

- ➢ 经济区域内短途客的运输要求是公交化运输,旅客随到随上,要求列车的运行密度,因此,采用的列车可以是短编制,充分利用未来高速铁路采用的CTCS－3的3 min跟踪时间,进行高密度发车。由于旅行路程短,对于速度的要求是次要的。
- ➢ 京沪之间的点对点直达运输,由于京沪之间路程长约1 318 km,速度对旅客旅行的时间影响极大,速度可以说越快越好,如果在4 h内到达,这就给京沪间的交通带来革命性的提升。
- ➢ 对于跨线长途运输,由于旅行路程长,而且高速列车下到既有线或者是高速客运专线,由于线路运行速度的限制,列车的运行速度下降,总体的旅行时间较长,一般在10～20 h以上,因此,旅行时间上多1 h和少1 h旅客不会太在意。考虑到

列车要在京沪高速线和既有线路运行，列车的速度等级应该放低，以保证列车配置的合理性。

新一代高速列车的设计速度达到380 km/h，可在350 km/h 持续运行，这就给根据运输需求和旅客特点来进行不同的速度设置带来了空间。我们可以根据运行速度、起动和制动能力、编组类型进行不同目标下的运行方式优化。其目标包括：

- 速度目标——以列车运行速度最快为目标，符合京沪之间的点对点运输需求；
- 运能目标——以线路运输能力或单列车运输能力最大为目标，符合黄金周、假期的民工潮和学生潮等运输需求；
- 车辆运用目标——以车辆使用数最少为目标，符合车辆紧张条件下的运输要求；
- 列车密度目标——以列车运行密度最大为目标，符合列车公交化要求。

3. 舒适度需求

对于京沪高速铁路，由于旅行路程达到1 300多公里，跨线车则更长，因此，对旅行的舒适度提出更高的要求。在新一代高速列车设计时要考虑由于速度和距离带来的影响舒适性问题：

- 振动——速度提高加剧了车体振动，需要发展振动控制技术，以提高乘坐舒适性；
- 噪声——速度提高势必增大了车体内噪声，需要加强噪声控制，提高乘坐舒适性；
- 气压——速度提高使得会车和通过隧道时车内气压变化增强，需要运用更先进的压力保护技术，以提高乘坐舒适性；
- 照度——速度提高使得沿路环境，特别是通过隧道、桥梁，车内明暗度的快速变化，影响旅客的舒适性，需要采用更加人性化的车室照明系统，实现个性化灯光的调节；
- 温度——南北穿行数千里，南北、东西部的温差大，季节变化不一致，这给高速列车温度控制带来困难，需要发展具有广泛适应性的车室温度调节和控制技术，以提高乘坐舒适性；
- 视觉——速度提高使得窗外景物高速划过，使旅客眼睛疲劳和晕车，需要通过合理的座位布置和车窗设计，以提高乘坐舒适性。

4. 长编组需求

京沪高速铁路连接环渤海和长江三角洲两大经济区，其间分布着2个省会城市，11个百万以上人口的大城市，是我国经济发展最活跃和最具潜力的地区，也是我国客货运输最繁忙、增长潜力巨大的交通走廊。京沪高速铁路建成后，将实现客货运分离，届时北京到上海直达只需4～5 h，年输送旅客单方向可达4亿人，高峰期将实现3 min一列，以确保旅客随时乘坐、随时有座位。为了保证大运量的运输要求，新一代高速列车的编组形式应考虑采用两列连挂的长编组方式，以增大在客运高峰期的运输能力。

随着长编组的应用，对新一代高速列车设计带来更大挑战：

- 长编组下的流固耦合振动问题；

- 长编组下的双弓受流问题；
- 长编组下的牵引制动的一致性和纵向冲动问题。

5. 宽车体需求

为了满足更大运输需求，京沪高速列车仍然采用宽车体技术，在保证旅客乘坐舒适度的情况下，实现2+3的座椅布置。京沪高速列车的车体宽度为3380 mm，与国际同类产品相比，宽车体的断面面积增加了25%，载客量提高了近30%。

随着宽车体的应用，对新一代高速列车设计带来更大挑战：

- 宽车体下的空气阻力问题；
- 宽车体下的站台和线间距等问题；
- 宽车体的车体结构设计和制造问题。

2.3.3 基于高速列车系统动力学理论的优化设计

1. 系统设计的核心目标

图2－59给出了高速列车和运行边界条件的关系。对于高速列车运行而言，线路是高速列车的运行基础，气流是高速列车运行的介质，接触网是高速列车运行动力来源。高速列车和运行边界条件的作用，引发一系列影响安全性和乘坐舒适度的问题，解决这些问题就是高速列车的设计目标。根据高速列车的运行要求，以及制约高速列车的主要因素，高速列车的设计的核心目标包括稳定性、平稳性、安全性、可靠性、经济性（节能）、环保性（噪声）。这里除了动力学性能的三要素外，还包括环保性和经济性，经济性指标的节能实际上也在一定程度上反映环保性；可靠性是高速列车运营时需要考虑的要求，高速列车作为一个装备，可靠性是运营商追求的极为重要的目标，但可靠性主要是通过科学合理的设计来保证的。可靠性问题原则上是系统的可靠性问题，但对于动力学研究和机车车辆结构设计而言，可靠性问题主要是指结构疲劳可靠性。

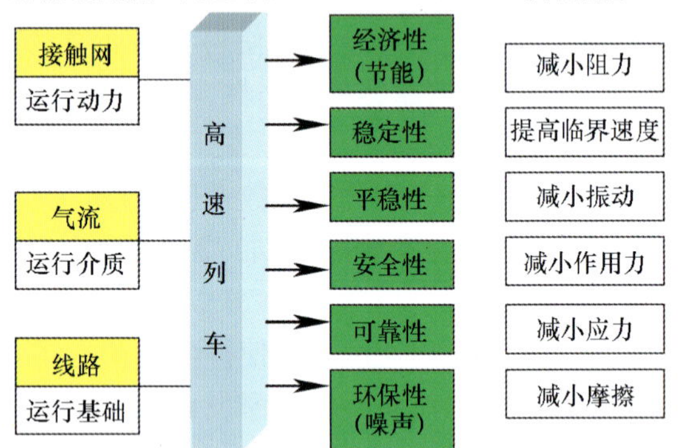

图2－59 高速列车核心设计目标

在高速列车设计的核心目标中，动力学三要素（稳定性、平稳性、安全性）对于列车的运行要求来说是同等重要的，但是从动力学研究的角度，作者认为：在核心设计指标中，运动稳定性是最重要的，因为，如果车辆系统运动不稳定，出现蛇行失稳运动，车辆就不平稳，也就不安全，而且在失效状态下运行，车辆的各种失效明显加剧，车辆系统也就不可靠，保证车辆的稳定性是首先要做的工作；保证列车运行安全是高速列车设计的基本要求，因此，接下来就是运行安全性；在保证车辆运动的稳定性和运行的安全性的前提下，进一步提高车辆运行的平稳性，保证其乘坐舒适度；可靠性是运营过程中体现的目标，因此，可靠性是排在车辆动力学三要素之后的重要目标；环保性也是在满足运用条件下的力求目标,但对于噪声,它确是一个强制性指标,一个必须保证的指标;经济性是一个永恒追求的目标,但它是在满足运输需求和运用条件下力求的目标。

高速列车设计的核心目标是反映高速列车的总体性能指标,而实现指标的具体方法是通过提高临界速度、减小阻力、减小振动、减小应力和减小摩擦等途径来实现的,而这些途径又是通过高速列车的技术设计着力完成。

2. 优化设计的基本要求

技术设计的核心任务是开展结构设计、参数设计、边界设计和服役设计。对于基于高速列车系统动力学的高速列车设计而言,这些设计工作最终体现在高速列车的性能和可靠性上。不同的设计任务有不同的任务定位,相应对系统性能的作用也就不同。

- 结构设计:结构设计主要解决的是系统功能问题,同时也影响到性能。结构的可靠性问题基本上是在结构设计中得以保证的。事实上,对高速列车而言,功能问题是不需要研究的。因此,结构设计对系统的作用依次反映在:可靠性→性能。
- 参数设计:参数设计主要是解决系统性能问题,特别是动力学的三要素(稳定性、平稳性和安全性),当然好的性能同时带来好的可靠性。因此,结构设计对系统的作用依次反映在:性能→可靠性。
- 边界设计:边界设计实际上是为系统运行提供一个良好的运行条件,主要影响的是高速列车性能。因此,边界设计对系统的作用依次反映在:性能→可靠性。
- 服役设计:服役设计是如何在长期的运用中保证高速列车的设计性能和可靠性,保证性能的稳定和参数的有效性。因此,服役设计对系统的作用依次反映在:可靠性→性能。

可以看到,以上四种设计任务在高速列车设计中承担着不同的任务,同时又相互关系,图2-60是一个简单的相互关系图,实际上这也是优化设计流程。可以看到,设计首先就要进行边界设计,确定高速列车的运行边界条件;依据边界条件进行参数的设计,确定高速列车的动力学参数;依据动力学参数,进行高速列车的结构设计,完成高速列车的设计;在此基础上,进行服役设计,确定高速列车最终性能,提出保证高速列车运行性能的措施。根据服役性能,进一步优化边界条件,使边界条件的设置更加科学合理;进一步调整动力学参数,优化高速列车的动力学性能;进一步改善和优化结构,提高高速列车的结构可靠性;最终实现高速列车列车服役性能的优化。由于边界设计和高速列车参数设计共同影响到高速列车动力学性能,所以,边界设计和参数设计应不断优化匹配关系,在保证最终高速列车动力学性能的情况下,要求边界条件和系统参数是科学合理的。

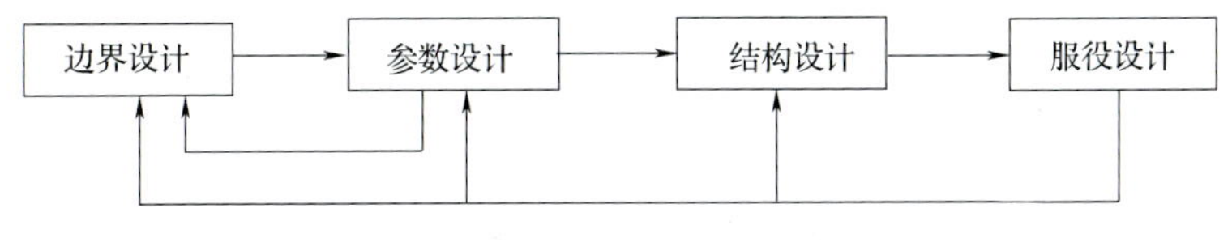

图2-60 优化设计流程

(1)结构优化设计

结构设计的首先依据是功能需要，功能需要决定结构设计的形状；其次依据的是总体技术条件，如总体技术条件中的轨距、定距、轴距、车钩高度、轮径、牵引和制动力、车长和车重等参数指标，这些都是结构设计最重要的依据，主要是用来确定结果的几何尺寸；结构设计最后要依据是动力学参数，动力学参数主要用于悬挂零部件设计，由于悬挂零部件多数是外购，因此，动力学参数是悬挂件零部件的选型依据。

在高速列车的设计阶段，结构优化设计，主要是指结构的形状和尺寸的优化，对于机械结构的优化方法很多，这里不再赘述。这里提出几点看法，供结构设计人员参考：

- 准确评估结构服役载荷[5]：事实上大部分结构破坏的实例不是结构设计本身不合理，而且在设计过程中载荷没有正确评估，特别是振动惯性力的正确估计。往往由于所考虑载荷偏小，导致所设计的结构无法满足使用要求，导致失效。
- 避免机构的运动约束[6]：在转向架中存在大量运动部件，这些运动部件在高速列车运行中不应该由于结构设计不合理导致在运动上的约束，这样的运动约束往往会附加很大的力或力矩，导致结构的破坏。
- 选择合理的结构方案[6]：为了某一功能来设计一个结构往往有多种选择，如一个普通的安全吊（托）设计，其方案往往是五花八门的。针对高速列车的运用要求，其中肯定有更加符合我们需要的结构。在转向架的设计中，应尽量避免受力后钢板的局部变形，导致焊缝撕开，可巧妙通过筋板来提高构件的局部刚度；应避免连接螺栓的直接受剪或受弯，可巧妙使用键、销和止口的作用，如图2－61所示的 CRH2－300 型动车组的轴箱吊钩的设计。

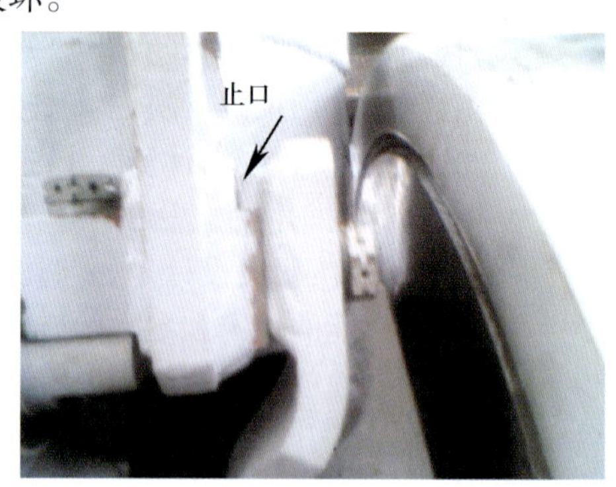

图 2－61　轴箱吊钩的止口设计

- 美观、协调结构外形：在机械设计中，所有相互联系的机械结构在力的传递上是联系的。因此，结构设计时应注意到相关联结构的协调，以保证力的正常传递。同时，结构的美观，本身就是体现出力和结构的协调。因此，只有美观的、协调的结构才能符合优化设计的原则，保证结构的合理性和可靠性。

（2）参数优化设计[7]

在结构确定之后，机车车辆性能主要由参数所决定。机车车辆中影响动力学性能的参数很多，如轮轨踏面形状、悬挂刚度和阻尼，甚至摩擦系数等。在以往的动力学仿真计算中，由于计算工作量巨大，主要是进行单因素的参数研究，或固定其他参数的多因素优化，实际上得到的优化结果并不是最优。对于高速列车，由于动力学性能的裕量较小，在设计时应该比较精确地控制其动力学性能。

高速列车的性能优化是通过参数优化来实现的，具体的优化工作是很困难的，这是因为车辆系统动力学性能，包括失稳临界速度、振动加速度和平稳性指标、轮轨力和脱轨系数、摩擦指数和功率等，均是综合性能的体现。这些性能的评定往往无法用一个简单的公式或关系来描述，优化目标函数的确定比较困难，这给全局优化研究带来困难。前面我们已经提到，在车辆动力学性能三要素[运动稳定性、运行平稳性和安全性(曲线通过性能)]中的优先关系是：第一为运动稳定性性能，第二为曲线通过性能，第三为运行平稳性性能。如何体现优先级，也是值得研究的课题。文献[8]在优化车辆主动控制参数时，就同时把动力学性能三要素作为一个综合目标：

$$\min\left(h_1\cdot\left(\xi\cdot\max\left\{\left|\frac{\alpha_i}{\tilde{\alpha}_i}\right|\right\}+\eta\cdot\max\left\{\left|\frac{L_{\mathrm{vk}}}{\tilde{L}_{\mathrm{vk}}}\right|\right\}\right)+h_2\cdot\left(\frac{A_{\mathrm{s}}}{\tilde{A}_{\mathrm{s}}}\right)+h_3\cdot\left(\frac{\tilde{\nu}_{\mathrm{c}}}{\nu_{\mathrm{c}}}\right)\right)$$

式中，α 为轮轨接触角，L_{vk} 为脱轨系数，A_{s} 为车辆振动加速度均方根值，v_{c} 为临界速度，符合带"～"为期望的名义值，h_1，h_2 和 h_3 分别表示曲线通过、运行平稳性和运动稳定性性能的权值，如何选取合理的权值是关键。

在高速列车优化设计中，灵敏度分析实际上是参数优化设计工作的内容之一，一个好的设计必须保证好的性能稳定性[9]。如果参数对性能的影响灵敏，也就是性能对参数的依赖性强，参数的制造误差和服役过程中的变化都将导致车辆性能的恶化。图 2－62 是文献[10]所给出的某车辆的悬挂刚度和阻尼参数对车辆运动稳定性(最大特征根实部)的灵敏度，显然一系纵向刚度对稳定性的影响最灵敏，阻尼对稳定性的影响灵敏度主要是抗蛇行减振器的阻尼值。

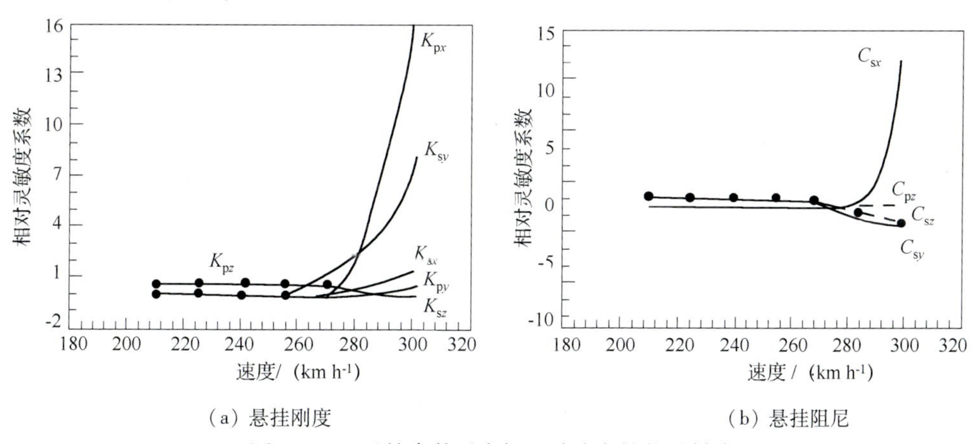

(a) 悬挂刚度　　　　(b) 悬挂阻尼

图 2－62　悬挂参数对车辆运动稳定性的灵敏度

在具体进行参数设计时，就参数灵敏度而言，应考虑以下原则：

- 尽可能减小所选参数的灵敏度，使机车车辆系统具有性能良好的稳定度；
- 考虑实现参数的元器件性能和结构特点，如果元器件在服役中性能稳定性好，或具有自稳定特性，灵敏度可以高一些，以保证其他参数具有更低的灵敏度；
- 由于阻尼器极易发生失效，所以，应尽可能保证阻尼参数在失效时能保证机车车辆的安全运行，即保证曲线通过性能和稳定性性能优良。

(3)边界优化设计

尽管边界设计是为高速列车提供良好的运行环境，而边界优化设计实际上是优化高速列车与线路、接触网等耦合关系的匹配。对于工程问题，对单一元素进行优化比较容易，而匹配关系涉及两个以上元素，而且这些元素是关联影响时，优化过程就比较复杂。因此，优化实际是合理的匹配，通过这些元素的匹配来优化出系统的性能。

高速列车边界优化设计，主要是优化高速列车与线路及与接触网的匹配关系，下面以车线路匹配关系设计为例进行说明。图 2－63 是根据高速列车运行品质要求提出的高速列车与线路之间（简称车线）的边界优化参数，它们是线路的不平顺、轨道刚度、竖曲线、水平曲线。图中实线表述影响关系强，虚线表述影响关系弱。

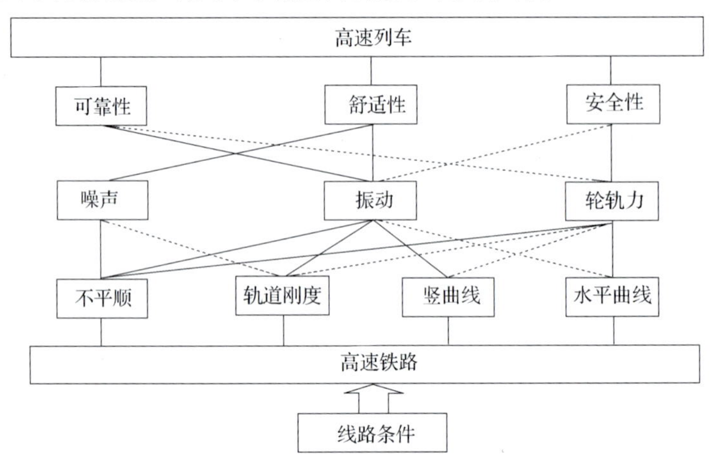

图 2－63　车线边界设计

由于线路是为高速列车运行提供运行条件，因此，高速列车从运行的可靠性、舒适性和安全性出发，要求减小轮轨间的轮轨力、振动和噪声。线路不平顺是引起动态轮轨力、列车振动和轮轨噪声主要因素，因此，线路不平顺是车线边界最主要设计参数；线路的轨道刚度，包括线－桥过渡段的轨道刚度变化率设置，它直接影响列车振动和轮轨力，当然对轮轨噪声也有一定影响，因此轨道刚度是车线边界设计的第二重要元素；线路的竖曲线和水平曲线影响到列车的振动以及轮轨力，线路的竖曲线和水平曲线设计也是车线边界设计内容。

在车线边界设计中，评价的指标主要是高速列车的振动和轮轨力和轮轨噪声。由于边界参数对评价指标的影响虽然不一定是线性的，但基本上应该是单调的。这样，线路的条件越好，轮轨的相互作用力、振动和噪声就越小。而无限度地提高线路品质是不合理的，因为这将大大增加线路建设和养护的成本。因此，车线边界条件的设计应该是车与线的共同优化。对于高速列车和线路来说，由于线路是固定设备，而且修建成本会随边界参数的提高而且大大增加，而动车组的制造成本基本与动力学参数的选择关系不大，如踏面和悬挂参数的调整，不仅不会影响太多的制造成本，而且对动力学性能的改善显著。因此，从经济和合理性出发，在进行车线匹配的优化时，应努力通过调整动车组的动力学参数，来适应线路的运行条件，尽可能放松对边界条件的要求，并寻求到合理的边界条件。由于图 2－63 所列举的边界参数中对高速列车动力学性能的影响度不一，相应的经济成本也不一。因此，还要对所列的 4 个边界参数在对高速列车动力学性能的影响度和经济成本因素制约下，进行统筹的优化考虑。图 2－64 是线

路边界参数优化技术路线的框图。

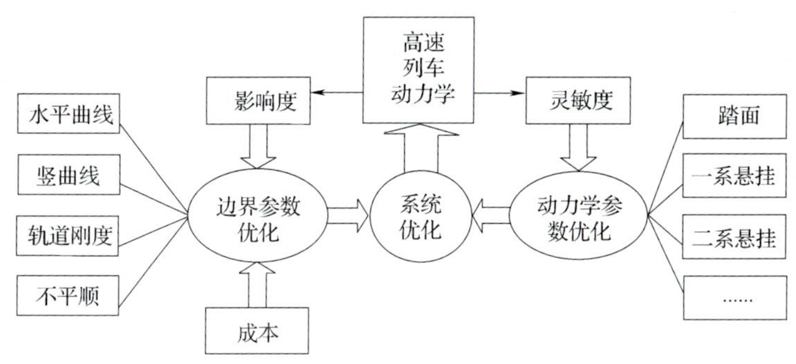

图 2－64　边界优化技术路线

(4)服役优化设计

服役设计是针对生产条件、运营和维修状态，确定状态，设计、制造、运行和维修等环节的参数控制值，特别是影响动力学性能的参数值。在设计、制造、不同级检修的节点上，对于参数控制策略有所不同，我们可以通过图示的方法来说明。图 2－65 给出了在不同过程节点上的动力学参数控制策略，它是通过公差控制得以实现的。如果说我们在设计时给出了参数的理论值，在制造时就允许有一定的公差，而且这个公差值在制造能力具备的条件下，是越小越好。在运行时参数的变化，特别是踏面的变化会十分明显。因此，允许参数有大的变化，但不能突破最大的允许公差值，否则车辆的性能无法保证。在检修时，由于手段和经济性原因，其参数值不一定能够也没有必要恢复到理论值，如车轮踏面的旋修，考虑到与旧轨匹配，考虑到新踏面的初期磨耗大等因素，就不一定把踏面旋修到新轮状态。由于在检修时的大多数悬挂器件不一定更换，因此在检修时的参数控制可以适当放宽。其中一级检修不控制动力学参数，二级和三级检修需旋修踏面，四级检修需检修悬挂参数，但都达不到新车状态。在五级检修时，由于转向架和轮对需要更换，参数公差控制应达到新造要求。图2－65给出的参数控制值仅是一个原则，具体的控制公差值必须根据参数对动力学性能的影响度和参数在

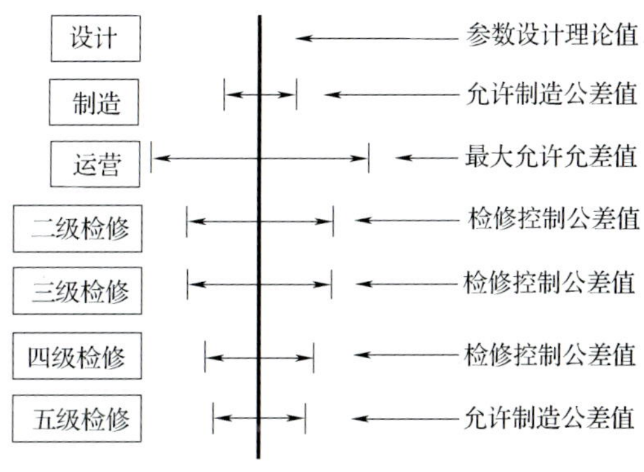

图 2－65　不同节点动力学参数公差值控制原则

各个节点控制的可能性来加以设置。

3. 系统优化设计的基本策略

高速列车设计,无论是结构设计、参数设计还是边界条件的设计,实际上是优化设计。也就是在高速列车系统动力学理论框架下,根据运行需求、边界条件和环境制约等设计条件,应用动力学研究方法,寻求最佳的结构、参数和耦合关系匹配,以保证高速列车设计的核心目标,如图 2-66 所示。

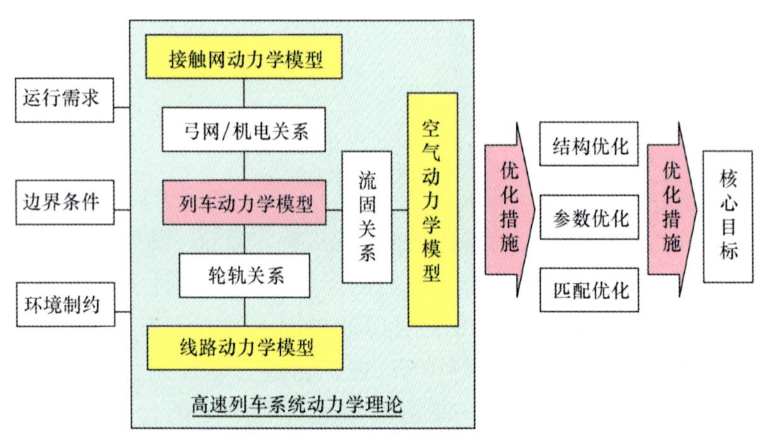

图 2-66 基于高速列车系统动力学理论的高速优化设计

对于考虑轮轨、弓网(机电)、流固耦合关系的高速列车系统,围绕高速列车设计的六性核心目标:稳定性、平稳性、安全性、可靠性、环保性和经济性,具体的设计是极其复杂的。图 2-67 是一个设计层面的优化设计策略图,其中高速列车是核心,同时要考虑与线路、接触网、气流、环境和供电系统的相互作用关系,确定了影响高速列车设计核心目标的关键性能设计,包括:

- 与高速列车动力学性能相关的平稳性;
- 与机电耦合关系相关的供电质量;
- 与弓网耦合关系相关的受流质量;
- 与流固耦合关系相关的气动性能;
- 与轮轨耦合关系相关的安全性和振动;
- 与环境耦合关系相关的振动和噪声。

设计首先要抓住这些关键性能,根据高速列车的技术条件,给出相应的评价指标;根据具体系统的结构和参数,提出优化这些性能的具体措施:

- 高速列车:

  ——优化轮轨踏面和轴重;

  ——优化悬挂参数;

  ——优化转向架和车体结构;

  ——优化车间耦合。

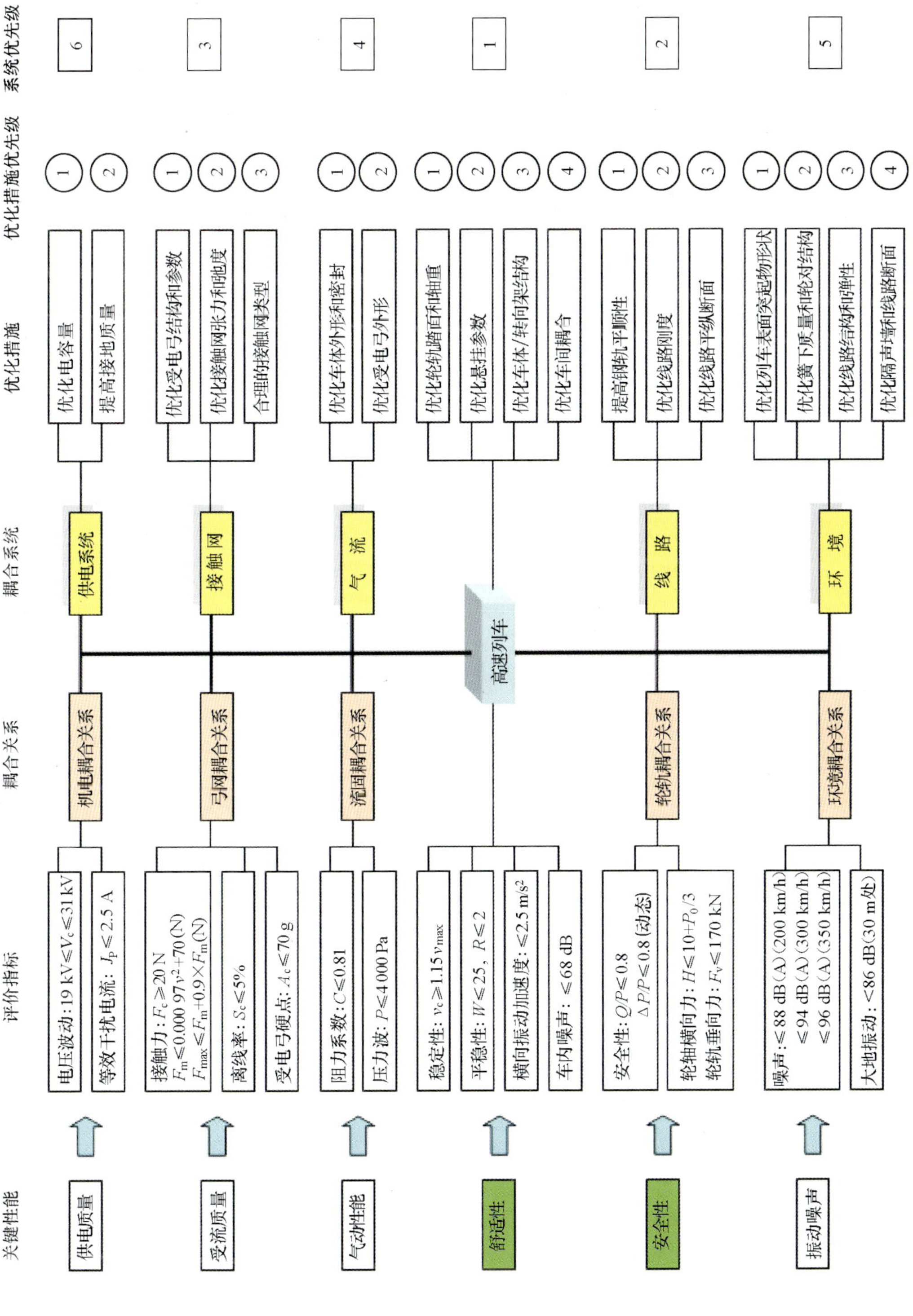

关键性能	评价指标	耦合关系	耦合系统	优化措施	优化措施优先级	系统优先级
供电质量	电压波动：19 kV≤V_c≤31 kV	机电耦合关系	供电系统	优化电容量	1	6
	等效干扰电流：J_P≤2.5 A			提高接地质量	2	
受流质量	接触力：F_c≥20 N F_m≤0.000 97v^2+70 (N) F_{max}≤F_m+0.9×F_m (N)	弓网耦合关系	接触网	优化受电弓结构和参数	1	3
	离线率：S_c≤5%			优化接触网张力和弛度	2	
	受电弓硬点：A_c≤70 g			合理的接触网类型	3	
气动性能	阻力系数：C≤0.81	流固耦合关系	气　流	优化车体外形和密封	1	4
	压力波：P≤4 000 Pa			优化受电弓外形	2	
舒适性	稳定性：v_c≥1.15v_{max}		高速列车	优化轮轨踏面和轴重	1	1
	平稳性：W≤25，R≤2			优化悬挂参数	2	
	横向振动加速度：≤2.5 m/s²			优化车体/转向架结构	3	
	车内噪声：≤68 dB			优化车间耦合	4	
安全性	安全性：Q/P≤0.8 $\Delta P/P$≤0.8 (动态)	轮轨耦合关系	线　路	提高钢轨平顺性	1	2
	轮轴横向力：H≤10+P_0/3 轮轨垂向力：F_v≤170 kN			优化线路刚度	2	
				优化线路平纵断面	3	
振动噪声	噪声：≤88 dB(A)(200 km/h) ≤94 dB(A)(300 km/h) ≤96 dB(A)(350 km/h)	环境耦合关系	环　境	优化列车表面突起物形状	1	5
	大地振动：<86 dB(30 m处)			优化簧下质量和轮对结构	2	
				优化线路结构和弹性	3	
				优化隔声墙和线路断面	4	

图 2－67　高速列车系统设计优化策略

➢ 供电系统：

——优化电容量；

——提高接地质量。

➢ 接触网：

——优化受电弓结构和参数；

——优化接触网张力和弛度；

——合理的接触网类型。

➢ 线路：

——提高线路平顺性；

——优化轨道刚度；

——优化线路平纵断面。

➢ 气流：

——优化车体与密封；

——优化受电弓外形。

➢ 环境：

——优化列车表面突起物形状；

——优化簧下质量和轮对结构；

——优化线路结构和弹性；

——优化隔声墙和线路断面。

根据这些参数对关键性能参数的灵敏度，给出了各子系统优化措施的优先级，如图2－67圈中数字所示。最后，根据各关键性能对高速列车核心目标的影响度，提出系统的优先级：高速列车→轮轨耦合关系→弓网耦合关系→流固耦合关系→环境耦合关系→机电耦合关系。遵循系统和各子系统的优先级进行有重点地、有序地开展优化工作，保证高速列车系统的最优。

参考文献

[1] 张兵. 列车关键部件安全监测理论与分析研究[D]. 成都：西南交通大学，2008.

[2] 孟劲松，林建辉，杨东，等. 综合模拟测试系统及其多信号测试方法[J]. 计算机测量与控制，2008，(01)：22－23.

[3] 张曙光，康熊，张卫华，等. 京津城际铁路高速列车系统动力学试验研究报告[R]. 北京：2008.

[4] 西南交通大学牵引动力国家重点实验室. 300EMU动车组头车和中间车滚动振动试验台动力学试验报告，JSGB第Z006[R]. 成都：2008.

[5] 张卫华，邬平波，吴学杰. An investigation into structure failure of Chinese high-speed train[J]. Engineering Failure Analysis，2006，13(3)：427－441.

[6] 王冬，张卫华. 铁路提速转向架典型结构失效分析与优化[J]. 失效分析与预防，2007，2(3)：1－6.

[7] 张曙光，池茂儒，刘丽. 机车车辆动力学研究及发展[J]. 中国铁道科学，2007，28(1)：56－60.

[8] He Yuping, John McPhee. Design optimization of rail vehicles with passive and active suspensions：A combined approach using genetic algorithms and multibody dynamics [J]. Vehicle System Dyna-mics，

2002, 37(Suppl.): 397 - 408.

[9] 王新锐. 高速客车转向架悬挂参数灵敏度及耦合关系探讨[J]. 铁道机车车辆,2000,(2):13 - 18.

[10] 曾京,邬平波. 高速客车动力学性能的参数灵敏度分析[J]. 西南交通大学学报,1996,31(增刊):186 - 198.

3 速度的设计

本章取名为速度的设计，其本意是研究由于列车运行速度的提高所带来的设计问题。这些问题涉及动车组本身的动力学性能的设计，也涉及高速列车与线路、接触网和气流耦合界面的设计，还有速度带来的列车牵引和制动系统的设计问题。

3.1 临界速度设计

3.1.1 影响临界速度的主要因素

运行稳定性最直接的评价指标是（蛇行失稳）临界速度，是高速列车安全运行需要首先保证的动力学性能[1]。车辆系统的临界速度主要受轮轨关系、悬挂参数和结构参数等方面的影响。

1. 轮轨关系对临界速度的影响

图 3－1 是不同车轮踏面分别在中国的 1 353 mm 和欧洲的 1 360 mm 轮对内侧距情况下与中国 60 kg 钢轨（CN60）匹配时形成的等效锥度。可以看出，在 1 353 mm 轮对内侧距的情况下，中国高速踏面 LMA、日本高速踏面 JAPA 和欧洲高速踏面 S1002 踏面的等效锥度差别很小，但采用 1 360 mm 轮对内侧距时，其踏面等效锥度明显增大，特别是 S1002 踏面在轮对横移量 0.5 mm 处甚至出现了峰值，其值达到 0.5 以上。图3－2是以 CRH2－300 型动车组的参数为基础，采用等效线性化后，计算得到的不同等效锥度下的线性临界速度。显然，车辆系统的线性临界速度会随踏面等效锥度的提高而逐渐下降，对应 1 353 m 内侧距，采用 LMA 踏面的线性临界速度为 1 300 km/h，采用 S1002 踏面的线性临界速度为1 300 km/h；对应 1 360 m 内侧距，采用 LMA 踏面的线性临界速度为 800 km/h，采用 S1002 踏面的线性临界速度为 600 km/h。显然，LMA 踏面的线性临界速度比 S1002 踏面的线性临界速度高。从线性临界速度的计算结果看，S1002 踏面与 1 360 mm 轮对内侧距匹配时的线性临界速度似乎太低。实际上，高速列车系统是一种非线性系统，车轮踏面也并不是简单的线性变化的锥形踏面，而是由多段圆弧组成的非线性变化的踏面。因此，真正影响列车运行安全性的是非线性临界速度。表 3－1是不同车轮踏面分别在1 353 mm和 1 360 mm 轮对内侧距情况下与中国 CN60 钢轨匹配时的非线性临界速度。从表 3－1 中可以看出，同一车轮踏面在1 353 mm轮对内侧距情况下的非线性临界速度比在 1 360 mm 轮对内侧距情况下的非线性临界速度高，这说明增大踏面等效锥度也会降低车辆系统的非线性临界速度。但是，在 1 353 mm轮对内侧距的情况下，LMA，JAPA 和 S1002 踏面的非线性临界速度均比较高，最小的也超过了 550 km/h；在 1 360 mm 轮对内侧距的情况下，LMA 踏面的等效锥度比 S1002 踏面的等效锥度小，但非线性临界速度反而低，说明 LMA 踏面不适应欧洲标准的轮对内侧距。这同时也说明车辆系统的非线性临界速度不仅与踏面的等效锥度有关，跟整个轮轨系统踏面外形甚至整个车辆系统均有关。因此在设计高速列车的踏面外形时，不能只简单考虑等效锥度一个因素，还要考虑其他匹配的问题，如轮轨接触应力、轮轨力、磨耗磨损状态等。

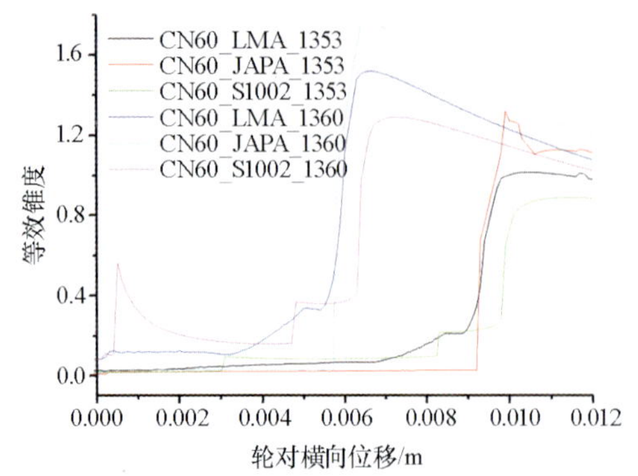

图 3-1　不同踏面的等效锥度

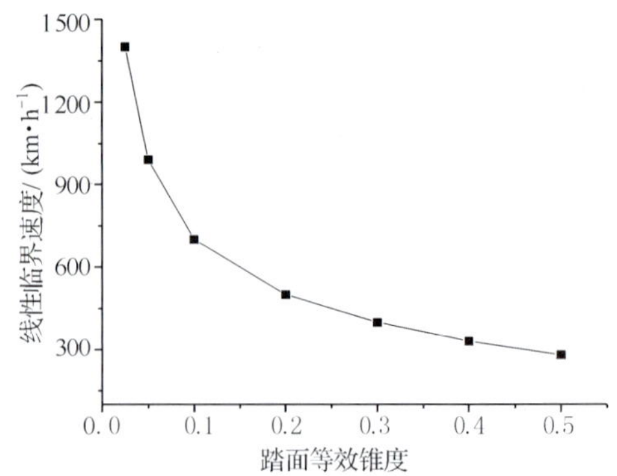

图 3-2　等效锥度对线性临界速度的影响

表 3-1　轮轨关系对车辆非线性临界速度的影响

	LMA	JAPA	S1002
轮对内侧距 1 353 mm	551.3 km/h	594.7 km/h	587.5 km/h
轮对内侧距 1 360 mm	476.3 km/h	561.5 km/h	512.9 km/h

2. 悬挂参数对临界速度的影响

不同类型的悬挂参数对车辆系统临界速度的影响程度有所不同，其中一系定位刚度和二系回转阻尼对车辆系统临界速度的影响最大。

图 3-3 是 CRH2-300 型动车组一系纵向和横向定位刚度对车辆临界速度的影响，从图中可以看出，适当增大一系纵向和横向定位刚度可以提高车辆系统的临界速度，但定位刚度并非越大越好，当一系定位刚度增大到一定程度后，临界速度增加越来越缓慢，甚至还会下降；同时，增大一系定位刚度对曲线通过性能通常不利（如图 3-4 所示）。因此，在保证转向架具备足够高的临界速度时，一般可选择较小的纵横向定位刚度，这样可同时改善曲线通过性能，减小轮轨作用力和轮轨磨耗。对于高速列车来说，一系纵向定位刚度 K_{px} 取值在 12～15 MN/m 的范围内，而一系横向定位刚度 K_{py} 取值在 6～8 MN/m 的范围内即可满足临界速度的要求。

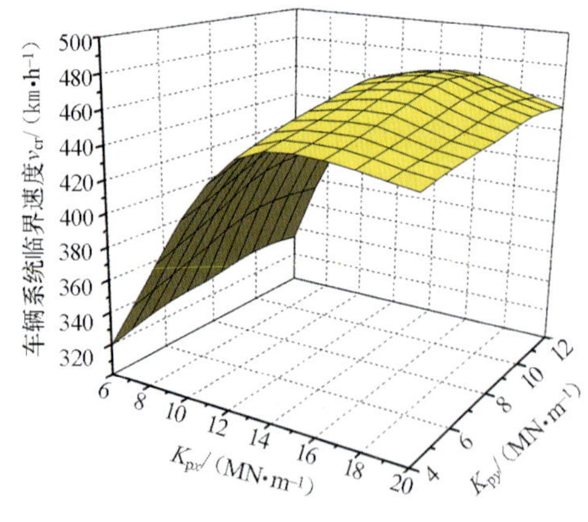

图 3-3　一系定位刚度对临界速度的影响

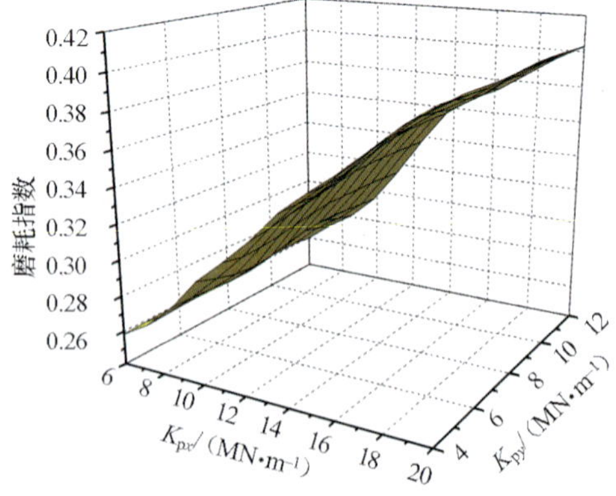

图 3-4　一系定位刚度对磨耗指数的影响

对于高速转向架来说，抗蛇行减振器必不可少。为了提高高速列车的临界速度，同时又不过分降低其曲线通过性能，抗蛇行减振器的卸荷速度 dv 和卸荷力 dF 必须精心设计。从图 3－5 可以看出，增大抗蛇行减振器的卸荷力 dF 而减小卸荷速度 dv 能提高车辆系统的临界速度，但对曲线通过性能会有一定的恶化作用（如图 3－6 所示的曲线磨耗指数）。对于高速列车来说，曲线半径通常比较大，曲线通过性能不是最主要的矛盾，最重要的是要满足高速列车具有足够的稳定性裕量。根据理论分析和结合运营经验来看，高速转向架抗蛇行减振器卸荷速度 dv 取值在 0.01 m/s 左右，而卸荷力 dF 取值在 10 kN 左右比较合适。

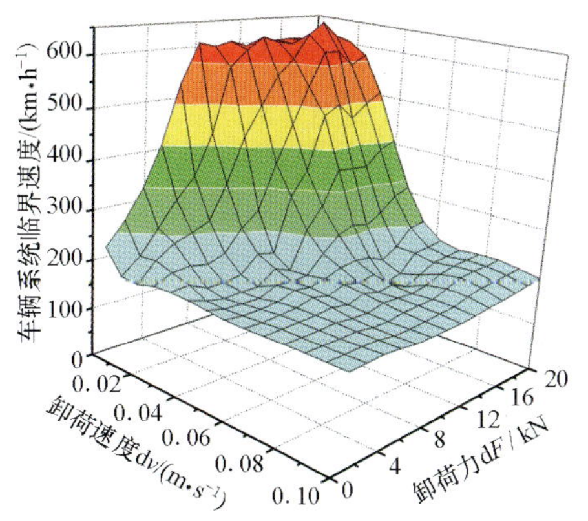

图 3－5　抗蛇行减振器对临界速度的影响

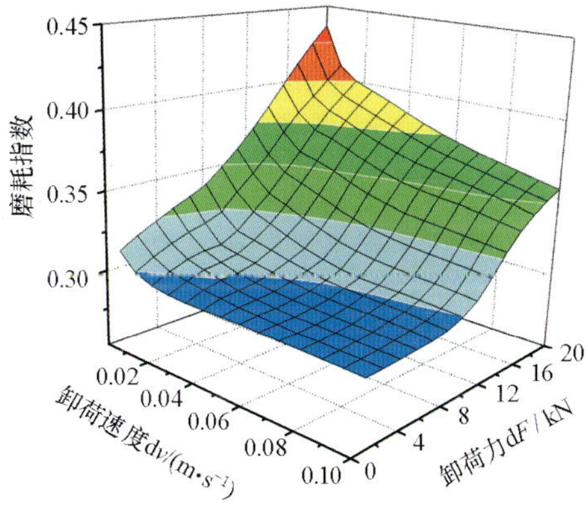

图 3－6　抗蛇行减振器对磨耗指数的影响

3. 结构参数对临界速度的影响

车辆系统的临界速度还与车辆系统的结构参数有关，比如加大轴距和加大车轮直径可以适当提高车辆系统的临界速度（如图 3－7 和图 3－8 所示）。但是，轴距和车轮直径对车辆系统的临界速度的影响并不十分显著，而轴距和车轮直径的加大势必造成簧间质量和簧下质量的增大，与高速列车的轻量化设计原则不协调，需要慎重比选。在临界速度能够满足要求以及结构许可的条件下，不宜通过此种方式提高运动稳定性。

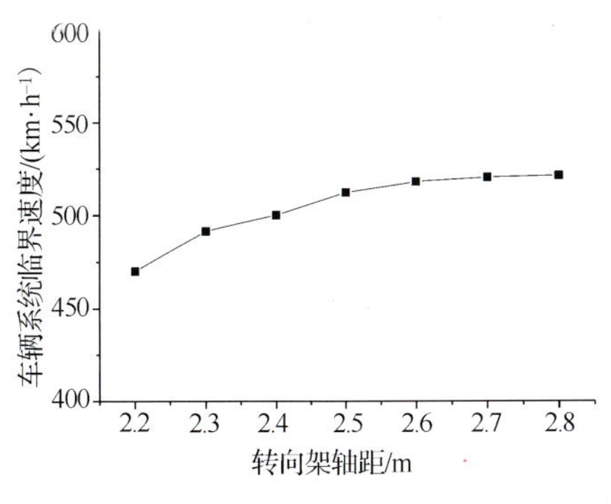

图 3－7　轴距对临界速度的影响

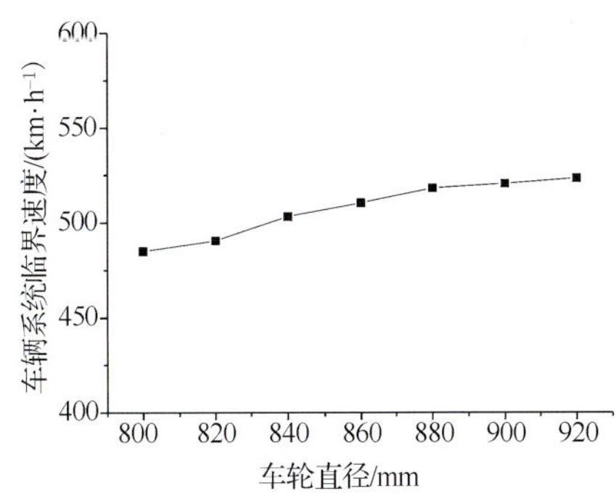

图 3－8　车轮直径对临界速度的影响

3.1.2　临界速度设计方法

临界速度虽然是保证高速列车安全运行最为关键的因素，但并非是车辆系统的临界速度越高越好，应从经济合理的角度进行优化设计。临界速度设计应考虑如下问题：

1. 高速列车临界速度定义的选择

车辆运动稳定性一般采用临界速度表示，但是对于非线性特征强的车辆系统，临界速度有不同的定义。根据文献[2]所述，车辆系统临界速度分为：线性临界速度、非线性失稳速度、非线性稳定速度和线路不平顺激扰下的失稳速度。具体的定义、符号和解释见轮对运动极限环图（见图3－9）和表3－2。一般来说 $v_{C2}>v_C>v_{C0}>v_{C1}$。对于有些车辆来说，非线性失稳速度 v_{C1} 不一定出现，当车辆运行速度小于 v_{C2} 时就可以保证车辆系统的绝对稳定。因此，在有条件的情况下，应该找到非线性稳定速度 v_{C2}，并以此作为高速列车临界失稳速度评价指标。

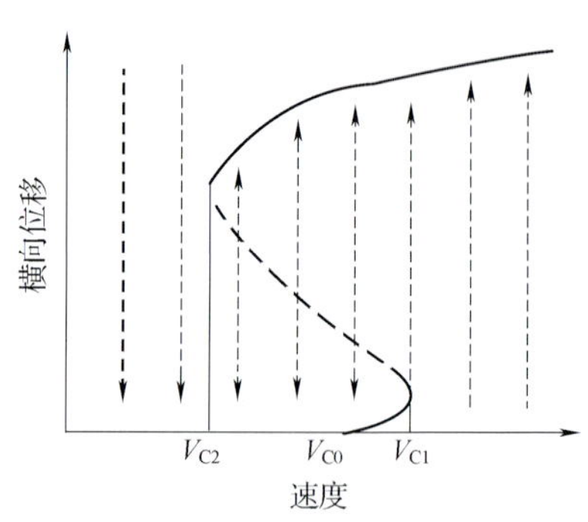

图3－9　蛇行运动极限环图

在目前的车辆系统稳定性计算时，一般只是找到线路不平顺激扰下的失稳速度 v_C 作为评价指标，甚至采用线性临界速度 v_{C0}，特别是把车辆系统线性化后来计算系统的失稳速度 v_{C0}（采用计算特征根方法），这样的临界失稳速度往往偏高。从理论上讲，采用 v_C 和 v_{C0} 都不是保守的评价指标，应改善计算方法（如文献[2]），在仿真计算中找到 v_{C2}，并以此作为高速列车运动稳定性的评价指标，确保车辆系统的稳定性。

表3－2　不同类型临界速度判别表

评　定	符号	定　　义
线性临界速度	v_{C0}	随着运行速度提高，车辆系统在微小扰动下，轮对出现蛇行失稳运动的临界速度
非线性失稳速度	v_{C1}	非线性车辆系统在出现小振幅失稳后，随着运行速度提高，轮对失稳的周期运动突然发散出现跳跃时的速度
非线性稳定速度	v_{C2}	在车辆系统出现完全的失稳运动后，降低运行速度，轮对蛇行失稳运动消失时的速度
（轨道不平顺激扰下）失稳速度	v_C	在轨道不平顺谱激扰下，随着运行速度升高，出现明显的蛇行失稳时的速度

2. 高速列车的临界速度设计上限

尽管临界速度在高速列车系统动力学研究中具有最重要的位置，但是，绝不是越高越好。因为，在动力学三要素中，运动稳定性性能和曲线通过性能是相互矛盾的，也就是在设计中过高追求临界速度高，就会降低曲线通过性能，具体表现为轮轨横向力大、脱轨系数高、轮缘磨耗大，甚至导致严重的踏面剥离现象。因此，临界速度设计要做到适可而止。

在TB 3115—2005《铁道机车车辆动力学性能台架试验方法》中规定，对于运行平稳

性或动态响应试验,试验台试验的最高速度为最高线路运行速度的 1.1 倍。对于运动稳定性试验,在激振条件下的试验台试验,最高试验速度不低于最高线路运行速度或最高线路试验速度(以速度高者为准)的 1.15 倍;对无激振的纯滚动运动稳定性试验(相当于线性临界速度试验),试验台最高试验速度不低于线路最高运行速度或线路最高试验速度(以速度高者为准)的 1.2 倍,如果京沪高速列车的设计速度为 380 km/h,台架试验速度就要达到 456 km/h。台架试验是为了测定车辆系统的临界失稳速度,因此,高速列车失稳临界速度原则应高于台架试验速度。同时还要考虑在服役过程中由于踏面磨耗等因素导致高速列车稳定性性能下降等因素,京沪高速列车的非线性失稳临界速度应设计到 550 km/h 以上,以保证有足够的稳定性裕度。

3. 高临界速度的实现途径

前面我们已经看到影响高速列车临界速度的因素主要有轮轨关系、悬挂参数和结构参数,但真正控制高速列车临界速度的参数主要集中在踏面等效锥度、轮对纵向定位刚度和抗蛇行阻尼器的参数,因此必须在这些重要参数上进行合理设计。

在设计过程中,我们往往首先确定结构参数,事实上转向架轴距和车轮直径等结构参数虽然对车辆系统的临界速度有影响,但并不显著。因此,结构参数设计优先满足总体技术条件下的结构布置。对于踏面设计而言,考虑到轮轨系统的标准化设计,一般它们是单独设计好的,在我国有 TB、LM 和 LMA 型踏面等,分别适应于低速、准高速和高速。对于稳定性来说,主要是控制踏面的等效锥度。尽管采用我国 LMA 踏面的动车组在京津线上以 350 km/h 运行时有良好的行为,但 300 km/h 的高速列车在我国刚刚开行,并没有得到长期的运用考验。因此,京沪高速列车的车轮踏面采用什么形状,还需要研究(见本章 3.2)。一般来说,高速列车临界速度设计主要是通过悬挂参数设计得以完成的,通过悬挂参数来保证高速列车的运动稳定性。

3.2 平稳性设计

在同等线路状态下,随着列车运行速度的提高,来自线路的激扰频率加剧,使得车辆振动加剧,最终影响到列车运行的平稳性。

高速列车运行平稳性本身的含义是指列车振动的强度,是对列车各个部件的振动情况的评价,这已经超出了传统平稳性指标的含义。传统的平稳性指标分别是对车体的垂向振动和横向振动加速度进行评价的指标,并考虑了乘客对振动频率和振动幅度的敏感性,而没有去评价其他零部件的振动。因此,高速列车的平稳性性能设计应该考虑到更多影响全局的振动内容。

3.2.1 影响平稳性的主要因素和减振措施

1. 线路不平顺的激扰

来自线路不平顺的激扰是影响车辆运行平稳性的最主要因素。图 3-10 是轨道激扰到轮对的响应,由于轮轨关系的基本特征,线路不平顺的垂向激扰几乎 1∶1地反映到轮对上；而对横向激扰，由于轮轨间非线性的蠕滑作用，得到一定程度的衰减，特别是对高频激扰的衰减。从图 3－10 可以看到，即使在车辆系统没有失稳的前提下，轮对的横向位移幅值仍然很大，甚至超过了轨道的横向激扰位移本身。这是因为轮对的横向运行不仅受到轨道不平顺的影响，同时也受到车辆系统振动影响的缘故。

线路不平顺对簧下和簧间零部件来说，不仅振动强度大（见第 2 章表 2－1），而且频次高，振动危害很大，振动传递关系从轮对→轴箱→转臂→构架，如果是动车，轮对和构架之间还有传动箱、联轴器和电机，这些零部件确实在实际的运用过程中容易疲劳破坏。因此，在平稳性设计中需要给予关注。

减小线路不平顺激扰对列车运行平稳性影响的主要途径是合理的悬挂参数设计，能有效隔离来自线路的振动，也就是实现了振动控制，这将在第 4 章中重点介绍。一般的机械系统，当参数固定时，其振动特性取决于频响特性。对于铁路车辆来说，其特殊性来自于轮轨接触。轮轨关系尽管在理论上是确定约束，但轮轨接触的几何特征和力学特征均具强非线性特征，而轮轨蠕滑力所扮演的角色是对轮对运动进行导向，实现轮轨的对中。然而，蠕滑力在车辆系统的运行过程也同时起到系统阻尼的作用，而这一阻尼参数会随着车辆运行速度的提高而降低，从而车辆系统横向振动加剧，车辆系统从稳定系统变成不稳定系统。

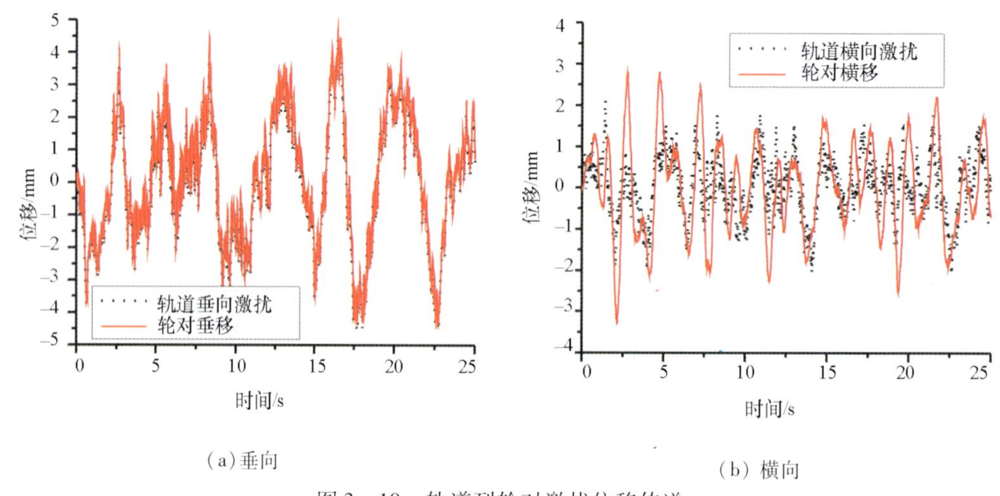

图 3－10　轨道到轮对激扰位移传递

2. 线路断面

线路平断面，这里主要讨论的是曲线，它对车辆系统动力学性能的影响早就得到认识，而且在车辆动力学研究中，通常把车辆曲线通过作为一项固定的研究内容，图 3－11 是列车在通过曲线时的车体横向振动加速度，明显可以看到曲线状态对车辆平稳性的影响。然而，线路的竖断面对车辆系统动力学性能的影响才认识不久，这一现象于动车组在秦沈线上试验中就得到发现。秦沈线在修建时为了节省工程开支，减小了土方量，即没有严格控制竖曲线，以至于动车组在通过秦沈线的竖曲线变坡点时有严重的坐过山车感觉。此外，CRH3 型动车组由于二系垂向阻尼小，在京津线的竖曲线变坡点上出现了振荡情况（见图 2－56）。

减小线路平曲线和竖曲线对高速列车运行平稳性的影响，其解决的直接方法是改善平、竖曲线的状态，如增大曲线半径，减小线路坡度，同时还要选择好的过渡曲线，使得进出曲线和上坡下坡平稳过渡。另外就是从车辆结构的改进入手，包括优化悬挂参数，增加车间耦合，甚至也可以采用摆式列车技术，通过车体倾摆来补偿曲线上列车高速通过较小半径曲线的未平衡离心力，提高旅客的乘坐舒适度。目前对于高速列车的倾摆车体技术还没有大力推广，但随着列车定位技术的进步和倾摆执行机构的发展，高速列车技术即会应用倾摆技术，成为更新一代的高速列车，以提高列车对线路曲线的适应能力，降低线路设计要求，实现跨线车在低等级线路上的提速运行。

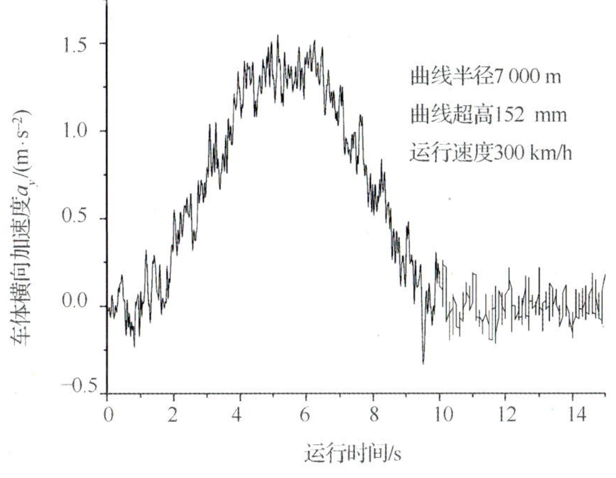

图 3－11　列车在通过曲线时的车体横向振动加速度

3. 牵引制动

在列车牵引和制动过程中，加减速度会影响乘坐舒适度，同时，牵引特别是制动过程，由于电空联合制动时的电制动和空气制动转换，以及空气制动的不稳定制动力影响，会引起纵向振动。图3－12是CRH2－300型动车组某次试验时车体纵向加速度响应情况，显然是一次完整的起动—运行—制动过程。明显看到列车起动和制动过程中的纵向振动的存在，特别是制动工况，波动的幅度更大。随着速度的增加，车体纵向振动加速度的幅值逐渐增加：

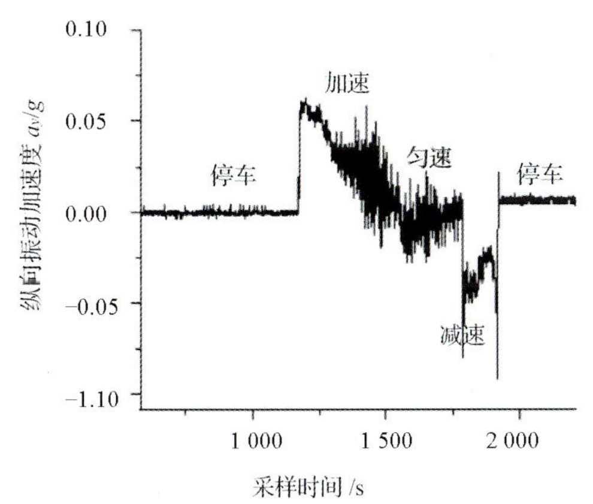

图 3－12　牵引制动过程中的车体纵向振动加速度

(1) 在 250 km/h 速度下，车体垂向振动加速度大多集中在 0. 07g 左右；

(2) 在 300 km/h 速度下，车体垂向振动加速度大多集中在 0. 08g 左右；

(3) 在 350 km/h 速度下，车体垂向振动加速度大多集中在 0. 09g 左右。

减小列车纵向冲击的方法主要包括：一是提高牵引制动系统的品质，保证牵引和制动过程的平稳；二是采用间隙小的车钩缓冲装置；另外就是优化牵引和制动操作，在驾驶过程中得以实现。

4. 气流

气流对列车运行平稳性的影响极大。一是在列车会车及通过站台和隧道时，气流对车体振动的影响,这是一个以脉动激励为主的振动;二是在正常的空旷环境的运行条件下,由于列车中车辆所处位置不同,车辆外形结构的差异(如是否安装受电弓),列车各种的运行平稳性不一,这一点可以从第2章的图2-26和图2-27中看到。

减小气流对列车运行平稳性的措施,主要应从流固耦合振动的科学问题进行考虑。首先是通过优化列车外形,优化站台、隧道和线路外形对列车振动的影响;其次可以对悬挂参数提出要求,以减小受气流扰动后的振动;再者可以通过车间耦合来减小整个列车的运行平稳性,这一措施对改进脉动气流影响效果更佳。

3.2.2 平稳性性能的评价

为了考核列车的振动特性,评价列车运行的平稳性,就需要对车辆各主要部件的振动加速度进行评定。然而,目前的列车运行平稳性评定主要是围绕车体振动进行的,其他零部件还没有形成特有的振动评价指标。

1. 车体振动评价

对于车体的振动评价主要是考虑旅客的舒适性,因此除了对最大加速度限制之外,还根据旅客对振动的反应和敏感性,进行频域的加权处理,得到综合反映旅客乘坐舒适性的指标。

(1)平稳性指标

按照GB 5599—1985的要求,利用Spelling平稳性评价指标体系,将车体横向和垂向振动分开来评价,平稳性指标考虑了不同振动频率下的权重。评价指标分优、良好、合格三个级别,分别是:$W<2.5$为优,$2.5<W<2.75$为良好,$2.75<W<3.0$为合格,新车一般要求达到优级。具体计算方法详见第4章。

(2)舒适度指标

舒适度指标用得较多的是UIC 513定义的舒适度指标。它将车体的垂向、横向和纵向的时域加速度信号分成多段并加权,得到三个方向的振动的加权均方根值,然后把三个方向的加权均方根值进行几何相加(平方相加再开平方),得到舒适度指标(具体计算方法详见第4章)。舒适度指标分1~5级,包括非常舒适($N<1$)、舒适($1\leqslant N<$)、还算舒适($2\leqslant N<4$)、不舒适($4\leqslant N<5$)和非常不舒适($N\geqslant5$),新车一般要求达到舒适级。

(3)最大加速度

对于我国200 km/h以上速度级的高速动车组,要求垂向和最大振动加速度不大于2.5 m/s^2。另外,根据《高速动车组整车试验规范》要求,紧急制动时的瞬时纵向减速度不大于1.4 m/s^2。

在以上这些评价指标里,Spelling平稳性指标将横向和垂向振动分开来评价,这样有利于找到产生较大振动的原因,在优化车辆垂向和横向悬挂参数时较为方便。由于人体对横向和垂向振动的敏感程度不一样,所以分开考虑平稳性指标也有其可取之处,但该指标没有考虑纵向加速度的影响。UIC舒适度指标考虑了三个方向的振动,最终得到一个评价指标,是人对总的振动的感受;但它不能区分振动的方向,所以不好查找引起不舒适

的原因。另外,由于这两种评价方法在计算的权值取向上不一致性,导致对同样的车辆振动评价得出不一致的结果,这在2.2.11介绍的试验结果分析中已经可以看到。

车辆的运行品质仅考虑加速度的最大幅值,没有考虑振动的频率成分情况和人的敏感程度的关系。但有些只要求考虑振动烈度的评价,如装载货物的完整性、车辆结构的疲劳损伤、车辆局部振动、车辆受到冲击等评价分析时,选用最大加速度指标更加合理。

我国高速铁路刚刚发展,高速列车运行和试验的经验还不足。因此,高速动车组振动特性的评价可选择以上的一种或者几种评价指标,这样可取长补短,从而对动车组的振动特性作一个全面的评价。

2. 重要零部件的振动评价

在目前我国的铁路机车车辆标准中,对零部件的振动强度还没有完整的标准限制。但随着列车运行速度的提高,零部件振动加剧,这对零部件的疲劳强度要求就越来越高。事实上,由于车轮擦伤等失效行为,将导致车轮、轴箱、齿轮箱、电机及转向架构架等主要零部件振动加剧,诱发疲劳失效。因此,应该根据不同零部件的运用状态,提出相应的振动限制标准。这一方面在高速列车设计时需要这样的标准值,以作为设计的依据;另一方面在运营中也要控制相关零部件的振动,以保证零部件的振动在合理的、设计允许的范围内,保证零部件的安全服役。

零部件振动强度的确定,一部分要充分考虑零部件工作位置和通常条件下的振动可能性,如簧下零部件(轮对、轴箱等)的振动肯定比较大,大于簧间零部件振动强度一个数量级,大于车体振动强度的两个数量级;同时要考虑到零部件正常的工作环境要求,如电机和齿轮箱的抗振动能力,振动带来的惯性力往往是电机、齿轮箱等成品零部件的失效重要因素;最后还要考虑到设计与运营之间的关系,当考虑的运用条件越恶劣,设计的强度就越大。然而,过分放宽振动限制,加大零部件的强度要求,加大零部件尺寸显然也是不合理的。

我国暂行规定《高速试验列车客车强度及动力学规范》95J01-M对车下悬挂件和构架上零部件的抗振动加速度烈度给定了要求。对车体上零部件要求能承受纵向加速度3.0g,横向加速度1.0g,垂向加速度3.0g(车端)和1.5g(中央);在构架上的零部件要求能承受纵向加速度5.0g,横向加速度1.0g,垂向加速度3.0g。尽管这些规定是一种指导性的要求,也还缺乏高速运行的应用考验,但却是一个很好的尝试。相信在不久的将来,高速列车零部件的振动标准要求会得到完善。

3.2.3 基于平稳性要求的悬挂系统设计

1. 一系定位系统设计

轮对定位方式种类很多,但高速转向架多采用转臂式定位(见图3-13),因为转臂式转向架不需要特殊工装,而是通过各部件的加工精度保证组装后的尺寸精度要求,操作工时少;并且转臂式定位结构是一种无磨耗、少维修、寿命长的轮对轴箱定位装置;此外,转臂式定位能实现纵向、横向和垂向定位刚度的解耦,可以在比较宽松范围内对各方向所需的刚度进行灵活选择。

轮对轴箱定位装置的纵向和横向定位刚度对转向架临界速度具有决定性的作用。因此一系纵横向定位刚度的设计优先满足稳定性的需要，同时兼顾曲线通过的性能，最后才是考虑对平稳性的影响，而一系的垂向刚度和阻尼设计主要是考虑平稳性性能。下面以CRH2－300型动车组为例进行说明，计算时采用列车模型，这里仅仅给出头车的计算结果。

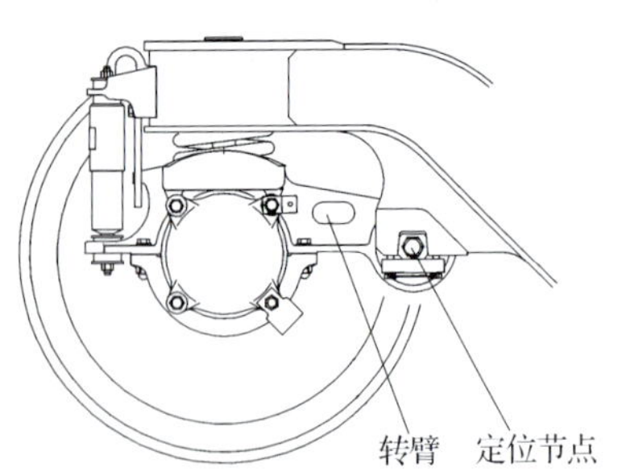

图 3－13　转臂式轮对定位

图 3－14 是一系纵向刚度 K_{px} 和横向刚度 K_{py} 对垂向平稳性指标的影响。可以看到，一系纵向刚度的增加对垂向平稳性指标有一点影响，但影响很小；而一系横向刚度对车辆的垂向平稳性指标几乎没有影响。图 3－15 是一系纵向刚度 K_{px} 和横向刚度 K_{py} 对横向平稳性指标的影响。可以看到，一系纵向刚度增加，在较低刚度时较明显改善了横向平稳性，这是因为一系纵向定位刚度较低时，车辆系统的稳定性变差，从而导致了横向振动的加剧；在一定的一系纵向刚度下，一系横向刚度的增大对横向平稳性性能的影响也几乎没有，只是在一系纵向刚度较小时，一系横向刚度增加有恶化横向平稳性性能的趋势。因此，一系纵向和横向刚度的设计主要是考虑车辆的稳定性性能。

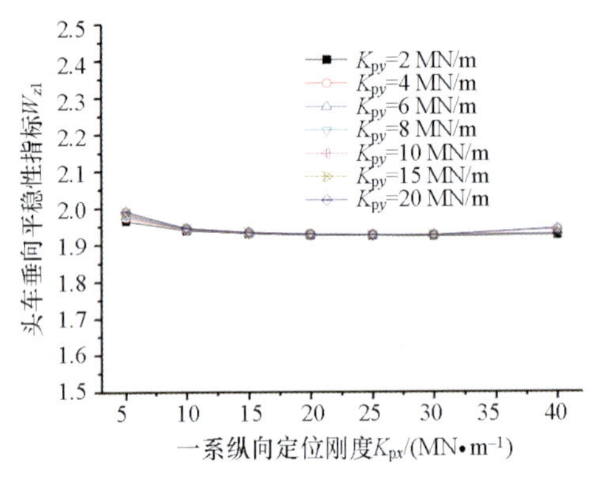

(a)

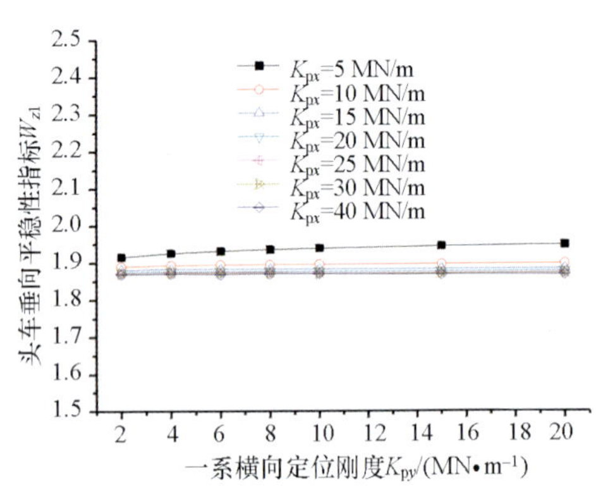

(b)

图 3－14　一系纵向刚度和横向刚度对垂向平稳性指标的影响

图 3－16 是在不同一系垂向阻尼 C_{pz} 时一系垂向刚度 K_{pz} 对车辆平稳性性能的影响。可以看到，其基本规律是一系垂向刚度的增加使得垂向平稳性变差，特别是在小阻尼时；其对横向平稳性的影响也有同样的影响趋势。

从图 3－16 可以看到一系垂向阻尼对车辆运行平稳性的影响。从图 3－17(a)可以更加明显看到，随着一系垂向阻尼的增加，有利于提高车辆的垂向平稳性，但当阻尼值大于20 kN·s/m后，其影响不大。对于高速转向架来说，一系垂向减振器的设置非常讲究。高速列车从轮轨传递上来的高频振动成分较多，为了隔离高频振动，可以把一系垂向减振器的橡胶接头刚度取小一些，但较小的接头刚度会弱化减振器的减振能力，因此，可把一

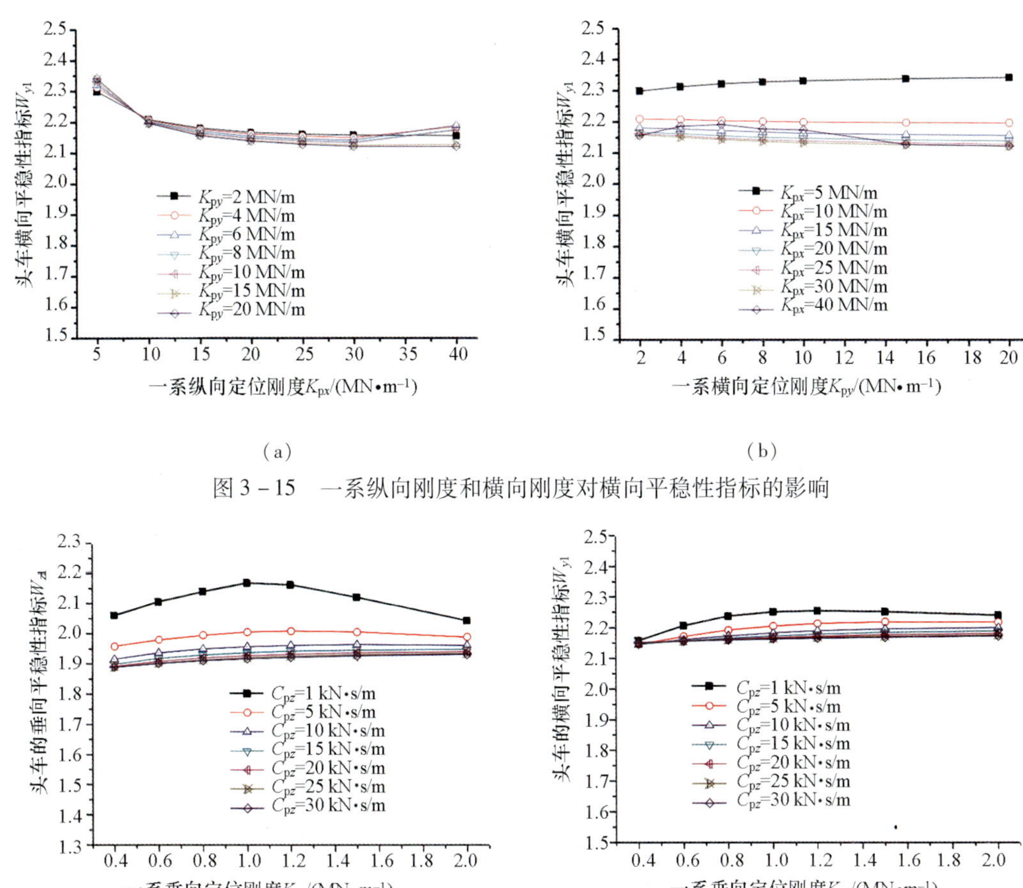

图 3－15　一系纵向刚度和横向刚度对横向平稳性指标的影响

(a)　　　　(b)

图 3－16　一系垂向刚度对垂向和横向平稳性指标的影响

系垂向减振器的等效阻尼值适当加大一点来提高其减振能力。从图 3－17(b)可以看出，高速动车组一系垂向减振器的接头刚度一般取为 10 MN/m 以下，而一系垂向减振器的等效阻尼取为 15～20 kN·s/m 比较合适。

2. 二系悬挂系统设计

高速转向架的二系悬挂系统多采用无摇枕的空气弹簧悬挂系统(见图 3－18)，因为空气弹簧具有很多优点：它具有较大的当量弹簧挠度、自振频率和工作高度基本不随载荷变化、内部可设置节流孔提供等效阻尼等。

但在选用空气弹簧时应注意以下几个问题(计算工况同“1. 一系定位系统设计”)：

(1)空气弹簧的支撑方式：对于双向运行的列车，空气弹簧通常采用 4 点支撑和 2 点支撑。对于 4 点支撑来说，它是一种超静定约束，容易引起车体过大偏载，因此需要慎重设置高度控制阀和差压阀参数；对于 2 点支撑来说，车体偏载问题可以得到有效解决，但车体的侧滚角刚度不足，需要增设抗侧滚扭杆，因此转向架结构会复杂一些，同时如果抗

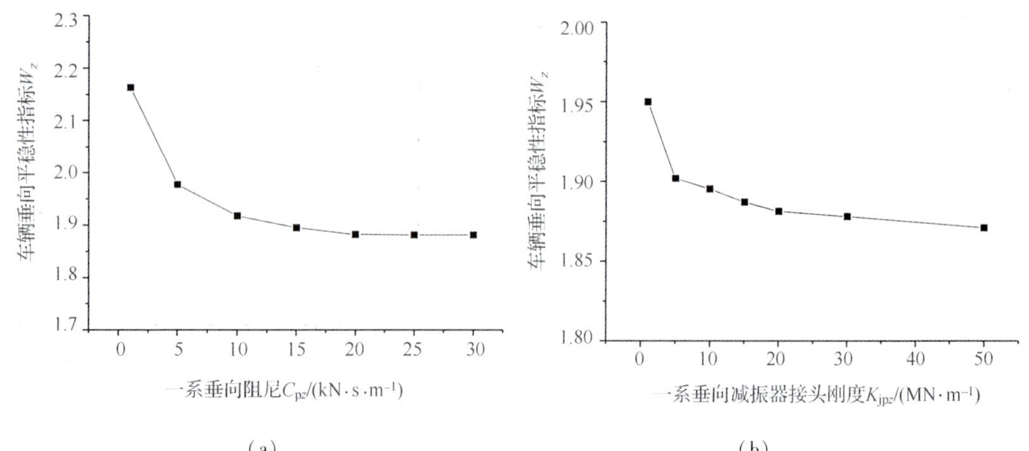

图 3-17　一系垂向减振器阻尼及接头刚度对车辆垂向平稳性的影响

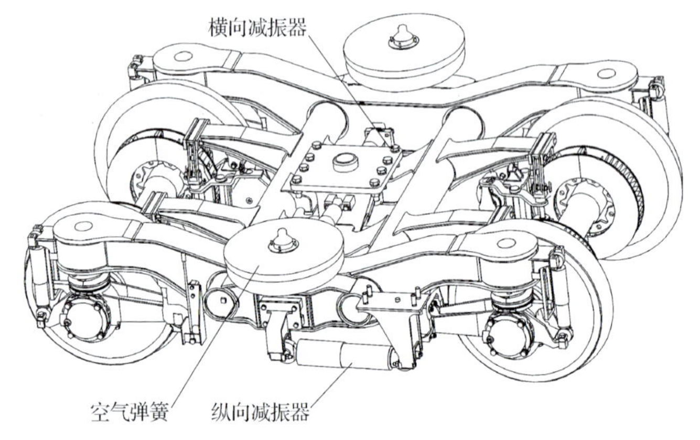

图 3-18　转向架的无摇枕空气弹簧悬挂系统

侧滚扭杆刚度选取不当，还会传递高频振动给车体。

(2)垂向减振方式的选择：利用空气弹簧内部的节流孔来取代垂向油压减振器，可简化转向架的结构，但节流孔阻尼抑制高频振动的效果较好，而衰减低频振动的效果略显不足，而油压减振器的效果则相反。因此，对于高速列车在客运专线上高速运行时，采用适当直径的节流孔即可获得较好的减振效果，而当高速列车需要在既有线上以较低速度运行时，最好采用垂向油压减振器来衰减垂向振动。

(3)空气弹簧气囊大小的选择：车辆的横向和垂向平稳性跟空气弹簧的横向刚度和垂向刚度有很大关系，刚度越小，车辆系统的平稳性越好(见图 3-19)。而空气弹簧的横向刚度主要取决于气囊的大小和结构，垂向刚度不仅与气囊的大小有关，而且和附加气室的大小也有关系(见图 3-20)，增大气囊可以同时降低空气弹簧的横向和垂向刚度；此外，大气囊与小气囊空气弹簧对频率的响应是有区别的，在低频阶段，即使能把大小气囊空气弹簧的刚度做成相等，但随着频率的提高，大小气囊空气弹簧的刚度差别会逐渐拉大(见图 3-21)，因此大气囊空气弹簧隔离高频振动的效果要优于小气囊空气弹簧。所以

为了有效隔离高频振动，改善车辆系统的平稳性，应尽可能选择较大气囊的空气弹簧。

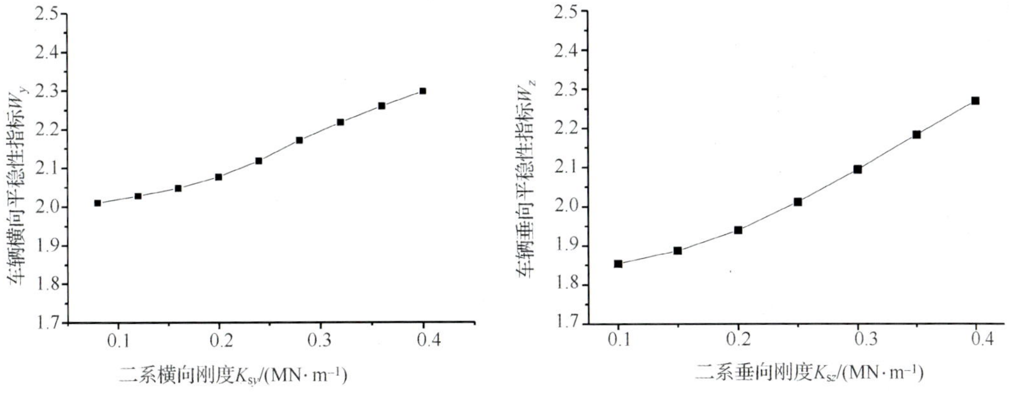

(a)　　(b)

图 3－19　二系横向和垂向刚度对平稳性的影响

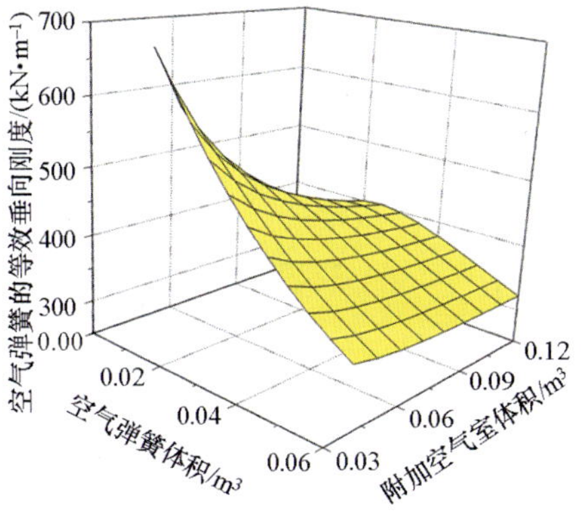

(a)

图 3－20　气囊和附加气室体积对垂向刚度的影响

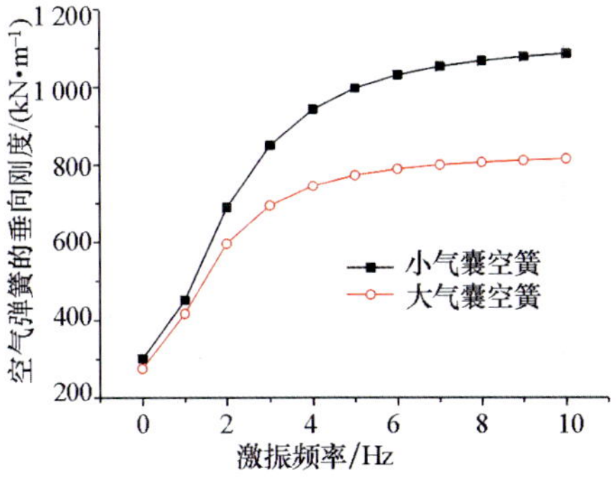

(b)

图 3－21　大小气囊刚度随频率的变化

二系横向减振器对于衰减车辆横向振动功不可没[见图 3－22(a)]，但并非横向减振器阻尼越大越好。从图 3 22(b)可以看出，高速转向架的横向阻尼不宜取得过大(横向阻尼过大，车辆系统临界速度和乘坐舒适性都会下降)，如果每转向架安装 2 个横向减振器，每个横向减振器的阻尼选取 20～30 kN·s/m 即可达到较好的效果。为了避免把过多的高频振动传给车体，二系横向减振器的接头刚度也不宜选取过大，二系横向减振器的接头刚度一般选取在 10 MN/m 左右比较好。

对于高速转向架来说，抗蛇行减振器必不可少。为了提高高速列车的临界速度，同时又不过分降低其曲线通过性能，抗蛇行减振器的卸荷速度 dv 和卸荷力 dF 必须精心设计(见图 3－5 和图 3－6)。图 3－23 为抗蛇行减振器的卸荷速度 dv 和卸荷力 dF 对车辆平稳性的影响。可以看出，增大抗蛇行减振器的卸荷力 dF 而减小卸荷速度 dv 不仅能提高运动稳定性，也能提高车辆系统的平稳性，当然对曲线通过性能会有一定的恶化作用。根据理论分析和运营经验来看，高速转向架抗蛇行减振器卸荷速度 dv 取值在 0.001～0.01 m/s 左右，而卸荷力 dF 取值在 10 kN 以上比较合适。

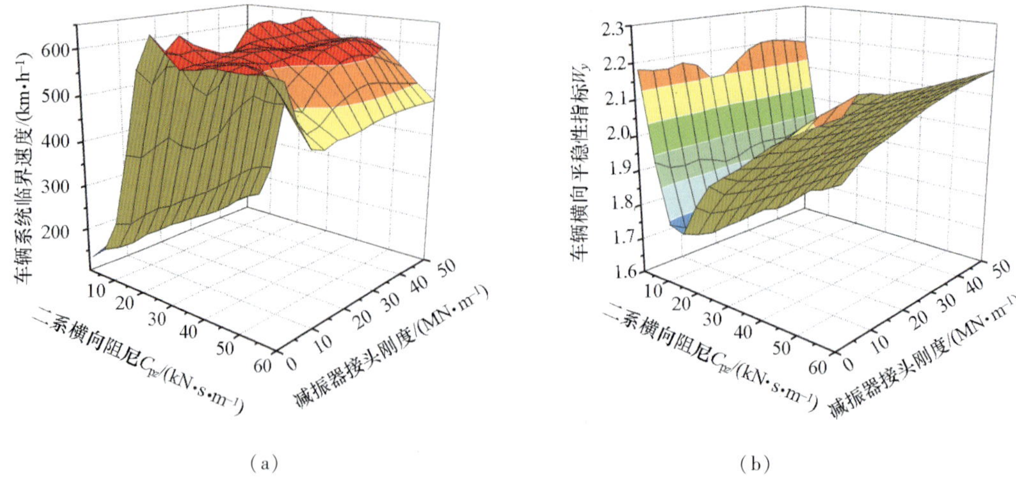

(a) (b)

图 3-22 二系横向减振器阻尼及接头刚度对临界速度和横向平稳性的影响

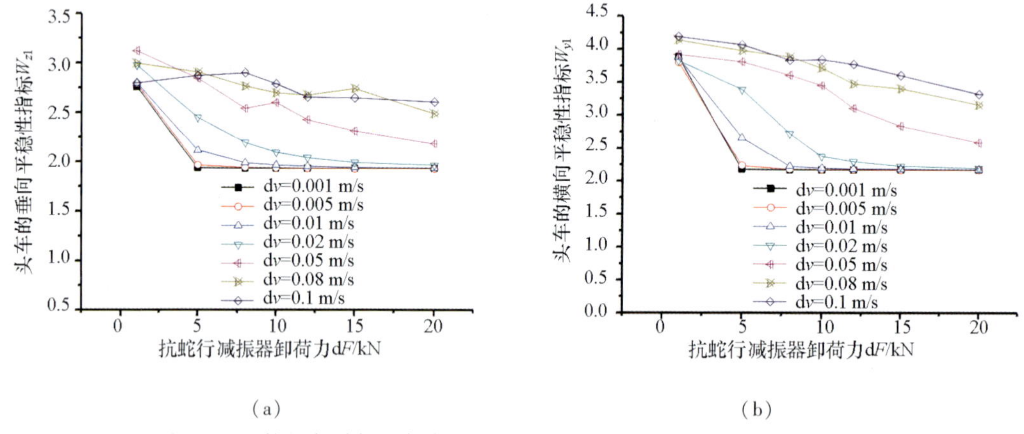

(a) (b)

图 3-23 抗蛇行减振器卸荷速度 dv 和卸荷力 dF 对平稳性指标的影响

3. 车间耦合减振系统设计

从第 2 章 2.2.7 的试验结果已经看到，设置车间减振系统有利于车辆系统的运行平稳性性能的提高。日本动车组中采用车间减振系统比较普遍，其初衷是为了提高车辆的横向平稳性，特别是减小车辆的侧滚运动。因此，日本动车组上最初设置的车间减振系统采用的是杠杆减振系统，其原理是通过一个减振器，实现车与车之间横向和侧滚运动的减振。而 CRH2-300 型动车组则采用了纵向减振方式，在车端的左右两侧设置了纵向减振器（见图 3-24），其目的不仅是减小列车的纵向冲击，同时对其他动力学性能的提高也十分有益。通过建立列车模型，计算结果表明，车间减振器可以提高高速列车系统的临界速度，同时还可改善列车的横向平稳性和增加乘坐舒适性。从图 3-25 和图 3-26 可以看出，无车间减振器或车间减振器等效阻尼不足时，车辆系统的临界速度会有所下降，同时乘坐舒适度也会有所恶化。由图 3-26 可见，随着车间减振器卸荷速度 dv_{CJ} 的增大，CRH2 型高速动车组的垂向和横向平稳性有所恶化；随着车间减振器卸荷力 dF_{CJ} 的增大，

CRH2 型高速动车组的垂向和横向平稳性有所改善。建议车间减振器的卸荷速度 dv_{CJ} 为 0.006 m/s，车间减振器卸荷力 dF_{CJ} 为 10 kN 以上。

图 3－24　CRH2－300 型动车组的车间耦合减振器

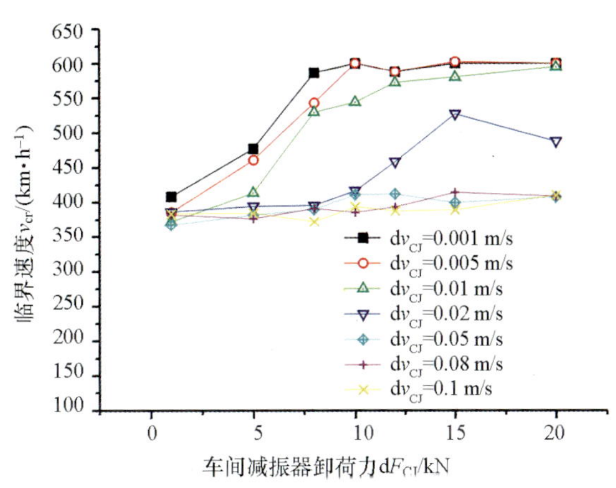

图 3－25　车间减振器卸荷速度 dv_{CJ} 和卸荷力 dF_{CJ} 对临界速度的影响

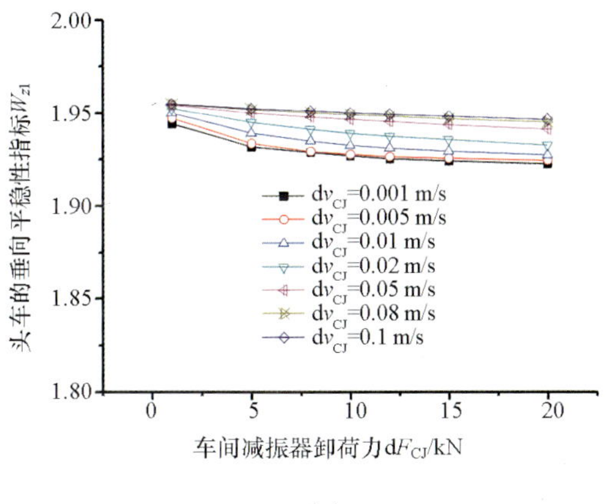

(a)

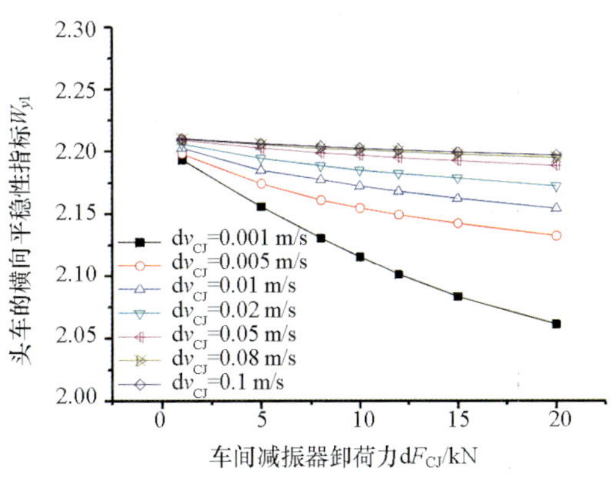

(b)

图 3－26　车间减振器卸荷速度 dv_{CJ} 和卸荷力 dF_{CJ} 对平稳性指标的影响

4. 半主动控制系统设计

半主动悬挂装置大多采用无源但阻尼可控的减振器，通过控制使阻尼力只做负功，从而改善系统的减振性能。这种半主动悬挂装置的减振性能接近于主动悬挂，但结构简单、成本低、能耗小、性能可靠，因而具有广阔的应用前景。半主动减振器已在日本新干线高速列车（500 系和 700 系）、法国 TGV 高速列车和西班牙 Talgo 高速列车中得到了成功应用。

半主动控制策略有多种，基本上都是通过测量车体和构架的振动加速度，积分得到减振器两端的振动速度，通过一定的控制策略改变减振器阻尼，从而使减振器一直发挥衰减振动的作用。天棚阻尼控制原理是最典型的一种半主动控制策略，下面简要介绍这种方法，并提供两种控制规律，一种是开关阻尼控制规律，第二种是可变阻尼控制规律。

对于二系横向半主动减振器，采用基于天棚阻尼原理的两种简单、易于实现的开关阻尼控制方式，并考虑控制系统的时滞 t。取半主动减振器的阻尼系数为 c_{sy}，则半主动减振器阻尼系数的开关控制律 1 为：

$$c_{sy}(t)=\begin{cases}c_s, & \dot{x}_c(t-\tau)\Delta\dot{x}_{cb}(t-\tau)>0\\ c_0, & \dot{x}_c(t-\tau)\Delta\dot{x}_{cb}(t-\tau)\leqslant 0\end{cases} \tag{3-1}$$

半主动减振器阻尼系数的开关控制律 2 为：

$$c_{sy}(t)=\begin{cases}\min\left(c_h,c_s\dfrac{\dot{x}_c(t-\tau)}{\Delta\dot{x}_{cb}(t-\tau)}\right), & \dot{x}_c(t-\tau)\Delta\dot{x}_{cb}(t-\tau)>0\\ c_0, & \dot{x}_c(t-\tau)\Delta\dot{x}_{cb}(t-\tau)\leqslant 0\end{cases} \tag{3-2}$$

式(3－1)和(3－2)中 c_h 和 c_0 为半主动减振器阻尼系数的高限和低限值，理想情况下，$c_0=0$，c_s 为减振器的基值阻尼系数。而对于被动悬挂情况，式(3－1)中始终取 $c_0=c_s$ 即可。

图 3－27 是半主动悬挂和被动悬挂效果的对比图，从图中可以看出，半主动悬挂可以降低车体的振动加速度，提高旅客的乘坐舒适性。

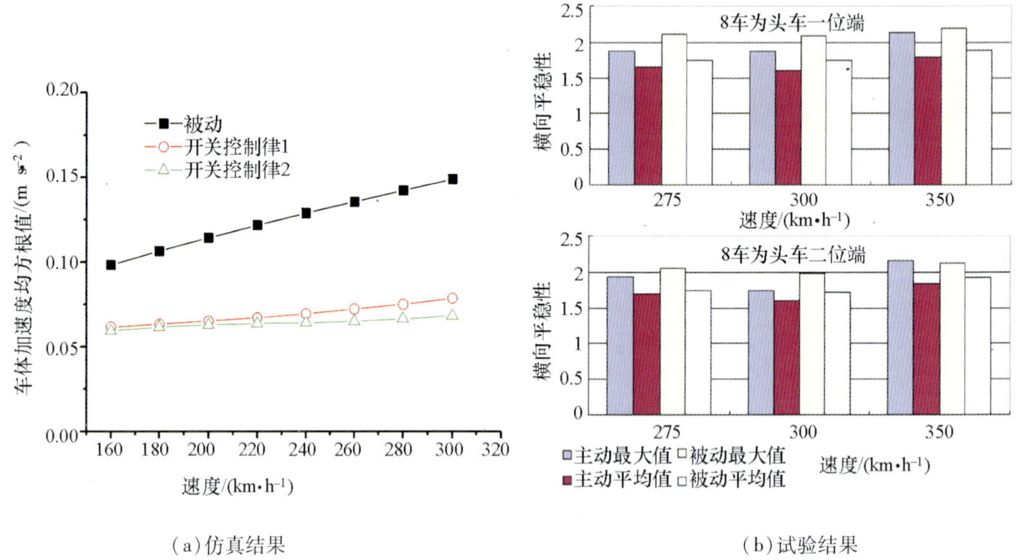

(a)仿真结果　　(b)试验结果

图 3－27　半主动悬挂和被动悬挂比较

3.3　轮轨关系设计

轮轨列车运行速度从最初的每小时几公里发展到现在的每小时 300 多 km，试验时速高达 500 多 km[3]。列车的牵引、制动和运行都要靠轮轨的滚动接触作用得以实现。轮轨之间的作用品质直接影响到列车的运行品质和安全，以及铁路运输的成本。随着列车速度的提高，这个影响关系更显突出。列车运行时，轮对沿轨道滚动过程中，车轮不仅存在相对钢轨的横向滑动和纵向滑动，而且在轮轨接触界面之间存在相对较小的转动(叫自旋运动)。轮轨界面之间的相对滑动和转动不仅与轮对和轨道的刚性运动有密切关系，而且与它们的结构柔性变形以及轮轨接触斑局部材料弹塑性变形有密切关系。随着

列车运行速度的提高，轮对和轨道结构高频振动特性被激发出来，由此导致轮轨接触界面之间的相对运动幅度加大和频率的增高。在伴随轮轨这种复杂相对运动的同时，轮轨之间的 1 cm^2 左右（手指甲盖大小）的接触斑将要承受和传递数吨甚至数十吨的载荷，在轮轨接触斑的附近就产生了高度集中应力，导致轮轨接触斑处的材料有严重的弹塑性变形和磨损。而且在高速运行条件下，轮轨之间的载荷会像轮轨界面之间的相对运动一样，发生激烈的变化[4]。轮轨在这种严酷的工作环境下，轮轨黏着系数下降，轮轨磨损和疲劳裂纹加剧，高速钢轨表面短波长波磨形成，高速车轮多边形化，振动和噪声强烈，舒适性和稳定性降低。轮轨的动力学性能退化，原设计指标不能实现。严重的情况下，轮轨会发生突发性断裂，造成重大脱轨事故[5]。

3.3.1 轮轨关系评价

1. 优越的动力学性能

列车高速运行的基本要求就是平稳安全，这除了要求列车和轨道系统零部件，尤其是轮对和钢轨具有足够的强度和可靠性外，还需要它们具有优越的动力学性能。轮轨优越的动力学性能主要体现在三个方面：①直线上高速运行时具有较高的临界速度；②通过曲线时轮轨轨道之间产生较小的横向力；③高速运行条件下与车轮多边形磨损变形和钢轨短波长波磨有关的轮轨结构的柔性弯曲共振不易被激发出来。

(1) 直线上运行具有较高的稳定性

为了实现指标①，也就是轮对在直线道上作高速运行时具有较高稳定性，即具有较高蛇行失稳的临界速度。当轮对偏离轨道中央线（如图 3－28 所示的 X 轴）使左右轮滚动圆轮半径产生的差值 $\Delta r = |r_L - r_R|$，这是诱发蛇行失稳的关键因素。因此，要想提高轮对在直线轨道上高速运行时的蛇行失稳临界速度，首先使瞬时滚动圆半径的差值 Δr 尽可能小，等于 0 是该值的极限状态，但这时轮对也就失去沿轨道恢复对中的能力，可能永远贴

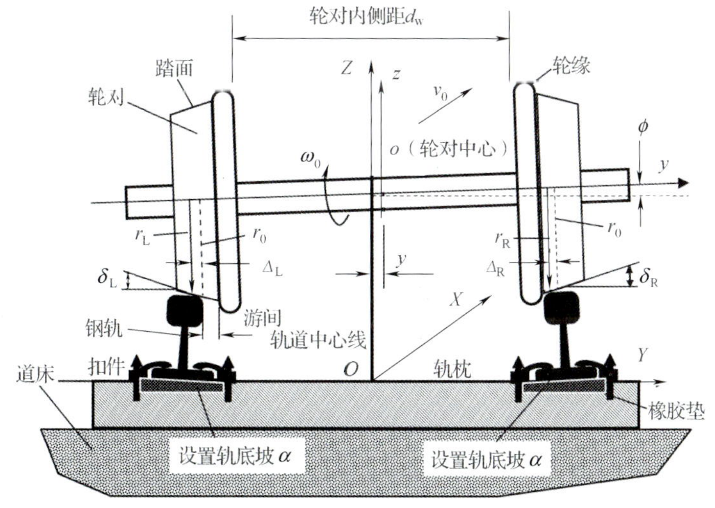

图 3－28 轮对和轨道滚动接触示意图

靠一侧钢轨运动,导致贴靠一侧车轮轮缘和钢轨内侧产生严重磨损。因此,在轮对设计和维修过程中,需要考虑轮对中心相对轨道中心线偏移时,左右瞬时滚动圆半径差的适当值。对于速度越高的列车,这个限值应该越小越好,因为本章3.1已经说到:等效锥度越小,高速列车的临界速度就越高。但是,左右瞬时滚动圆半径差太小时,由于重力复原刚度小,轨道的横向扰动容易使得轮对发生大的横移,车轮碰撞钢轨。因此,车轮踏面的等效锥度的确定不仅是要考虑高的临界速度,还要考虑其他因素。

(2)曲线上运行具有较低的轮轨横向作用力

通常,在轮对通过曲线时,由于车辆离心惯性力和轮对冲角引起横向力,将导致轮对中心偏离轨道贴靠外轨,如图3-29所示。为了满足指标②,也就是轮对通过曲线时轮轨具有较小的横向作用力,如图3-30所示的轮轨横向力 F_{Ry} 和 F_{Ly},外轨车轮应尽可能避免和曲线外轨发生冲击接触和大滑动摩擦。如果外轮轮轨横向力 F_{Ry} 较大,轮缘贴靠时,外轮轨间的相对滑动也很大,外侧车轮轮缘和外轨角之间严重的摩擦磨损容易发生;同时,轮对通过时外轨翻转变形也会比较严重,导致轨距扩张。对于小半经曲线情况,较大的内轨横向力,如图3-30中的 F_{Ly},将会导致曲线内轨短波长波磨[6]。所以,轮对曲线通过性能指标是评价轮对动力学性能优越的关键指标,线路的曲率半径越小,对轮对设计要求越高。

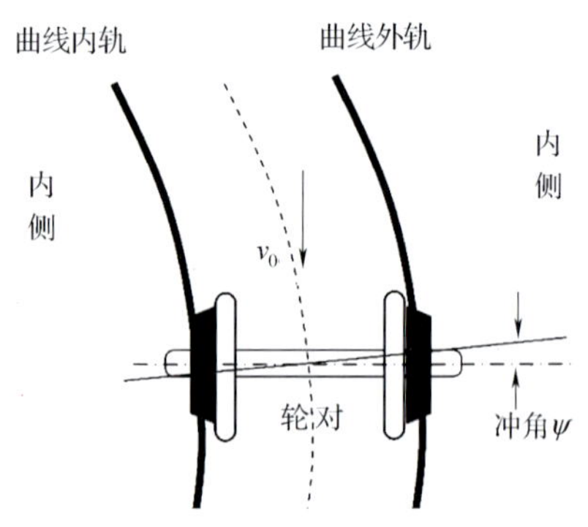

图3-29 轮对过曲线时平面图

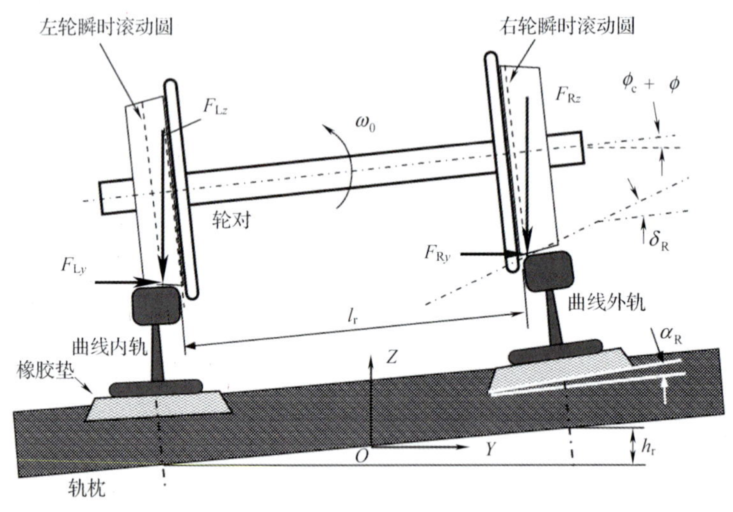

图3-30 轮对通过曲线时相对曲线轨道位置

由图3-29和图3-30可见,轮对过曲线时贴靠外轨一侧的车轮瞬时滚动圆半径要大于内轨车轮滚动圆半径($r_R > r_L$),在其他轮轨几何参数不变的情况下,需要左右车轮滚动圆半径差尽可能大。曲线半径越小,需要的这个滚动圆半径差就越大。

在轮对设计时,需要同时满足指标①和指标②,即车轮踏面工作区(d_{low})的轮径差仅可能小,过曲线时要有较大横移量,此时又希望轮径差尽可能大,这就给设计工作带来难易逾越的障碍。因此在车轮踏面设计时,需要从尽可能小的轮径差的位置到尽可能大的轮径差的位置的交界处有一段大变曲率弧线,实现过渡(见图3-31)。这段大变曲率弧线类似一个凹坑形式,轮轨在这个位置将不发生接触。值得注意的是,若过渡区太短,易形成轮轨的两点接触,接触应力水平高;而过长的话,动力学性能不优,太长或太短都达不到设计效果,这需要借助于精确的车轮数值化设计方法来解决。

另一个需要注意的问题是,当轮对踏面形状确定之后,仅改变轮对内侧距 d_w(等效改变轨距)或仅改变轨底坡 $\alpha_{L(R)}$,将直接影响因轮对中心偏离轨道中央线而导致轮径差的改变,也就是说,影响轮对动力学性能指标①和②。图3-32表示我国高速轮对(LMA)中心相对轨道中央线的偏移量(即轮轨横移 y)对轮对等效锥度的影响。等效锥度的含义和滚动圆半径差是等效的,等效锥度越大,滚动圆半径差越大。图3-32(b)表示不同轨底坡对轮对等效锥度的影响,随着轨底坡的增大,等效锥度降低。建议高速轨道采用1/20~1/30轨底坡。

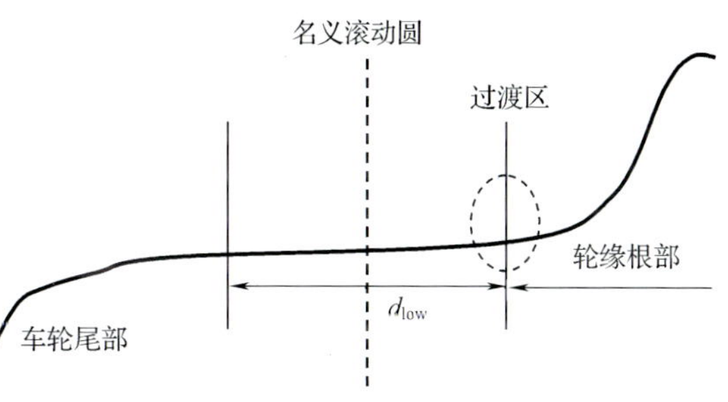

图3-31　轮径差大小分布区

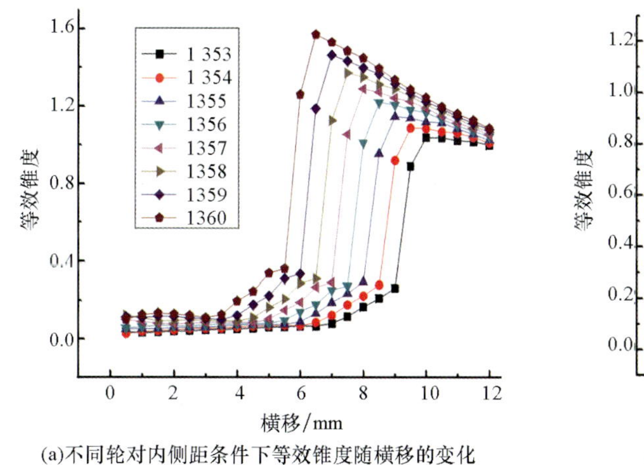

(a)不同轮对内侧距条件下等效锥度随横移的变化

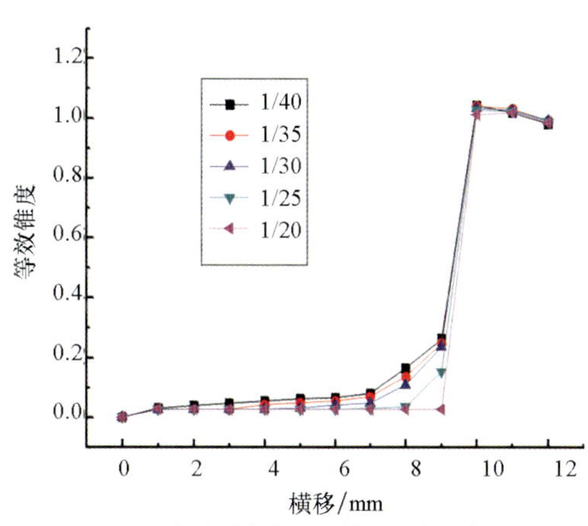

(b)不同轨底坡条件下等效锥度随横移的变化

图3-32　轮对中心相对轨道中央线的偏移量(即轮轨横移 y)对轮对等效锥度的影响

因此,在考察轮对动力学性能并进行轮对几何参数最优设计时,除了重点考虑轮径差这个关键因素外,同时需要结合考虑轮对内侧距尺寸、轨底坡等因素。由于影响轮对动力学性能的因素较多,需要根据列车运营速度等级,进行分类设计。

(3)高速运行条件下激发出轮轨结构高频柔性特性不伤损轮轨

过去轮对和钢轨设计过程中,只注意它们的强度和可靠度问题,很少注意轮轨结构自身高频柔性振动特性在某些运动状态条件下被激发出来，可能导致令人难于预料的轮轨伤损，如高速车轮多边形化和高速直线钢轨短波长波磨问题。

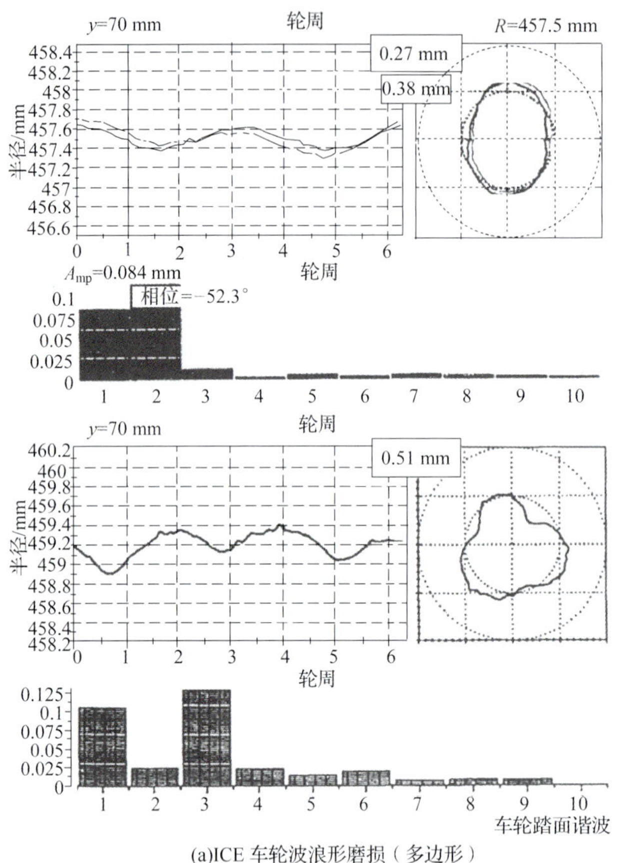

(a)ICE 车轮波浪形磨损（多边形）

(b)欧洲高速直线短波长波磨

图 3－33　钢轨波浪形磨损示意图

20 世纪 90 年代，欧洲 ICE 高速列车车轮出现多边形，高速直线轨道出现了短波长波磨，如图 3－33(a)、(b)所示[7,8]。图 3－33(a)为 ICE 高速车轮运行过程中出现的两种多边形情况，图 3－33（a)上图为椭圆形，叫做 2 阶多边形，图 3－33（a)下图为 3 阶多边形。它们下方的黑色直方图表示车轮踏面谐波磨耗变形频谱图，反映谐波的阶数，即沿着车轮踏面圆周上所分布的波数。对于高速车轮的这种伤损现象，欧洲学者们的分歧较大，有的认为是车轮材料的各项异性引起，也有的认为和轨道结构特性有关，至今未找到明确的机理和解决办法，只能通过旋修车轮来消除。根据我国学者的类似问题的研究结果，导致车轮多边形摩擦磨损的原因是轮对结构模态振动被激励出来造成的。图 3－33(b)表示高速直线轨道出现了 40～80 mm 波长的短波长波磨，其发生发展的机理也主要是线路结构振动被激励出来，而激励的来源除了与轨枕的周期性离散支撑有密切关系外，还可能是轮对较大幅度的蛇行运动。目前我们还不能改变轨道这种周期性离散支撑结构，但我们可以通过抑制或降低轮对蛇行幅度，来有效地

消除高速直线上呈群状分布的短波长波磨。

因此，轮对在高速运行条件下，由于轮轨界面各种可能不规则因素将轮对和钢轨或轨道高频柔性振动激发出来，在进行轮对和钢轨几何尺寸设计和选用时，尽可能避免这些有可能在运营中被激发出来伤损轮轨的共振特性，即使无法避免的情况下，也应对所设计和选用的高速轮对动态特性作全面了解，建立高速列车如轮轨等关键零部件动态特性数据档案。

2. 高黏着效果

高速列车的牵引和制动是依靠轮轨滚动接触过程中的移动接触面上的黏着力得以实现的。它的安全运行、准时运行以及运动状态能否被精确控制与轮轨接触界面的黏着效果有密切的联系。轮轨黏着系数的基本定义式是：

$$\eta = \frac{F}{P}$$

式中：F 为轮轨接触界面之间的黏着力（牵引力或制动力）；P 为轮重（或轮轨之间的垂向载荷）。轮轨界面黏着力实际就是摩擦力。

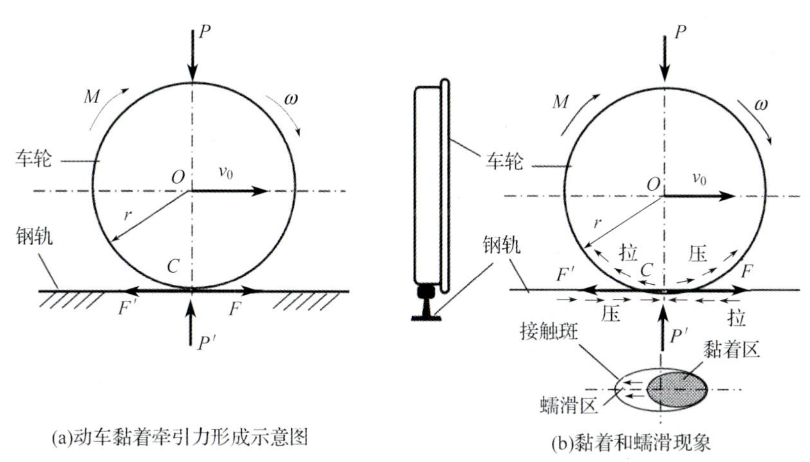

图 3－34　动车黏着牵引力形成示意图及黏着和蠕滑现象

新轮新轨的接触区可近似视为椭圆状，这一个椭圆的几何尺寸和压力分布可用 Hertz 接触理论求得。随着轮轨接触界面磨损和塑性变形的积累，接触区面积增大，并且形状向矩形发展[9]，接触力逐渐下降，并趋于相对稳定。

在接触区内，轮轨表面上分别作用有方向相反的剪切力（或切向力，见图 3－34）。但接触区内两接触表面的变形和刚性运动并总是不完全相等，通常接触斑内可能存在三种情况：(1) 几乎完全处于黏着状态，轮轨接触界面之间没有相对滑动，这时对应的 M（或 F）很小；(2) 随 M（或 F）的增大，接触斑部分区域逐渐进入滑动状态，根据变形体滚压基本特性，滑动区域靠接触斑后沿开始形成［见图 3－34(b)］，但滑移是微小的，这个滑动区域也叫蠕滑区，当 M（或 F）进一步加大时滑移区域也随之加大，滑移量也随之加大，直到整个接触斑被滑移区充满，整个阶段接触斑处于黏滑混合阶段，当接触斑刚刚充满滑动的瞬间，F 达到最大值，也就是轮轨最佳的黏着效果得以发挥；(3) 如果驱动力矩 M 继续加大,切向力 F 的反作用力 F' 不能平衡 M,接触斑由刚刚处于完全滑动状态向大滑动发展,接触界面材料温度升高,材料软化,塑性变形加大,磨损量急剧加大,甚至材料组织结构将会发生变化。因而,轮轨界面的黏着系数大大降低,即 F 随着轮轨接触斑滑动量的加大而下降。这个阶段是接触斑的滑动阶段。这三个阶段的轮轨黏着系数 η 和轮轨界面滑动具有图 3－35 所示的关系。

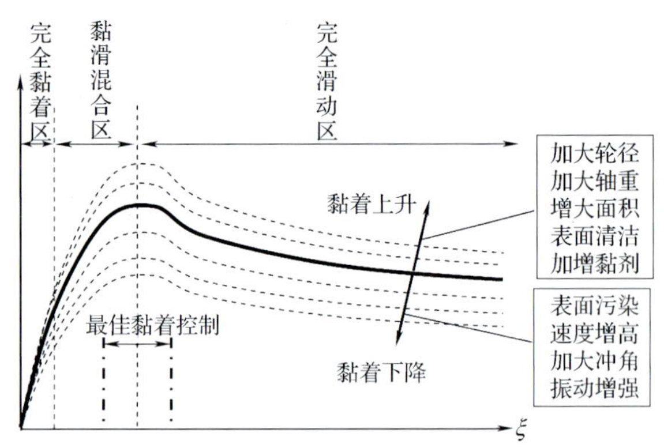

图 3－35　黏着系数变化规律以及相关影响因素

研究表明,影响黏着系数的因素有很多,一些影响黏着系数的因素是明确的,加大轮径、加大轴重、表面干洁、使用增黏剂等都会不同程度提高黏着系数[10]。但轮径的加大和轴重加大对提高黏着是有限的(试验结果表明,能容许加大的轮径和大轴重通常提高黏着系数的幅度大约不超过 5%),反而会给车辆结构设计带来新的困难,除了材料增加导致成本的增加外,轮径加大将增加车轮噪声的辐射面积,车辆高度增加将导致动力学和稳定性问题。保持清洁和使用增黏剂,能大幅度提高黏着效果。但到目前为止,增黏剂的力学性质、在轮轨接触表面上的使用方式等对轮轨滚动时的力学行为和对轮轨材料的破坏程度,还没有文献作这方面的理论和数值分析,仅凭经验和试验的结果而被应用于工程。

轮轨表面受到污染(各种有机物、水分、冰雪霜冻和树叶等)、轮对冲角、高速运动、轮轨接触振动和轮轨界面滑动量的增加等因素都会导致黏着系数下降[11]。影响轮轨黏着效果的还有一些不确定的因素,如温度、表面粗糙度、材料硬度等。它们在何种情况下能使黏着效果达到最佳状态,这些是需要进一步研究的问题。

根据上面的讨论情况,目前高速轮轨黏着设计和应用需要抓住如下三个关键问题:(1)研究和应用精确的轮轨黏着控制系统,主要控制轮轨最佳黏着效果范围内的滑差,如图 3－17 所示;(2)研制和应用性能稳定、黏着效果适中、对轮轨接触表面无伤损、无环境污染的增黏剂,过高的黏着特性也会使轮轨材料显得强度不足而失衡;(3)尽可能采用动力分散形式,尽可能发挥列车更多的轮对黏着作用,有效降低黏着系数的利用率;同时,这也有利于大幅度减轻轮重设计,大幅度降低轮轨接触应力,减小伤损。

3. 高抗疲劳磨耗性能

疲劳和磨耗特性直接关系到高速动态品质和行车安全。高速轮轨作用特点是轴重轻(轮轨静载荷小)、冲击载荷大、频率高。除了前面所讨论的采用合理的尺寸设计达到提高轮轨动力学性能、降低轮轨冲击载荷和高频振动外,轮轨的合理用材是非常重要的,即由轮轨自身材料硬度和韧性的合理性以及轮轨材料硬度匹配的最佳状态确定。通常,金属材料的硬度和韧性指标对疲劳和磨损影响见图 3－36。硬度高,屈服应力高,材料在受载状态下,不易进入塑性变形,且抗磨损(含波浪形磨损)能力强,其缺点是脆性大,一旦裂纹形成,裂纹扩展速率高。过高硬度材料用于高速轮轨,容易导致车轮和钢轨在短时间内形成斜裂纹、接触表面塌陷、剥离等疲劳伤损，如果处理不及时，在列车高速运行条件下，疲劳裂纹会贯穿整个车轮和钢轨，酿成重大脱轨事故，但由于硬度高，可以使轮轨始终接近零磨损状态，是消除钢轨波浪形磨损的最佳途径。如果材料韧性大，而硬度必然相对低，在受载条件下材料变形大，易进入塑性状态。这种材料如果用于轮轨，服役过程中一旦出现裂纹，裂纹扩展速率相对慢，在维修过程中，允许经过一定的时间周期来检查发现它们，突发性地裂轮断轨而导致脱轨事故的风险降低。但其缺点是，抗磨损尤其是波浪形磨损的能力低。

但是在轮轨设计中，无论轮轨选用什么硬度和韧性指标的金属材料，它们在实际服役过程中疲劳裂纹和磨损是难于避免的。现在轮轨服役寿命主要由轮轨接触界面的磨损量和疲劳裂纹决定，轮轨材料硬度过低，韧性过高，其在服役时磨损量大，其寿命主要由磨损控制；如果硬度过大，在服役过程中，主要由疲劳裂纹控制其寿命。因此，可能出现裂纹和磨损在轮轨工作面上并存的情况。

图3 37是轮轨寿命曲线和磨损率之间的关系。从图3－37可知，随着磨损率的增加，钢轨的磨损寿命随着磨损率的增加而显著降低，裂纹存在条件下疲劳寿命在增加。实际上，钢轨使用寿命是由图3－37所示两个寿命曲线较低的部分决定，即从①到②和从②到③。在*A*区域内，由于磨损率较低，是不安全的疲劳寿命区，而在*B*区域内，磨损率较高，是磨损不安全区。*A*区域的材料失效是由滚动接触疲劳引起的，*B*区域的失效是因磨损引起的。疲劳寿命曲线和磨损寿命曲线交接点②处表示轮轨寿命最长。如果利用轮轨的自然磨损和打磨的办法能取得点*C*的磨损率，则钢轨方可取得最大使用寿命。在轮轨实际作用过程中，因涉及许多变化因素，如雨水、雪霜冰冻、树叶、润滑油等影响到轮轨摩擦系数的变化，不同车辆和车速引起轮轨载荷的变化等，所以，精确地预测轮轨地疲劳寿命是十分困难的。解决工程实际问题的较好办法是采用适当的安全因素，如在图3－37所示的安全线*ab*以下操作，即假设钢轨寿命一般在*ab*线以下，这样考察钢轨服役状态应该是安全的。图中所示的有趣问题是在同样寿命条件下，较高的磨损率可以保证安全的运行区域。

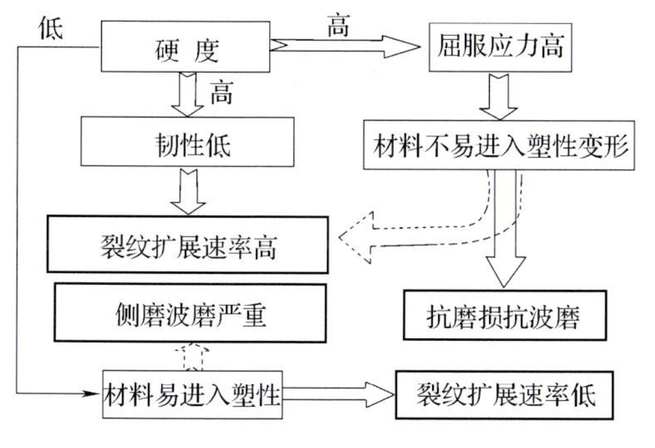

图3－36　一般金属材料硬度和韧性对疲劳裂纹和磨损的影响特性

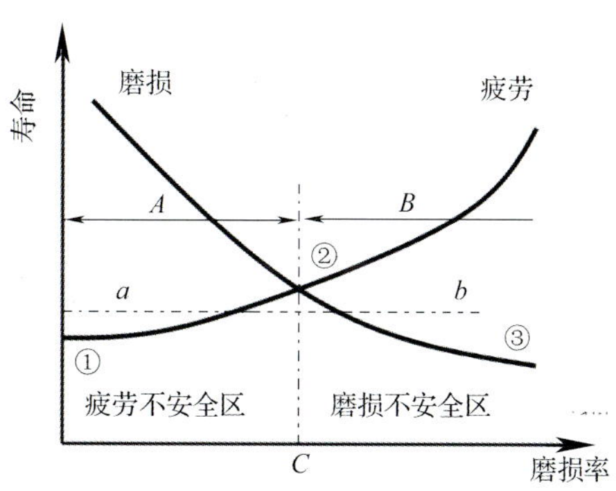

图3－37　疲劳寿命和磨损寿命之间关系

通过上面的分析可知，轮轨接触表面疲劳裂纹和摩擦磨损交互机制复杂，提高用材的抗疲劳和抗磨损特性存在一定矛盾，在高速轮轨设计时企图同时提高抗疲劳和抗磨损能力是难于做到的。虽然疲劳裂纹增长过程对磨损没有明显的影响，但磨损能直接抑制疲劳裂纹的增长。对降低疲劳裂纹单方面来说，磨损量越大，疲劳寿命越长。但是磨损量过大，不仅导致钢轨弯曲刚度的降低，而且动力学性能下降，使轮轨起初设计的动力学指标荡然无存，导致新的问题产生，即车辆轨道动态行为恶化。如果轮轨在服役过程中发生的材料磨损量使裂纹的某一种状态未发生明显的改变，也就是裂纹形状和长度不会发生明显的改变，这种磨损量将决定轮轨的最佳寿命周期。这种使磨损和疲劳裂纹同时控制轮轨寿命相同周期的设计就是轮轨最佳选材设计。能够保持轮轨在服役过程中疲劳裂纹和磨损的增长达到同步增长状态所对应的材料硬度指标、韧性指标和轮轨材料硬度差是最佳用材，但目前想做到这样的设计存在一定的困难。所以，一定要考虑到运营过程的维修手段，即对钢轨实现微量（一次通过快速打磨）高频率打磨，以提高轮轨磨损率，消除和抑制轮轨疲劳裂纹，以实现轮轨用材的最佳寿命。

4. 低噪声特性

高速度和轮轨各种不规则因素共同激发出了轮轨系统高频振动，轮轨滚动接触噪声（滚动噪声、冲击噪声和蠕滑尖叫声）和以轮轨高频结构振动为主的噪声变得异常的强烈。尽管过去高速列车设计和运营经验告诉我们，当列车运行速度超过 300 km/h 时，空气动力噪声与速度的几次方成正比，轮轨噪声与速度的 3 次方成正比。京津城际高速铁路运行试验经验告诉我们，由于目前列车车头和车身的外形采用了优越的气动特性设计，即使列车运行时速超过300 km，气动噪声也能有效地得到控制，但轮轨噪声仍然占总噪声水平的 50% 之多。所以，高速列车轮轨噪声是一个亟需解决的大问题。解决列车噪声问题，除了目前常用的噪声墙来被动降低噪声对环境的影响外，应从机理上认识噪声源头，如轮轨噪声产生的方式和辐射途径，从源头上彻底解决此问题。所以高速轮轨设计应区别于普通列车轮轨的设计，要考虑它们的振动特性和噪声指标。

3.3.2 轮对及踏面设计

1. 现有高速轮轨型面存在的问题

轮对尺寸和踏面形状直接影响轮对的动力学行为。轮对尺寸和踏面形状的设计首先要保证轮对在高速运行条件下具有优越的动力学性能，即较高的运行平稳性和蛇行失稳临界速度。在这个前提下，希望车轮具有较高强度、与钢轨之间形成较低接触应力水平和较低磨耗指标，以保证轮对长时间运行情况下具有稳定的动力学性能和可靠的安全运行特性。当轮对、轨道以及钢轨相关的几何参数确定之后，车轮踏面和钢轨踏面优化匹配设计是关键一步，这样的设计目标就是要保证轮轨滚动接触作用的三个基本要求的实现：(1)轮对在直线上运行具有较高的蛇行失稳的临界速度；(2)过曲线时轮轨之间具有较小的横向力；(3)尽可能小的轮轨接触力水平。

满足基本要求(1)和(2)只需要轮轨接触点在图 3 - 31 所示 d_{low} 的工作区域时轮对轮径差尽可能小些，在靠近轮缘根部时尽可能大些，这里需要分别建立两个不同的目标函数

O_{j1}和O_{j2}。满足要求(3)需要轮轨接触点法向间隙h_n尽可能小,如图3-38所示,这里需要建立第三个目标函数O_{j3},需要同时满足三个条件时则需要建立三个目标函数。所以,轮轨型面优化匹配的设计是个多目标优化问题。

轮轨铁路发展和运营已有近200年历史,列车行驶速度从每小时几公里到每小时300多km,最大试验速度每小时接近600 km。除了欧洲高速车轮S1002外,全世界所有铁路所使用的轮轨几何型面(包括我国LMA踏面)都是由几条半径不同的圆弧或直线段构成,表达简捷,加工简单。问题是这样型面的轮轨在滚动接触过程中,接触点从一个圆弧转移到另一个半径不同的圆弧,从不变形的角度理解刚性接触的话,接触点要发生跳跃,按Hertz理论计算最大接触压力的话,最大压力也会有突变。但实际轮轨挤压变形会使这种跳跃和突变得到缓解。S1002车轮踏面在其滚动圆附近采用了数值化设计理念,即采用了两条高次曲线代替圆弧,同UIC60轨配合得较理想。如果S1002踏面直接用于我国高速线(CHN60轨,1/40轨底坡),轮轨接触点分布随轮对横移变化情况如图3-39所示,接触点分布极不均匀,轮对发生横移时,接触点位置在车轮踏面和钢轨顶面发生横向跳移,尤其轮对中心由轨道中央线从1 mm到4 mm、从8 mm到9.5 mm、从10 mm到12 mm要发生三次跳跃(如图中红箭头所示),显然是在接触几何上没有匹配好。虽然我国的高速钢轨型面和欧洲高速钢轨的型面非常相近,但是它们之间的仅一点点差异,就会导致接触点位置差异很大。这是我们在轮轨踏面设计时需要切忌注意的问题。出现上述问题的原因主要是圆弧交界面曲率半径出现突然的变化。如果车轮踏面和钢轨顶面能够具有连续变化曲率弧线,上述问题将会克服,这就是我们需要追求设计的数字化轮轨型面。

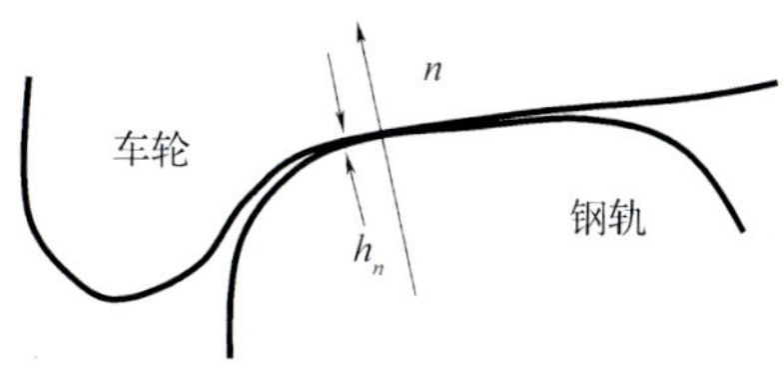

图3-38 轮轨踏面几何形状

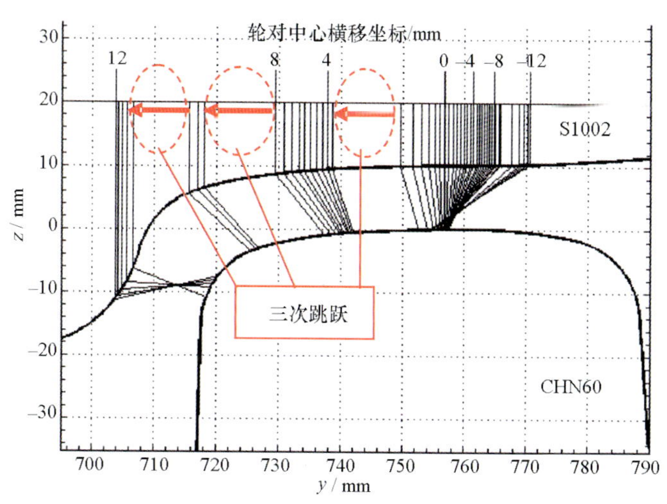

图3-39 S1002轮对和CHN60轨的轮轨接触情况

2. 我国高速轮轨型面与欧洲高速轮轨型面的差异

图 3－40 表示我国高速车轮踏面和欧洲高速铁路车轮 S1002 踏面几何形状对比。如果不考虑两种轮对内侧距的差异，两种型面相近，其差别主要反映在 A、B 和 C 三个区域内，在 A 区域内，LMA 斜度大，在 B 区域 LMA 斜度略大，在 C 区域，S1002 的斜度大，斜度大意味着等效锥度大，车轮滚动圆半径差大。当采用 1 353 mm 内侧距时，利用轮轨静态接触计算方法确定车轮滚动圆半径差随轮对中心横移变化情况如图 3－41 所示，两个图中 A、B 和 C 是相对应的区域。即使采用 1 353 mm 轮对内侧距（中国铁路通用的轮对内侧距），仅从轮径差的概念考虑对车辆动力学性能的影响和静态接触计算的结果，S1002 的性能仍然低于我国 LMA 高速轮对。虽然当轮对中心横移在 3 mm 范围内时，S1002 的等效锥度会略小于 LMA，但是高速列车正常运行状态下轮对横向晃动量会超出这个范围。当轮对中心横移大于 3 mm 而小于 7 mm 时，S1002 的等效锥度大于 LMA 的等效锥度，这时的 LMA 的滚动圆轮径差指标平均优于 S1002。超出 9 mm 后，LMA 的滚动圆半径差远远大于 S1002 的情况，这也是踏面设计所希望的。图 3－40 和图 3－41 计算用钢轨是我国高速钢轨 CHN60，轨距为 1 435 mm，轨底坡为 1/40。

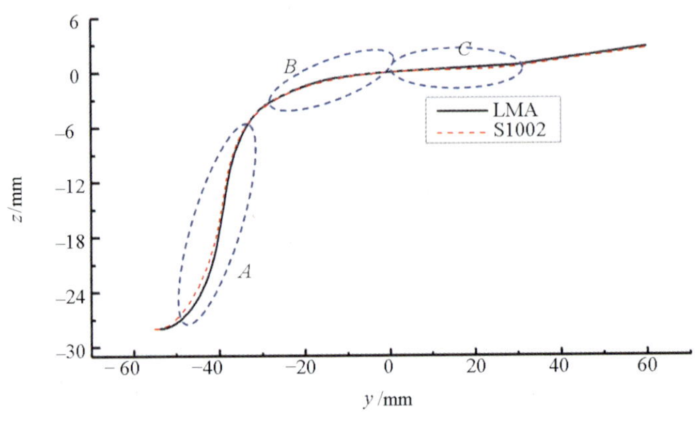

图 3－40　LMA 和 S1002 踏面的型面比较

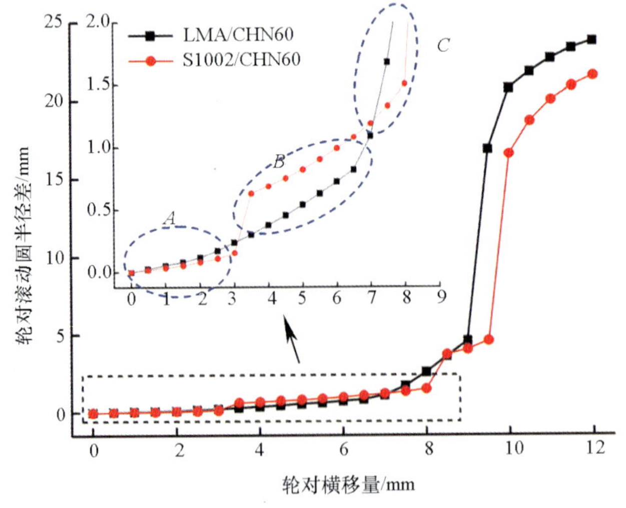

图 3－41　LMA 和 S1002 轮对滚动圆半径差的对比

从磨损和疲劳的角度考虑,也就是踏面优化设计所追求的目标,希望轮轨接触点处两接触界面之间的法向间隙尽可能小,这就能保证轮轨因挤压变形形成的接触面积大,而轮轨接触应力小。再比较 LMA 和 S1002 轮对在17 t轴重下轮轨斑面积和接触力随轮对横移量变化情况,分别如图 3-42和图 3-43 所示。从图 3-42 看出,轮对横移量小于4 mm时,S1002 车轮和我国高速钢轨形成的接触面积大于 LMA 的情况。当横移量大于4 mm 和小于9.2 mm 时,情况则相反。也就是说,S1002 轮对在轨道中央位置附近,车轮踏面采用了数字式踏面,使轮轨接触界面更加密贴。对应的接触力图显示了 LMA 在轮轨横移量小于9.6 mm 范围内具有更小的接触应力水平。在此范围内,S1002 的平均应力水平比 LMA 高 10% ~12%(在高速运行线上,因曲线半径大,这个范围是轮对横移的主要范围)。当轮对中心横移大于9.6 mm 时,虽然 LMA 压力水平高于 S1002 的压力水平,但这个区域已经不是轮对正常工作区域,是图 3-41中的 *C* 区域,即轮缘区域。由图 3-41 可见,LMA 的轮缘角大于 S1002 的轮缘角,对防止车轮爬轨是有利的。

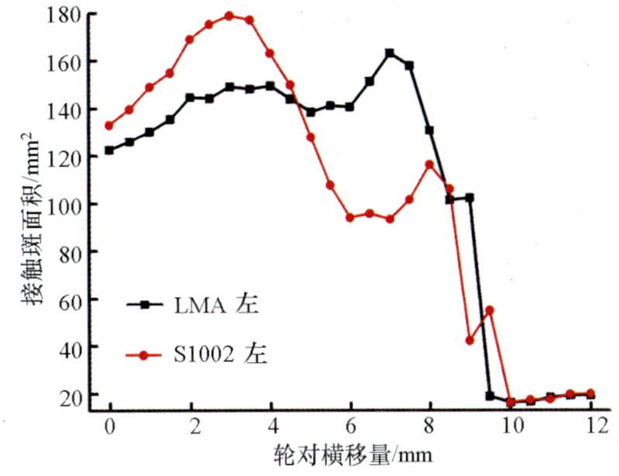

图 3-42 LMA 和 S1002 轮对与 CHN60 钢轨接触面积对比

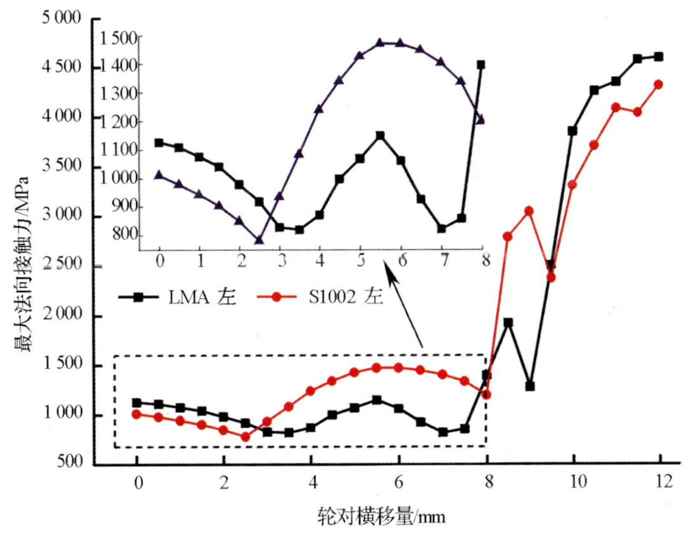

图 3-43 LMA 和 S1002 轮对与 CHN60 钢轨接触力对比

对现有的高速车轮踏面,如果不改变其形状的话,仅通过增加轮对内侧距或加大轮缘厚度来缩小轮轨之间的游间,会导致糟糕的动力学行为和滚动接触效应。众所周知,增大轮对内侧距或加大轮缘厚度对轮轨游间隙的作用是一样的,当车轮踏面几何形状不变时,轮轨接触点分别向轮缘根部和钢轨内侧(靠近内轨角)靠近,接触区域变得越来越小,接触压力水平变得越来越高，将导致轮缘根部和内轨角处疲劳磨损严重；同时两侧车轮接触点分别向轮缘根部靠拢，轮对横向偏移时，轮对滚动圆半径差大，等效锥度大，理论上将导致轮对稳定性性能降低，易诱发轮对蛇行运动，又因为轮轨游间隙较小，轮轨一旦发生蛇行运动，就要横向撞击钢轨，靠两侧钢轨的约束维持轮对沿轨道运动，钢轨负担较重，轨道和钢轨将过早地疲劳。图3－44为LMA，S1002和S1002轮缘加厚2 mm后三种车轮踏面形状对比。如果采用1 353 mm轮对内侧距尺寸的话，S1002和S1002轮缘加厚2 mm导致等效锥度的变化如图3－45所示。轮缘加厚后在轮对横移不到8 mm时，等效锥度加大了10多倍。在轮对对中的位置附近（0～7 mm），等效锥度也明显地增加。这种情况表示轮对恢复对中能力和通过小半径曲线能力增强了，但稳定性和蛇行失稳的临界速度大大降低。这就违背了轮对初始优化设计和改造的初衷。

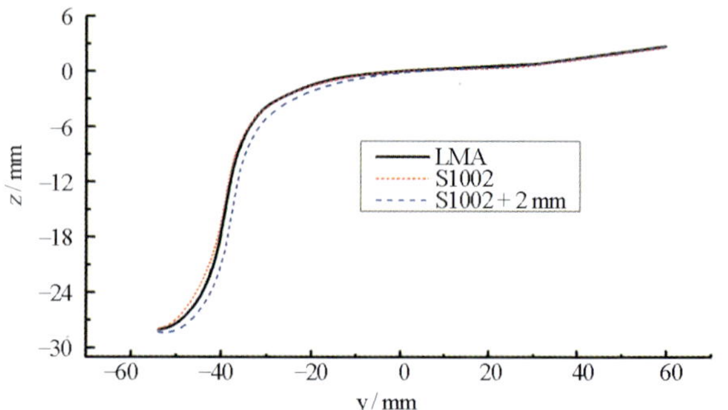

图3－44　LMA，S1002和S1002轮缘加厚2 mm后三种车轮踏面的比较

因此，在一定轮对内侧距、轮缘厚度、轨头形式、轨距、轨底坡确定之下优化匹配出轮轨踏面，不能随意改造上述的任何一个几何参数，否则，原本设计的优越性能将不复存在。改造任何一个参数均需要重新设计踏面形状。

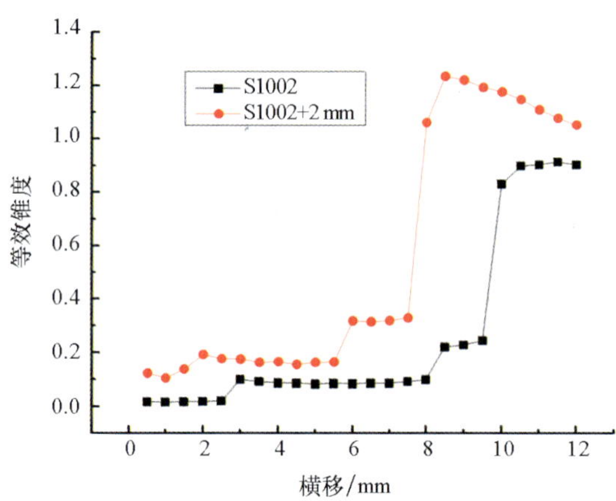

图3－45　S1002和S1002轮缘加厚2 mm后引起轮对等效锥度的改变

3. 数字化高速轮轨型面优化方法

未来的高速轮轨型面，如果要能在优越的动力性能、高黏着效果、高抗疲劳磨损性能和低噪声性能方面同时得到满足，轮轨数值型面的设计和应用是发展趋势。现代加工和轮轨维修技术，能充分保证数值化轮轨型面得到可靠地应用。欧洲高速车轮S1002在踏面主要工作面上就采用了两条高次曲线，使其曲率半径保持连续性地变化，而且在那一段工作面上，能够和欧洲的UIC钢轨保持理想的接触应力水平和合理的等效锥度，见图3－42和图3－43。

轮对优化设计就是要保证高速列车具有优越的动力性能和轮轨的高抗疲劳磨损性能。如果直接以此来优化轮轨的踏面形状是十分困难的。所以，必须从轮轨的接触几何参数与轮对运动特性和力学行为的直接关系来考虑轮轨踏面的优化。要达到此目的就要建立前面提出的三个目标函数 O_{j1}，O_{j2} 和 O_{j3}，其意义分别是：(1)轮对在直线上做高速运行时允许滑动或正常横向晃动范围之内轮对滚动圆半径差尽可能小;(2)在高速曲线运行轮对滚动圆半径差尽可能大;(3)轮轨任意接触点处两侧轮轨界面法向间隙尽可能小(以获得较小的接触应力)。根据经验,车轮踏面优化时应该首先保证尽可能优的动力学性能,其次再考虑降低接触力水平,对于高速列车这点显得特别重要。但是轮轨运动关系和力学关系较为复杂,其运动状态、力学行为和服役状态受到很多因素限制,因此,轮轨型面的优化是建立在高速列车系统动力学理论基础上的优化。事实上,我们可以通过悬挂参数来改善轮轨关系,图 3 – 46 是 CRH2 – 300 型动车组转向架轴箱定位刚度(一系纵向刚度)对轮轨横向力的影响,显然,定位刚度越大,轮轨横向力就越大,轮对容易轮缘贴靠,轮缘磨耗自然也大,这可以在图 3 – 47 所示的轴箱定位刚度(一系纵向刚度)对轮轨摩擦功的影响中得到证实。CRH 系列动车组在京津城际铁路上运行时也反映出类似问题,由于 CRH3 型动车组的轴箱定位刚度极大,超过 100 MN/m,所以 CRH3 型动车组的车轮轮缘磨耗相对较大。从图 3 – 46 和图 3 – 47 还可以看到,一系横向刚度 K_{py} 的变化对轮轨关系的影响很小。从此算例中可以发现,我们可以通过优化悬挂参数来实现轮轨相互作用的优化。

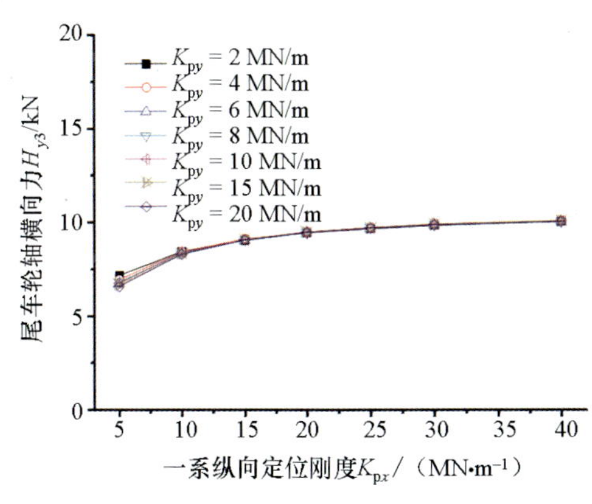

图 3 – 46　一系纵向刚度对轮轨横向力的影响

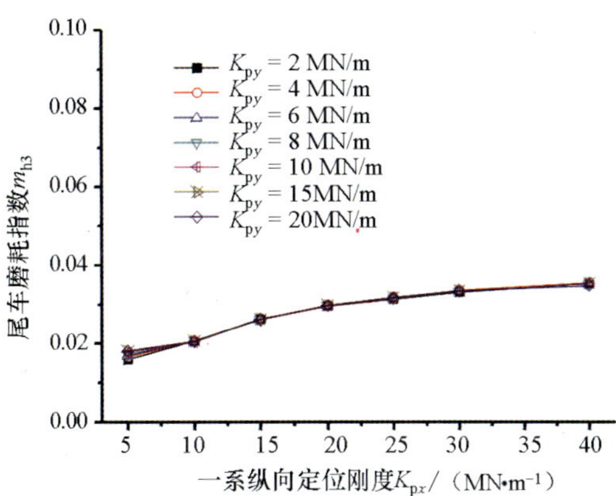

图 3 – 47　一系纵向刚度对轮轨摩擦功的影响

4. 车轮设计

由于我国的钢轨已经制定了相关标准,对形状、材料、工艺等进行约束。因此,轮轨设计仅仅是针对车轮,以车轮来适应钢轨。事实上,目前 CRH 系列动车组的车轮踏面使用混乱,有 LMA,XP5 和 S1002 改等型。尽管为了满足我国的线路标准,采用了 1 353 mm 的轮对内侧距,但有些动车组改变了轮缘厚度;车轮使用的材料和硬度也不一,表 3 – 3 是京津城际高速动车组的车轮材料和硬度情况。事实上,在运用中还是出现了不同特征的车轮服役问题,如 CRH2 – 300 型动车组的踏面磨耗问题,CRH3 型动车组的轮缘磨耗和踏面剥离现象。为此,在中国高速列车自主创新联合行动计划中,把车轮的创新设计列为一项重要工作。

传统的车轮研制更多地着眼于车轮的材料,而且恰恰忽略了车轮的服役特征和服役对性能的要求。针对高速列车的运行要求,高速车轮的研制应考虑动力学性能、机械强度、接触疲劳、摩擦磨损、噪声和黏着等运用要求,同时应考虑从车轮材料的组织成分、材料的组织结构、车轮表面硬度、车轮直径、车轮辐板厚、车轮表面不平顺等环节入手，系统开展研究。当然，在研究之初就必须掌握这些环节和服役性能要求的关系和影响度。图 3－48 所示为车轮设计项目和服役性能的关系，并标出了影响度。

围绕高速车轮的基础研究就是要从影响性能的机理研究入手，在分析高速列车运行对车轮性能要求的基础上，提出高速车轮从材料、形状到表面状态的具体设计要求，并以此为理论依据，提出高速列车车轮设计、材料、制备、工艺、检测、运用和维修的标准。

表 3－3　动车组车轮材料及硬度

车型	材料	化学成分/%					机械性能		硬 度	
		w(C)(max)	w(Si)(max)	w(Mn)(max)	w(P)(max)	w(S)(max)	R_m/MPa	A/%	轮辋	踏面
CRH2－300	SWW－Q3R	0.57～0.8	0.13～0.38	0.46～0.94	0.055	0.060	790～980	12/8	311～363 HBS	46～52 HBS
CRH3	R8	0.56	0.4	0.8	0.02	0.015	860～980	13	245 HBS	

注：在 R8 材料中 Cr、Cu、Ni 的含量不大于 0.3%，Mo 的含量不大于 0.08%，V 的含量不大于 0.06%。

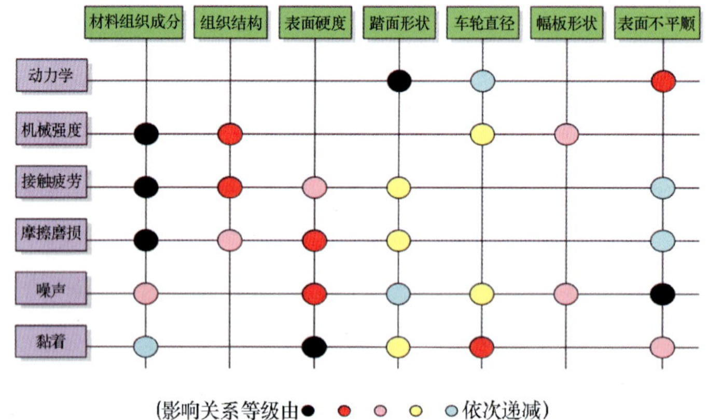

图 3－48　车轮设计项目与性能的关系

3.3.3　线路不平顺运用要求

传统的轮轨关系主要是指车轮和钢轨之间的关系，包括接触几何关系、轮轨间相互作用关系。由于线路不平顺对高速列车的动力学性能有重要的影响，而线路不平顺在高速列车系统动力学研究中是作为系统的激扰输入，因此，把线路不平顺作为轮轨关系设计的重要指标归列在高速列车系统的边界设计之中。

为了在 2007 年铁路实现第六次大提速，铁道部于 2006 年底进行了 CRH 系列动车组的线路试验，试验主要在 200 km/h 等级的改造线路上进行。试验中发现，以 200～250 km/h速度运行的 CRH2 型动车组，其轮重减载率有超过安全限度的现象：当车速高于 200 km/h 后，轮重减载率有超过 0.6 的情况；当车速高于 220 km/h 后，轮重减载率有超过0.8的情况；随着车速的提高，减载率超标的点增多。图3-49是某轮对的减载率里程分布图，车速为220 km/h。从图3-49可见，轮重减载率已经有不少点超过0.6，甚至还有超过0.8这一动态轮重减载率限值的情况。为了弄清其成因，运用高速列车系统动力学理论方法，对线路随机不平顺和单一谐波不平顺对动车组减载率的影响及其规律进行了研究。通过对高低和轨向不平顺的研究表明：轮重减载现象主要是由轨道高低不平顺引起的，而轨向不平顺对减载率的贡献量很小，短波长的轨道不平顺是引起轮重减载的主要因素。

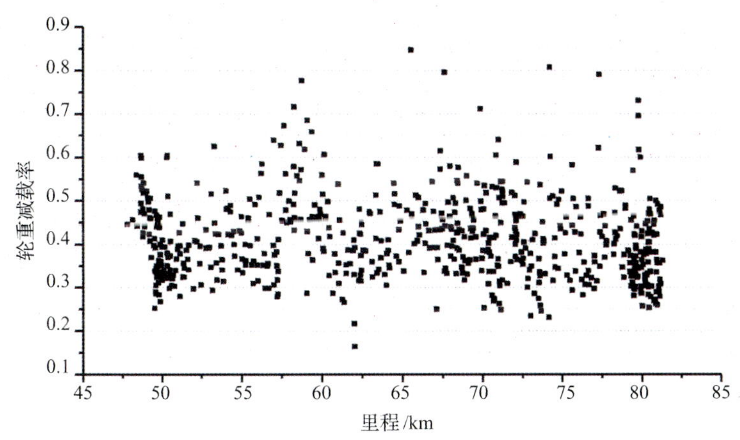

图3-49　线路试验的轮重减载率里程分布图

1. 随机不平顺[12]

本节还是采用德国高速铁路低干扰轨道谱作为基谱进行研究。在波长1~45 m的不平顺激扰下，我们计算了动车组拖车（空车）以160，180，200，210，220，230，240，250，260，270 km/h速度通过竖曲线线路时的轮重减载率指标值。运用频谱分析技术，便可得到160~270 km/h速度范围内减载率的主频值，如表3-4所示。计算结果表明，160~270 km/h速度下的减载率主频集中在30~40 Hz。根据波长、速度与频率之关系，可以推算得出160~270 km/h速度下减载率的敏感波长为1~2.5m。

表3-4　不同速度下轮重减载率的主频及敏感波长

速度 /(km·h^{-1})	160	180	200	210	220	230	240	250	260	270
主频/Hz	32.2	34.0	36.5	34.8	35.8	36.5	37.3	37.3	37.8	35.0
波长/m	1.38	1.47	1.52	1.68	1.71	1.75	1.79	1.86	1.91	2.14

由上述分析可知，2.5 m波长是一个界限值，因此，我们拟定3个不同波长范围不平顺，即1~2.5 m、2.5~45 m、1~45 m，探讨不同波长范围不平顺对CRH2型动车组行车安全性的影响。3种不平顺激扰下，CRH2型动车组拖车（空车）以250 km/h速度运行时轮重减载率的时域和频域响应之计算结果分别见图3-50~图3-52。

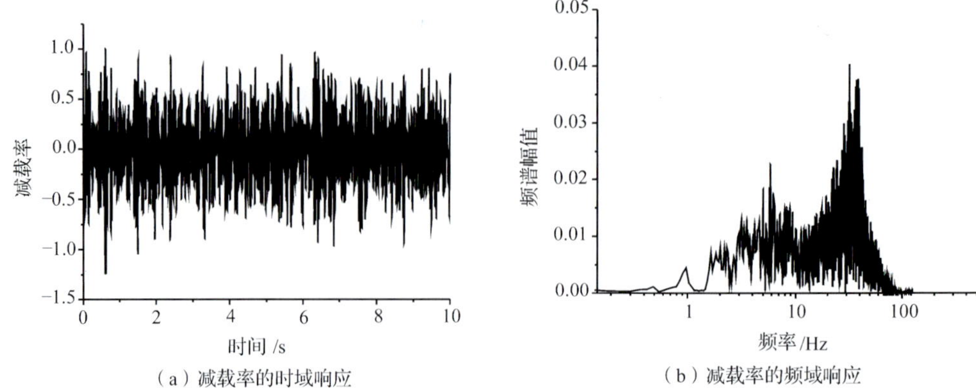

（a）减载率的时域响应
（b）减载率的频域响应

图 3－50　波长范围 1～45 m 不平顺激振下减载率的计算结果

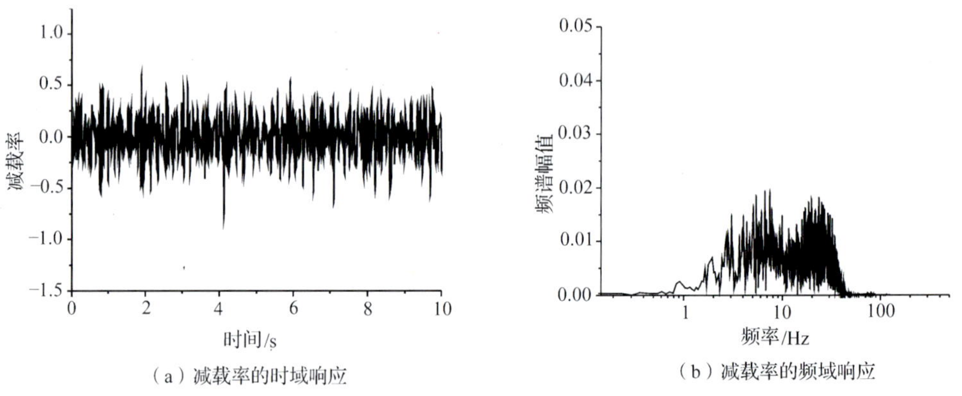

（a）减载率的时域响应
（b）减载率的频域响应

图 3－51　波长范围 2.5～45 m 不平顺激振下减载率的计算结果

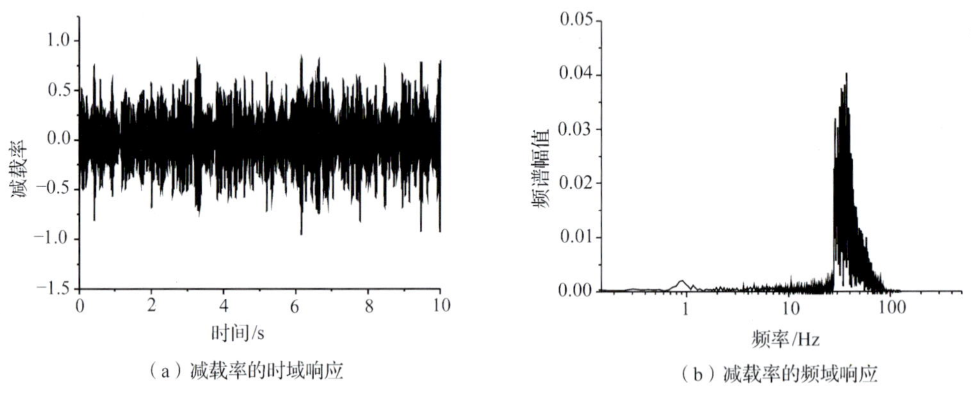

（a）减载率的时域响应
（b）减载率的频域响应

图 3－52　波长范围 1～2.5 m 不平顺激振下减载率的计算结果

对比图 3－50～图 3－52 的计算结果，可以发现：

（1）在 1～45 m 波长范围的不平顺激扰下，动车组拖车以 250 km/h 速度运行时，轮重减载较严重，减载率达到 1 的时刻较多，大于动态减载率限值 0.8 的现象非常普遍，对安全行车不利；在主频范围内幅值较大。

（2）如在2.5～45 m波长范围的不平顺激扰下，轮重减载率均在0.65以下，小于稳态减载率限值，满足安全行车要求；在主频范围内幅值较1～45 m波长下的值小得多。

（3）在1～2.5 m波长范围的不平顺激扰下，在少数时刻，轮重减载率达到了动态减载率限值0.8；在主频范围内幅值与1～45 m波长下的值很接近。

综上所述，对250 km/h速度等级，1～2.5 m波长范围的不平顺对高速动车组的轮重减载率有非常明显的影响。而高速动车组在不平顺波长为2.5～45 m的轨道上运行时，减载率指标能完全满足安全行车要求。由此可见，轨道上存在的1～2.5 m波长范围的不平顺是导致动车组高速运行时轮重减载的主要原因，应加以控制。

当把计算波长范围拓展到1～120 m，并以350 km/h速度运行时，轮重减载率指标值的计算结果如图3－53所示，图中，正值为轮重减载情况，负值为轮重增载情况。结果表明，减载率最大峰值达到了0.85，超出了动态合格限值0.8。运用频谱分析技术，便可得到减载率频域响应，如图3－54所示。从图3－54中可以看出，减载率的主频为37 Hz。根据波长、速度与频率之关系，可以推算得出350 km/h速度下减载率的敏感波长约为3 m。因此，350 km/h速度等级的运行线路，对轨道不平顺短波波长的控制范围应拓展到1～3.5 m。轨道不平顺短波波长是导致动车组高速运行时轮重减载的主要原因，在线路设计、施工和维护时应加以控制。

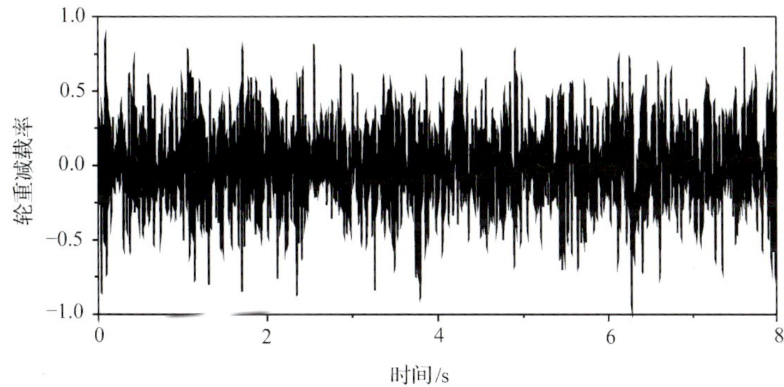

图3－53　高速动车组减载率指标的时间响应

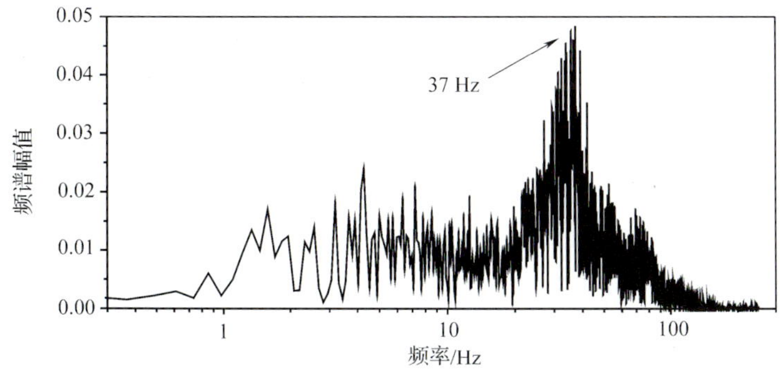

图3－54　高速动车组减载率指标的频域响应

2. 三角坑不平顺和高低谐波不平顺的影响

根据时速 200 km 线路区段轨道不平顺动态管理标准，三角坑基长为 2.4 m。因此，这里对基长为 2 ~ 3.5 m 范围的三角坑幅值与动车组以 200 km/h 速度运行时减载率之变化关系进行了仿真分析。

图 3 - 55 给出了计算结果。从图中可以看出，基长越短，三角坑幅值限值越小，对线路管理要求也越高。例如，由于减载率动态限值标准为 0.8，3.5 m 基长三角坑的半幅值限值达到了 9 mm，2.4 m 基长三角坑的半幅值应控制在 4.5 mm 以内，而 2 m 基长三角坑的幅值限值为 3 mm。

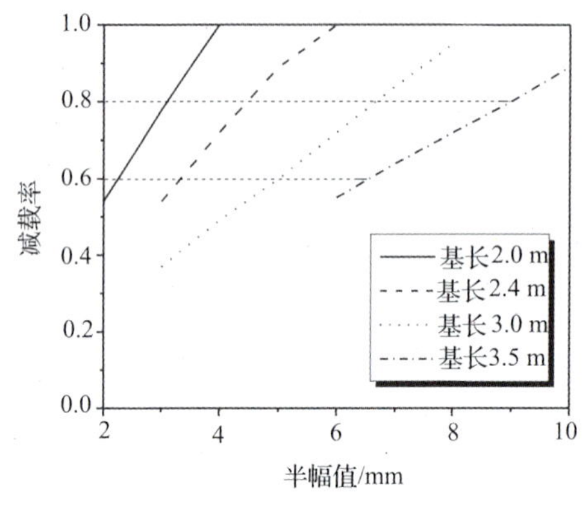

图 3 - 55　不同基长三角坑半幅值对减载率的影响

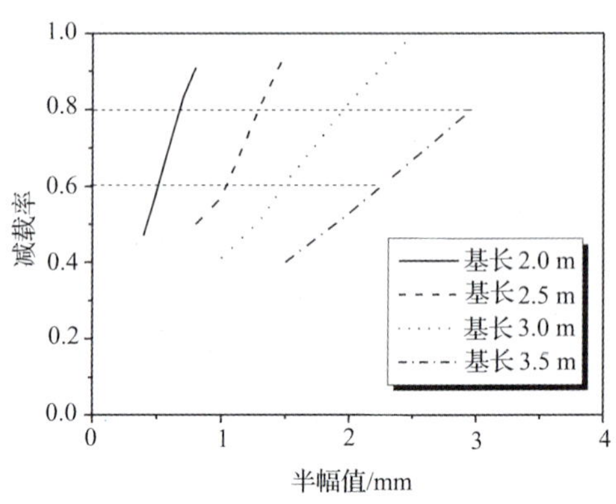

图 3 - 56　不同基长高低不平顺半幅值对减载率的影响

图 3 - 56 进一步给出了动车组以 200 km/h 通过基长分别为 2 m，2.5 m，3 m 和 3.5 m 高低谐波不平顺时，不同幅值工况下轮重减载率的计算结果。由图可知，在谐波高低不平顺幅值相同情况下，波长越短，动车组轮重减载率越大。2 m，2.5 m，3 m 和 3.5 m 波长不平顺的半幅值应分别控制为 0.65 mm，1.3 mm，2 mm 和3 mm，才能确保动车组的轮重减载率小于动态标准，满足时速 200 km 的高速运营要求。谐波高低不平顺幅值控制要求较三角坑的更加严格，在实际运用过程中必须对此予以高度重视。

运行速度 200 km/h 时，不同基长的三角坑不平顺和高低谐波不平顺的半幅值控制列于表 3 - 5。当然，列车运行速度提高到 350 km/h 时，线路不平顺的控制标准会更加严格。

表 3 - 5　不同基长的三角坑不平顺和高低谐波不平顺的半幅值控制值

不平顺类型	基长/半幅值	基长/半幅值	基长/半幅值	基长/半幅值
三角坑	3.5m/9 mm	2.4 m/4.5 mm	2 m/3 mm	
谐波高低不平顺	3.5 m/3 mm	3 m/2 mm	2.5 m/1.3 mm	2 m/0.65 mm

3.4 弓网关系设计

3.4.1 弓网关系评价

弓网关系研究的主要目的是保证受电弓有良好受流，但如何评价弓网的受流性能及其优劣，也就是根据什么内容和标准来评价弓网关系的优劣程度，这是弓网关系设计亟待解决的问题。在欧洲，与弓网受流相关的标准，如 EN 50367，EN 50318，EN 50119，UIC 608，IEC 60494－1－2002，IEC 60494－2－2002 等作为铁路系列标准的一部分，已得到广泛的应用。在日本，也不约而同地将离线、接触网抬升量及接触网应力等指标作为弓网受流的基本判断条件，并根据该条件对接触网悬挂类型、接触线张力等参数设计进行了探讨。

在对国外弓网相关评价体系消化吸收的基础上，结合国内弓网系统的实际运行情况，逐步形成我国的弓网关系评价体系，其评价内容主要包括：弓网动态接触力、离线、硬点、接触线动态抬升量[13]。

1. 弓网动态接触力

在受电弓和接触线的滑动接触过程中，若接触力太小，则接触电阻增大，功率损耗增加，受电弓运行起来还易产生离线和电弧，从而导致接触导线和滑板的电磨损增加；若接触力过大，又会使机械磨损增加，甚至造成滑板局部拉槽，进而造成接触导线弹跳拉弧，以致刮弓。由此可见，弓网间的动态接触力描述了在高速运行下，受电弓与接触线之间的接触程度与状态，它是评价与控制受流质量的重要条件及内容。

接触力随运行速度的变化曲线基本是单调变化的，如图 3－57 所示，接触力最大值、最小值、标准差基本表征了不同速度下的受流差异。接触力最大值过大，磨耗加重；接触力最小值过小将造成离线，破坏受流；接触力标准差过大将造成接触力变化异常，直接影响受流的稳定性。由此可见，将接触力最大值、最小值和标准差作为评判弓网关系的重要指标是必要的。

一般来说，接触力最大值不应大于 200 N，最小值不应小于 40 N，标准差不应大于 28 N。实测表明，接触力最大值、最小值和标准差在以上范围时可以得到较好的受流效果。

接触力的平均值也是评价受流质量的重要内容，它能给出高速运行时弓网接触力的整体状态，包括气动抬升力的作用情况。一般来讲，保持 90～140 N 的接触力平均值，其受流质量较好。另外，接触力的平均值越接近静态抬升力，其受流质量越好。接触力平均值可以通过下述两种方法来表示，得到的结果基本是一致的：

$$P_v = \frac{1}{n}\sum_{i=1}^{n} P_i \quad 或 \quad P_v = \frac{P_{max} + P_{min}}{2}$$

式中：P_i 为采样点 i 处的接触力；P_{max}，P_{min} 分别为采样区段内接触力的最大值和最小值；P_v 为平均接触力值；n 为采样点的数目。

综上所述，接触力的评价标准可归纳为：

(1) 最大接触力 $F_{max} < 200$ N；

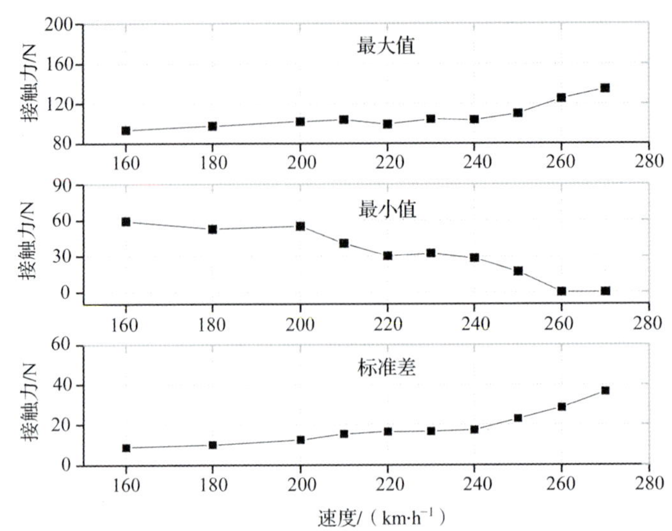

图 3－57　不同速度下接触力变化

（2）最小接触力 $F_{min} > 40$ N；

（3）平均接触力 $F_v = 90 \sim 140$ N；

（4）接触力标准差 $\sigma < 28$ N。

2. 离线

离线是指受电弓和接触线产生的机械性脱开。离线时受电弓失压，接触线和受电弓间产生电弧；同时，离线时电压波形产生畸变，将引起对无线电通信线路的干扰。因此，离线是弓网关系中应极力避免的有害现象，它可造成不稳定运行及弓线间的异常磨损，烧熔接触线等多方面的危害。离线是衡量高速弓网关系的重要指标，这个指标可以从三个方面去表征，即限定时间或限定距离的离线次数、单次离线时间及离线率。

离线次数表明弓线间的机械性脱开的频率，显然，在同等条件下，离线次数越多，其受流性能越差，这是一个相对的指标。离线时间是表明每一次机械性脱开的持续时间。通常，离线时间为 0.1～60 ms 的离线称为小离线，大于 100 ms 的离线称为大离线。离线率是表征离线的综合指标，可用式（3－3）表示：

$$s = \frac{\sum t_i}{T} \cdot 100\% \qquad (3-3)$$

式中：t_i，T 分别为弓网机械性脱开的时间及运行检测的总时间。

离线率表示了弓线间的接触状态，对于 200 km/h 及其以上的高速电气化铁路，离线率一般控制在 5%，其最大离线时间应小于 100 ms。事实上，离线率及离线时间均不易提出明确的数值界限，法国和日本新干线离线率甚至高达 20%，只不过在上述数值范围内其受流状态将大为恶化。

综上所述，离线的评价标准可归纳为：

（1）发生离线频度不大于 1 次/160 m；

（2）离线率不大于 5%；

(3)单次最大离线时间不大于 100 ms。

3. 硬点

硬点是接触网悬挂弹性和质量不均匀状态的统称。如果接触网悬挂和接触线上的某些部分,如在跨距两端的定位点处,弹性变差或有附加质量时,在列车高速运行情况下,这些部分就会出现异常的升高或降低,甚至出现撞弓、碰弓现象,也就是说在这些部位会出现力、位置、速度或加速度的突然变化。形成这种现象的本征状态,称为硬点。硬点会加快接触导线和受电弓滑板的异常磨耗和撞击性损伤,并常在硬点位置产生火花或拉弧,影响弓网间的正常接触和受流,严重的硬点还会危及行车安全。因而,硬点是评价和衡量弓网关系的一个重要参数。

作为评价指标,硬点是通过三个方向上的加速度来表征。对于受电弓而言,在高速运行中,它会产生三个方向的振动,即上下(垂向)、前后(纵向)和左右(横向),垂向称为振动,纵向称为冲击,横向称为摆动。摆动多数是由于线路方面的激振源引起的,它对弓网接触及受流状态的影响不大,因而这个方向的加速度一般不作为评判的指标。对于振动和冲击,除了有线路和接触网悬挂不均匀方面的原因以外,还与接触网悬挂的非正常工作状态密切相关,如分段绝缘器及中心锚结的安装达不到要求,接触线不平顺,吊弦线夹、电连接线夹倾斜以及定位管坡度偏小等。由此可见,振动和冲击的量值可以直接反映受流平顺性质量和弓网关系的好坏。

综上所述,硬点的评价标准建议为:

(1)垂向加速度不大于 490 m/s^2(50 g);

(2)纵向加速度不大于 98 m/s^2(10 g)。

4. 接触线动态抬升量

接触线在静止状态下,由于受电弓静态抬升力的作用产生抬高,此时的抬升量称为静态抬升量。受电弓在高速运行时产生振动,由于接触线的振动形成的抬升量,称为振动抬升量。高速运行时,在受电弓的作用下,接触线静态抬升量和振动抬升量之和形成动态抬升量。接触线动态抬升量随弓网接触位置的不同,以跨距为周期呈一定的周期性变化。在每跨内,抬升量的最大值出现在跨中位置附近,最小值位于定位点附近。由此,根据接触线在每跨内抬升量的最大值 D_{max}、最小值 D_{min} 和动态高度差 $D_{max}-D_{min}$,不仅可以直接反映弓网振动的幅度,进一步还可以评判接触网悬挂的均匀程度和受流质量的优劣。在正常情况下高速运行时,总是限制接触线的动态抬升量。

接触线动态抬升量评价标准:

接触线最大垂向振幅 $D_{max}-D_{min}\leqslant 150$ mm。

3.4.2 接触网设计

在弓网关系的设计中,接触网设计起着至关重要的作用。只有合理的接触网设计方案,才能为后续的弓网匹配设计提供必要的基础数据,从接触网角度保证弓网具有良好的受流质量。因而,这里就接触网的不同结构形式、设计参数和不平顺对受流性能的影响进行讨论,从而为接触网的合理设计提供必要的参考依据。

1. 结构形式设计

目前，世界各国为满足高速受流的要求，都根据自己国家高速铁路的实际情况而采用了不同的接触网结构形式。高速接触网的结构形式就其现有的情况而言，主要有简单链形悬挂、弹性链形悬挂和复式链形悬挂三种形式，如图 3－58 所示。

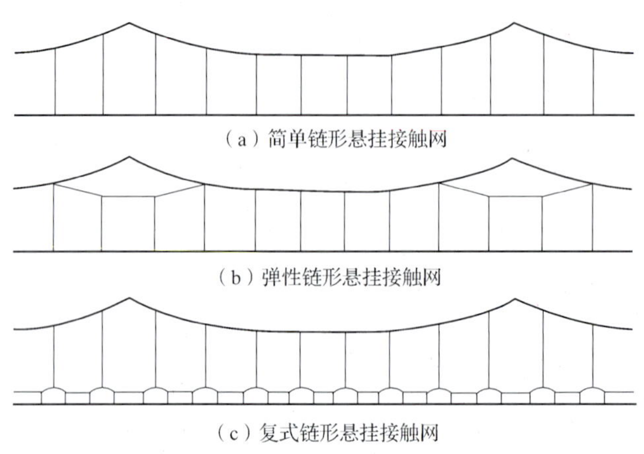

（a）简单链形悬挂接触网

（b）弹性链形悬挂接触网

（c）复式链形悬挂接触网

图 3－58　接触网系统结构形式

上述三种接触网结构形式，运行实践证明，均能适应高速运行的要求，但各有优劣。对于复式链形悬挂接触网而言，目前主要在日本高速铁路中采用较多，主要优点是受流稳定性及风稳定性都较为优越，弹性均匀度较好。但复式链形悬挂接触网的单位长度质量较大，造成波动速度无法提升，影响列车速度进一步提升，而且也会造成接触线较大的波状磨耗，进而影响使用寿命；同时，其造价太高，维护费用也较大。相比复式链形悬挂接触网而言，简单链形悬挂和弹性链形悬挂接触网结构简单、造价也相对较为便宜。因此，目前我国主要采用简单链形悬挂和弹性链形悬挂的接触网结构形式。

对于简单链形悬挂和弹性链形悬挂的接触网，其主要区别是前者取消了弹性吊索，结构更为简单、经济性更好，但同时以牺牲有限的受流质量为代价。不同运行速度时，此两种接触网结构形式的接触力计算结果见表 3－6。（注：本节中算例的基本参数为京津城际铁路的接触网参数和 DSA380 受电弓参数的设计值，见表 3－11 和表 3－12。）

表 3－6　不同接触网结构形式的接触力

速度/（km·h^{-1}）	接触网类型	接触力		
		最小值/N	最大值/N	标准差/N
350	弹性链形悬挂	34.55	163.97	20.74
	简单链形悬挂	18.72	188.41	25.83
380	弹性链形悬挂	19.92	179.36	27.91
	简单链形悬挂	7.21	198.07	37.63
400	弹性链形悬挂	12.20	222.42	35.42
	简单链形悬挂	0	211.07	48.02

由表3－6可以看出：在其他参数不变的条件下，弹性链形悬挂的接触力优于简单链形悬挂，原因在于前者的跨内弹性均匀度提高，进而弓网的受流质量得到改善；同时从这个算例中可以看到，这两种结构形式的接触网在运行速度不高于380 km/h时均未出现离线，但当速度为400 km/h时，简单链形悬挂接触网已出现离线，而弹性链形悬挂接触网则没有。由此可见，如果不考虑经济性方面的因素，对于高速弓网关系的设计，采用弹性链形悬挂接触网较好，相同条件下可以获得更优的受流质量。我们在京津城际高速铁路线采用的是简单链形悬挂接触网，对于运行速度更高的京沪高速铁路，为了保证受流，采用弹性链形悬挂接触网也不失为一种好的选择。

2. 结构参数设计

(1)接触网跨距和吊弦间距

接触网结构参数的设计是接触网设计的基础，其中较为重要的两个参数就是跨距和吊弦间距。跨距和吊弦间距的不同造成了接触网弹性均匀度的差异，进而影响弓网的受流质量。研究表明：受电弓通过时，接触网的弹性均匀度越好，弓网的受流质量越好。图3－59为接触网单跨结构常见的静态刚度曲线，由图可以看出：接触网在支柱位置弹性最低，在跨中位置弹性最大；减小跨距和吊弦间距则可以提高跨中位置的刚度，从而改善接触网的弹性均匀度。因而，从提高接触网弹性均匀度的角度来说，对于高速铁路接触网设计，应保证跨距尽可能小。

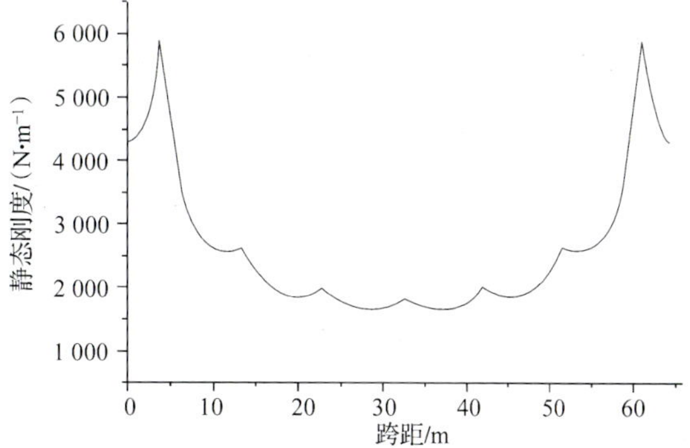

图3－59 接触网单跨结构的静态刚度曲线

表3－7给出了速度分别为350 km/h和380 km/h，吊弦间距相同时，三种不同接触网跨距的弓网接触力结果。

表3－7 不同接触网跨距的接触力

速度/(km·h^{-1})	接触网跨距/m	接触力		
		最小值/N	最大值/N	标准差/N
350	40	27.08	189.55	24.73
	48	18.72	188.41	25.83
	56	12.99	175.99	27.75
380	40	12.91	198.75	37.41
	48	7.21	198.07	37.63
	56	0	218.84	39.47

由表3－7可以看出：随着跨距增大，跨内接触网的弹性均匀程度降低，从而导致接触力的变化加剧，受流质量恶化，因而短跨距有利于提高跨中刚度，从而使得接触网弹性更

均匀,受流质量更好。同时可以看到:当速度为 350 km/h 时,三种接触网跨距均能满足运行的要求,而当速度提升至 380 km/h 时,采用跨距为 56 m 的接触网系统将出现弓网离线,采用跨距为 48 m 和 40 m 的接触网系统未出现离线。其中,跨距为 40 m 的接触网系统,相比跨距为 48 m 而言,由于跨距减小,接触网整体的弹性降低,因而接触力总体的数值有增大的趋势。

为研究不同吊弦间距对弓网受流的影响,保持跨距不变,在接触网吊弦布置初始方案的基础上,如图 3－60(a)所示,提出两种改进方案,分别见图3－60(b)、(c)。表 3－8 给出了不同速度下三种吊弦布置方案的弓网接触力结果。

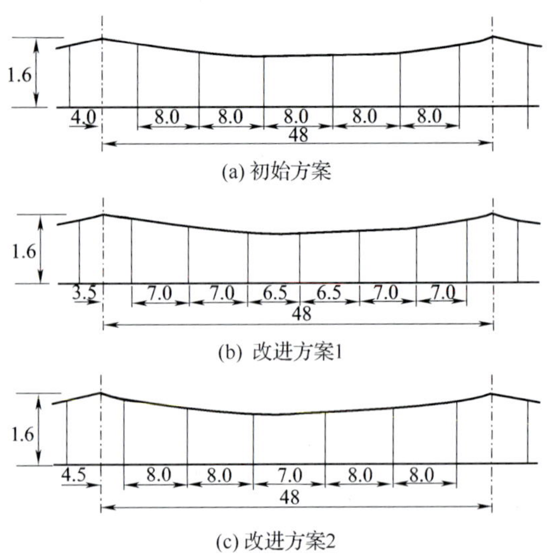

图 3－60　接触网吊弦布置方案

表 3－8　不同接触网吊弦布置方案的接触力

速度/(km·h^{-1})	吊弦布置方案	接触力		
		最小值/N	最大值/N	标准差/N
350	初始方案	18.72	188.41	25.83
	改进方案 1	17.95	191.45	32.75
	改进方案 2	18.03	185.06	25.63
380	初始方案	7.21	198.07	37.63
	改进方案 1	0	201.59	41.54
	改进方案 2	18.18	191.41	36.20

由表 3－8 可见:相比其他两种吊弦布置方案,改进方案 2 的受流质量最佳,此时其接触力的变化相对较小,受流质量最好;初始方案的受流质量次之,改进方案 1 受流质量最差;在速度为 380 km/h 时,改进方案 1 出现弓网离线,而其他两种吊弦布置方案均未出现离线。

相比初始方案而言,对于改进方案 1,虽然增加吊弦以减小跨内吊弦的间距,对改善跨内的弹性均匀度是有好处的,但同时吊弦之间的重力引起的弛度(见图 3－59)类似于周期谐波不平顺,对受电弓运行进行周期激扰,从而引起弓网振动;吊弦间距小,相当于激扰波长短,一旦小于极限波长,受流严重恶化(见下文“3. 接触线不平顺”)。而对于改进方案 2,增大支柱处的吊弦间距,同时减小跨中位置的吊弦间距,不仅改善了跨内的弹性均匀度,同时对接触网整体的弹性影响很小,从而有最佳的受流质量。由此可见,在进行接触网参数设计时,接触网跨距保持不变的条件下,适当增加支柱处的吊弦间距,同时适当减小跨中位置的吊弦间距,对改善跨内的弹性均匀度和提高受流质量是有利的,采用非均匀吊弦间隔在理论上也是有益的。

(2)接触线波速参数设计

接触线波动传播速度是接触网设计中的一个重要参数,直接影响着列车运行速度。而接触线波动速度与接触线张力及接触线线密度相关,其表达式为:

$$C_p = \sqrt{\frac{T_c}{\rho_{lc}}} = \sqrt{\frac{\sigma_c}{\rho_{vc}}} \tag{3-4}$$

式中:C_p 为接触网波动速度(m/s);T_c 为接触线张力(N);ρ_{lc}为接触线线密度(kg/m);σ_c为接触线应力(Pa);ρ_{vc}为接触线体密度(kg/m^3)。

当受电弓在高速运行中,在通过定位点或跨距内等距吊弦点时,还会周期性地激发接触线的振动(以波动形式表现),这种接触线被激发的振动波在传播和反射中时而被增强,振幅的增强程度用增强因数 γ 来表示,其表达式为:

$$\gamma = r/\alpha \tag{3-5}$$

式中:γ 为增强因数;r 为反射因数;α 为多普勒因数。

由式(3-5)可看出:增强因数与反射因数成正比,与多普勒因数成反比。为了减小接触线动态振动对受流质量的影响,则需要减小增强因数,即减小反射因数,增大多普勒因数。而反射因数、多普勒因数又与接触线张力、接触线线密度、承力索张力、承力索线密度、接触线波动速度、运行速度等参数有关,其表达式分别为:

$$r = \frac{\sqrt{T_s \cdot \rho_{ls}}}{\sqrt{T_s \cdot \rho_{ls}} + \sqrt{T_c \cdot \rho_{lc}}} \tag{3-6}$$

式中:T_s 为承力索张力(N);ρ_{ls}为承力索线密度(kg/m)。

$$\alpha = \frac{C_p - v}{C_p + v} \tag{3-7}$$

式中:v 为列车运行速度。

由式(3-4)~式(3-7)可以看出,在接触网材质确定的条件下,列车的最大运行速度主要由接触线的张力决定。通过增大接触线张力、减小承力索张力可增大波动传播速度并减小增强因数,从而提高列车最大运行速度。迄今为止,对于世界高速铁路,可以查到的最大运行速度与接触线波速之比最大约为 0.92(即 1991 年 5 月 TGV 创造了当时515 km/h的最高运行速度)一般为 0.7~0.8。反射因数应越小越好,一般应小于 0.5。

以下针对 300 km/h 和 400 km/h 线路运行的需要,在给定的接触网材质条件下,设计合理的接触线张力。列车(受电弓)最大运行速度与接触线张力的关系如图 3-61 所示(接触网的总张力 48 kN 不变)。为了考虑气动升力,计算采用了不同的静态接触力以模拟气动升力。

由图 3-61 可以看到:

① 受电弓静态接触力增加并不一定利于提高最大运行速度,多数情况下,静态接触力为 70~90 N 比较合理。因此,应尽量减小气动升力,这不仅有利于受流,更有利于减小弓网接触副的摩擦磨损和接触网应力,提高结构可靠性。

② 接触线波速随着接触线张力增加而增大,列车最大运行速度明显提高,波速利用

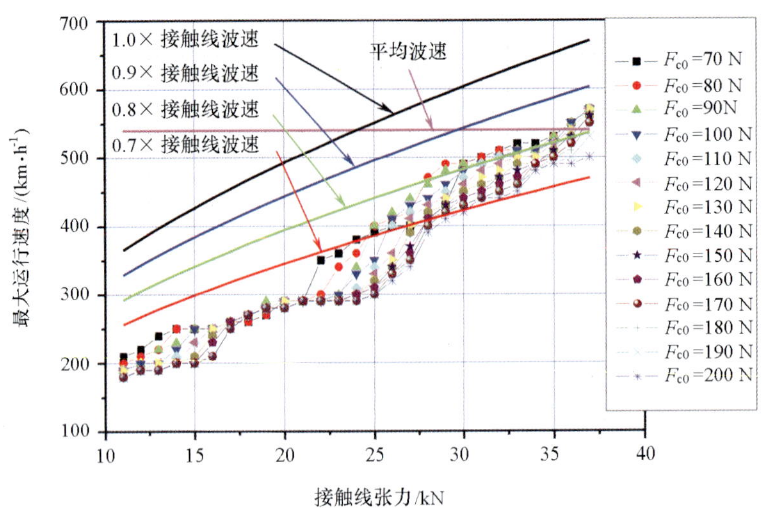

图 3－61　列车最大运行速度与接触线张力关系

率也大大提高，特别是接触线张力大于 28 kN 后；在接触线张力小于 24 kN 时，由于接触线张力小于承力索张力，反射因数将大于 0.5，受流质量下降。

③ 接触线张力大于 27 kN 时（反射因数小于 0.469），在不同静态抬升力作用下受电弓最大运行速度基本上达到接触线波速的 0.7～0.8；在不同接触力下基本满足350 km/h 的运行要求，说明原设计基本合理。

④ 当接触线张力为 27 kN 时，受电弓最大运行速度出现突变，为保证高速列车 350 km/h持续运行和 400 km/h 以上的试验运行，建议把接触线张力提高到 28 kN 以上。因此，提高接触网线材的机械强度是实现列车运行速度提升的必要保证。

3. 接触线不平顺

接触网的接触线不可能是完全平直的，接触线的不平顺来自于重力作用下的接触线下悬状态和接触线表面的不平顺[14]。这种不平顺的存在，对受电弓弓头而言就是扰动，会引起弓网振动，最终影响到受流质量。到目前为止，接触线的表面不平顺还没有一个明确的定义。和轨道不平顺一样，接触线的不平顺也应是各种波长谐波的组合，也就是说存在接触线不平顺谱，可以用频谱的方法来表达，这个不平顺谱需要通过大量的实测数据来统计得到，图 3－62是文献［15］给出的接触线不平顺谱。

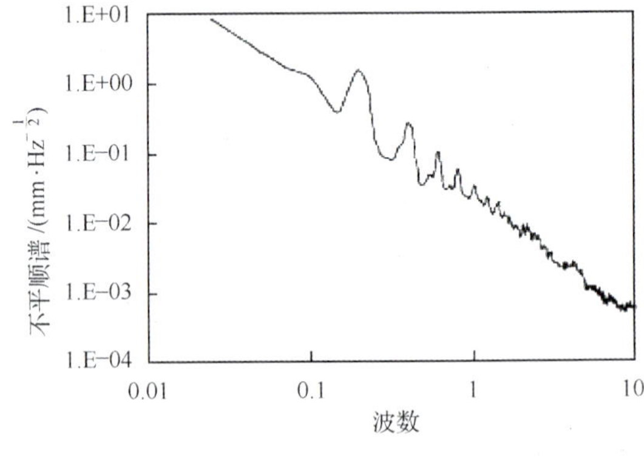

图 3－62　接触线不平顺

由于我国没有接触线不平顺谱的表达式，因而目前只能进行一些简单谐波形状不平顺的研究。文献［2］在进行接触线不平顺研究时，首先采用了连续正弦波和三角波，波长

为 l，幅值为 a，另外还采用了单个的余弦全波，波形表示为：

$$z_z(x)=\frac{1}{2}a\left[1-\cos\left(\frac{2\pi x}{l}\right)\right] \tag{3-8}$$

下面是参考文献[2,14]对不平顺的研究结果，用以诠释高速铁路接触线不平顺对弓网系统动力学性能的影响。

(1)连续谐波情况

如将接触线不平顺考虑为连续谐波情况，可采用正弦波和三角波进行研究，接触网考虑了弛度和无弛度情况。研究结果表明，接触线有无弛度对分析连续谐波对接触力的影响没有明显区别，采用正弦波和三角波两种工况的影响也很小。图 3-63 为不同正弦波长下的运行结果比较。正弦波单边幅值为 1 mm。可以看出，在速度为 300 km/h，波长为 15m 时，正弦波不平顺对接触力的影响很小，在波长缩小到 10 m 时，连续的正弦波就引起了接触力剧烈的同频率波动，已很难维持正常的接触受流。当波长减小到 5 m 时，接触力的波动幅度加大，以至于出现严重的弓头离线，即出现了多处接触力为零的情况。这说明在 5 m 波长的连续谐波接触线表面不平顺作用下，弓网系统无法工作，5 m 波长已为极限波长。在文献[2]中的计算是针对 160 km/h 准高速接触网，这时的 4 m 波长就出现了图 3-63(c)的情形了。可以看到，运行速度越高，吊弦的均匀间距要求就越大，因此接触网吊弦的设置不能过密。

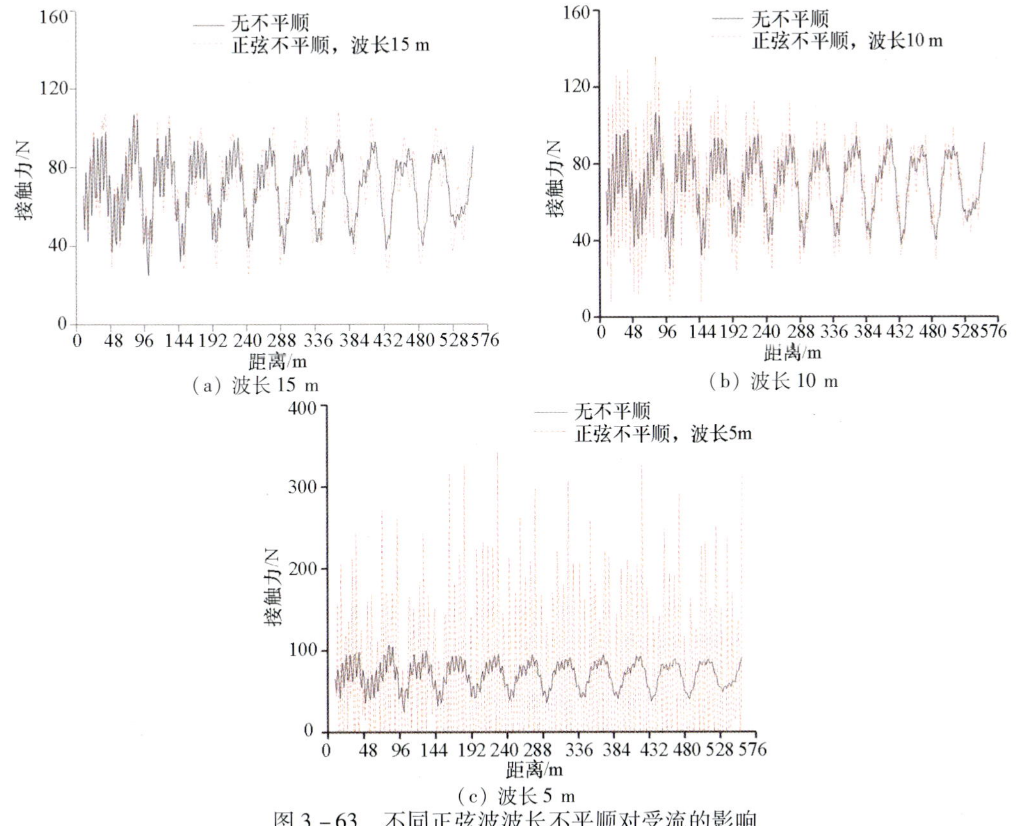

(a) 波长 15 m

(b) 波长 10 m

(c) 波长 5 m

图 3-63 不同正弦波波长不平顺对受流的影响

(2)单个波情况

如将接触线不平顺考虑为单个波情况,分别采用正弦波、三角半波和式(3-8)所示的余弦全波进行对比分析,研究结果表明,正弦半波和三角半波对接触力的影响相当,比余弦全波时的影响大。图3-64给出了在300 m处有一个正弦半波和余弦全波的凹不平顺的计算结果比较,速度为300 km/h,波长同为5.0 m,弦幅1 mm。可以看到,当受到一个不平顺缺陷扰动后,弓网产生剧烈的振动。另外,相同的不平顺形式,在接触线上无论是凹进还是凸出,对接触力的影响几乎是一致的。

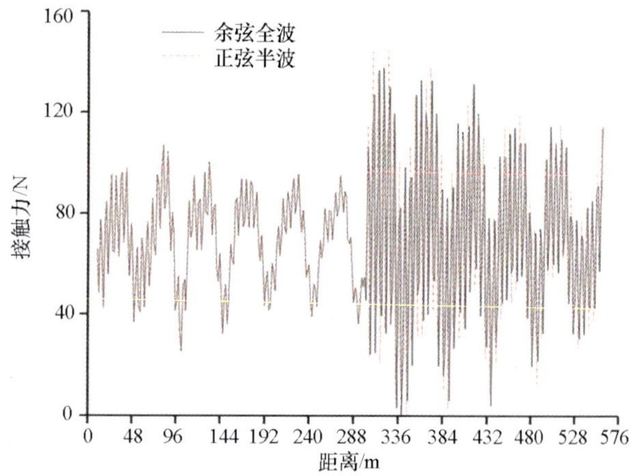

图3-64 不同不平顺对接触力的影响

对连续谐波来说,波长对接触力的影响不一。对单个波来说,也有一个影响敏感波长问题。表3-9为不同余弦波波长对接触力的影响比较。从表3-9中可明显看到,最敏感波长在3.0~5.0 mm之间。当波长小于2.5 m或大于7.0 m时其影响的程度减小。特别是波长大于9.0 m后,单个波的不平顺对接触力的影响极小。

表3-9 不同余弦波波长对接触力的影响比较

波长/ m	0.2	0.5	1.0	1.5	2.0	2.5	3.0	5.0
最大接触力/ N	107.29	107.29	108.46	115.92	125.90	135.81	142.14	137.76
最小接触力/ N	20.26	25.48	25.23	19.66	11.41	4.29	1.17	0
波长/ m	7.0	9.0	11.0	13.0	15.0	17.0	19.0	21.0
最大接触力/ N	126.02	107.29	107.29	107.29	107.29	107.29	107.29	107.29
最小接触力/ N	8.82	25.48	25.48	25.48	25.48	25.48	25.48	25.48

3.4.3 高速受电弓设计

高速受电弓设计是弓网关系设计的重要组成部分。只有合理的受电弓设计方案,才能保证弓网接触可靠、磨耗小,从而具有良好的受流质量。因而,对于高速受电弓的设计,其基本原则如下:

(1)受电弓活动部分(包括弓头),归算质量要小。归算质量越小,升降运动的惯性力就越小,受电弓追随接触线高度变化的性能就越好,接触也就越可靠。

(2)有良好的静压力特性。要求弓头在整个工作范围内具有几乎不变的静压力值。静压力值不宜过大或过小。静压力越大,接触电阻就越小,走行起来弓网接触就越可靠。但静压力过大,受电弓滑板和接触线的磨耗增大。相反,静压力过小,受电弓追随接触线的性能变坏,易产生接触电阻大引起的电热、离线、拉弧。

(3)有足够的高度范围来满足线路接触导线高度变化的需要。

(4)弓头在机车前进方向上的纵向偏移量应尽量小。

(5)弓头在运动中要保持水平。由于受电弓弓头的工作随接触网的高度的变化而变化,在工作高度变化时,应保证弓头基本水平,如受电弓机构无法保持弓头的水平运动,将引起前后滑板接触不均匀,造成弓头偏磨和离线。

(6)具有较好的升弓特性和降弓特性。即能平滑、稳定地上升到最大工作高度,对接触导线不产生过大的冲击。降弓时为避免拉弧,要求在工作范围的任何高度上降弓初期动作迅速,降弓终了动作缓慢,避免引起损伤的冲击。

(7)具有足够的机械强度和刚度。机械强度和刚度是受电弓安全工作的基础,受电弓的整个工作过程几乎都是在振动和摇晃中进行的,活动关节和杆件又特别多,所以,如何使足够的机械强度和刚度与小的归算质量统一起来就成为受电弓设计中一个重要的问题。

(8)具有良好的空气动力学性能。即满足低气动阻力、低气流扰动和低噪声的外形设计。

(9)在给定接触网参数条件下,有匹配的受电弓动力学参数设计。

(10)受电弓滑板有足够长的使用寿命和自润滑性能,对接触导线不产生过度的磨耗,且更换方便,紧固牢靠。

根据受电弓设计的基本原则和要求,以下从结构设计、动力学参数设计和频响特性三个方面介绍受电弓设计的流程及方法。

1. 结构设计

受电弓结构设计是高速受电弓设计的重要一环。结构设计主要是满足受电弓在刚度和强度方面的要求。同时,为保证弓网有良好的受流,高速受电弓结构设计的基本原则如下:

(1)受电弓活动部分(包括弓头)归算质量要小;

(2)框架的横向偏移量应尽量小;

(3)弓头在前进方向上的纵向偏移量应尽量小;

(4)具有足够的强度和刚度;

(5)具有良好的空气动力学性能。

在进行高速受电弓结构设计时,首先基于受电弓初始设计方案,进行受电弓框架机构分析和几何关系优化,然后进行结构设计,对高速受电弓进行横向刚度、强度设计;然后校核其结构设计方案能否满足设计的要求。

受电弓刚度设计是根据国际电工委员会IEC 60494-2标准,在受电弓最大工作高度支撑受电弓弓头的框架部分施加横向力时,合理选择结构参数使得受电弓相对中心线的位移不超出规定的数值,不出现永久变形。IEC 60494-2标准中规定的框架部分两侧施加的横向力大小为300 N,其相对中心线的最大位移见表3-10。

表3-10 IEC 60494-2受电弓弓头横向偏差

伸展范围/m	相对中心线的最大位移/mm
$E<2$	20
$2\leqslant E<3$	30
$E\geqslant 3$	40

受电弓强度设计是根据受电弓的受力情况，优化其设计参数以满足强度要求。列车在高速运行时，受电弓除了承受静压力外，还有气动抬升力和弓网接触力，如图 3－65 所示。其中，弓网接触力又有如下的表达形式：

$$F_c = F_{c0} + F_a \pm M_t a$$

式中：F_c 为弓网接触力；F_{c0} 为受电弓静压力；F_a 为气动抬升力；$M_t a$ 为受电弓惯性力；M_t 为受电弓动态质量；a 为垂向加速度。

图 3－65　受电弓受力分析

高速受电弓一般由弓头、框架、底架和传动机构四部分组成，各部件铰接在一起。如图 3－66 所示 DSA380 受电弓，底架支持框架，通过绝缘子固定在车顶上，框架通过升弓装置支持弓头，传动机构作用于下臂杆来实现升弓动作。碳滑板安装在弓头支架上，弓头支架通过弓头弹簧与上框架相连。受电弓刚度和强度设计可通过调整以下几方面的结构参数以满足设计的要求。

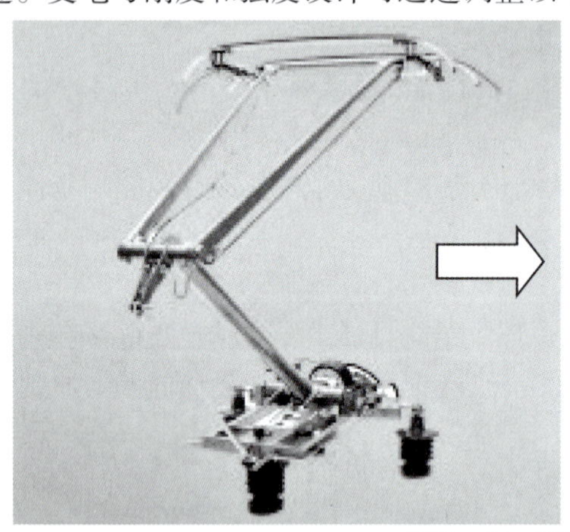

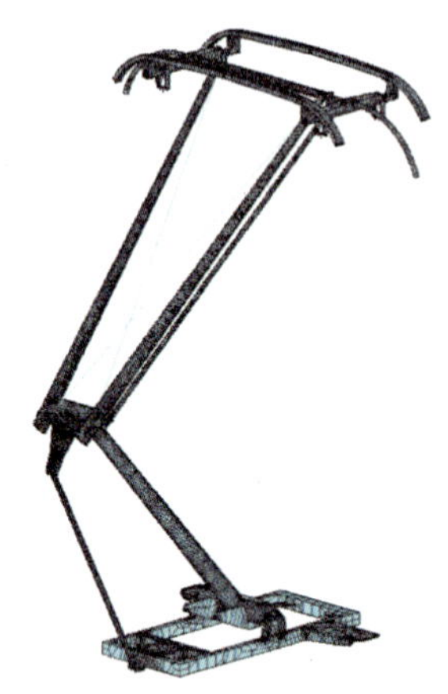

图 3－66　DSA380 受电弓模型

受电弓的上、下臂杆是主要受力部件，其截面的形状对结构的强度和刚度影响较大。如图 3－67 所示，为常见杆件的中空截面形状，对于方形、矩形截面杆件，虽然抗弯强度比圆形截面大，但方形、矩形截面杆件的空气动力学性能较差，因而在高速受电弓设计中较少采用。对于面积相同的圆形截面与椭圆形截面杆件，在相同工况下，椭圆形杆件的垂向刚度比圆形杆件大，如图 3－68 所示。同时，椭圆形截面杆件通过增加弧段的曲率半径 R，减小宽度 a，可得到近流线型的杆件设计，以获得更好的空气动力学性能。截面形状确定后，沿杆件长度方向可用等强度设计，得到渐变截面的杆件设计方案，以在满足强度要求的同时节约材料、减轻质量。

增加交叉绳对结构可起到加固的作用，为了避免增加拉杆对结构其他参数的影响，应尽量选择低密度、高强度的材料，如钢丝等。图 3－69 为 DSA380 受电弓增加钢丝绳前后的横向刚度。可以看出，增加交叉绳前后，结构的横向偏移由 34.06 mm 减小到 24.83 mm，效果较好。

受电弓上、下臂杆端部区域为结构的高应力区，通过在这些部件局部设计加强板可以

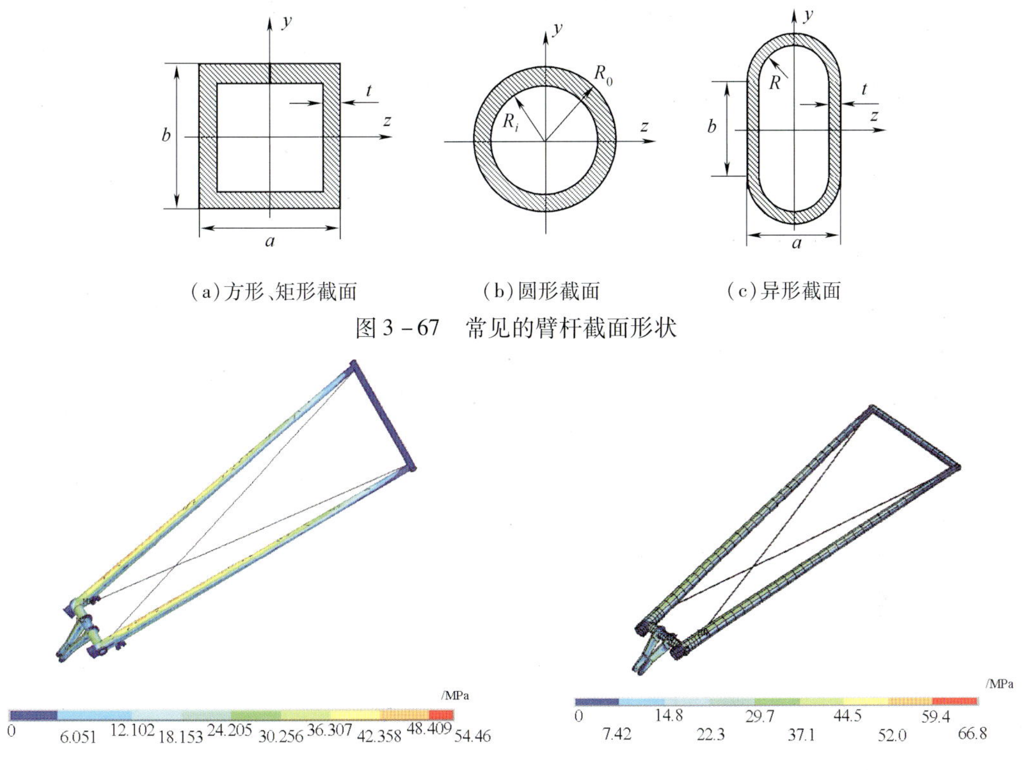

(a)方形、矩形截面　(b)圆形截面　(c)异形截面

图3－67　常见的臂杆截面形状

(a)椭圆形截面　(b)圆形截面

图3－68　上框架强度性能比较

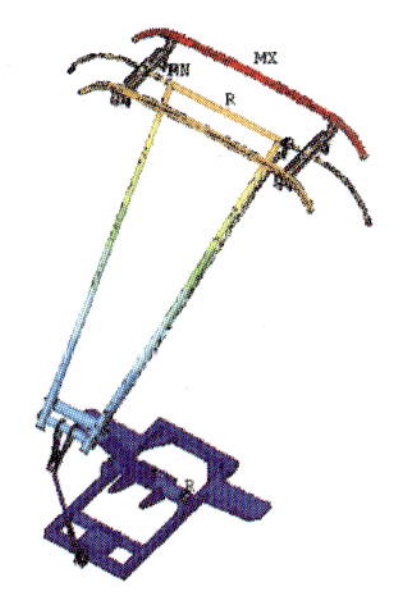

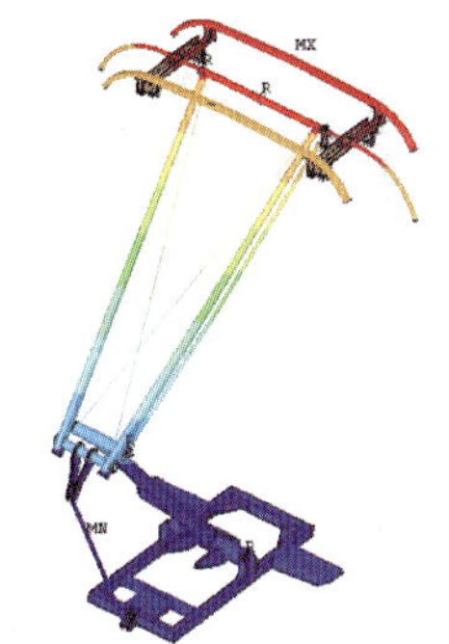

(a)无钢丝绳　(b)有钢丝绳

图3－69　受电弓横向变形图

较好地改善其强度性能,降低其应力水平。虽然加强板对于改善受电弓局部的强度性能是有效的,但由于受电弓臂杆在空间跨度较大,有时局部的优化不足以改善整体的强度性能,此时使用加强筋设计,更经济有效。加强筋设计可沿臂杆纵向排布,加强筋数目及间隔可根据臂杆强度分析予以确定。

受电弓横向刚度不满足设计要求时,通过增加横向连接杆也可较好地改善受电弓的横向刚度。横向连接杆设计时应满足轻量化的要求，同时应通过对臂杆进行强度分析，找出最佳的连接位置。

增加臂杆壁厚是增加结构刚度和强度简单而有效的措施，但壁厚的增加不仅会导致结构质量的加大，同时对臂杆刚度的影响也较大，进而影响其受电弓的动力学性能。因而增加壁厚时应慎重，需缓慢增加，综合衡量，减小对其他结构参数的影响。

受电弓结构对气动性能(阻力和升力)和气动噪声有极大影响，相关设计在第5章介绍。

2. 动力学参数设计

在接触网参数确定的条件下，受电弓的动力学特性对弓网受流质量起着决定性作用。如果弓网动力学性能不匹配，不仅会导致离线率增大，滑板受流质量变差，而且会带来受电弓滑板波状磨损和严重的拉弧烧损等一系列问题。因而，需要对受电弓进行动力学设计，校核其弓网动力学参数是否匹配，定性了解弓头悬挂和框架的刚度及阻尼对其动态特性的影响，以优化受电弓的结构参数，使受电弓具有最佳的动态特性和受流质量。以下以京津线接触网和DSA380高速受电弓为例，简要介绍受电弓动力学参数的设计。京津线接触网参数见表3－11，DSA380受电弓采用三质量块模型进行模拟，如图3－70所示，其参数见表3－12。

表3－11　京津线接触网材料和结构参数表

<table>
<tr><td rowspan="3">材料参数</td><td></td><td>材料名称</td><td colspan="2">密度/($kg \cdot m^{-1}$)</td><td>张力/kN</td><td colspan="2">截面面积/mm^2</td></tr>
<tr><td>承力索</td><td>RiM120</td><td colspan="2">1.07</td><td>21</td><td colspan="2">120</td></tr>
<tr><td>接触线</td><td>BzII120</td><td colspan="2">1.07</td><td>27</td><td colspan="2">120</td></tr>
<tr><td rowspan="5">结构参数</td><td>跨数</td><td colspan="6">10</td></tr>
<tr><td>接触网总长/m</td><td colspan="6">480</td></tr>
<tr><td>接触网高度/m</td><td colspan="6">1.6</td></tr>
<tr><td>单跨吊弦数目</td><td colspan="6">6</td></tr>
<tr><td>单跨吊弦间距/m</td><td>4</td><td>8</td><td>8</td><td>8</td><td>8</td><td>4</td></tr>
</table>

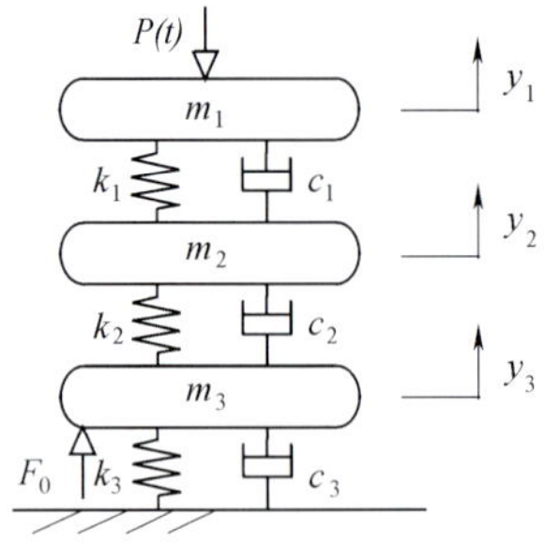

图3－70　受电弓三质量块模型

表3－12　DSA380受电弓参数表

m_1/kg	7.12	c_3/($N \cdot s \cdot m^{-1}$)	70
m_2/kg	6	k_1/($N \cdot m^{-1}$)	9 430
m_3/kg	5.8	k_3/($N \cdot m^{-1}$)	14 100
c_1/($N \cdot s \cdot m^{-1}$)	0	k_3/($N \cdot m^{-1}$)	0.1
c_2/($N \cdot s \cdot m^{-1}$)	0	F_0/N	70

(1)弓头弹簧刚度

当运行速度为380 km/h时，弓头弹簧刚度对接触力的影响如图3－71所示。可以看出，随着弓头刚度增大，接触力最小值减小，最大值总体增大，接触力的变化增大。由此可见，为保证该受电弓在高速时有良好的受流，减小弓头弹簧刚度是有利的。弓头刚度过大,接触线的振动会引起较大的接触力振荡。弓头弹簧刚度控制在 8 000 N/m 以内比较合理。

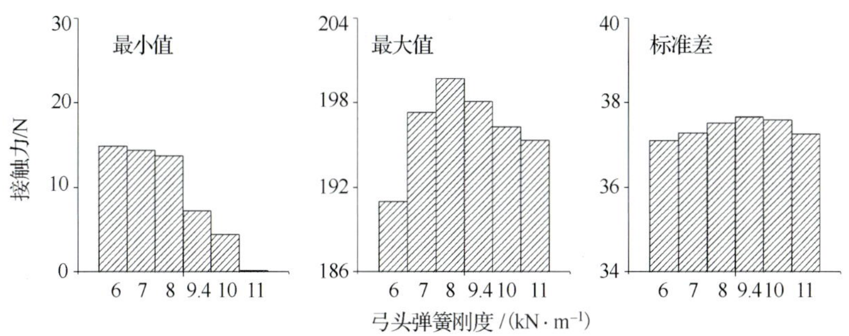

图 3－71　弓头弹簧刚度对接触力影响

(2)弓头阻尼

弓头阻尼对减小振动、遏止受电弓振荡是有利的,但过大的阻尼又会阻碍弓头的运动而影响其跟随性。因而,在确定接触网参数的条件下,应合理地选择弓头阻尼值,以获得良好的受流质量。弓头阻尼的一般取值范围为 10 ~ 100 N · s/m,再大的阻尼值其作用已不明显。图 3－72 为速度 380 km/h 时,弓头阻尼对接触力的影响。由图可见,若弓头阻尼较小,在受到接触网扰动后,接触力以较大振幅振动,对受流极为不利;随着弓头阻尼的增大,接触力的振荡幅度减小,受流质量得到较大的改善。当阻尼值增大到 70 N · s/m 以后,弓头阻尼对接触力的影响已较小。因此,弓头阻尼取 50 ~ 70 N · s/m 为最佳,此时的接触力变化幅度较小。

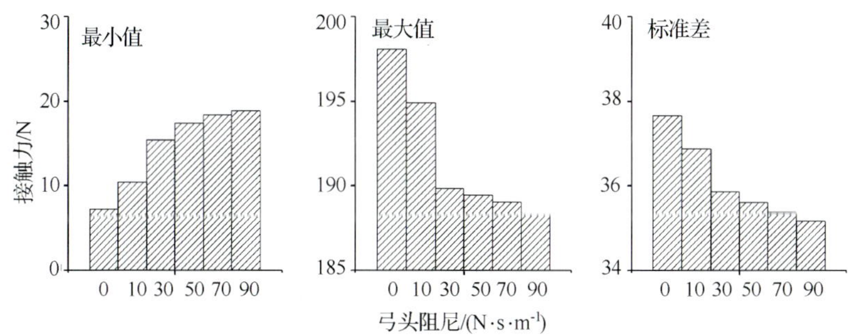

图 3－72　弓头阻尼对接触力影响

(3)弓头质量、框架质量

当受电弓运行时,弓头将沿接触线高速滑动,如弓头质量过大将影响弓头的跟随性,使得受电弓跟不上接触网的波动,导致其离线。因而,弓头质量参数应尽可能的小。对于框架质量的设计,情况也类似。

(4)框架刚度

当运行速度为 380 km/h 时,受电弓框架刚度对接触力的影响如图 3－73 所示。由图可以看出:当速度为 380 km/h 时,随着框架刚度增大,接触力最小值减小,最大值减小,标准差先增大后减小,因而就对接触力最小值的改善而言,框架刚度较小时受流质量较好;

另外,由于受电弓要试验不同工作高度,框架刚度就会影响到不同工作高度的静态接触力。因此,为保证该受电弓在高速时有良好的受流,适当减小框架刚度是有利的。

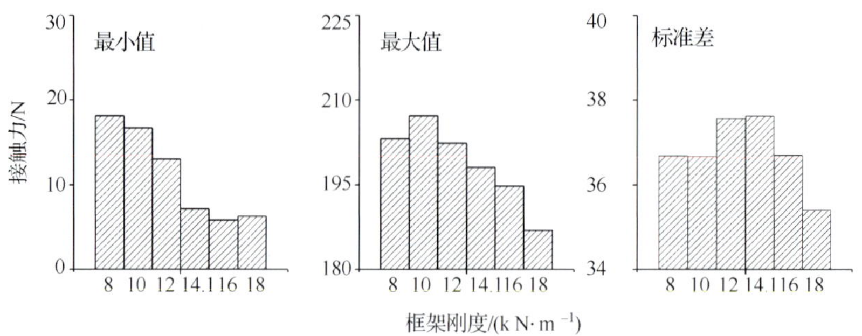

图 3-73 框架刚度对接触力影响

(5)框架阻尼

对于框架阻尼,同弓头阻尼类似,应合理选择其阻尼值,过小或过大的阻尼值都会影响受电弓的受流质量。运行速度为380 km/h 时,不同框架阻尼对接触力的影响如图3-74所示。由图可以看出,虽然增加框架阻尼对受流有好处,但阻尼值达到70 N·s/m后对最小接触力的影响就不大了。从图中看出,框架阻尼取50~70 N·s/m为最佳。

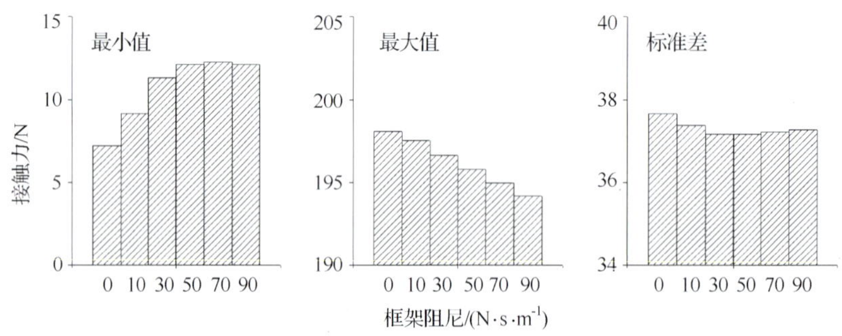

图 3-74 框架阻尼对接触力影响

由上述的动力学参数对动力学性能的影响规律可以看出,适当调整参数的取值对优化弓网的匹配关系,并提升最大运行速度是可行的。例如,DSA380 受电弓在京津线运行时,当速度高于 380 km/h 时将出现离线。由图 3-75(a)可见,将弓头刚度由原来的9 430 N/m减小至 8 000 N/m,并且增大弓头阻尼至 70 N·s/m,当运行速度为400 km/h时仍出现离线;继续减小弓头刚度至 6 000 N/m,弓网离线消失,受电弓最大运行速度得以提升至400 km/h,但当运行速度增大至430 km/h,又出现弓网离线,此时尝试调整框架的刚度、阻尼参数。由图 3-75(b)可以看到,框架刚度即使由原来的14 100 N/m减小至6 000 N/m,阻尼增大到 70 N·s/m,离线情况并未得到改善。由此也可以看到,当速度增大到430 km/h 时,单纯依靠调整受电弓动力学参数以提升最大运行速度是非常困难的。

另一方面，由图 3－61 可以看出，在其他参数不变的条件下，接触线张力由初始的 27 kN增大到 29 kN 时，最大运行速度由 380 km/h 提升至 430 km/h；接触线张力继续增大到30 kN时，最大运行速度可提升至 480 km/h 左右。由此可见，接触线张力对弓网关系的影响是较为敏感的。

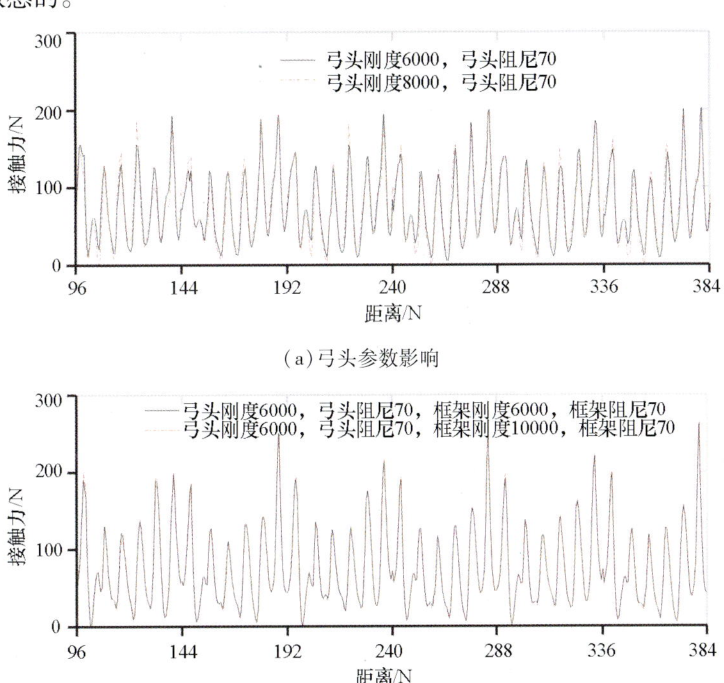

(a) 弓头参数影响

(b) 弓头和框架参数影响

注：图中刚度的单位为 N/m，阻尼的单位为 N·s/m。

图 3－75　DSA380 受电弓参数对最大运行速度影响

通过上述的研究也可以看到：对于弓网关系，接触网张力和材质决定的接触网波速对其有直接的影响，优先级最高，这是弓网关系设计时应首要考虑的参数；其次接触网结构参数包括结构形式、跨距、吊弦间距等，以及受电弓刚度、质量，对弓网关系有较大的影响，其优先级次之；最后是接触网不平顺参数以及受电弓阻尼、运行参数等。

3. 受电弓频响特性设计

受电弓的频响特性设计主要是从受电弓的频率和模态分布角度对其进行设计。受电弓的动力学参数，包括质量和刚度等，决定了结构的频率和模态分布，因而受电弓的动力学参数设计与频响特性设计紧密相连、互相影响。

结构的振动特性主要包含结构的固有频率和模态振型，是研究一切振动问题的基础。受电弓的振动特性从总体上反映受电弓的质量和刚度的空间分布情况。因而，通过受电弓频响特性设计，研究其固有频率和模态分布，能有效预见弓网耦合作用时的动态性能，以优化受电弓的结构设计。

在进行受电弓频响特性设计时，首先应获取受电弓整体的全部模态特性。由于受电弓结构较为复杂、模态多、不易区分，获取受电弓全部模态后，应确定其主要模态。受电弓主要模态可通过频响特性分析进行确定。图 3－76 为 DSA380 受电弓频响特性曲线，由图可见：在低频段(0～20 Hz)，频率为 0.1 Hz，6.6 Hz 和 12.3 Hz 左右的模态对受电弓振动的贡献较大；而在高频段(20～200 Hz)，频率为 46.5 Hz 左右的模态对振动的贡献较为明显；由低频振动的幅值与高频振动的比较可以看出，低频的贡献要远大于来自高频的贡献。

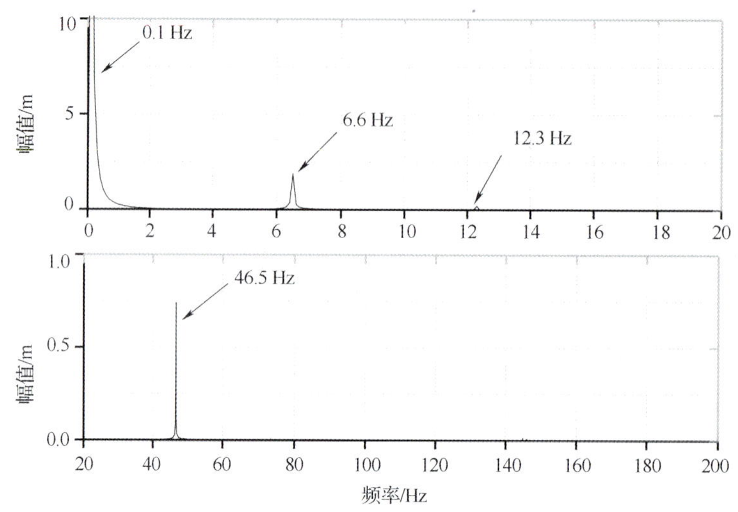

图 3－76　DSA380 受电弓频响特性

获取受电弓的全部模态特征并确定其主要模态后，可以看到：DSA380 受电弓虽然在 0～200 Hz 频率范围模态较多，但对其振动特性影响较大的主要模态只有几阶，见表 3－13。

表 3－13　DSA380 受电弓主要模态

模态	1	2	3	4
振型	下臂杆垂向振动	弓头弹簧垂向振动	上臂杆垂向振动	弓头滑板垂向振动
频率	0.1 Hz	6.6 Hz	12.3 Hz	46.6 Hz

由表 3－13 可见：在低频段，有三阶主要模态，分别来自下臂杆、弓头弹簧和上臂杆垂向振动的贡献；在高频段，只有一阶主要模态，即来自弓头滑板垂向振动的贡献。综合图 3－76频响特性曲线的结果，可知低频的贡献要远大于来自高频的贡献。因而，基于上述的研究结果，在进行受电弓频响特性设计时，应注意以下几方面的问题：

(1)频率设计

对于给定接触网参数条件下，研究表明受电弓的稳定运行速度与吊弦频率(速度/吊

弦间距）和跨距频率（速度/跨距）有关。因而在进行受电弓设计时，应注意频率特性对受电弓运行速度的影响。吊弦频率与受电弓第三阶固有频率交点对应的速度，这里称之为受电弓的稳定运行速度 v_{ps}，但该稳定运行速度 v_{ps} 并非无条件稳定的。图 3－77（a）、（b）分别为胶济线运行的 DSA250 受电弓和京津线运行的 DSA380 受电弓的频率与稳定速度的关系。其中 DSA250 受电弓三质量块参数见表 3－14，对应的胶济线接触网材料和结构参数见表 3－15。在给定接触网张力参数条件下，根据接触网波速与最大运行速度之间的关系，取系数为 0.7～0.8，确定其稳定速度为 v_{cs}。当受电弓稳定运行速度 v_{ps} 不高于接触网波速决定的稳定速度 v_{cs} 时，v_{ps} 是稳定的；当该速度 v_{ps} 高于接触网波速决定的稳定速度 v_{cs} 时，该速度是不稳定的。

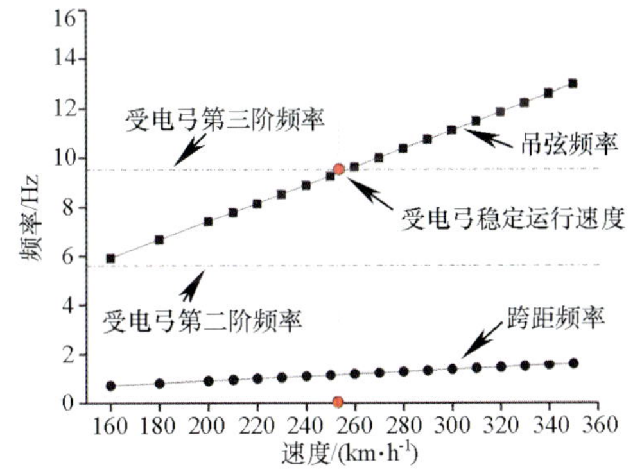

（a）DSA250 型受电弓

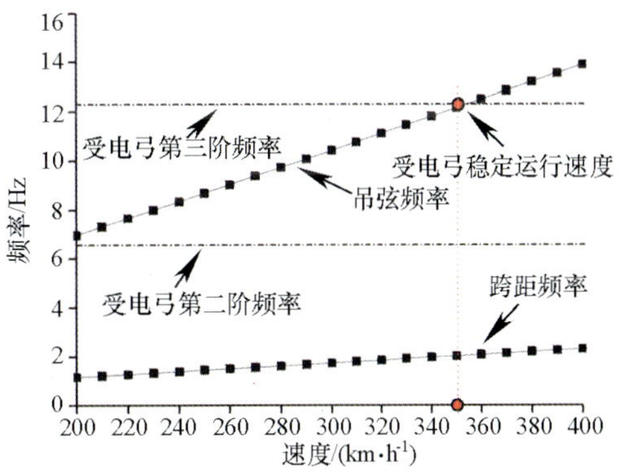

（b）DSA380 型受电弓

图 3－77　受电弓频率与稳定速度关系

表 3－14　DSA250 受电弓参数表

m_1/kg	7.51	c_3/(N·s·m^{-1})	70
m_2/kg	5.855	k_1/(N·m^{-1})	8380
m_3/kg	4.645	k_2/(N·m^{-1})	6200
c_1/(N·s·m^{-1})	0	k_3/(N·m^{-1})	80
c_2/(N·s·m^{-1})	0	F_0/N	70

表 3－15　胶济线接触网材料和结构参数表

		材料名称	密度/(kg·m^{-1})	张力/kN	截面面积/mm^2			
材料参数	承力索	THJ95	0.874	15	95			
	接触线	CTHA120	1.07	15	120			
结构参数	跨数	9						
	接触网总长/m	540						
	接触网高度/m	1.4						
	单跨吊弦数目	8						
	单跨吊弦间距/m	4	7.5	7.5	7.5	7	7.5	7.5	7.5

DSA250 受电弓在胶济线运行时，其受电弓稳定运行速度 v_{ps} = 250 km/h 小于接触网波速决定的稳定速度 v_{cs} = 300～350 km/h，因而确定该受电弓在速度 250 km/h 下运行是

稳定的，如图 3－78（a）所示；类似的，DSA250、DSA380 受电弓在京津线上运行时，其受电弓稳定运行速度 v_{ps}＝250 km/h、350 km/h 均小于接触网波速决定的稳定速度 v_{cs}＝408～466 km/h，因而这两种受电弓分别在250 km/h 和 350 km/h 速度下运行都是稳定的，如图 3－78（b）和 3－78（c）所示；另一方面，DSA380 受电弓在胶济线上运行时，其受电弓稳定运行速度 v_{ps}＝350 km/h 大于接触网波速决定的稳定速度 v_{cs}＝300～350 km/h，因而确定的该受电弓在速度350 km/h下运行是不稳定的，如图 3－78（d）所示。

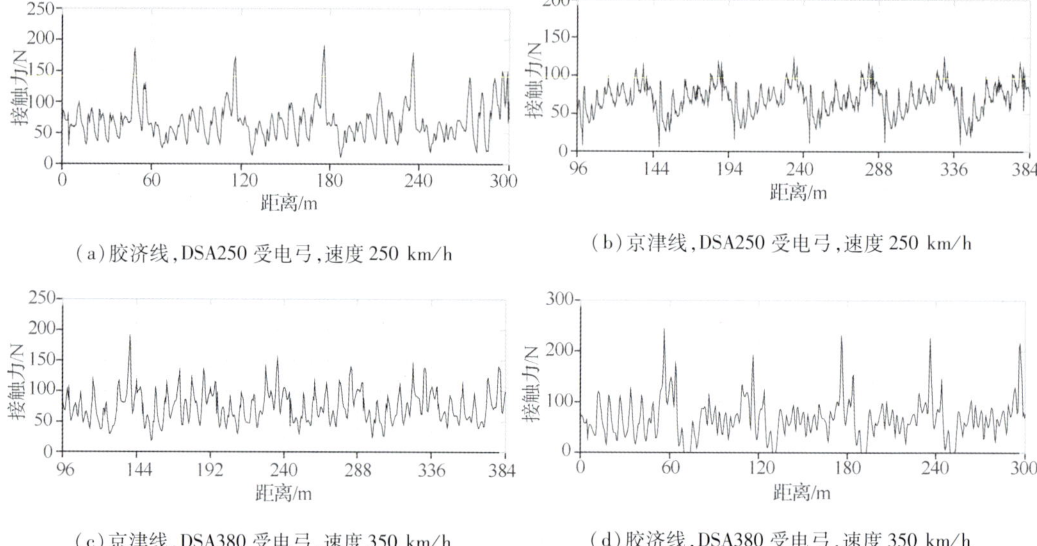

图 3－78　不同弓网匹配关系的接触力结果

可见，通过受电弓频率关系可以初步确定受电弓的稳定运行速度 v_{ps}，但该稳定运行速度不是无条件稳定的，其稳定性与接触网波速决定的稳定速度 v_{cs} 密切相关。同时，通过研究可以看到：受电弓频率关系确定的稳定速度 v_{ps} 并不一定是受电弓的最大运行速度 v_c，京津线和胶济线受电弓各速度间的关系见表 3－16。

表 3－16　京津线和胶济线受电弓运行速度关系

线路名称	受电弓	v_{ps}/(km·h^{-1})	v_{cs}/(km·h^{-1})	最大运行速度 v_c/(km·h^{-1})	离线速度/(km·h^{-1})
胶济线	DSA250	250	300～350	250	260
京津线	DSA380	350	408～466	380	400

由表 3－16 可以看出，虽然通过频率关系确定的稳定速度 v_{ps} 并非一定是其最大运行速度 v_c，但最大运行速度 v_c 通常位于受电弓稳定运行速度 v_{ps} 和接触网波速决定的稳定速度 v_{cs} 之间的亚稳定运行区，如图 3－79 所示。

由此，对于给定弓网关系的设计参数，基于以上频率关系的分析和设计，可以大致确定受电弓最大运行速度的置信范围，这将对弓网关系设计的进一步优化提供有益的方向性指导。同时也可以看到，最理想的弓网关系设计是使得最大运行速度 v_c 尽量靠近接触网波速决定的稳定速度 v_{cs} 的最大值。

(2)阻尼设计

对于受电弓主要模态,可设计相应的阻尼参数,以抑止该段模态对结构振动的影响。图3-80为增加弓头弹簧阻尼20 N·s/m,上框架阻尼20N·s/m,下框架阻尼70 N·s/m后受电弓的频响特性。综合施加阻尼前、后的结果,可以看出,低频段的三阶主要模态的频响已削弱,阻尼对减小振动、遏止受电弓振荡是有利的。同时可看到,高频段50 Hz左右的模态由于来自弓头滑板的贡献,因而受上述阻尼的影响较小。

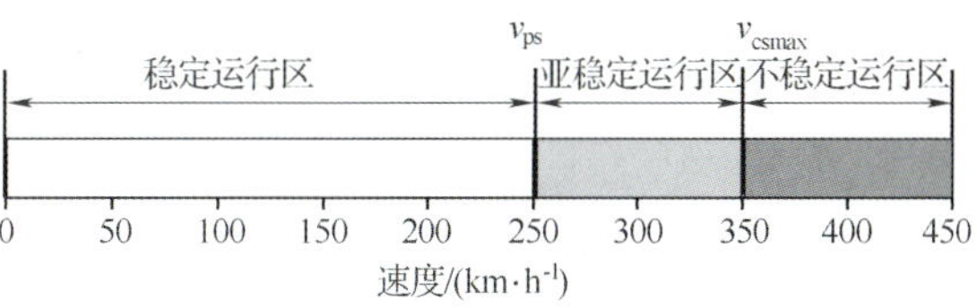

(a)胶济线,DSA250受电弓

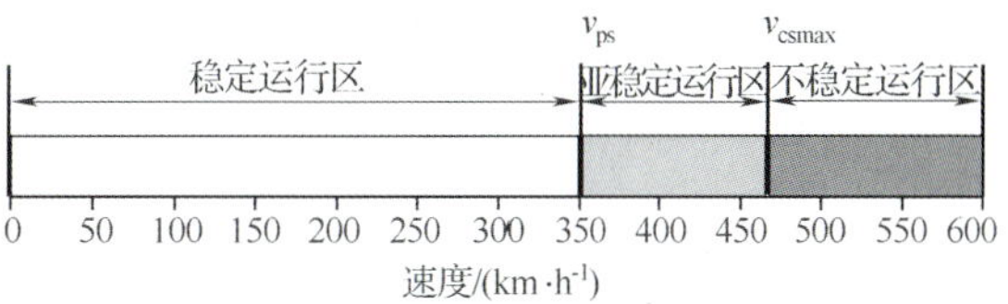

(b)京津线,DSA380受电弓

图3-79 受电弓稳定速度之间的关系

(3)弓头滑板模态设计[16]

受电弓的主要模态中有几阶模态都与弓头相关,其中,低频部分的模态主要来自弓头弹簧的贡献,而高频部分的模态主要与受电弓滑板的变形有关。因而,在高频范围内,弓头滑板结构形式的合理设计可对受电弓的动态性能有较大的改善。

研究表明,受电弓弓头滑板结构形式越复杂、不同材料的构件越多,在高频激起的模态将越多。如图3-81所示的三种受电弓弓头滑板结构,在滑板中截面两侧290 mm范围内施加移动激振时,结构将表现出不同的频响特性,其中A型弓头滑板在高频范围内(50~200 Hz),激发出较多的模态,如图3-82(a)所示。而B型弓头滑板在高频范围内(50~200 Hz),仅表现出两阶模态,如图3-82(b)所示。从表3-17所示的三种弓头滑板模态分布可以看到,由于B型弓头滑板的结构较简单,在50~200 Hz频率段内,其模态较少,而其他两种类型弓头滑板模态分布较为密集。

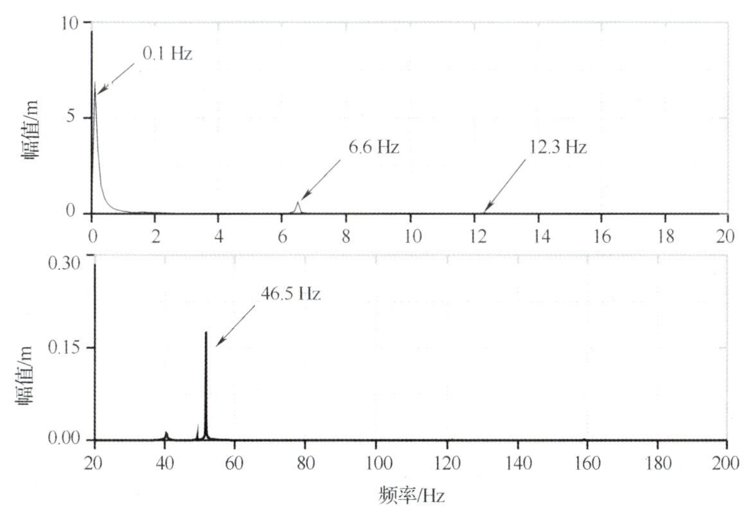

图3-80 受电弓模态阻尼设计

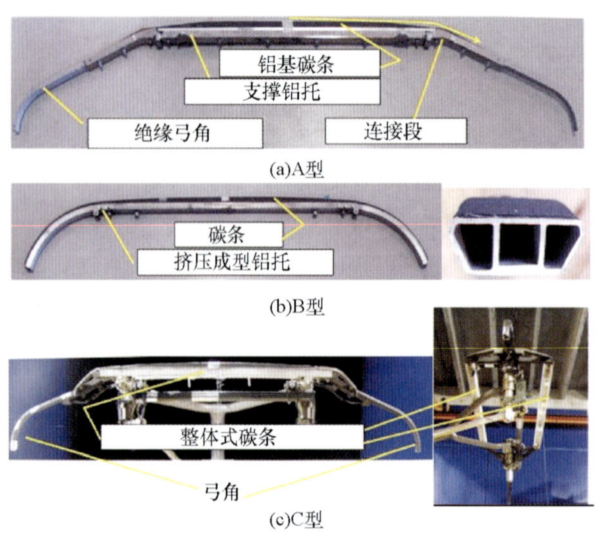

(a)A型

(b)B型

(c)C型

图 3－81　不同的弓头滑板结构形式

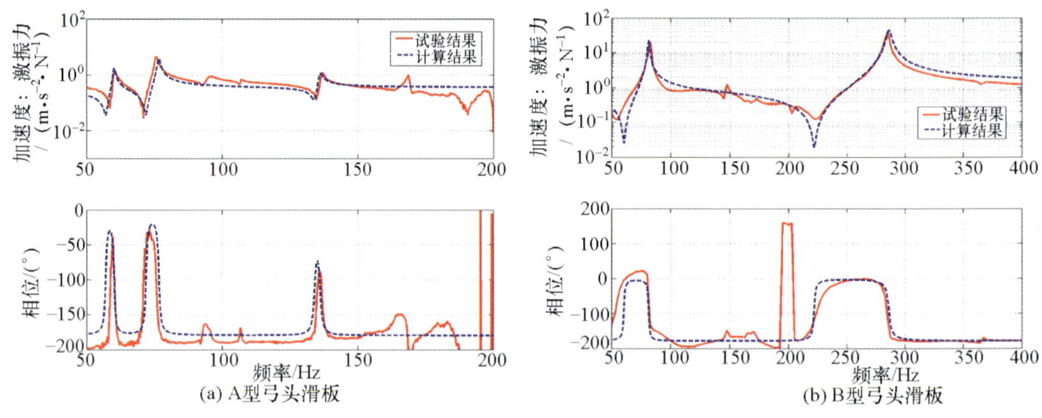

(a) A型弓头滑板

(b) B型弓头滑板

图 3－82　不同弓头滑板形式的频响特性

表 3－17　三种弓头滑板的模态分布

模态	频率/ Hz		
	A 型	B 型	C 型
1	60. 1	81	49. 3
2	76. 9	177	68. 2
3	136	287	73. 0
4	224	476	110. 1
5	311	—	139. 8
6	399	—	153. 4
7	437	—	175

由此可见，在对受电弓弓头进行模态设计时，弓头结构形式应力求简单，尽量采用一体化设计，减少其模态数目，以降低高频模态对受电弓振动的贡献。

基于以上弓网关系的分析和讨论，可以得到如图 3－83 所示的弓网关系设计流程和方法。首先，根据设计速度 v_0，按照接触网参数设计原则，确定合理的张力参数和接触网

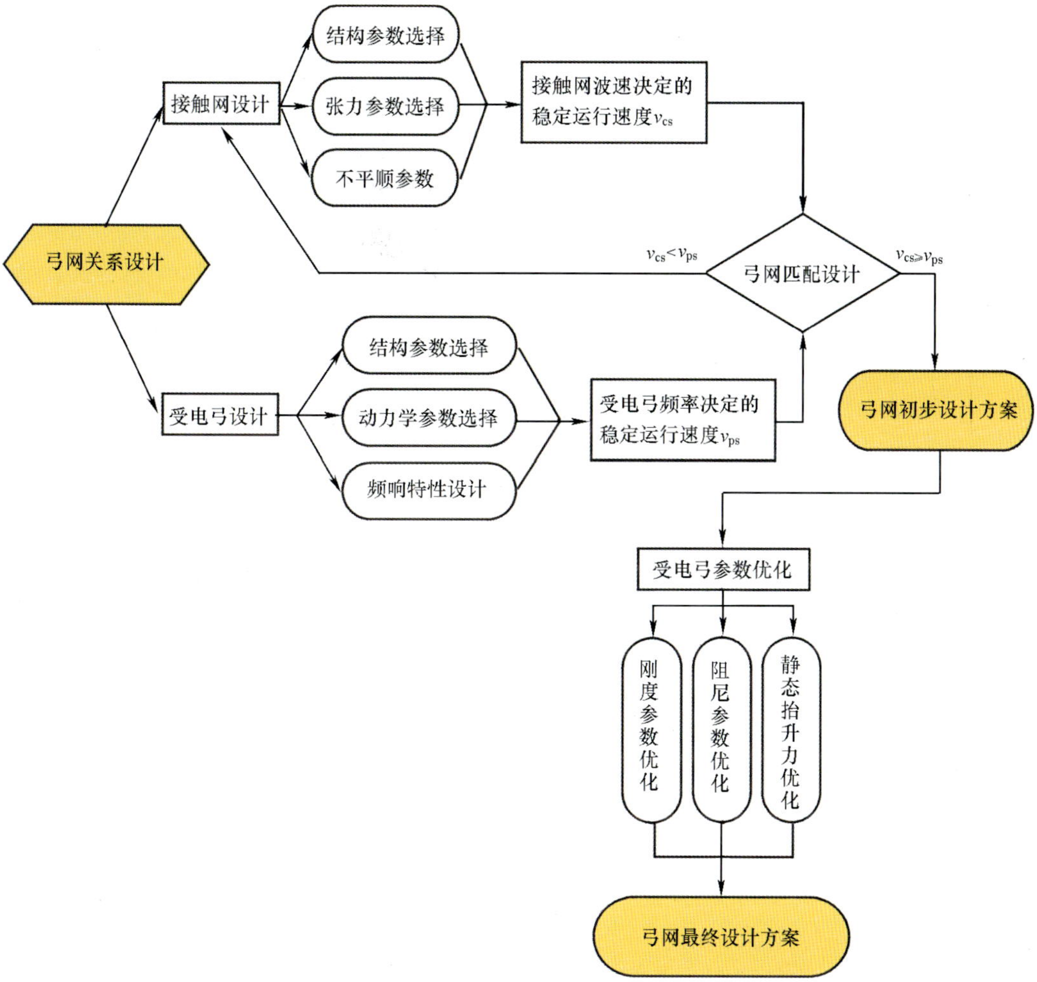

图 3－83　弓网关系设计流程图

材质，使得设计速度 v_0 位于接触网波速的 0.7～0.8 之间，从接触网角度确保设计速度是稳定的。然后，根据选择的受电弓结构参数确定其频率分布，由频率关系初步确定其受电弓稳定运行速度 v_{ps}；判断接触网波速决定的稳定速度 v_{cs} 是否大于受电弓的稳定速度 v_{ps}：如果 v_{cs} 小于 v_{ps}，说明确定的接触网波速偏小，则可适当增大张力以提高 v_{cs}；如果 v_{cs} 大于 v_{ps}，说明则进入弓网关系优化设计，根据设计速度 v_0，进一步优化弓网的动力学参数、运行参数等，以得到最佳的弓网匹配关系。

高速弓网关系研究和设计是高速铁路的关键技术，直接影响列车的运行速度和运行安全性。因此，需要在接触网设计和受电弓设计的基础上，结合大量的试验数据进行弓网匹配关系研究和设计。同时，要严格把握弓网的施工工艺和工法，提高施工质量，以保证良好的高速弓网受流质量。

4. 双弓受流受电弓间距设计

为了提高列车运输能力，京沪高速列车拟采用 16 辆大编组形式，这相当于两列高速动车组连挂运行。由于受到受电弓导电容量的限制,因此在16辆大编组形式下,高速列车必须采用双弓运行,这就出现了双弓作用下的弓网系统动力学问题[17,18]。众所周知,由于接触网的波动作用,列车的后弓受流往往受到前弓运行的干扰,因此容易造成后弓离线。图3-84是弓间距在160 m和168 m时的前后受电弓的接触力情况,模拟运行速度350 km/h时,可以看到后弓的接触力状态明显比前弓差,而且弓间距在160 m时又明显比168 m时差。

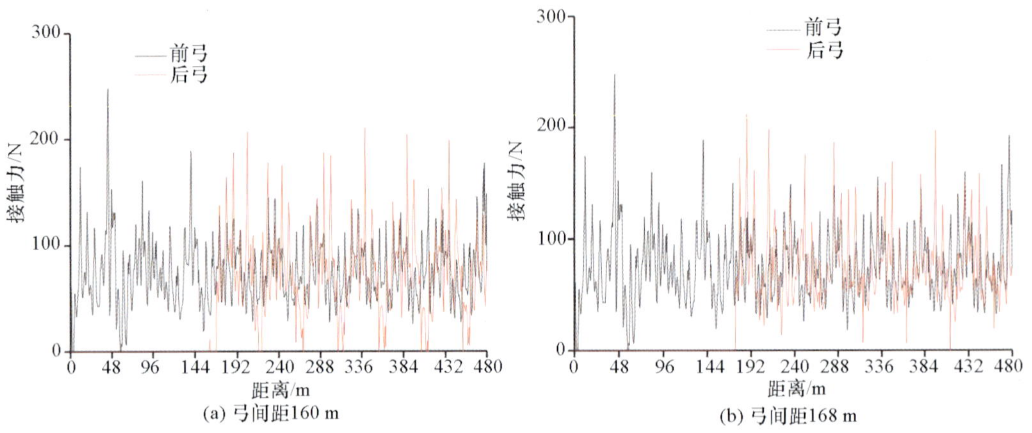

图3-84　不同弓间距下的前后弓运行接触力比较

人们习惯于拿离线率来评价受电弓的受流质量,因而对不同弓间距下后弓的离线率进行统计,以判断后弓受流质量的好坏。对离线率进行统计时,考虑到锚段起始位置对接触力数据的影响,不计开始两跨的接触力数据。不同弓间距下后弓的离线率统计结果如图3-85所示。由图可见:间距不同时,弓网的离线率差异很大;当弓间距小于144 m(3倍跨距),并且间距为跨距的整数倍加半跨时(72 m和120 m),相对整数倍跨距(48 m和96 m)而言,后弓受流较差;当弓间距大于144 m(3倍跨距)时,168 m,180 m和240 m的弓间距后弓受流较好。由此,对于该弓网系统,后弓受流较好的弓间距情况为:30 m,168 m和180 m,考虑受电弓实际的安装工况,取168~180 m弓间距较为合适。弓间距取200 m时,其后弓受流情况要比168~180 m时差,可见弓间距常用的200 m取值不一定是合适的。事实上,不同参数的接触网和受电弓其弓间距要求也不一,需要针对实际情况加以研究。

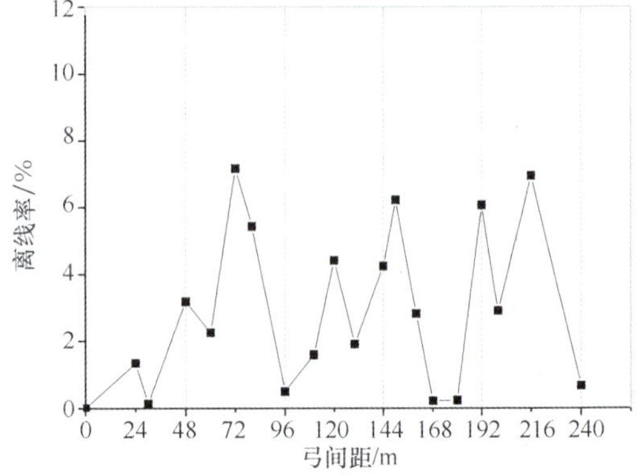

图3-85　不同双弓间距下后弓离线率

3.5　流固关系设计

近年来,铁路运输中越来越多地采用高速列车。随着我国列车提速,带来了许多空气动力学问题,例如,关于列车的空气阻力问题、空气噪声和振动问题、两车相会时产生的压力波动问题、隧道出口处冲击波问题,以及进出隧道时列车内乘客的舒适性问题等[19~23]。这些问题在一定程度上影响了列车的行车安全,限制了列车的提速。气流对高速列车的作用不仅仅是阻力,而且会影响列车运行姿态,进而影响动力学性能。反之,列车运行姿态的变化会影响空气流场的方向,列车的振动会影响空气在车辆表面的附着层的厚度,从而影响列车的空气动力学性能。所以在列车运行时,列车周围的空气流动和列车的运动是相互耦合的动力学行为。由于空气动力学计算的复杂性,以及对工程问题的简化,在以前的列车空气动力学研究、车辆外形设计和车辆动力学研究中,极少考虑到这种流固耦合关系,给列车的乘坐舒适性和安全运行带来一些隐患,如列车过隧道时的振动问题,交会时的冲击振动问题并没有得到很好的解决,大风环境下的脱轨倾覆问题也时有发生。列车-空气耦合动力学问题是车辆设计时需要考虑的一个重要方面。

3.5.1 流固关系评价

列车是在稠密的空气中运行的,空气和列车组成一个耦合的大系统。列车的运行速度和姿态会影响空气的流动,空气的流动同样将影响列车的运动速度和姿态。列车的运动和空气的流动始终是相互耦合的,只是在列车的不同运行工况下,这种耦合的程度不一样。在工程实际中,我们针对不同的问题和工况,对列车和空气组成的大系统进行了解耦。但是这种解耦是否合适,对问题的最终结果的影响有多大,需要进行系统的研究。在进行高速列车外形设计和进行车辆动力学分析时,需要考虑列车运动和空气流动的这种流固耦合关系。

高速列车流固耦合关系主要包括:气动特征、列车表面压力分布和流固耦合振动。图3-86不仅给出了流固耦合关系的内容、研究的重点内容,同时也给出了围绕流固耦合关系的设计要素。

列车的阻力、升力和横向力与列车的运行速度、运行姿态、空气的来流速度和来流方向有关,受到气流和列车运动的耦合影响。列车在横风作用下的倾覆过程就是一个典型的流固耦合关系的作用过程。当强横风作用于列车时,车体会发生倾斜,从而空气的流道发生变化,车身底部可能成为迎风面,这样,作用在车体的升力增加,这又可能进一步增加身体的倾斜度,使列车易于脱轨或倾覆。

列车表面压力分布同样与列车的运行速度、运行姿态、空气的来流速度和来流方向有关,受到气流和列车运动的耦合影响。当列车在表面压力的综合作用下发生运行姿态变化时,流体的流道将发生变化,从而压力分布也将发生变化,这样运行姿态也将发生变化。另外,如果流体的压力脉动激起车体表面的局部振动时,车体表面附着层的厚度将发生变化,从而影响压力分布。

列车流固耦合振动是流固耦合关系在车辆上的最直接体现,并且关系到列车的行车安全,是列车设计时必须考虑的因素。列车的振动有没有可能引发尾车漩涡周期性的脱落,从而加剧列车的振动,甚至发生共振现象呢?列车经过隧道时,尾车的横向和摇头运动明显增大,这一现象的成因是什么?列车在高速会车时,将发生流固耦合冲击振动,这种振动对行车安全性和舒适性有多大的影响?列车高速经过车站时,由于路旁建筑物的

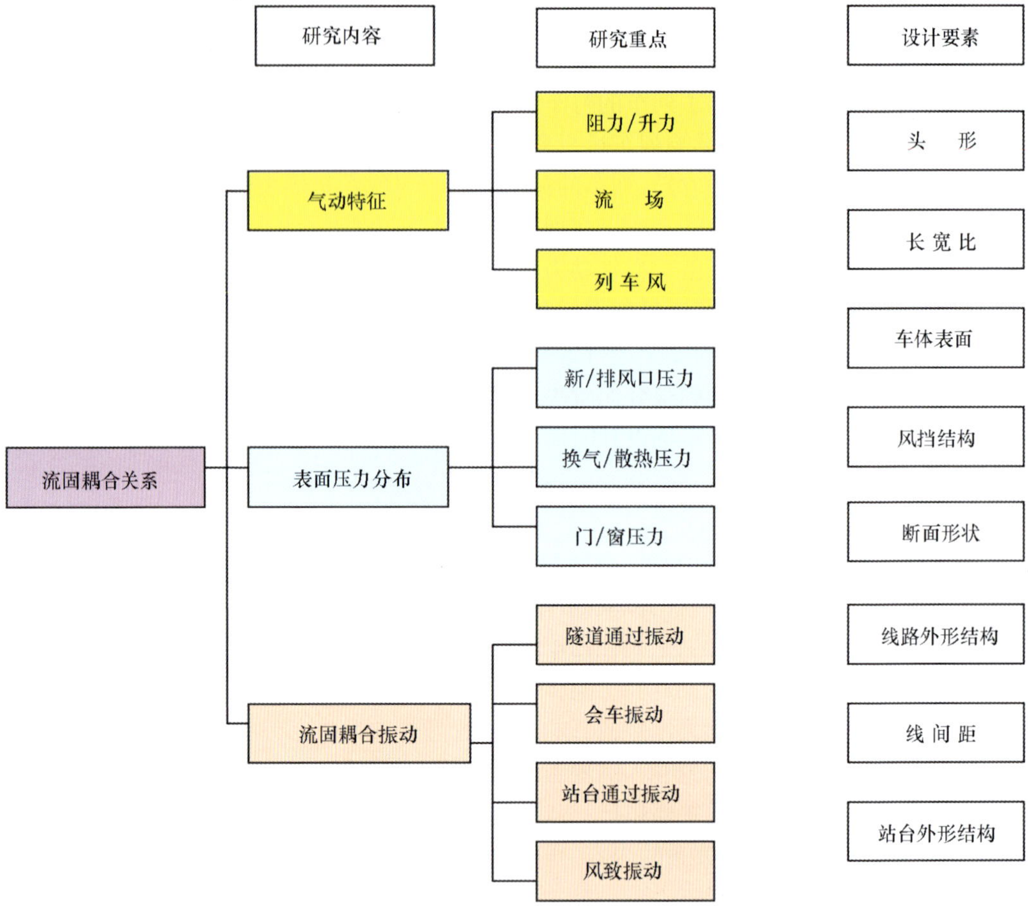

研究内容
研究重点
设计要素
流固耦合关系
气动特征
表面压力分布
流固耦合振动
阻力/升力
流　场
列车风
新/排风口压力
换气/散热压力
门/窗压力
隧道通过振动
会车振动
站台通过振动
风致振动
头　形
长宽比
车体表面
风挡结构
断面形状
线路外形结构
线间距
站台外形结构

图 3－86　列车流固耦合关系图

影响，空气的流场结构和列车的振动将发生怎样的变化，会不会与站台发生碰撞？对站台中的旅客和货物的安全的影响有多大？对这些问题的研究目前还不充分。

列车外形设计的目标之一是使列车具有良好的空气动力特性，即具有尽可能小的阻力、升力和横向力。阻力小可以在相同的运行条件下，节省能源，提高列车运行速度。升力小可以使列车减小轴重变化，有利于动车的牵引力，减小轮轨磨损，避免列车产生漂浮现象，保证行车的安全性。列车受到的空气横向力小，可以使列车在大风条件下不会发生脱轨和倾覆现象，使列车能安全运行。

TGV-A 编组 M+10T+M
列车总重490 t
温度+15℃
大气压101.3 kPa
列力总阻力/kN
70
60
50
40
30
20
10
0
100
200
A
300
速度/(km·h⁻¹)
Cv²
Bv
制动盘阻力
受电弓阻力
等
车体表面阻力
转向架阻力
Cv²
Bv

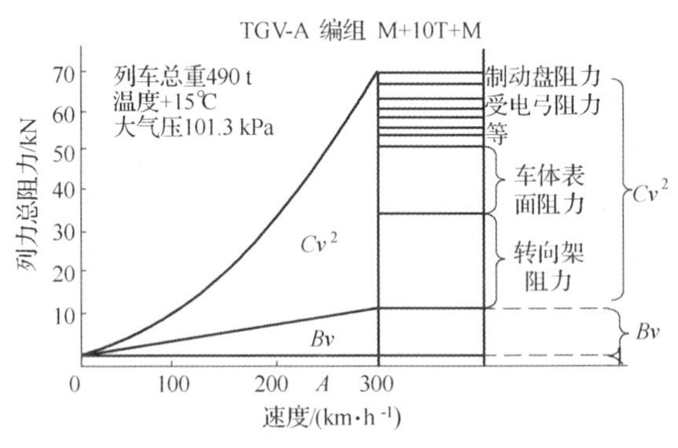

图 3－87　TGV－A 型列车试验阻力及其构成

图 3－87 是 TGV－A 列车试验阻力及其构成[24]。可以看到，在高速情况下，空气阻

力随列车运行速度的平方增长(Cv^2),而机械阻力呈线性增长(Bv)。

从图 3－88 可以看出作用在列车表面的气动力系数随环境风风向角的变化规律,从而也可以看到列车的气动力特性和车辆的行车姿态有很强的耦合关系。

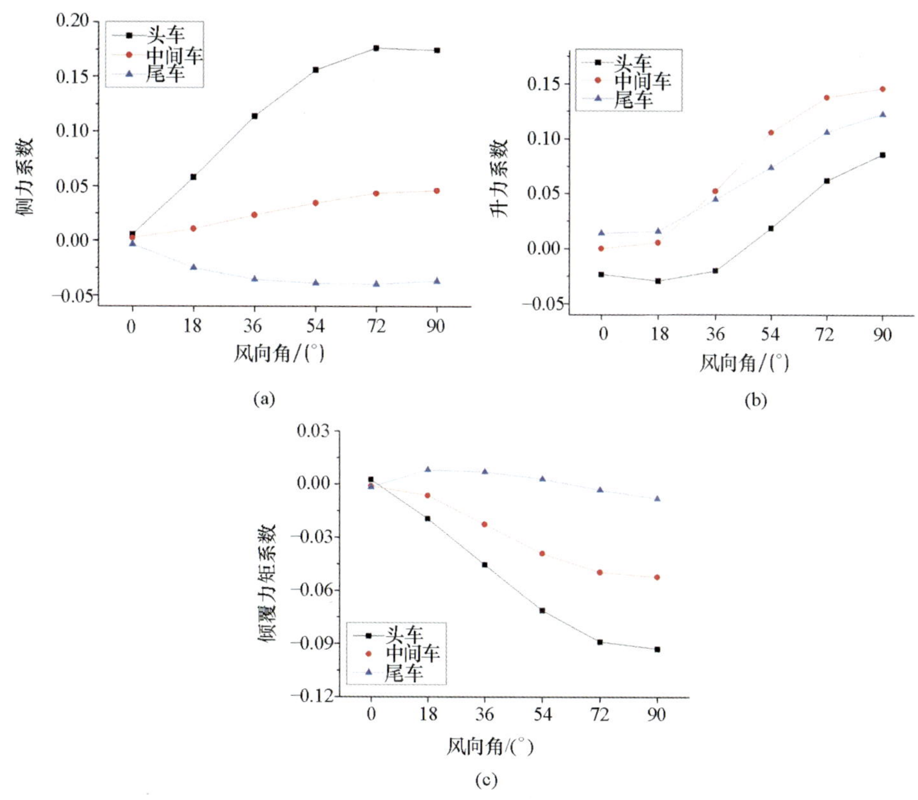

图 3－88　气动力系数随环境风风向角变化

列车的空气阻力和升力受到列车外形和表面光滑度的影响。在空气来流的自然环境不能得到大的改变,并且要使高速列车达到一定的运行速度的情况下,通过设计列车的外形和改善列车表面的光滑度,可以减小列车的空气阻力和升力。在高速列车的外形设计中,车头多采用流线型结构。图 3－89 是日本的 500 系和中国的 CRH2－300 型高速列车。

在进行列车外形设计时,我们不仅关心气动力的大小,同样关心列车表面的压力分布。通过流固耦合关系分析,我们可以得到列车表面的压力分布。通过压力分布,我们可以得到列车的阻力、升力和横向力,还可以找到改变列车表面压力分布的途径,以达到降低列车压差阻力、升力和横向力的目的。

通过压力分布分析,我们还可以合理布置通风口的位置,提高空调系统、冷却系统和换气系统的工作效率,避免出现车内无新风进入、电器设备因为无风而导致温度过高等现象。理想的状态是进风口布置在正压区,排风口布置在负压区,通风口还应尽可能布置在表面压力比较稳定的区域。

由图 3－90 可见,动车组的头车鼻尖处为驻点所在位置,压力最大,经过该点后,压力

(a)500系高速列车

(b)CRH2-300型高速列车

图 3－89　日本的 500 系和中国的 CRH2－300 型高速列车

下降。在前窗位置压力出现上升后再迅速下降，到达头部与车顶过渡处负压降至最大值，这是由于过渡弧面曲率变化很大，空气绕流速度加快，从而使这一区域的压力急剧降低所致，至车体顶面压力又再次回升成为平稳的负压。

图 3－90　CRH2－300 型动车组头部表面压力分布云图

空气－列车流固耦合关系的评价内容包括：

（1）气动阻力——气流带来的压差阻力和气动摩擦阻力，影响列车牵引动力。采用列车惰性方法测量。

（2）交会时的压力波（包括隧道内会车时的空气压力波）——迎面来车带来的气动力作用大小，以及对列车运行安全性、乘坐舒适性和门窗等强度的影响。测量车体表面压力变化。

（3）列车表面压力分布规律——在正常运行条件下气流对列车表面压力的影响。测量重要表面的压力。

（4）隧道压力波和微压波——列车运行的活塞作用引起的隧道内部的压力波动和出口微压波。在隧道不同位置测定气流压力变化。

（5）气流噪声和音爆——气流摩擦、气流漩涡等气动噪声及列车在通过隧道时强烈的压力瞬变会在洞口形成爆破音。在列车上和地面上测量噪声的声压和声强变化。

（6）车内压力——在列车会车和通过隧道时的车内气动压力，影响旅客的乘坐舒适性。在车内不同位置测量其空气压力变化。

（7）列车振动加速度——在会车、隧道通过和横风作用下的流固耦合振动，特别是车

体振动加速度响应及对乘坐舒适度影响。测量车体的振动加速度变化。

(8)列车运行安全性——在会车、隧道通过和横风作用下的流固耦合振动对倾覆系数、脱轨系数和轮重减载率等安全性评价指标的影响,提出安全域。测定轮轨力,换算到安全性指标。

(9)列车风——列车运行带动其气流运行的强度,及对路旁建筑和行人的影响,提出安全避让距离。测量空气压力和流场。

考虑到流固耦合关系,我们在进行车辆设计时需要注意的要素有:

➢ 列车方面:列车的头形、车体断面形状、车体底部外形、车顶受电弓、车体连接部分外形、列车运行速度、列车长度、列车编组方式等。

➢ 隧道方面:隧道截面、长度、出入口形状、通风口和其他辅助设施等。

➢ 恶劣运行环境:大风环境、雨雪天气。

➢ 其他:复线间距、挡风墙、桥梁、高路堤、路旁建筑等。

3.5.2 外形设计原则

列车外形设计是一个涉及美学、光学、心理学、结构强度、声学和空气动力学等相关学科的一项复杂的设计。空气 - 列车的流固关系是高速列车外形设计必须考虑的重要性能指标之一。

从空气 - 列车流固耦合动力学方面讲,外形设计应遵循如下一般原则:

(1)降低列车阻力、列车升力尽可能接近零,减小横向力和降低空气噪声;

(2)合理的压力分布;

(3)过隧道有较小的压力波动,列车有较小的振动;

(4)减小列车风,降低对线路附近的人和物的影响,以及由列车风引起的环境问题;

(5)减小会车时的流固耦合冲击波。

改善列车气动动力学性能的措施主要是合理设计列车外形,包括如下几个方面:

(1)采用流线型外形,合理设计列车头尾部流线外形,如增加流线型头部长度;

(2)车身表面流线平顺,头车、尾车头部不出现气流分离现象;

(3)合理设计头部鼻尖下方的导流板形状,由于导流板使列车下部气流分离,并挡住部分气流进入车体底部,可以减小车辆底部阻力,调节气动升力的大小。

当车头采用流线型结构时,具有较好的空气动力学特性。当车头的流线型部分变长时,空气阻力会变小。但当车头部分变化到一定长度时,增加车头长度并不能明显地降低空气阻力。所以在设计车头时,需要进行详细的分析计算和模型试验。

车身设计的原则是尽可能使车体平滑化,以减小空气经过车体时产生的阻力、升力和横向力。具体措施主要有:

(1)合理设计车体底部结构,车体底部除转向架位置外,采用车体底罩结构,可以降低底部零部件对空气流动的干扰,减小阻力和升力。

(2)沿列车长度方向设置升力线,以控制升力大小。

(3)设计适当的列车侧壁下部裙板。

(4)设计合理的断面,以减小会车时的冲击波。

(5)车身,特别是门窗尽可能光滑。

(6)在车端连接部安装风挡。

由于空气－列车流固耦合关系是由许多复杂的系统参数共同确定的,在进行列车外形设计时,需要反复进行流固耦合关系计算和试验研究才能得到比较理想的外形。

3.5.3 列车流固耦合振动

列车在气流作用下的耦合振动是流固耦合关系的最直接体现,并且关系到列车的行车安全,是列车设计时必须考虑的因素。严格说来,在空气和列车组成的大系统中,空气的流动和列车的运动始终是相互耦合的,只是在列车的不同运行工况下,这种耦合的程度不一样而已。在工程实际中,我们针对不同的问题和工况,对大系统进行了解耦。但是这种解耦是否合适,对问题的最终结果的影响有多大,需要进行系统的研究。而在有些情况下,比如列车在会车、隧道通过、强侧风、站台经过时,忽略气流与列车的耦合作用,可能会导致不正确的分析计算结果,从而影响车辆设计性能和列车的运行安全性。

下面我们以高速列车在明线上的交会情况、列车站台通过和隧道通过为例,介绍列车－空气的流固耦合振动问题。

1. 列车交会

明线上的高速列车交会时,由于相向运行的列车对其间空气的排挤,使两交会列车之间的空气产生很大的波动,形成会车压力波。气动力在列车交会的短时间内发生迅速变化,从而导致列车的剧烈振动,影响列车运行安全及乘坐舒适性。列车姿态的变化,将影响列车周围的气流,这属于流固耦合动力学问题,需要应用考虑流固耦合作用的高速列车系统动力学理论进行研究。

通过计算流体力学的方法得到作用在车体上的气动力,利用在京津城际铁路的实测轨道谱数据,与车辆动力学模型结合,对列车进行流固耦合动力学分析。

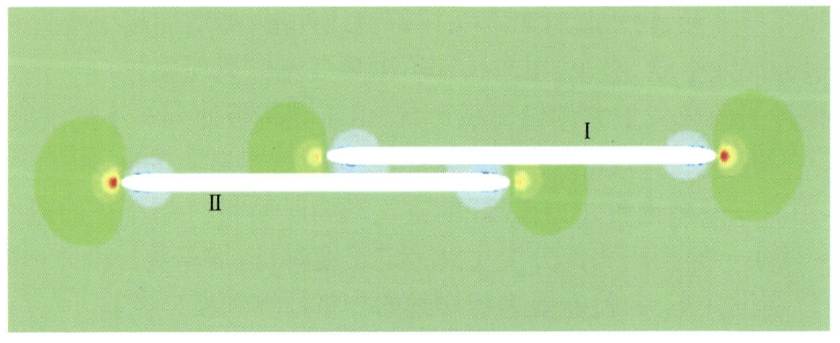

图 3－91 列车交会压力场

考虑两列相同的列车以 350 km/h 的速度交会,如图 3－91 所示,复线线间距为 5 m,道床高度为 0.35 m。当两列列车以 350 km/h 的速度交会时,列车的相对速度达到 700 km/h。

由于相向运行的列车对其间空气的排挤,使两交会列车之间的空气产生很大的波动,此时应考虑空气的可压缩性。空气动力学模型为三维瞬态可压缩的雷诺时均 $N-S$ 方程和$k-\varepsilon$两方程湍流模型。

列车交会时,列车表面的压力随着交会的过程发生变化,图 3-91 为 $t=0.86$ s 时列车交会的压力云图。由图 3-91 可见,车头和车尾的顶部区域均为正压区,车头顶部区域的正压较大;在车头和车尾顶部偏后的区域均为负压区。因此,当某一列车的车头或车尾经过另外一列车时,车体表面的压力将会发生变化,从而使作用在整个车体上的气动力发生剧烈变化。

从图 3-92 和图 3-93 可以看出,计算得到的压力时程曲线与试验结果很相近。

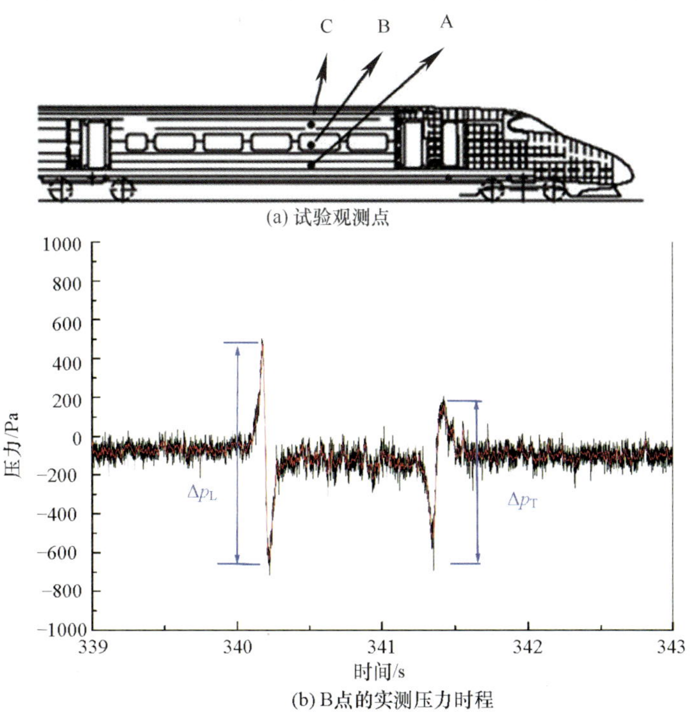

(a) 试验观测点

(b) B点的实测压力时程

图 3-92 京津线路实测压力时程

图 3-94 为列车交会过程中作用在列车Ⅰ上的气动力随时间变化的情况,其中 F_x,F_y,M_y 和 M_z 分别表示列车的横向力、垂向力、摇头力矩和翻滚力矩。

可以看到,交会的过程中各车所受的力和力矩均有规律地变化。由图 3-94 可见,头车和尾车的气动力峰值较大,中间车较小。图 3-95 为考虑空气动力和不考虑空气动力影响时车体几何中心的横向和垂向位移对比图。可以看到,各车车体的位移变化规律基本相同,当两车开始交会时,车体首先向相互排斥的方向运动;在交会过程中两车车体向相互吸引的方向运动且持续时间较长;在交会结束时,两车车体向相互排斥的方向移动,最后回到平衡位置。上述运动中车体向相互吸引方向移动的位移最大,向相互排斥方向移动的位移较小。仿真计算中,列车交会的时间约为 0.8 s 左右。

当不考虑空气动力影响时,车体的横向和垂向位移很小,但考虑空气动力影响后,由于列车受到升力的作用,所以即使在没有交会的时候也发生较大的垂向位移,而在交会的过程中横向和垂向位移均在短时间内发生较大的变化,头车、中间车和尾车的最大横向位移分别

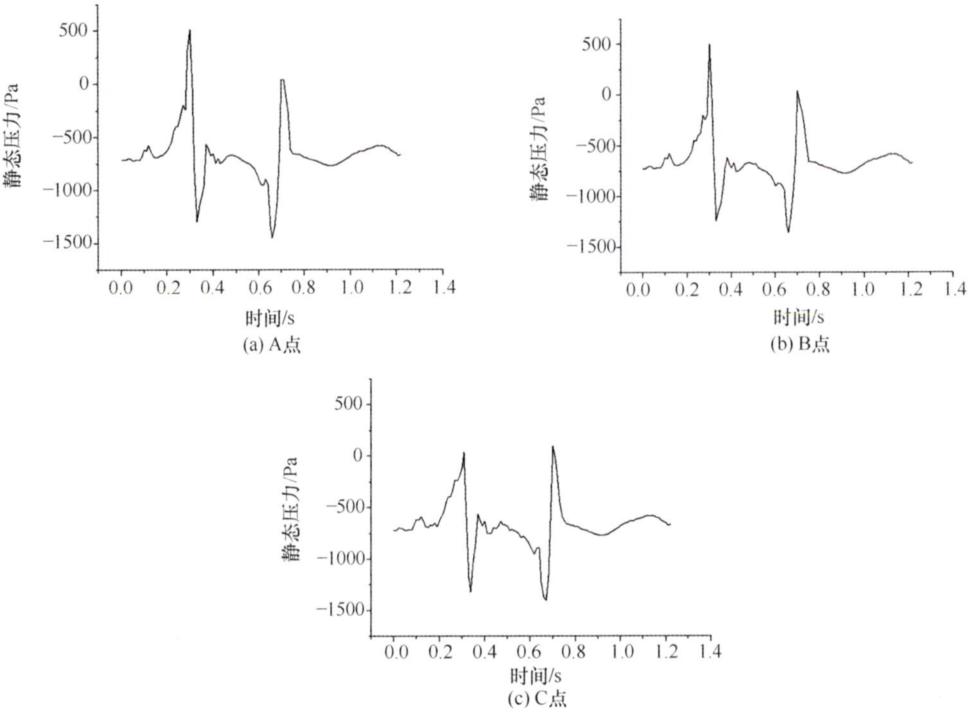

(a) A点

(b) B点

(c) C点

图 3－93　计算压力时程

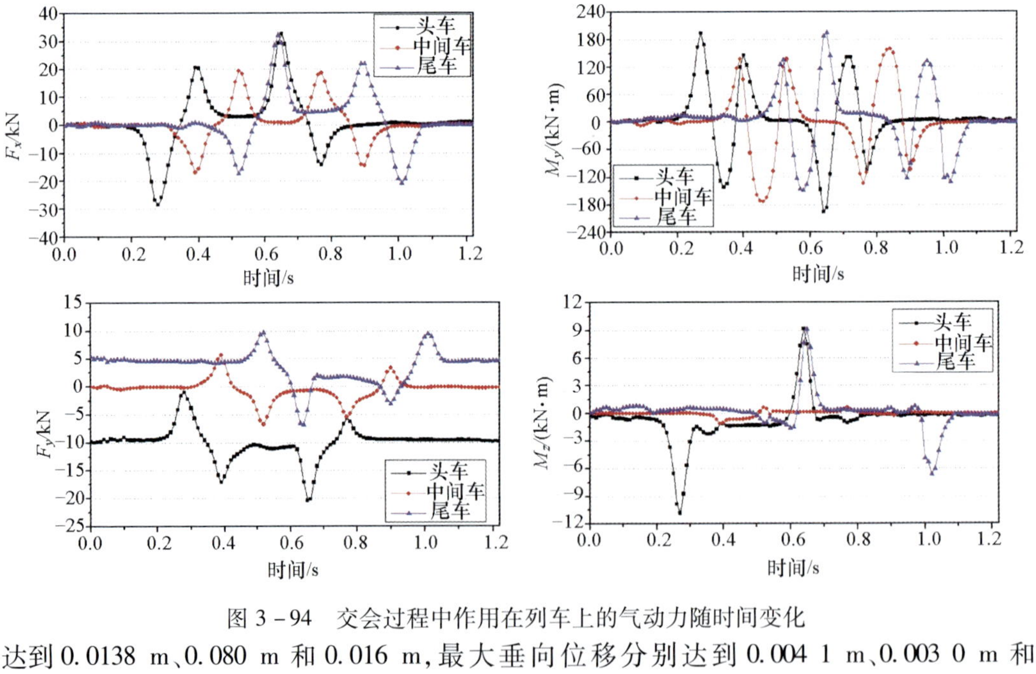

图 3－94　交会过程中作用在列车上的气动力随时间变化

达到 0.0138 m、0.080 m 和 0.016 m，最大垂向位移分别达到 0.004 1 m、0.003 0 m 和 0.005 5 m。可见，列车交会时横向位移明显大于垂向位移，且尾车的位移最大，中间车最小。

图 3－96 中还给出了京津城际铁路列车交会试验结果，列车交会运行速度350 km/h，与仿

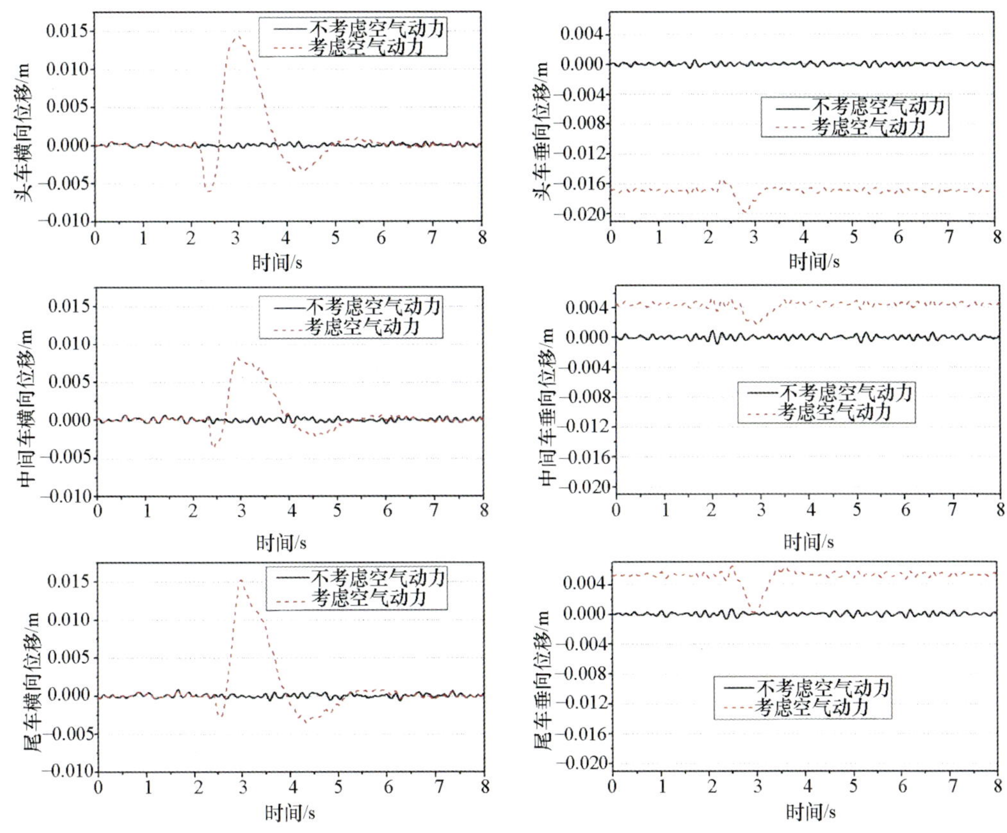

图 3－95　车体几何中心横向和垂向位移

真计算条件一致。通过对比可以发现,计算结果和实测结果吻合较好。各车的加速度变化规律基本相同,当列车Ⅱ的头车经过列车Ⅰ头车时候,列车首先是产生相互排斥方向的加速度,随后产生相互吸引方向的加速度。当列车Ⅱ的尾车车经过列车Ⅰ尾车时候,列车首先是产生相互吸引方向的加速度,随后产生相互排斥方向的加速度,交会结束后回到初始状态。列车交会时头车经过被测车时的振动幅值要大于尾车经过被测车时的振动幅值,头车和尾车的最大加速度要人于中间车的最大加速度。由于计算模型长度为 76.4 m,而试验列车长度为 201.4 m,因此图 3－96 中所看到的列车交会时间的仿真计算结果要小于试验结果。

在明线上高速列车交会时,由于相向运行的列车对其间空气的排挤,使交会列车之间的空气产生很大的波动,形成会车压力波。会车压力波对列车运行的安全性和舒适性都具有重要的影响。列车的行车安全性和平稳定是评价车辆系统性能的重要指标。

国内外评判车辆安全性的基本指标是脱轨系数,即轮轨横向力 Q 和垂向力 P 的比值。表 3－18 列出了考虑和不考虑空气动力时列车的脱轨系数。

表 3－18　列车脱轨系数

	头　车	中间车	尾　车
不考虑空气动力	0.121	0.123	0.119
考虑空气动力	0.172	0.169	0.175

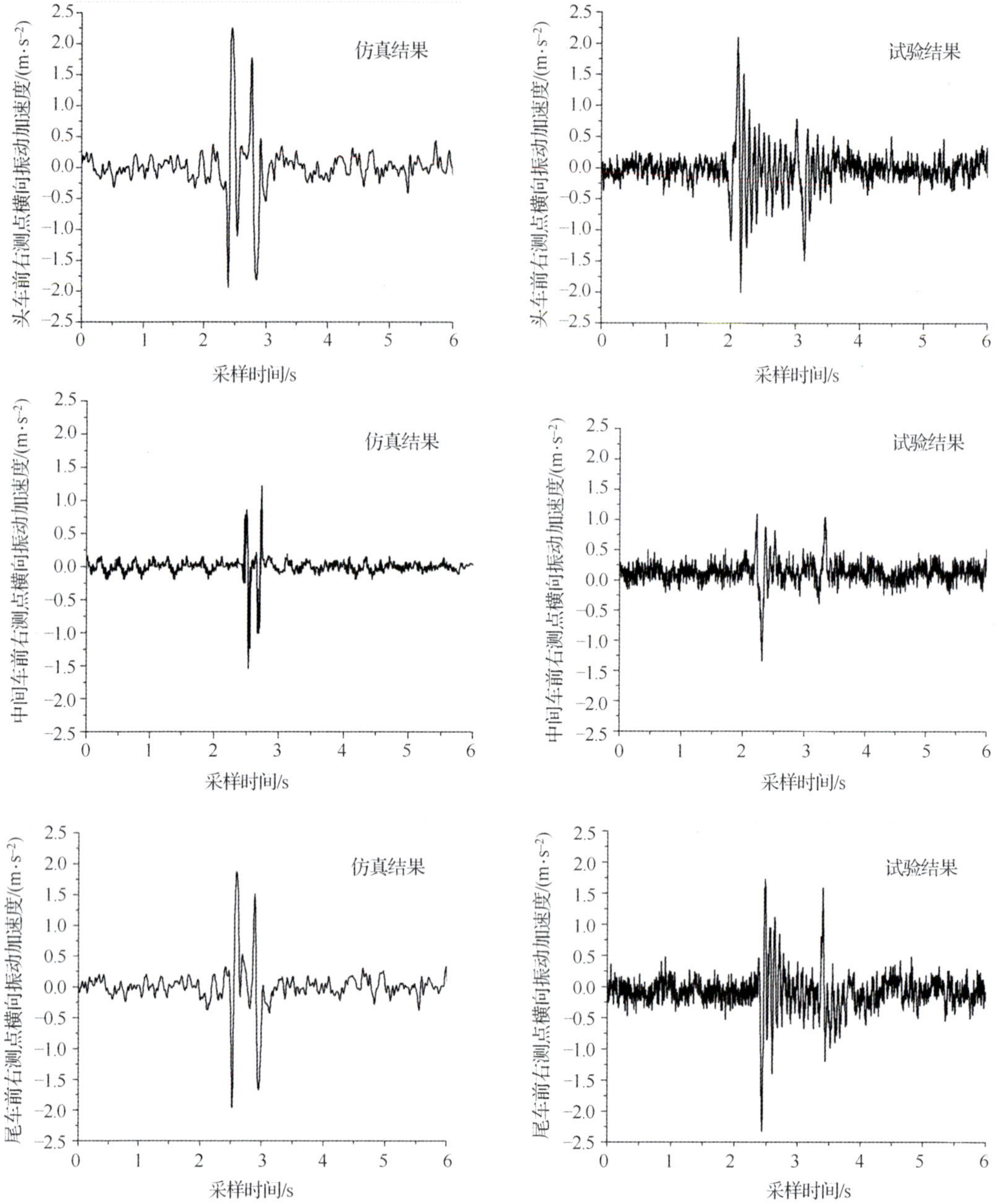

图 3－96　车体加速度的仿真与试验对比

可以看出，考虑空气动力后三辆车的脱轨系数均明显增加。不考虑空气动力时，头车、中间车和尾车最大脱轨系数分别为 0.121，0.123 和 0.119；考虑空气动力后，头车、中间车和尾车的脱轨系数分别变为 0.172，0.169 和 0.175，增加量分别为 42.15%，37.40% 和 47.06%。尽管会车压力波对脱轨系数的影响很大，但动车组在会车时的脱轨系数小于标准规定安全值，说明在 5 m 的线间距下，会车时列车可安全运行。

车体的横向和垂向加速度幅值是评判车辆运行平稳性的重要指标之一。表 3－19 和表 3－20 分别列出了考虑和不考虑空气动力时列车的最大横向和最大垂向加速度。

表 3－19　列车最大横向加速度　　m/s^2

	头　车	中间车	尾　车
不考虑空气动力	0. 272	0. 278	0. 340
考虑空气动力	2. 231	1. 290	2. 232

表 3－20　列车最大垂向加速度　　m/s^2

	头　车	中间车	尾　车
不考虑空气动力	0. 522	0. 473	0. 538
考虑空气动力	1. 530	1. 080	1. 050

可以看出，考虑空气动力后列车交会时横向和垂向加速度均显著增加，其中横向振动比垂向振动增加更加明显，是不考虑气流影响的好几倍。我国采用列车车体横向和垂向振动最大加速度衡量列车运行品质，规定高速列车横向和垂向加速度小于 2. 5 m/s^2 为允许值。可见列车交会时，其运行品质虽然处于允许运行的范围内，但已经比较接近标准所允许的限值。由此可见，京津城际铁路 5 m 线间距设置是合理的。

2. 列车站台通过

高速动车组在无乘客上下车的站台不停车，甚至不减速运行，可以进一步降低运行时间，提高运营效率。但是，高速动车组列车与站台之间的距离很小，仅有 70 mm 左右。列车高速通过站台时，其运行空间在瞬间发生改变。列车周围流场产生波动，致使列车振动。列车与站台有可能碰撞，从而威胁列车行车安全，造成行车事故。

建立列车通过站台的空气和列车动力学耦合模型，通过空气动力学计算得到作用在列车上的气动力，然后气动力作为列车动力学的激励，进行列车动力学分析。

以 CRH2－300 型动车组为研究对象，行车速度为 350 km/h。站台至轨面的高度为 1 200 mm，站台到轨道中心线的横向距离为 1 750 mm。计算线路条件采用京津城际铁路线路谱。图 3－97 是进站时的站台侧空气流动情况。

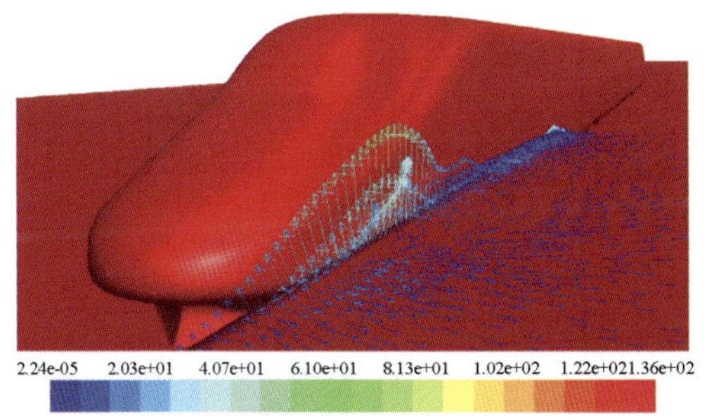

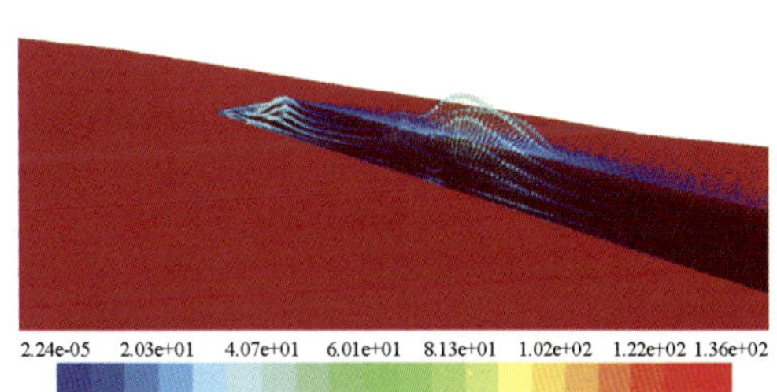

图 3－97　靠近站台空气流动情况

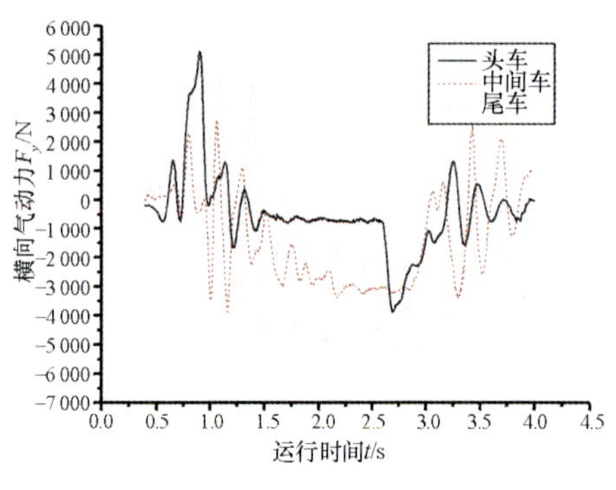

图 3-98　横向气动力

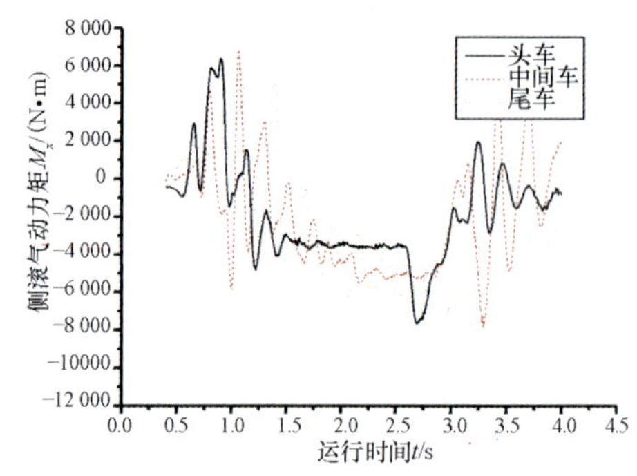

图 3-99　侧滚气动力矩

图 3-98 ~ 图 3-100 为列车所受气动力，列车头部进站时间为 $t=0.652$ s，列车靠近站台，而又没到达站台时，头车所承受的气动力开始波动。中间车及尾车进入站台时所引起的流场波动会影响到头车的气动力，所以相应时刻头车上的气动力也波动。当尾车全部进入站台后，头车上的气动力趋于恒定。

列车头车进站时，头车上的横向气动力有所增大，表现为推力，全车进站后，头车横向气动力趋于较小的恒定值，为一个吸力，中间车和尾车的吸力更大，而且有波动。

为考察列车与站台是否碰撞，在每个车体两端各设置一个监测点。监测点至轨面的垂向距离为 1.2 m，至车体中心的横向距离为 1.68 m。各监测点距轨道中心线的横向位移见图 3-101 ~ 图 3-103。

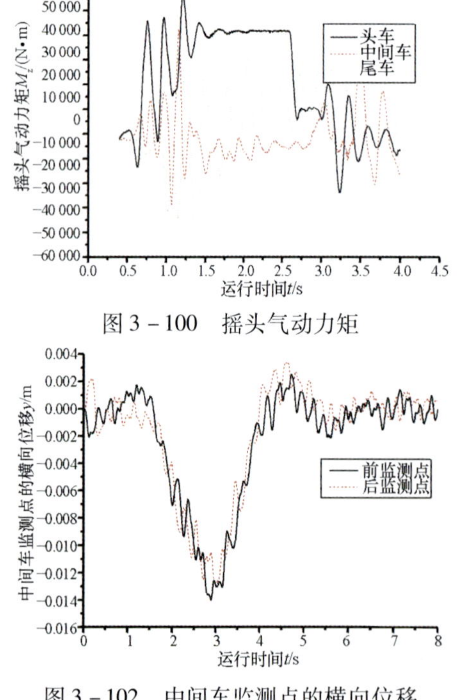

图 3-100　摇头气动力矩

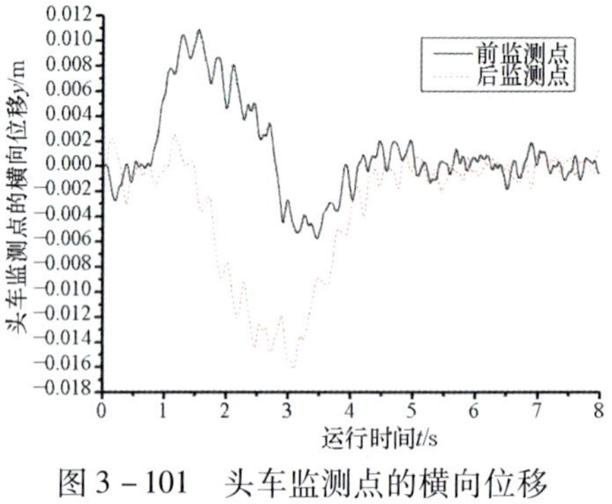

图 3-101　头车监测点的横向位移

图 3-102　中间车监测点的横向位移

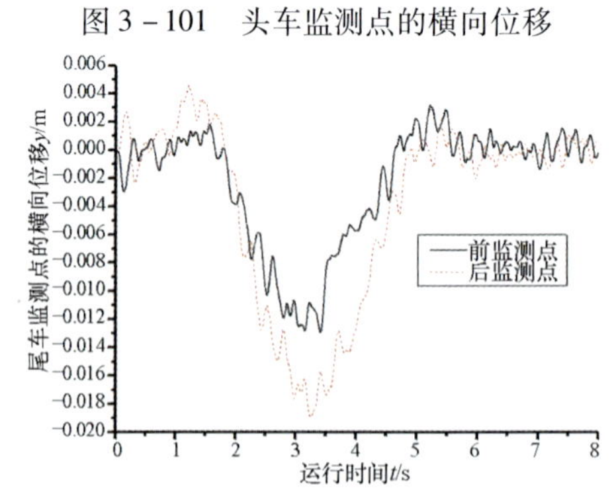

图 3-103　尾车监测点的横向位移

从计算结果看，头车、中间车和尾车横向位移较小，往站台方向的位移不超过 20 mm，由于站台与列车的设计距离为 70 mm，所以列车不会与站台发生碰撞。目前的计算中没有考虑除站台外的其他建筑、行人，也没有考虑车站中停放的其他车辆对经过站台车辆的影响。所以，列车站台通过的安全性问题还需要进行进一步的研究。

3. 列车隧道通过

列车经过隧道时，由于列车在一个相对封闭的环境中运行，列车与空气耦合作用明显增强。我们以 CHR2-300 型动车组经过横截面为 85.3 m^2 的隧道为例，研究空气 - 列车的耦合振动。

从图 3 - 104 和图 3 - 105 可以看出，列车在经过隧道时振动加速度明显高于明线，这表明，在隧道中，气流与列车的运动有强烈的耦合作用。图 3 - 106 中的脱轨系数也明显高于明线。

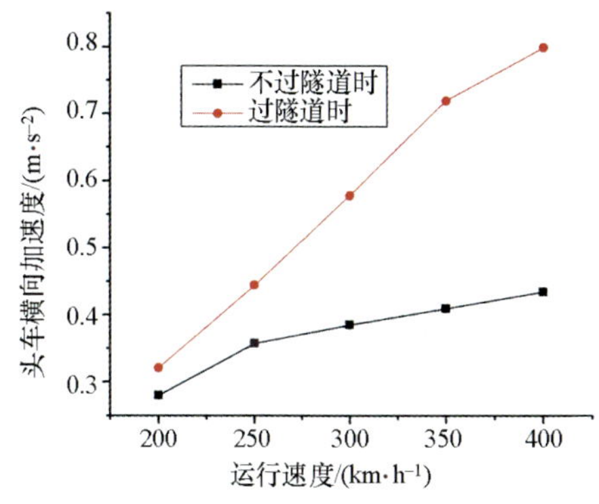

图 3 - 104　头车横向加速度

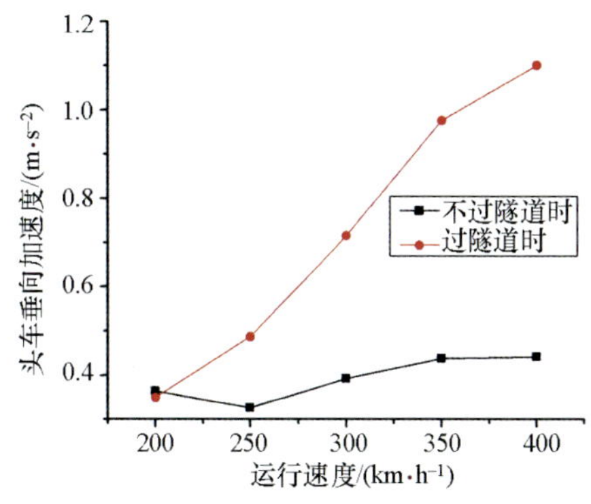

图 3 - 105　头车垂向加速度

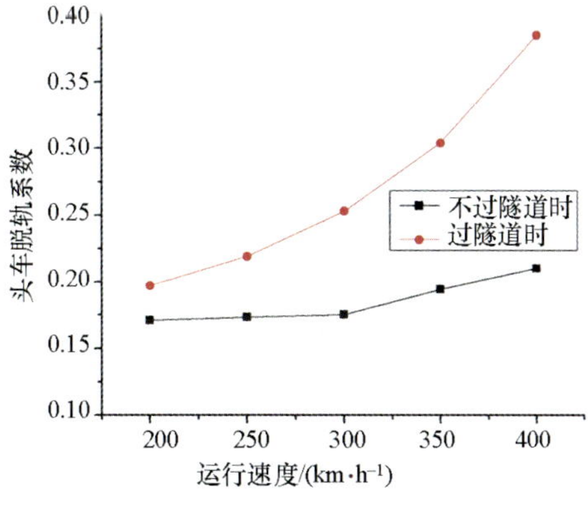

图 3 - 106　头车脱轨系数

3.6 牵引传动系统设计

3.6.1 系统设计思路

对于高速列车的牵引传递系统设计,首先对列车牵引功率进行设计;其次根据牵引功率、黏着牵引力、启动加速度、平均加速度、列车运行最高速度等进行列车牵引特性设计;最后根据列车的动拖比计算牵引电动机的容量、牵引变流器的容量及牵引变压器的容量。

3.6.2 列车牵引功率设计

列车牵引功率主要与列车最高运行速度、列车质量、最高速度时的列车运行阻力和剩余加速度密切相关,其计算公式如式(3-9)所示:

$$P_k = \frac{[M \cdot w_0 + (1+\gamma)M \cdot 10^3 \cdot \Delta a] \cdot (v_{max} + \Delta v) \cdot 10^{-3}}{3.6} \tag{3-9}$$

式中 P_k——列车牵引功率(kW);

M——列车质量(t);

w_0——列车运行最高速度时的单位基本阻力(N/t);

γ——质量系数(常数),一般取0.06~0.07;

Δa——剩余加速度(m/s^2);

Δv——逆风速度(km/h);

v_{max}——列车最高运行速度(km/h)。

根据列车牵引功率、齿轮传动效率、牵引电动机效率,可以计算出牵引电动机的总功率,如式(3-10)所示:

$$P_M = \frac{P_k}{\eta_{Gear}\eta_{MM}} \tag{3-10}$$

式中 P_M——牵引电动机的总功率;

η_{Gear}——齿轮传动效率;

η_{MM}——牵引电动机效率。

根据牵引电动机总功率设计列车的动拖比,计算出动轴数或电动机台数N,每台电动机的功率为:

$$P_{MM} = P_M / N$$

式中 P_{MM}——每台电动机的功率;

N——电动机台数。

为保障列车安全运行必须满足上述技术条件的要求。在确定牵引功率时还必须考虑传动效率、最大坡道上的最低运行速度、故障运行时的要求等多种因素的综合影响,在确定牵引功率时一般要略高于上述技术条件的规定。

3.6.3 列车牵引特性设计

牵引特性的计算是设计列车牵引/制动性能的基础,是进行列车设计必须进行的最基础的工作,是进行列车运输组织、确定列车运输时间间隔和运输时刻表的重要基础数据,也是列车运用部门和列车乘务员操纵列车的指导依据。计算牵引特性一般分为以下几个步骤:

1. 确定最高速度时的列车牵引力

将确定后的列车牵引功率、最高运行速度代入式(3-9),即可求出最高运行速度时的牵引力,如下式所示:

$$F_k(v_{max}) = \frac{P_k \cdot 3.6}{v_{max}} \quad (kN)$$

2. 确定列车启动牵引力

根据列车启动最大加速度和启动平均加速度的要求确定启动牵引力。

3. 确定恒牵引力、恒功率运行的转折点

根据启动牵引力与恒功率曲线,求出其相交点即为恒牵引力、恒功率运行的转折点。

4. 牵引特性仿真计算

根据初步计算出的牵引特性,针对相应的线路,根据列车运行方程式进行列车运行模拟仿真,得到运行区段的列车速度-距离曲线、运行时间、加速度/减速度-时间曲线、能耗曲线、牵引力曲线、坡道最低运行速度、不同线路坡度的加速距离和制动距离、故障模拟运行结果等牵引计算要求的所有参数与曲线。

5. 牵引特性校验

将其计算结果与列车牵引运行的技术要求进行对比分析,并进行必要的修正直至完全满足牵引需求,最终设计出列车的牵引/制动特性曲线。

需要验证的主要技术参数包括:

(1)满功率平直轨道最高速度运行时的剩余加速度验算;

(2)启动时的加速度和平均加速验算;

(3)不同坡道上的爬坡能力验算;

(4)故障运行时的牵引能力验算;

(5)最大坡度运行满功率运行时的最低速度验算;

(6)加速距离和制动距离的验算。

列车动力制动特性的计算与牵引特性的相仿。

综上所述,高速列车牵引特性的特点可归纳为以下几点:

(1)低速区牵引力恒定或随速度升高而略有下降,应与高速列车的黏着特性随速度的变化趋势相适应。

(2)由于高速列车大都采用轻量化技术,牵引力比大功率机车的牵引力明显减小。

(3)高速区为恒功率曲线,牵引力随速度升高而呈双曲线关系下降。这一点与普通内燃、电力机车的恒功牵引特性曲线是相似的，但恒功范围略小，一般是恒功范围起始点速度的 2～3 倍，且向高速区移动；对于最高运行速度 350 km/h 的动车组，恒功范围起始点多在 100 km/h 以上；

(4)因采用动力分散牵引模式，在正常轨面状态下，启动时及低速范围的牵引力低于黏着限制曲线较多，因此，在动车组的牵引特性曲线图中，黏着特性曲线通常是不画出来的。

(5)在动车组的牵引特性曲线上通常不标注最低持续速度，因为在全功率下，即便在20‰以上甚至接近30‰的坡道上，列车的运行速度仍然在恒功区范围内，牵引电动机的散热能力在允许范围内，换言之，在正线运行时(坡道 12‰)不会出现全功率低速持续运行的工况。

五种典型动车组的牵引特性如图 3－107 所示。

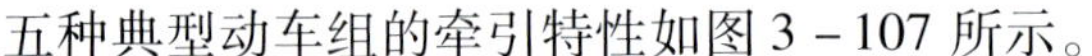

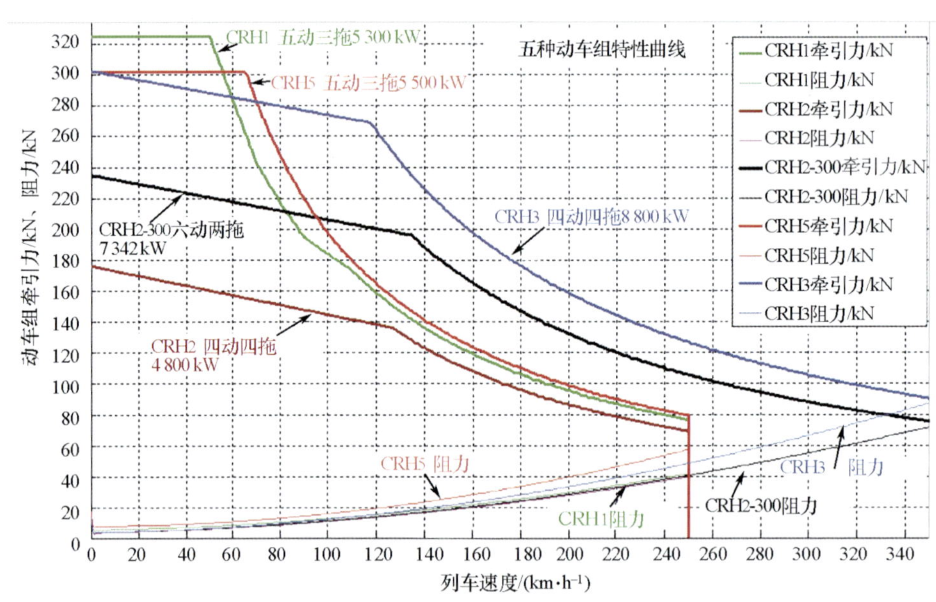

图 3－107　CRH1，CRH2，CRH3，CRH5 型动车组牵引特性曲线

3.6.4　列车牵引传动系统容量设计

牵引传动系统中牵引变压器、牵引变流器、牵引电动机的容量计算是非常重要的设计依据。首先应根据列车的牵引特性、再生制动特性的最大值求解出列车轮缘的输出功率 P_k，根据牵引传动系统中各部件的效率、功率因数等，按牵引电动机→牵引变流器→牵引变压器的顺序求得每个部件的最大功率。功率因数和效率与列车所处的运行工况密切相关，随速度的变化而变化，特别是低速运行时效率比较低。由于效率特性很难用精确的数学模型描述，因此在通常的运行条件下，在容量的计算中功率因数与效率假定为常数，常采用额定值进行近似计算。在特殊的运行条件或线路条件下，需要另外进行运行试验加以验证和确定。

3.6.5 新一代高速动车组设计计算算例

根据上述设计思路，按照京沪高速对高速动车组实施方案的要求，采用 CRH2－300 主型高速动车组的主要参数，可以设计计算出其牵引功率、牵引功率与阻力的优化匹配、牵引系统与机械传动比的匹配以及牵引系统的配置。

1. 以 CRH2－300 型动车组参数为例进行设计

CRH2－300 型动车组设计计算基本运行阻力曲线公式如下：

$$W_j = 0.88 + 0.0074\,4v + 0.000\,124v^2 \quad (\text{N/kN})$$

根据 CRH2－300 型动车组 8 编组的已知参数、基本运行阻力等可以计算出满足 380 km/h运行速度要求的最小牵引功率为 10 400 kW，380 km/h 时的剩余加速度为 0.0163 m/s^2、350 km/h 时的剩余加速度为 0.057 36 m/s^2。平均加速度与传动比密切相关，选择合理的传动比即可达到 0～200 km/h 大于 0.4 m/s^2 的要求。若为 16 编组，满足 380 km/h 运行时速要求的最小牵引功率为 20 500 kW，380 km/h 时的剩余加速度为 0.015 8 m/s^2、350 km/h 时的剩余加速度为 0.056 21 m/s^2。

2. 新一代高速动车组牵引传动系统设计

根据新一代高速列车技术性能要求，以下结合 CRH2－300 型动车组牵引系统设计计算、试验结果以及运行情况，研究新一代高速列车牵引系统的提升策略和实施方案。

(1)牵引功率与阻力的优化匹配

如新一代高速列车以 16 辆编组计算阻力公式校核，以 CRH2－300 牵引电动机功率 342 kW 为基础，即使采用 14 动 2 拖的动力配置方案，速度 350 km/h 时剩余加速度仅 0.05 m/s^2，不能满足要求。通过牵引系统技术验证，牵引电动机在原技术平台的基础上，通过提升设计，其功率可提升至 365 kW，如通过优化列车空气动力学性能，再使列车总运行阻力降低 5%，完全能够满足速度 350 km/h 时剩余加速度 0.06 m/s^2 以及 380 km/h 剩余加速度 0.02 m/s^2 的要求。

经分析计算，为使新一代高速列车满足剩余加速度要求，牵引功率与阻力匹配值如下：

① 牵引电动机功率由 342 kW 提升至 365 kW。

② 各部件减小阻力分配值：

——车头优化减阻贡献率 2%；

——车间、车外侧减阻贡献率 1%；

——车顶减阻贡献率 1%；

——车下裙板导流罩 1%。

新一代高速列车阻力目标值 $W_x = 0.53 + 0.003\,9v + 0.000\,114v^2 \quad (\text{N/kN})$。

(2)牵引系统与机械传动的匹配

牵引系统与机械传动系统的接口主要是牵引电动机与齿轮箱的接口关系，关系到齿轮传动比与电动机转速以及电动机扭矩发挥的匹配。

图3-108、表3-21、表3-22分别示出了新一代高速列车齿轮传动比选配牵引曲线、0~200 km/h平均加速度以及与列车运行最高速度之间的关系。

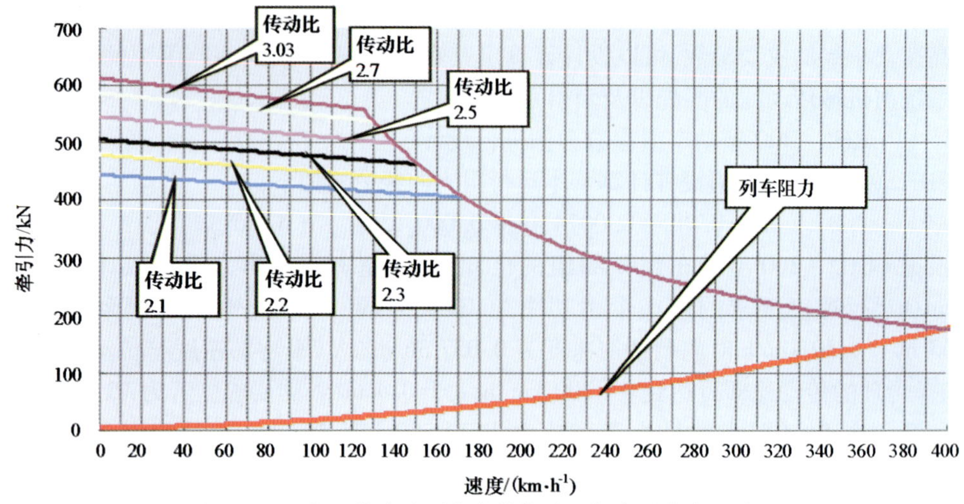

图3-108 新一代高速列车齿轮传动比与牵引曲线的关系

表3-21 新一代高速列车齿轮传动比匹配与平均加速度的关系

序 号	齿轮传动比	0~200 km/h的平均加速度/(m·s^{-2})
1	2.1	0.38
2	2.2	0.405
3	2.3	0.416
4	2.5	0.452
5	2.7	0.488
6	3.03	0.53

表3-22 新一代高速列车齿轮传动比与列车最高运行速度匹配关系

牵引电动机持续最高转速6 120 r/min			
传动比	列车速度/(km·h^{-1})(新轮轮径860 mm)	列车速度/(km·h^{-1})(车轮半磨耗820 mm)	列车速度/(km·h^{-1})(车轮全磨耗790 mm)
2.1	472	450	434
2.2	451	430	414
2.3	431	411	396
2.4	413	394	380
2.5	397	378	364
2.7	367	350	337
3.03	327	312	301

由图3-108可见,随着传动比的减小,列车在低速段的牵引力降低,加速性能也会降

低。由表3-21可见，为满足新一代高速列车从0加速至200 km/h的平均加速度大于0.4 m/s^2 的要求，齿轮传动比应按大于2.2来匹配。由表3-22可见，齿轮传动比越小，列车最高运行速度值越高，为满足新一代高速列车最高运行速度380 km/h的要求，需按照全磨耗状态来进行校核，这样，齿轮传动比须小于2.4。

从齿轮传动比与启动速度段的平均加速度的匹配关系以及与列车最高持续速度的匹配关系可以看出，新一代高速列车齿轮传动比应在2.2~2.4间进行匹配，方能同时满足最高运行速度和启动平均加速度的要求。

(3)牵引传动系统设计

影响动车组牵引性能的主要因素是牵引功率和运行阻力，提升牵引能力的关键是在列车运行阻力可预测的条件下提升牵引功率(牵引电动机、牵引变压器及牵引变流器功率相应提升)。针对速度提升后牵引电动机轴承面临的承受更高转速的问题，通过改变齿轮传动比以提高相同电动机转速下轮轴的输出转速，从而降低所需要的牵引电动机轴承转速。

根据新一代高速列车总体技术条件关于平直道350 km/h列车剩余加速度不小于0.06 m/s^2、380 km/h列车剩余加速度不小于0.02 m/s^2 的牵引性能要求，基于CRH2牵引系统平台的可靠性，以CRH2-300平台为基础，列车质量为890 t、齿轮传动比为2.37、单位阻力公式为 $w=0.53+0.0039v+0.000114v^2$ (N/ kN)，通过上述设计计算公式可以计算出新一代高速16辆编组动车组轮轴输出总功率不小于19 382 kW 。在轮周牵引功率19 382 kW的条件下，350 km/h时列车剩余加速度为0.062 m/s^2，380 km/h时列车剩余加速度为0.023 m/s^2。0~200 km/h平直道列车平均启动加速度为0.42 m/s^2；加速到350 km/h所需时间约为420 s，加速距离约为27.5 km；从350 km/h加速到380 km/h所需时间约为210 s，加速距离约为21.5 km。

(4)牵引系统配置

16辆编组动车组牵引电传动系统设7个牵引单元，每个牵引单元设1台牵引变压器、2台牵引变流器、8台牵引电动机。

根据上述牵引计算确定的轮轴输出总功率不小于19 382 kW的牵引性能提升方案，考虑到现有CRH2牵引系统平台的可靠性，及在该平台基础上进行提升的可能性，取每台牵引电动机持续输出功率365 kW，全列车56台牵引电动机轴输出总功率为20 440 kW，按齿轮箱传动效率不小于95%，则轮轴输出功率为19 418 kW。对应计算得出牵引变压器牵引容量不小于3 234 kV·A(2×1 617)，牵引变流器输出容量不小于1 785 kV·A(假设逆变器效率 $\eta_{inv}=0.985$，脉冲整流器效率 $\eta_{con}=0.975$)。

牵引系统主电路设备容量推算图见图3-109。

① 牵引电动机容量

列车速度提升到380 km/h，牵引电动机的功率为365 kW，齿轮箱传动比为2.37。牵引电动机技术参数方案见表3-23。

② 牵引变压器

根据对牵引系统牵引能力提升的要求，牵引变压器具体技术参数如表3-24所示。

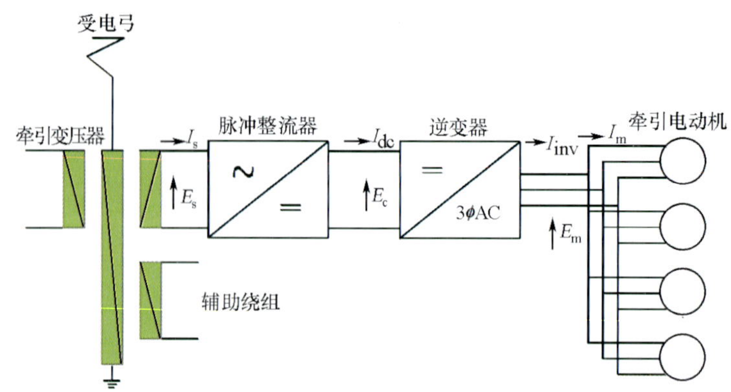

图 3－109　牵引系统主电路设备容量推算图

表 3－23　牵引电动机技术参数

项　　目	新一代高速列车	项　　目	新一代高速列车
额定功率/kW	365	额定转速/($r\cdot min^{-1}$)	5 367
额定电压/V	2 200	基波速度/%	95
额定电流/A	120	最高速度/($km\cdot h^{-1}$)	380 以上
额定频率/Hz	180	最高转速(新轮/半磨耗/全磨耗)/($r\cdot min^{-1}$)	5560/5829/6050

表 3－24　牵引变压器技术参数

项目	新一代高速列车		
绕组	高压	牵引	辅助
容量/(kV・A)	3 710	3 234	475
电压/V	25 000	1 650	400
体积	在满足整车安装要求的前提下适当增大		
质量/kg	约 3 700		
温升限度/K	绕　组：　125（电阻法） 油　　：　80（温度计法）		

③ 牵引变流器

经过对牵引变流器设计能力的分析，牵引变流器可在尺寸基本保持不变的情况下进行容量提升，牵引变流器实施方案如下：

由于单台牵引电动机的轴输出功率要求提高到 365 kW，故相应计算牵引变流器整流器容量由 1 513 kV・A 提高至约 161 7 kV・A，逆变器容量由 1 670 kV・A 提高至约 1 785 kV・A。

由于输入功率提高 13%，在原输入电压不变的情况下，脉冲整流器输入电流将提高 13%，因此需要提高输入电压。将脉冲整流器输入电压由 1 500 V 提升至 1 650 V 以上，以保持输入电流基本不变，同时对牵引变压器的牵引绕组短路电感进行调整。

由于输入电压提高，根据脉冲整流器原理要求，中间电压也要求有所调整。低速段中

间电压拟由 2 600 V 提高至 2 800 V,高速段中间电压提高至 3 050 ~ 3 100 V。为适应新的动力要求需对动车组牵引特性进行调整,启动牵引力增大,恒功率进入点设为 160 km/h。

以上介绍了高速列车牵引传动设计的思路,给出了 CRH2 - 300 型动车组牵引传动系统提升的一个算例,以满足 350 km/h 持续运行和 380 km/h 最高速度运行的要求。具体的提升方案还要根据阻力降低、轴重调整等具体情况进行设计。

3.7 制动系统设计

人为地使高速列车减速或阻止其加速的行为,即为制动。高速列车制动的实质是动能的转移,动能与速度的二次方呈正比,因此速度的提高,必然导致列车动能的增加,势必造成制动难度的加大。因此,高速列车的制动系统必须考虑对速度的适应性,设计 350 km/h高速列车时必须改进与低速时不适应的参数值,使制动系统的配置与设计速度相匹配。

我国 CRH2 - 300 型和 CRH3 型动车组的电制动均采用了再生制动的方式,摩擦制动均采用了盘形制动的方式。这两种方式也已成为各个高速列车技术发达国家的共识,在各国的300 km/h 及以下高速列车上得到了广泛的应用。在350 km/h高速列车的设计上,我国应充分吸收前述经验,认真探讨这两列高速列车所用制动系统的适用性,并考察高速情况下对新的制动方式的需求。

3.7.1 常用制动设计

1. 设计因素

常用制动是使用最频繁的一种制动方式,在常用制动系统设计时应首要考虑乘客的舒适性。这就要求高速列车的制动系统设计尽量采用微机控制制动控制系统,以实现制动力的实时计算和动态分配,同时与编组内其他车辆进行制动力的协调配合,保证制动力控制的精度和实时性,最终确保乘客的舒适性。

其次,要考虑可靠性。常用制动系统由于使用最为频繁,因此其可靠性至关重要。性能优良,但效能不稳定的制动系统在频繁的使用过程中不仅由于系统庞大而使其性能优势无法发挥,而且会由于故障频发而增加维修作业量和高额维修成本。系统化的可靠性设计,对高速列车这个高度集成化的复杂系统来说至关重要。

再次,要考虑经济性。由于使用频率高,某一方面的材料耗费必将在运营中积累并放大。例如在制动方式的选择上,摩擦制动虽然技术成熟、控制简便,但由于会造成材料磨耗,在 350 km/h 高速下的材料磨耗必然更为严重,因此在 350 km/h 常用制动系统设计上,建议优先选用无磨耗、无污染、能量利用率高的再生制动,在再生制动力无法满足要求时才用摩擦制动补足。

由上述分析,常用制动工况下高速列车的受力除了运行阻力外,就是再生制动力和摩擦制动力了。

(1)运行阻力

高速列车的运行阻力包括机械阻力和气动阻力。机械阻力与列车速度呈线性关系，气动阻力与列车速度的平方呈线性关系。对于8辆编组的CRH2－300型和CRH3型动车组，根据京津线试验数据[25]，实测试验阻力随速度变化的曲线如图3－110所示。

严格说，运行阻力不属于人为施加的"制动力"的一部分。但在制动时，它却是使列车减速的外力中的一部分，它增加了列车动能转移的速度。列车运行阻力虽然为制动所用，但它的设计却不由制动系统决定，主要跟车型有关。对制动系统而言，车型确定后，列车运行阻力就已确定，无需另外设计。

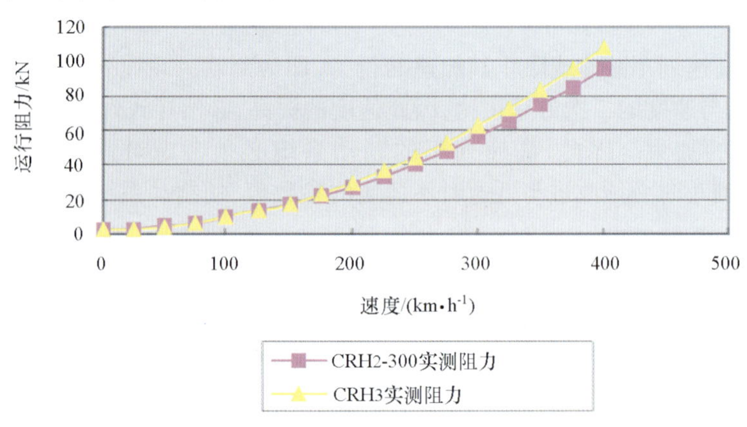

图3－110 CRH2－300型与CRH3型动车组实测运行阻力曲线

(2)再生制动

由于再生制动具有清洁、无磨耗和能量利用率高的优点，在常用制动工况，优先使用电制动力。

根据京津线试验数据[25]，CRH2－300型动车组再生制动功率为10 400 kW，CRH3型动车组再生制动功率为8250 kW。从较高制动初速制动至列车停止的过程中，根据牵引电动机的特性，高速区段(160 km/h以上速度)，牵引电动机的输出特性是恒功率曲线，因此在制动力－速度曲线上，再生制动力的最大值应服从双曲线；在中间区段(150～160 km/h范围)时，为恒力矩输出，再生制动力数值不变；在低速区段(0～150 km/h范围)时，再生制动力特性不理想。CRH2－300型和CRH3型动车组再生制动特性曲线如图3－111所示。

电制动属于黏着制动，其制动作用的实施需要借助轮轨间的黏着，因此电制动力的大小不能超过轮轨黏着的限制。黏着，是轮轨间似滑动非滑动，似纯滚动非纯滚动的一种状态。车轮不空转时的最大周向力与轴重的比值，称为黏着系数。目前我国还没有在高速区间段的黏着系数计算公式或者经验数据，各国对高速情况下的黏着研究较少，更多的时候是把低速情况下的黏着曲线公式外推到高速情况[26,27]。根据这种做法，图3－112给出了我国干轨和湿轨的理论轮轨黏着系数曲线。

图中的基准黏着系数公式是根据国外经验，以湿轨黏着系数上浮20%作为制动系统设计的制动黏着限制。根据该基准黏着系数曲线，结合列车的编组质量计算得CRH2－300和

CRH3 黏着制动的黏着制动力临界曲线和实际再生制动力的关系如图 3 – 113 所示。

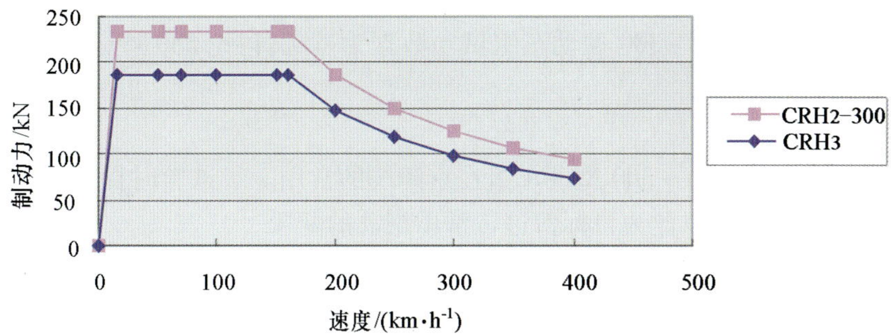

图 3 – 111　CRH2 – 300 型与 CRH3 型动车组再生制动力特性曲线

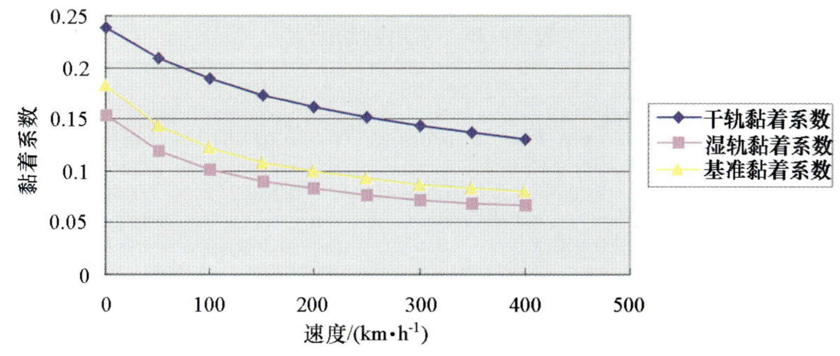

图 3 – 112　我国理论黏着系数曲线

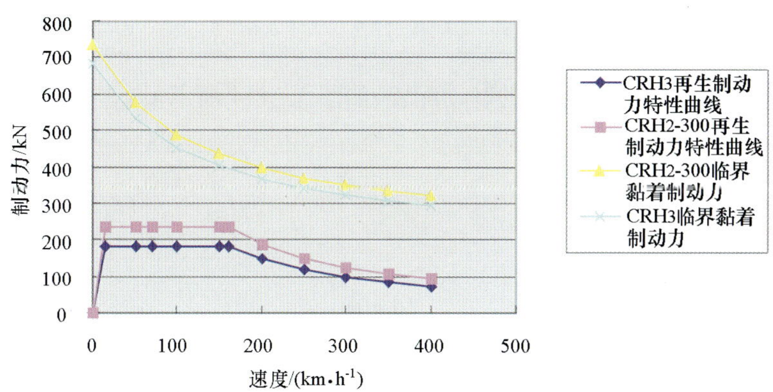

图 3 – 113　临界黏着制动力与再生制动力特性曲线

由以上分析可得出常用制动设计要点：

（1）常用制动系统的设计要重点考虑乘客的舒适性、系统的可靠性和经济性。

（2）CRH2 – 300 型和 CRH3 型动车组的再生制动在 0 ~ 150 km/h 范围内不可用，需由摩擦制动提供制动力。

（3）在高速区段，为保持制动力相对恒定，在 160 km/h 以上速度时，需由摩擦制动补足制动力。

(4) 在 380 km/h 高速区段,理论上再生制动力值不会超过黏着限制。

2. 设计算例

以下以京津线 CRH2－300 型动车组试验数据为基础,讨论 380 km/h 动车组常用制动配置设计的过程。

(1)制动力分配[28]

根据前述分析,CRH2－300 型动车组在京津线的常用 7 级试验时提供的平均减速度约为 0.672 5m/s^2,以下以此为目标值进行常用制动的配置。

首先根据前述运行阻力、再生制动的特性,计算 CRH2－300 型动车组在 380 km/h 制动初速下运行阻力和再生制动力所能够提供的最大减速度数值。将两者相加,若之和已大于减速度目标值,则取再生制动力为目标值与运行阻力提供的减速度之差;反之,则取电动机特性决定的最大再生制动力对应的减速度。计算结果如表 3－25 所示。

表 3－25　常用制动配置

速度/(km·h^{-1})	0	50	100	150	200
运行阻力	0.005 39	0.010 78	0.022 54	0.040 67	0.065 17
运行阻力＋再生制动	0.005 39	0.568 454	0.580 214	0.598 344	0.511 309
目标值	0.672 5	0.672 5	0.672 5	0.672 5	0.672 5
速度/(km·h^{-1})	250	300	350	380	
运行阻力	0.096 04	0.133 28	0.176 89	0.206 114	
运行阻力＋再生制动	0.452 951	0.430 706	0.431 827	0.440 924	
目标值	0.672 5	0.672 5	0.672 5	0.672 5	

具此,可以得出常用制动系统的制动配置,如图 3－114 所示。

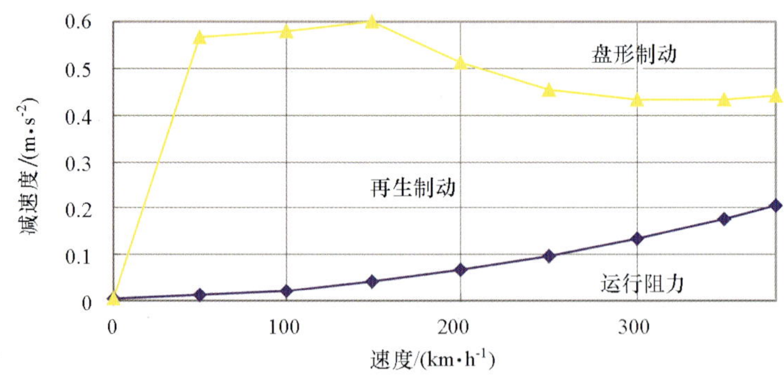

图 3－114　常用制动配置

(2)设计校核

对于上述制动配置应进行以下两方面的校核。首先是黏着校核。在常用制动系统中,再生制动和盘形制动属黏着制动。为保证黏着制动力在黏着限制范围内,将再生制动减速度和盘形制动减速度相累加,得到黏着制动减速度,并与基准黏着线所代表的制动减

速度画在同一曲线上，如图 3－115 所示。由图中可以看出，常用制动配置中，黏着制动未超过轮轨黏着限制。

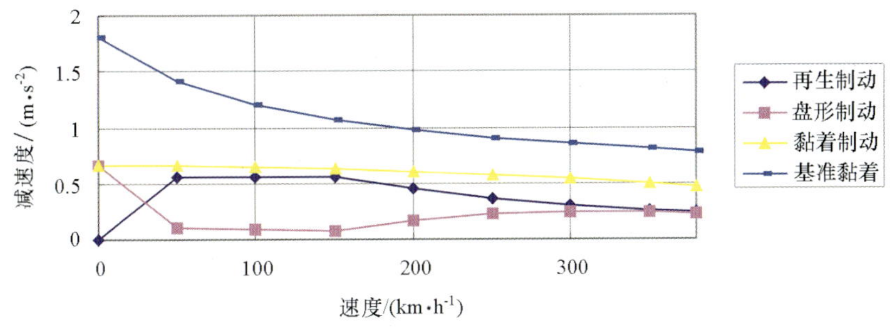

图 3－115　黏着校核

其次，根据制动配置的特点对盘形制动的摩擦副，运用 ANSYS 仿真计算 380 km/h 制动初速下的制动盘温升。根据仿真结果，制动盘的温度、应力未超过制动盘临界极限。同理计算再生制动完全失效后盘形制动摩擦副的温度、应力，并确保可靠。经仿真分析，温度校验合格。

根据校核结果可见，上述常用制动配置方案基本可行。

3.7.2　紧急制动设计

1. 设计因素

紧急制动系统的功能主要是在紧急情况下保证列车能够停车，确保乘客的安全。因此，对于紧急制动系统而言，系统的可靠性和安全性是第一位的。因此在设计紧急制动系统时，要遵循在满足系统功能要求的前提下使系统结构尽可能简化的原则。

由上述分析，紧急制动系统一般不使用电制动。纵览国外高速列车制动系统，多数紧急制动系统采用摩擦制动作为主要制动方式。

（1）摩擦制动

摩擦制动主要有踏面制动（又称闸瓦制动）和盘形制动两种方式。踏面制动时由于踏面作为一个摩擦副参与动能的转移过程，因此制动时踏面有磨耗。列车的动能与速度的二次方呈正比，因此速度的提高必然导致列车动能的急剧增加，在高速区段势必造成踏面的较大损伤，对车轮的运行极为不利。因此国内外很少在高速列车上运用踏面制动，而采用盘形制动的方式。

盘形制动根据制动盘在轮对上安装位置的不同分为轮盘式盘形制动和轴盘式盘形制动。由于盘形制动不依赖于电气装置，在列车电气发生故障时仍可使用，而且在制动时对车轮踏面无损害。因此目前各国所有高速列车都配备了盘形制动，将其作为安全制动方式。在紧急制动系统设计时，以盘形制动作为主要制动方式是恰当的。

但盘形制动仍属摩擦制动方式，制动产生的热量主要通过制动盘和闸片构成的摩擦副消散出去。因此盘形制动的限制主要体现在对制动盘的结构、材料和热力学性能的要求上，它成为影响摩擦制动可行性的主要方面。以 CRH2－300 型动车组的盘形制动为例，根据其制动盘的材料特性，其可以承受的最高温度为 630 ℃。

常用制动情况下，根据京津线试验结果，常用 7 级空气制动的制动缸压力为 350 kPa 左右。经计算，在 350 kPa 制动缸压力，0.9 m/s^2 的平均制动减速度条件下仿真计算的 380 km/h制动初速的制动盘片最高温度曲线如图 3 – 116 所示。

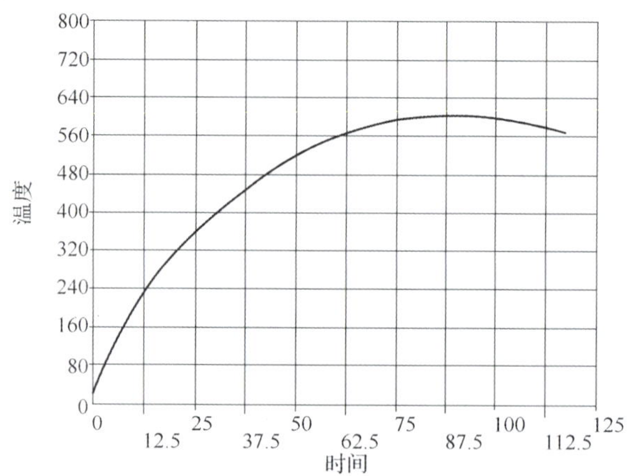

图 3 – 116　CRH2 – 300 型动车组在 350 kPa 制动缸压力、0.9 m/s^2 平均减速度时轮盘最高温度点温度曲线

由图 3 – 116 可以看出，制动盘温度最高点的温度变化未超过材料允许温度极限。根据京津线试验情况，300 km/h 初速下，常用 7 级空气制动的实测平均制动减速度为 0.665 ~ 0.680 m/s^2，尚未达到 0.9 m/s^2。由此可以判断，在常用制动条件下，CRH2 – 300 型动车组制动盘在380 km/h时不存在热负荷超限的问题。

在紧急制动情况下，假设制动缸压力为 550 kPa，运用 ANSYS 软件进行制动盘的热应力仿真，得到制动盘最高温度点的温度曲线如图 3 – 117 所示，CRH2 – 300 型动车组制动盘大约在 300 km/h 时最高温度点的温度值达到制动盘极限温度。

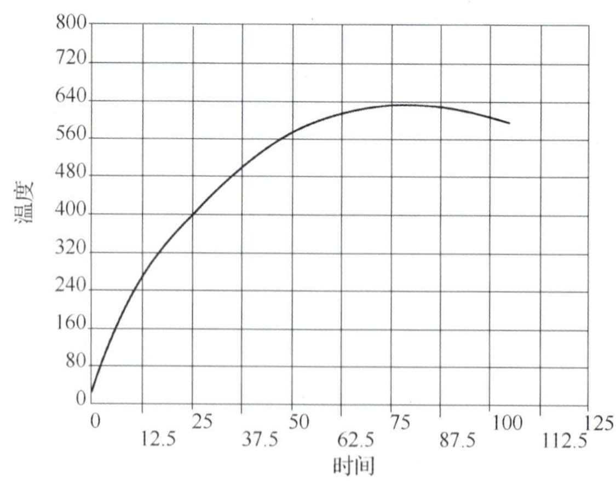

图 3 – 117　CRH2 – 300 型动车组在 550 kPa 制动缸压力、0.9 m/s^2 平均减速度时轮盘最高温度点温度曲线

制动盘温度超限后可能会出现较严重的后果:

① 使制动盘产生很大的温度梯度,并由此产生热应力,使制动盘发生变形。由于制动盘内部制造工艺等原因,不可避免存在一定的缺陷,不均匀温度和应力的循环作用产生微裂纹,微裂纹在热疲劳等因素循环作用下扩展到一定程度,制动盘就会发生疲劳断裂。经过研究表明,热疲劳破坏是一个复杂的力学损伤和组织蜕变过程,它包含在交变温度和交变热应力同时作用下的机械损伤、组织蜕变和氧化腐蚀作用。制动盘摩擦面由于疲劳损伤而出现的裂纹形貌主要有两种:a　呈网状分布的"龟裂纹",这些裂纹较浅,分布在制动盘摩擦面上,导致表面剥离和非正常磨损等现象;b　制动盘摩擦面上的径向裂纹,一般都比较长,数目不多,但往往较深,容易导致制动盘的脆性断裂,影响行车安全。

② 制动盘表面发生高温蠕变、高温氧化,发生相变,在制动盘表面形成表面膜(如氧化膜)影响热的传出,进而影响摩擦副材料的摩擦磨损性能。摩擦热对制动盘表面及次表层组织和性能的影响非常复杂,且成动态变化特性,它将影响表层材料的塑性变形、再结晶,温度过高时,将导致材料发生相变。表面膜的形成在低速条件下可有效防止摩擦接触表面黏着磨损的发生,摩擦副的磨损率降低,摩擦系数变小;在高速条件下,氧化膜来不及生成,促使材料摩擦磨损性能急剧衰退。摩擦表面发生物理化学变化,在反复急热和冷却的条件下,表面会形成一定量的硬脆的马氏体组织,导致摩擦系数降低,易产生表面破坏。

③ 摩擦热引起表面温度升高,材料发生软化现象,使其机械性能(如强度)降低,发生塑性变形,增大剪切作用力,加剧摩擦磨损。

因此CRH2－300型动车组盘形制动在紧急制动工况下使用速度不应超过300 km/h。综合考虑常用制动和紧急制动的情况,CRH2－300型动车组原有制动盘适用的速度范围是0～300 km/h,对于380 km/h的高速列车,需要考虑更换性能更好的制动盘材料,或考虑在高速区段增加其他制动方式,弥补制动力的不足。

(2)风阻制动

与再生制动一样,盘形制动也是黏着制动的一种。因此盘形制动力的大小必须低于轮轨黏着所对应的制动力的大小。紧急制动时制动缸压力一般不变,根据CRH2－300型动车组紧急制动制动缸压力值在520 kPa左右,通过制动计算得出CRH2－300型动车组增压缸压力520 kPa时对应的盘形制动力约为606 kN,在没有黏着限制的条件下理想的盘形制动力为常数。此时的盘形制动力和临界黏着制动力关系如图3－118所示。

由图3－118可看出,在高速区域,盘形制动力数值将超过临界黏着制动力的数值。因此随着速度的增加,盘形制动提供的制动力必须沿着临界黏着力的曲线而降低。单独采用盘形制动显然不能满足制动要求,需要寻求其他制动方式的补充,而所有黏着制动方式都要受到黏着曲线的限制,因此必须找到一种非黏制动方式作为盘形制动的补充。

对于速度达到350 km/h及以上的高速列车而言,采用非黏制动方式作为紧急情况下的制动方式将成为未来高速列车制动技术的发展趋势。目前各国采用的非黏制动方式主要有轨道涡流制动和空气动力制动。欧洲各国研发的350 km/h高速列车通常采用线性涡流制动或磁轨制动,而日本新干线和日本超导磁浮列车则采用空气动力制动,他们都已取得了成功的经验[27]。空气动力制动方式相对磁轨制动,对车体转向架改动相对较小,而且充分利用了风能这种清洁环保的能源。

空气动力制动利用空气动力学的原理,在高速列车制动时展开装于车体上的制动板,增加运动方向上的迎风面积,利用大气与制动板的相对摩擦将列车的动能转化为热能,并随着空气的快速流动散入大气。2006 年日本已经宣布研制出利用空气动力制动的 Fastech 360S 和其改进型 Fastech 360Z。

当空气动力制动装置作用时,在制动板迎风面受到正压力作用,而在制动板后的流体产生分离,导致制动板后的流场为负压,制动板前后存在着压力差,因此制动板受到阻力作用,等效于空气动力制动的制动力。

利用流体力学计算软件(如 Fluent,Star CCM ++等)可计算得到装有空气动力制动板的高速列车所受空气阻力,根据计算,单片制动板产生的制动力随速度的变化如图3-119所示。

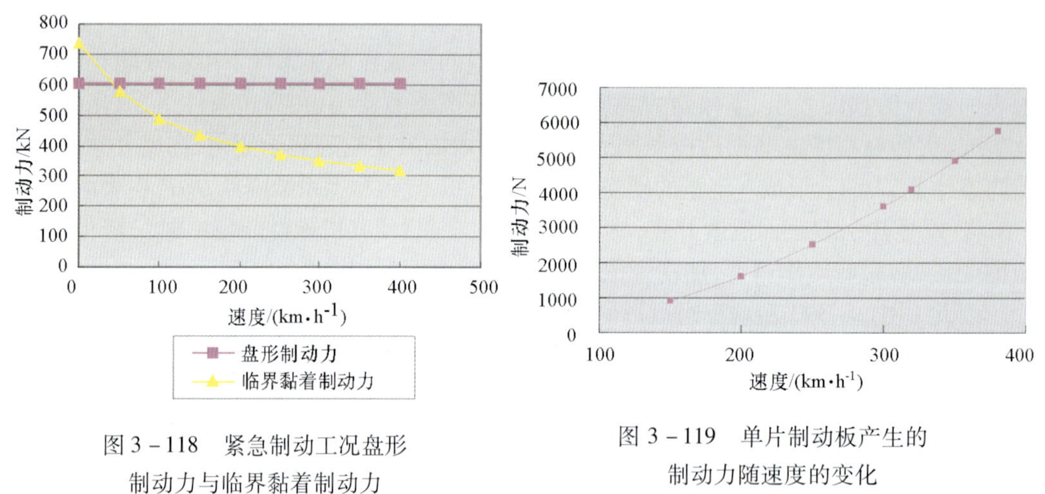

图 3-118 紧急制动工况盘形制动力与临界黏着制动力

图 3-119 单片制动板产生的制动力随速度的变化

经分析计算后,在 200 ~ 380 km/h的速度区段,风阻制动具有较明显的制动效果。在紧急制动时 8 辆编组利用风阻制动后理论上可以得到的减速度为 0.12 m/s^2 左右。

由以上分析可得出紧急制动设计要点:

① 紧急制动系统结构要在满足功能要求的前提下尽可能简单。

② 350 km/h 高速下单靠黏着制动一种制动方式难于实现良好的紧急制动性能。

③ 盘形制动和空气动力制动相结合的制动方式是一种值得推荐的紧急制动系统配置。

2. 设计算例

(1)制动力分配

下面以京津线 CRH2-300 型动车组试验数据为基础,讨论 380 km/h 动车组紧急制动配置设计的过程。根据京津线试验结果,紧急制动的减速度目标值为 1.181 m/s^2。

紧急制动时列车的运行阻力和常用制动时相同,除运行阻力以外的制动力主要靠盘形制动补充。由于紧急制动没有微机参与,因此盘形制动力数值需为常数,其大小根据基准黏着限制曲线积分后在速度区间上平均得到，经计算后该减速度数值为 1 m/s^2。然后根据此减速度数值计算与其对应的制动缸压强为 487 kPa，此数值是可以实现的。因此盘形制动的减速度数值可以定为 1 m/s^2。这时的黏着已完全被利用，盘形制动力提供的加速度便是黏着制动所能提供的最大制动力，无论增加其他任何黏着制动方式，都不能增加其数值。根据计算，此时的减速度跟目标减速度相比还有缺口，如表 3－26 所示，因此必须考虑非黏制动。

表 3－26　紧急制动配置表

速度/($km \cdot h^{-1}$)	0	50	100	150	200	250	300	350	380
运行阻力	0.005 39	0.010 78	0.022 54	0.040 67	0.065 17	0.096 04	0.133 28	0.176 89	0.206 114
盘形制动	1	1	1	1	1	1	1	1	1
运行阻力＋盘形制动	1.005 39	1.010 78	1.022 54	1.040 67	1.065 17	1.096 04	1.133 28	1.176 89	1.206 114
目标值	1.181	1.181	1.181	1.181	1.181	1.181	1.181	1.181	1.181

由表 3－26 可得紧急制动配置如图 3－120 所示，由于风阻制动较之其他非黏制动方式的优点，宜采取空气动力制动补足剩余制动力值。

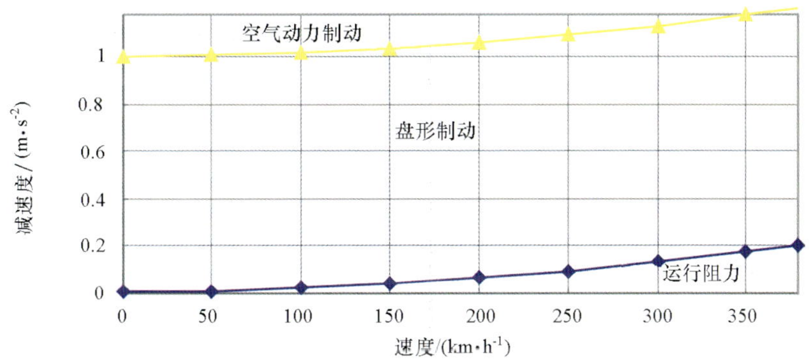

图 3－120　紧急制动配置

(2)设计校核

由于在制动力分配阶段已经考虑了黏着限制，所分配盘形制动力值即按照黏着限制线进行，因此此处的黏着校核可以省去。

由于制动减速度大，因此制动盘温度的校核显得非常必要，根据 ANSYS 的温度仿真，1.0 m/s^2 的减速度，380 km/h 的制动初速时制动盘的温度将超过 1 000 ℃。显然 CRH2－300型动车组原来的制动盘材料无法适应 380 km/h 紧急制动工况。但根据剩余的制动力值，以及空气动力制动的制动能力，经综合考虑还是以改进制动盘材料为宜。

参 考 文 献

[1]　王福天．车辆系统动力学[M]．成都：西南交通大学出版社，1994.

[2]　张卫华．机车车辆动态模拟[M]．北京：中国铁道出版社，2006.

[3] 钱立新. 世界高速铁路技术[M]. 北京:中国铁道出版社,2003.

[4] 金学松,沈志云. 轮轨滚动接触疲劳研究的最新进展[J]. 铁道学报,2001,23(2):92－108.

[5] 金学松,温泽峰,张卫华,等. 世界铁路发展状况及其关键力学问题[J]. 工程力学, 2004, 21(增刊), 90－104.

[6] X. S. Jin, Z. F. Wen. Effect of discrete track support by sleepers on rail corrugation at a curved track [J]. Journal of Sound and Vibration, 2008,315: 279－300.

[7] 张雪珊,肖新标,金学松. 高速车轮椭圆化问题及其对车辆横向稳定性的影响[J]. 机械工程学报, 2008, 44(3): 50－56.

[8] J. C. O. Nielsen, R. Lunder, A. Johansson, et al.. Train－track interaction and 972 mechanics of irregular wear on wheel and rail surfaces[J]. Vehicle System Dynamics ,2003, 40 (1－3) :3－53.

[9] Xuesong Jin, Weihua Zhang, Jing Zeng, et al.. Adhesion experiment on a wheel/rail system and its numerical analysis[J]. Journal of Engineering Tribology, 2004, 218:293－303.

[10] 金学松,刘启跃. 轮轨摩擦学[M]. 北京:中国铁道出版社,2004.

[11] Shen Z. Y., Zhang W. H., Jin Xuesong, et al.. Advances in wheel/rail contact mechanics, Proc. of IHHA'99, Moscow, Russia, June 14－17[R]. 1999.

[12] 张曙光. 铁路高速列车应用基础理论与工程技术[M]. 北京:科学出版社,2007.

[13] 于万聚. 高速电气化铁路接触网[M]. 西南交通大学出版社,2003.

[14] 张卫华,梅桂明,陈良麒. 接触线弛度及表面不平顺对接触受流的影响分析[J]. 铁道学报, 2000, 22(6): 50－54.

[15] Mitsuo ABOSHI, Katsushi MANABE. Analyses of contact force fluctuation between catenary and pantograph [J]. Quarterly Report of RTRI, 2000,41(4):182－187.

[16] A Collina, A Lo Conte, M Carnevale. Effect of collector deformable modes in pantograph-catenary dynamic interaction [J]. Proceedings of the Institution of Mechanical Engineers, Part F: Journal of Rail and Rapid Transit,2009, 223(1): 1－14.

[17] 蔡成标,翟婉明. 高速铁路受电弓－接触网系统动态性能仿真研究[J]. 铁道学报,1997,19(5): 38－43.

[18] 李红梅. 既有线提速接触网系统 JY250 的研发[J]. 铁道工程学报, 2008, (5):62－65＋74.

[19] Raghunathan R S, Kim H D, Setoguchi T. Aerodynamics of high-speed railway train [J]. Progress in Aerospace Science, 2002, 38: 469－514.

[20] Fujii K, Ogawa T. Aerodynamics of high speed trains passing by each other [J]. Computers & Fluids, 1995, 24(8): 897－908.

[21] Robert A M, Samule H, Lee H S. Measurement of the aerodynamic pressures produced by passing trains, Proceedings of the 2002 ASME/IEEE Joint Rail Conference[R]. Washington, DC, USA, 2002.

[22] Khier W, Breuer M, Durst F. Flow structure around trains under side wind conditions: Numerical study [J]. Computers & Fluids, 2000, 29(2): 179－195.

[23] 田红旗. 列车空气动力学[M]. 北京:中国铁道出版社,2007.

[24] 董锡明. 现代高速列车技术[M]. 北京:中国铁道出版社,2007.

[25] 张曙光,康熊,张卫华,等. 京津城际铁路高速列车系统动力学试验研究报告[R]. 北京:2008.

[26] 饶忠. 列车制动[M]. 北京:中国铁道出版社,2006.

[27] 张开文. 制动[M]. 北京:中国铁道出版社,1981.

[28] Masafumi YOSHIMURA. 山梨试验车辆空气动力制动[J]. 国外铁道车辆,2001, 38(3): 32－35.

4 舒适性设计

4.1 广义舒适度

4.1.1 广义舒适度的定义

和高速列车的其他指标一样,舒适度也是体现高速列车品质的一个因素,是唯一涵盖了主观和客观两方面因素的指标。传统的舒适度指标,是在车体地板上离心盘 1 m 的地方安装三向振动加速度传感器,借由三向振动的大小通过计算获得的,常被称为振动舒适度。在现代高速列车中,我们尽力设计的是一个能提供给乘客舒适安逸感觉的环境,这个环境不是仅局限在振动上,还包含了车内的噪声、温度、湿度、照度、压力、流场、空间布置、色彩等因素,因此舒适度的定义从振动舒适度扩展到广义舒适度。

对于舒适度定义的扩展,人们经历了一个从小到大的过程,这个过程不仅反映了车为人而设计的理念,也反映了设计能力的提高。最初只考虑振动作为舒适度的评价指标,但是随着列车运行速度的提高,对于在密封车体中人们所感受到的运行中的噪声、压力、温度、湿度、空气品质等物理因素进行了研究,对舒适度的考虑扩展到了物理因素。再随着铁路的快速发展,运载能力的提高和乘坐人数的增加,对于影响乘坐舒适感觉的座椅舒适度、空间布置等因素进行了研究,舒适度的考虑扩展到了生理因素。随着人们物质生活的提高,对生活品质的追求,高速列车上列车员的服务、车内商品的销售等,都被纳入影响旅客乘坐感觉的因素。图 4 - 1 形象地表现了舒适度涵盖范围的扩展。

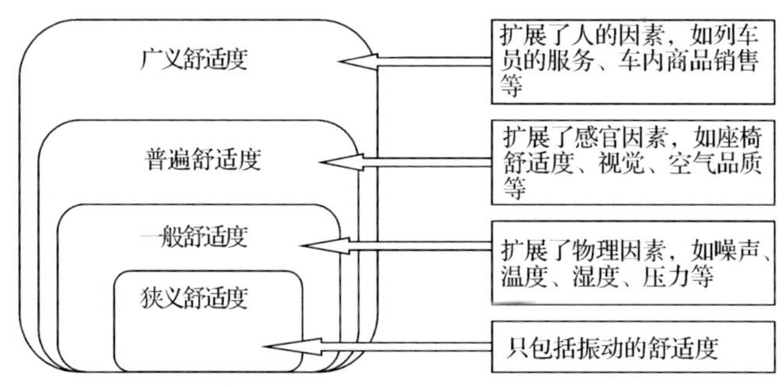

图 4 - 1　舒适性定义

我们用广义舒适度来评价人们在乘坐时对列车环境感到满意的程度。广义舒适度是多种因素综合作用的结果,是一个物理、生理和心理等要素在内的综合指标。广义舒适度不仅和车的设计有关,对于承受的人而言,因体质、年龄、性别、习惯和健康状况等的不一样而不同。因此,广义舒适度的研究是极其复杂的,至今还没有形成可以具体操作的标准。为了向乘客提供一个理想的环境,我们必须尝试进行广义舒适性的研究,优化高速列车的设计。

4.1.2 广义舒适度的分类

广义舒适度由于涵盖了物理、生理和心理的众多要素,从影响广义舒适度的因素的性质来分，广义舒适度可分为物理因素的舒适度、生理因素的舒适度、心理因素的舒适度。物理因素一般指振动、噪声、车内空气温度、车内相对湿度、车内气体压力、气流速度、气流组织、车内空气品质等因素，这些因素是直接能在车内进行测量获得定量的数据，并通过数学的方法进行分析。生理因素一般指照度、色度、坐姿、座椅等因素，这些因素在测试时能获得定性的分析。心理因素一般包括人的心理主观感觉、身理感觉等因素，这些因素只能从人的主观感受来进行判断，常常是一些主观的感觉数据。广义舒适度的分类如图 4－2所示。

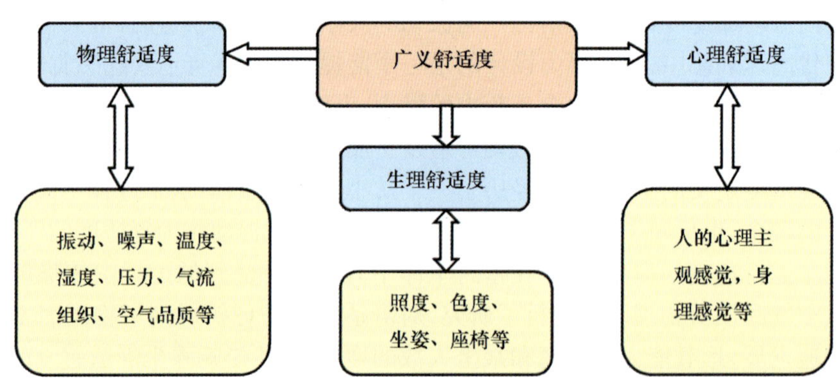

图 4－2　广义舒适度的分类

4.2　舒适度因素的影响及控制

4.2.1　振动的影响及控制

人体对振动影响的感受包括振动的大小和频率。振动的大小，直接被人体所感觉。大振幅的振动，往往表现为机械类的上下起伏，造成这种振动的原因是机械设计上悬挂装置及刚度的不合理造成的，在设计中能得到优化。振动的频率对人体的影响往往会被忽略，但是振动频率对乘坐舒适性却有着重要的影响。列车的振动频率从人体生理学的角度，有三个有害范围：第一个频率范围是小于 1 Hz 的振动，会使人头晕，在设计悬挂装置时，应设法避免；第二个频率范围是 4～8 Hz，在人的大脑内产生共振现象，使人迅速疲劳，所以要避免在常用速度范围内出现；第三个频率范围是 16～32 Hz 的高频振动（常为机械工作频率），对人体有不良影响，需要设法减振。

1. 振动特性评价

为了考核列车的乘坐舒适度，需要对车体的振动加速度进行评定。现在通常用的评定指标主要有：平稳性指标、舒适性指标和运行品质。

（1）运行平稳性指标

按照 GB 5599—1985 的要求，平稳性测量的每个速度级至少采集 10～20 段 18 s 的时间。车体振动加速度包含多个频率成分，单一频率的平稳性指标计算公式为：

$$W_i = 7.08\sqrt[10]{\frac{A_i^3}{f_i}F(f_i)} \tag{4-1}$$

式中 W_i——平稳性指标；

A_i——振动加速度(g)；

f_i——振动频率(Hz)；

$F(f_i)$——频率修正系数(见表4-1和图4-3)。

表4-1 频率修正系数

垂直振动		横向振动	
0.5～5.9 Hz	$F(f)=0.325f^2$	0.5～5.4 Hz	$F(f)=0.8f^2$
5.9～20.0 Hz	$F(f)=400/f^2$	5.4～26.0 Hz	$F(f)=650/f^2$
>20.0 Hz	$F(f)=1$	>26.0 Hz	$F(f)=1$

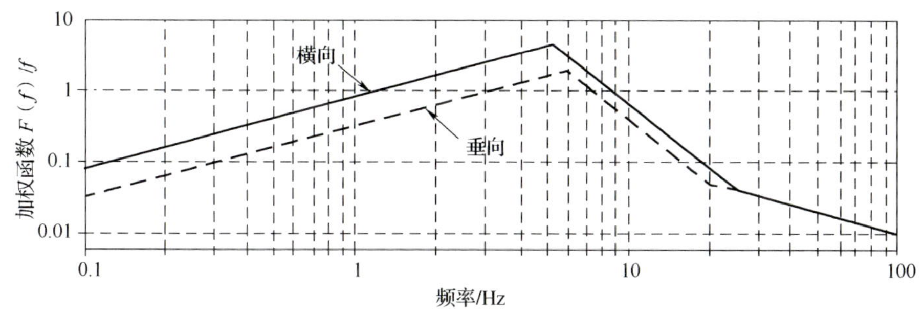

图4-3 平稳性权函数

不同频率加速度的平稳性指标值再按下式进行合成，平稳性指标计算的频率范围为0.5～40 Hz。

$$W = \sqrt[10]{\sum_{i-1}^{n} W_i^{10}} \tag{4-2}$$

根据表4-1和图4-3所示的平稳性指标加权系数显示，影响横向和垂向平稳性指标的最大权重频率分别为5.4 Hz和5.9 Hz，而横向振动加速度中频率20 Hz以上的成分对横向平稳性的影响，垂向振动加速度中26 Hz以上的成分对垂向平稳性指标的影响均已微乎其微。

车辆运行平稳性的等级列于表4-2，垂向和横向采用相同的评定等级。

表4-2 平稳性指标评定等级

平稳性等级	评定	平稳性指标
1级	优	$W<2.5$
2级	良好	$2.5<W<2.75$
3级	合格	$2.75<W<3.0$

(2)舒适度指标

舒适度指标用得较多的是UIC 513定义的舒适度指标。它将时域加速度信号分成多段，对每段加权后得到一个值，然后统计处理得到舒适度指标。

UIC 513 定义的舒适度简化计算方法的公式为：

$$N_{MV}=6\sqrt{(a_{XP95}^{W_d})^2+(a_{YP95}^{W_d})^2+(a_{ZP95}^{W_d})^2} \tag{4-3}$$

式中 N_{MV}——舒适度指标；

a——加速度的均方根值；

W_d, W_b——此上标与按加权曲线 d, b 的频率加权值有关（见图 4－4）；

iP95——这些下标与界面及统计概率有关：$i=X, Y, Z$ 分别表示加速度传感器纵向、横向、垂向的敏度方向；P 表示地板面；95 表示分布概率分位点 95%。舒适度指标等级。

从图 4－4 可以看出，纵向和横向加速度有效值的频率加权曲线 W_d 与垂向加速度有效值的频率加权曲线 W_b 差异明显。纵向和横向车体加速度对舒适度值影响较大的频率成分介于 0.4～5 Hz，0.6～2 Hz 频率成分的影响尤为显著。垂向振动加速度对舒适度值有较大影响的频率的分布较宽，5～16 Hz 频率成分的影响最明显，但 2～5 Hz 和 16～40 Hz 振动的影响仍不可忽视。

舒适度测量时，每个速度级的采样持续 5 min。计算时以 5 s 为间隔按图 4－4 换算频率加权后的纵向、横向和垂向加速度有效值，频率范围为 0.4～80 Hz，然后分别统计 5 min 测量时间内各方向 60 个加速度有效值的 95% 的置信限值，最后代入简化公式（4－3）合成该 5 min 采样段的舒适度值。

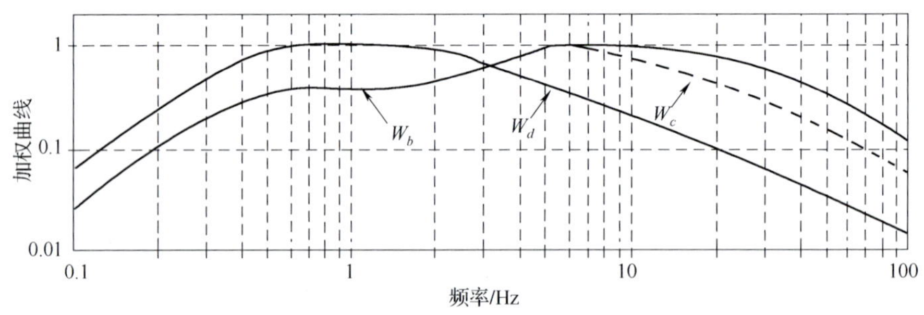

图 4－4 舒适度权函数

车辆振动舒适度等级划分如表 4－3 所示。

表 4－3 舒适度等级划分表

舒适度等级	舒适度指标	评 定
1 级	$N<1$	非常舒适
2 级	$1\leqslant N<2$	舒适
3 级	$2\leqslant N<4$	还算舒适
4 级	$4\leqslant N<5$	不舒适
5 级	$N\geqslant 5$	非常不舒适

（3）运行品质

车辆的运行品质用车体振动加速度 A_y，A_z 进行评价，车体振动加速度 A_y，A_z 是车辆振

动特性的客观度量参数。GB 5599—1985对运行速度 $v \leqslant 140$ km/h 的客车运行品质的评价指标进行了规定，它规定车体平均最大振动加速度应符合以下要求：

$$\overline{A}_{max} \leqslant 0.00027\, v + C \tag{4-4}$$

式中 $\overline{A}_{max}$——客车车体平均最大振动加速度(g)；

v——客车运行速度(km/h)；

C——常数(取值见表 4－4)。

表 4－4 常数 C 的取值

运行平稳性等级	C	
	垂直振动	横向振动
优	0.025	0.010
良好	0.030	0.018
合格	0.035	0.025

以上标准不适用我国高速动车组运行品质的评价，对于我国 200 km/h 以上速度级的高速动车组，对最大振动加速度专门作了以下规定：

$$A_{ymax} \leqslant 2.5\ \text{m/s}^2$$

$$A_{zmax} \leqslant 2.5\ \text{m/s}^2$$

(4)其他振动评价指标

还有许多其他振动特性评价指标，比如欧洲铁路研究协会 ERRIC116 的平稳性指标 *Wz*、ISO2631 舒适性指标、日本 JIS 平稳性指标。各平稳性指标的主要区别就是频域加权函数的差异和统计处理方法的不同。

2. 振动特性分析

车辆沿轨道运行时，由于轮轨相互作用，使车辆系统各部件产生位移、速度和加速度，尤其车体的振动，直接影响旅客的乘坐舒适性。车辆振动不仅与线路状态有关，而且与车辆本身结构和悬挂系统有密切关系。

(1)轮对簧上质量系统的振动[1]

轮对簧上质量系统是一个简化的车辆模型，如图 4－5 所示，用一个轮对代表车辆各轮对在轨道上运行的特点，用一个簧上质量代表作用在弹簧上的质量(车体)。簧上质量与轮对之间不同的弹性悬挂装置可以代表实际车辆上不同的悬挂装置。应用这个简化系统研究得出的一些基本规律不仅适用于研究车辆的垂向振动，也适用于研究车辆的横向振动。

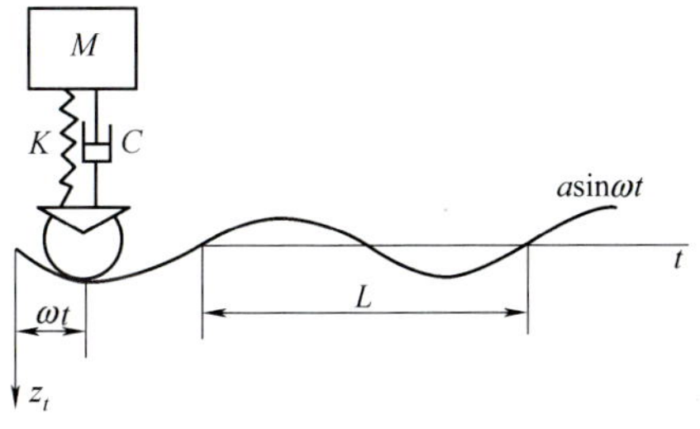

图 4－5 簧上质量系统强迫振动

由于线路及车辆本身的结构特点，车轮沿轨道运行时，在垂向及横向均能产生复杂的运动并经受各种轮轨作用力，这些运动和力经弹簧传至转向架和车体，激起车辆系统的强迫振动。车辆强迫振动的频率、振幅以及振动的形式，不仅与车辆本身的结构有关，而且与线路的不平顺特点以及车辆的运行速度有关。如果激振频率与车辆系统某个固有频率即自振频率一致时，就会出现车辆系统振幅不断扩大的共振现象。

设车轮沿上下呈现正弦变化的轨道运行，其输入 $z_t = a\sin\omega t$，其中 ω 为激振频率，该值与轨道正弦不平顺波长 L 和车辆运行速度有关。车体强迫振动的方程可写为：

$$M\ddot{z} + C\dot{z} + Kz = Ca\omega\cos\omega t + Ka\sin\omega t \tag{4-5}$$

通过对上面方程求解，可得到振幅放大系数 β_1 即车体振幅 B 与线路波形振幅 a 之比为

$$\beta_1 = \frac{B}{a} = \frac{\sqrt{1+4D^2r^2}}{\sqrt{(1-r^2)^2+4D^2r^2}} \tag{4-6}$$

式中：$D=\dfrac{C}{2Mp}$为阻尼比，其中 $p=\sqrt{\dfrac{K}{M}}$为自振频率；$r=\omega/p$ 为频率比。

车体加速度放大系数 β_2 的表示式为：

$$\beta_2 = \beta_1 r^2 = \frac{B\omega^2}{ap^2} = \frac{r^2\sqrt{1+4D^2r^2}}{\sqrt{(1-r^2)^2+4D^2r^2}} \tag{4-7}$$

图4－6和图4－7分别表示出振幅放大系数 β_1 和加速度放大系数 β_2 与频率比 r 之间的关系。当轨道波长一定时，激振频率 ω 与车辆运行速度成正比，因此 r 也与速度成正比。由图可见，当 $r=\sqrt{2}$时，在所有阻尼比下，振幅放大系数 $\beta_1=1$，也就是车体振幅大小与波形线路波幅一致，加速度放大系数也为一固定值，即 $\beta_2=2$。在 $r<\sqrt{2}$范围内，减振器阻尼越大，车辆强迫振动振幅和加速度越小，而 $r>\sqrt{2}$时的情形正好相反。因此，当车辆运行时，为使车体的振动加速度能在各种激振频率下都有低值，应使如图所示的曲线在不同 ω 时，都能保持低值且变化要平缓。对于运行速度范围较宽的车辆，阻尼比 D 过大和过小都不利，应进行优化，阻尼比 D 确定之后，减振器阻尼系数 C 也就可以确定了。

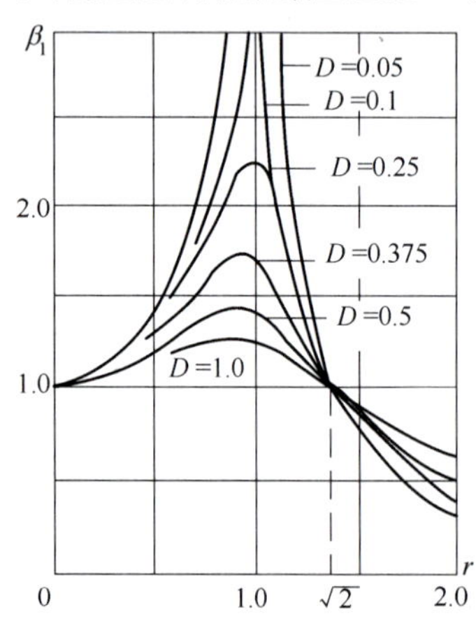

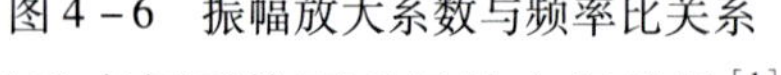
图4－6　振幅放大系数与频率比关系

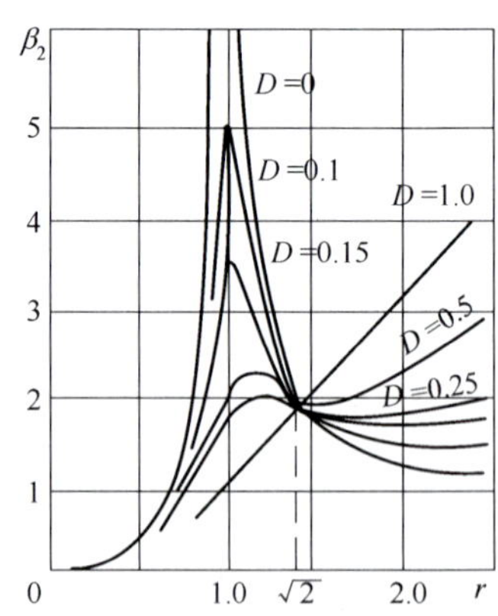

图4－7　加速度放大系数与频率比关系

(2)车辆系统两系悬挂自振特性[1]

铁道客车大多采用两系悬挂，即具有两级隔振，轮对与转向架之间设置一系弹性悬挂

装置，转向架构架与车体之间设置二系弹性悬挂装置，使车辆具有良好的运行品质，改善旅客舒适条件。具有二系悬挂装置的车辆系统浮沉振动简化模型如图 4－8 所示，为两自由度系统，M_1和 M_2分别为构架和半车体的质量，K_1和 K_2分别为一个转向架一系和二系悬挂的垂向刚度。

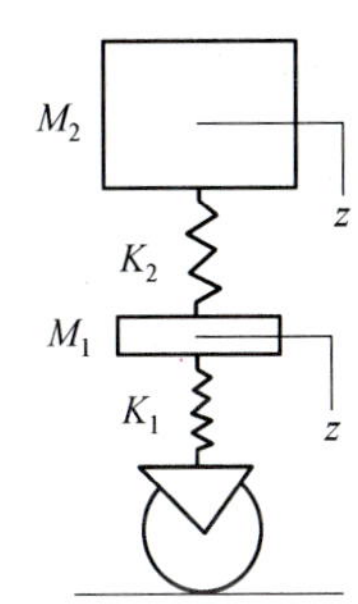

图 4－8　具有二系悬挂装置车辆的浮沉振动简化模型

车辆系统无阻尼的浮沉振动方程为：

$$\begin{aligned} M_2\ddot{z}_2 + K_2 z_2 - K_2 z_1 &= 0 \\ M_1\ddot{z}_1 + (K_1 + K_2) z_1 - K_2 z_2 &= 0 \end{aligned} \tag{4-8}$$

或进一步写成

$$\begin{aligned} \ddot{z}_2 + a_1 z_2 - a_1 z_1 &= 0 \\ \ddot{z}_1 + a_2 z_2 - a_3 z_2 &= 0 \end{aligned} \tag{4-9}$$

式中：$a_1 = \dfrac{K_2}{M_2}, a_2 = \dfrac{K_1 + K_2}{M_1}, a_3 = \dfrac{K_2}{M_1}$。

两自由度系统具有两个自振频率，通过对上式的特征方程求解，可得到其自振频率为

$$p_1 = \sqrt{\frac{g}{f_{s1} + f_{s2}}}, p_2 = \sqrt{\frac{f_{s1} + f_{s2}}{f_{s1} f_{s2}}\left(1 + \frac{M_2}{M_1}\right) g} \tag{4-10}$$

式中

$$f_{s1} = \frac{(M_1 + M_2) g}{K_1}, f_{s2} = \frac{M_2 g}{K_2} \tag{4-11}$$

分别为一系悬挂和二系悬挂静挠度。

同时，可得到对应于低频和高频的两种主振型的构架位移和车体位移比为

$$\frac{A_1}{B_1} = \frac{a_1 - p_1^2}{a_1} > 0, \frac{A_2}{B_2} = \frac{a_1 - p_2^2}{a_1} < 0 \tag{4-12}$$

由上可见，低频 p_1(车体主振动频率)只和总静挠度有关，与静挠度在两系中的分配无关，低频振动时车体和构架的位移同向；高频 p_2(构架主振动频率)除和总静挠度有关外，还与静挠度在两系中的分配和两系质量比有关，高频振动时车体和构架的位移是反向的。

采用京津城际铁路线轨道谱(50% 置信度)，对 CRH2－300 型动车组进行 350 km/h 速度下的运行仿真计算，计算得到一系和二系减振环节的上下结构件的振动情况(图 4－9和图 4－10)，以说明不同减载点位置的振动衰减情况。由图可见，一系和二系悬挂系统起到明显减振作用，特别是二系悬挂系统。由于空气弹簧具有较小的悬挂刚度，隔振效果十分明显，尤其是对垂向振动的衰减。

(3)高速列车对轨道激扰的响应

对给定的一个高速列车，其参数确定后，传递函数就是确定的。一般来说，车辆系统是非线性的，而传递函数是线性的，所以不能完全反映车辆系统的振动传递规律。但通过传递函数来分析车辆系统的振动传递规律在车辆动力学分析中也是十分有效的，可以揭示车辆振动传递的本质规律，而且计算速度较快。

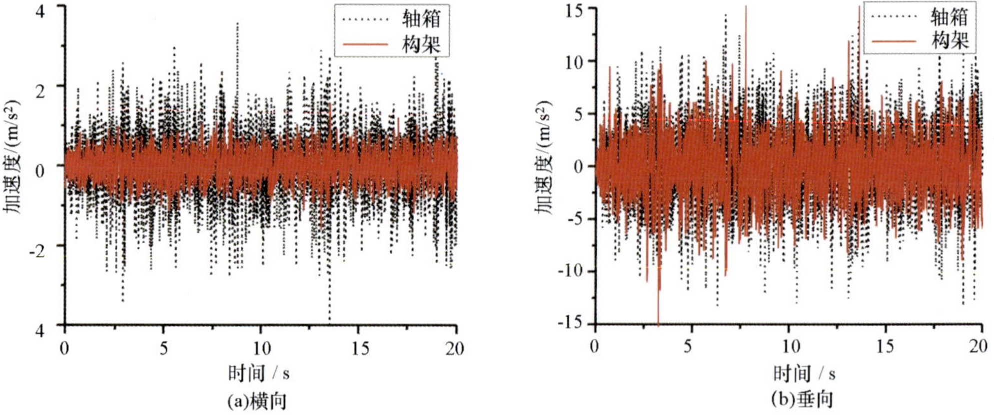

图 4－9　轴箱到构架加速度的传递(一系垂向弹簧位置)

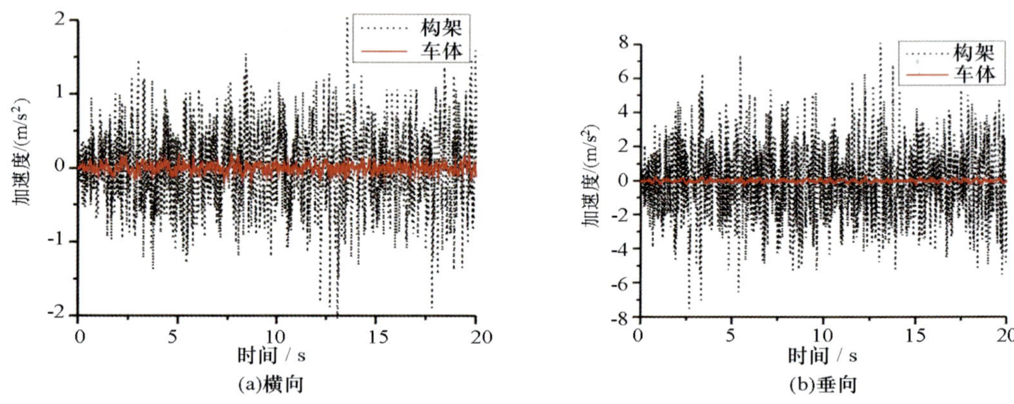

图 4－10　构架到车体加速度的传递(二系空气弹簧位置)

众所周知,高速列车振动的来源主要是轨道激扰,而轨道状态是千变万化的,在时域仿真中每次只能使用一个随机样本,不能完全表征轨道激扰的特性,所以时域仿真有其片面性。但车辆系统确定后,由于其固有的传递规律一定,通过传递函数来分析车辆对激扰的响应,能够全面反映各频率成分振动的传递规律。假设系统的传递函数为 $H(\omega)$,则在随机激扰谱 $S_x(\omega)$ 的作用下,系统的响应谱为:

$$S_y(\omega) = |H(\omega)|^2 S_x(\omega) \tag{4-13}$$

传递函数 $H(\omega)$ 是不变的(因为车辆传递函数是由车辆的结构参数、悬挂参数和质量特性等决定的)。图 4－11 ~ 图 4－13 分别是 CRH2－300 型动车组在整车条件下一系、二系悬挂和轴箱到车体(整车)的振动加速度传递率。计算采用了时域仿真方法,计算模型没有考虑结构弹性,线路谱为京津城际铁路线路谱。可以看到一系和二系悬挂的传递关系的频谱特征不同,二系悬挂明显对高频的传递率低,高频激扰得到良好隔离。从图 4－13的轴箱到车体(整车)的振动加速度传递率可以看到,横向传递函数在 1 Hz,2 Hz 和 7 Hz有峰值,振动传递能力强;垂向传递函数在 1 Hz,2 Hz,3 Hz,20 Hz 和 35 Hz 左右有峰值,振动传递能力强。

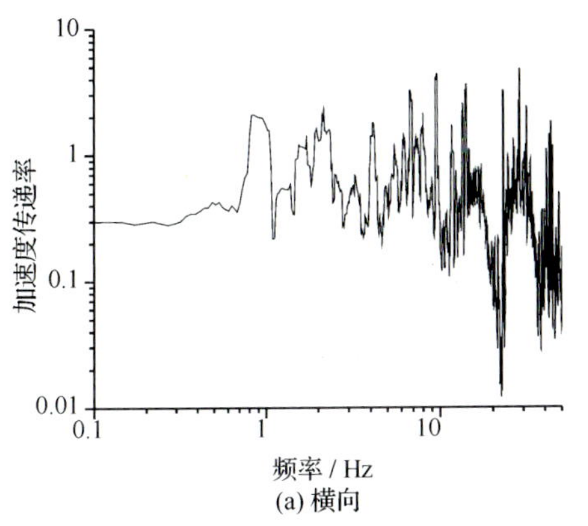

(a) 横向

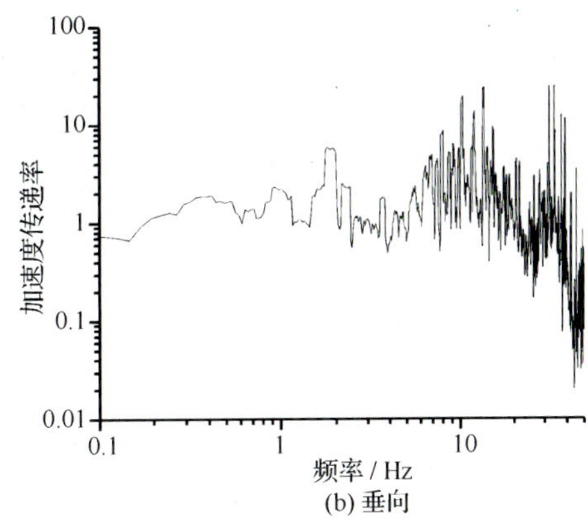

(b) 垂向

图 4－11　一系加速度传递率

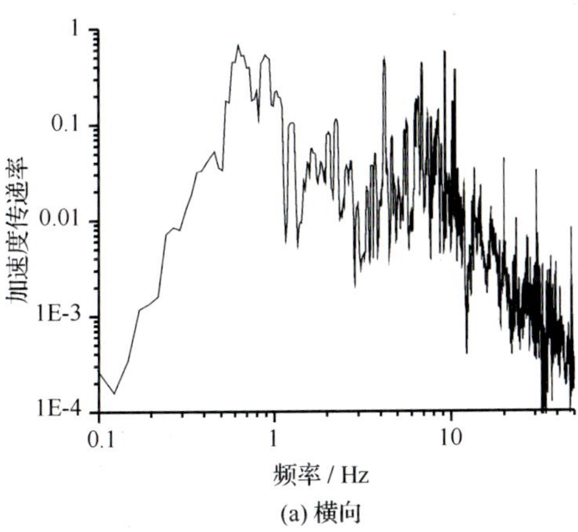

(a) 横向

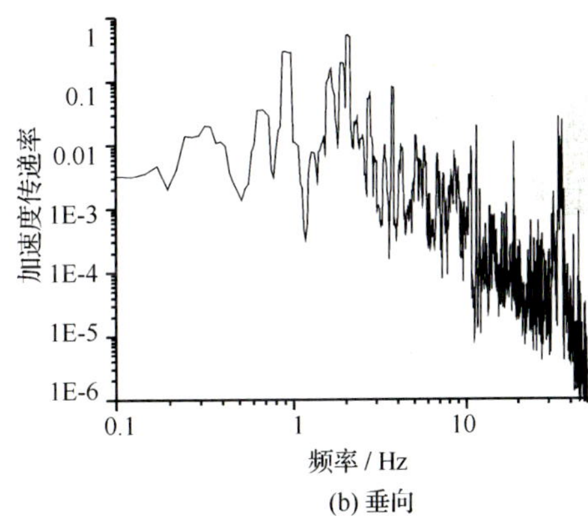

(b) 垂向

图 4－12　二系加速度传递率

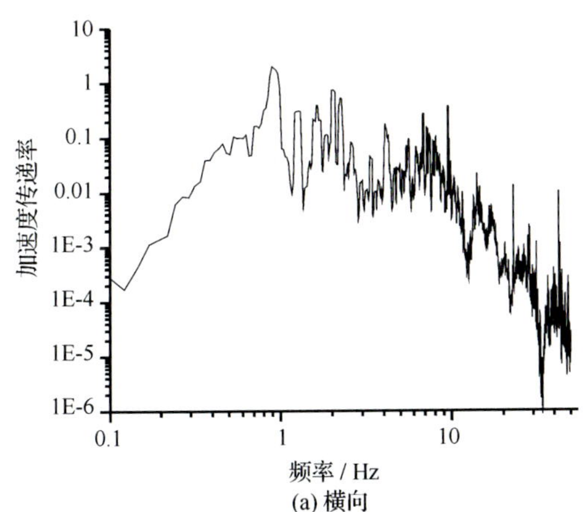

(a) 横向

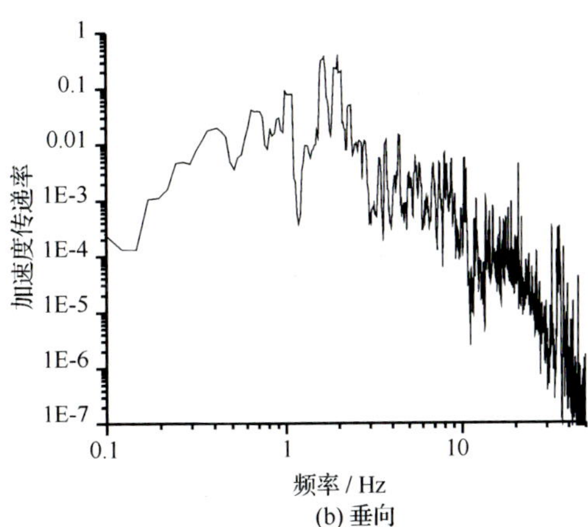

(b) 垂向

图 4－13　轴箱到车体的加速度传递率

图 4－14 是 CRH2－300 型动车组在美国 5 级谱、德国高干扰谱、德国低干扰谱激扰和京津城际铁路轨道谱作用下的响应加速度功率谱密度(计算模型没有考虑结构弹性)。从图中可以看出,在不同的轨道谱激扰下的车辆振动响应是不相同的,因为车辆的传递函数对不同频率的轨道不平顺激扰的响应程度不一。其中,京津城际线路谱激扰下的垂向响应从低频到高频响应都最小,而且横向在 4 Hz 以后就超过了德国的低干扰谱。因此,可以针对运行线路的轨道谱频率特征,通过对车辆悬挂参数的优化,来改善其自身的振动传递规律,以提高车辆的乘坐舒适性。

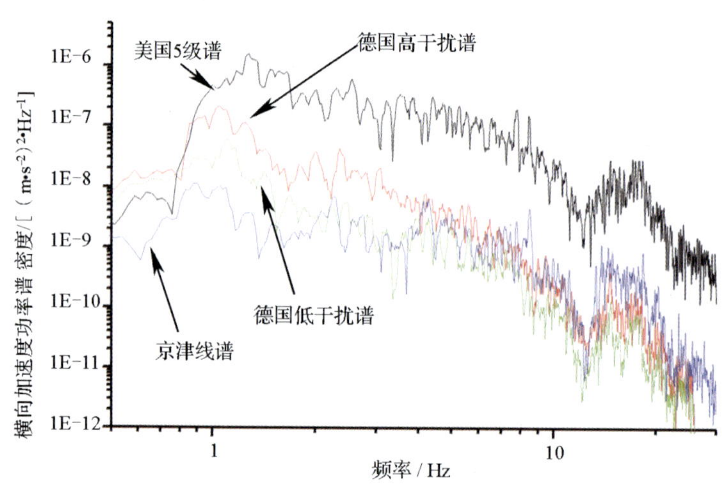

(a)横向

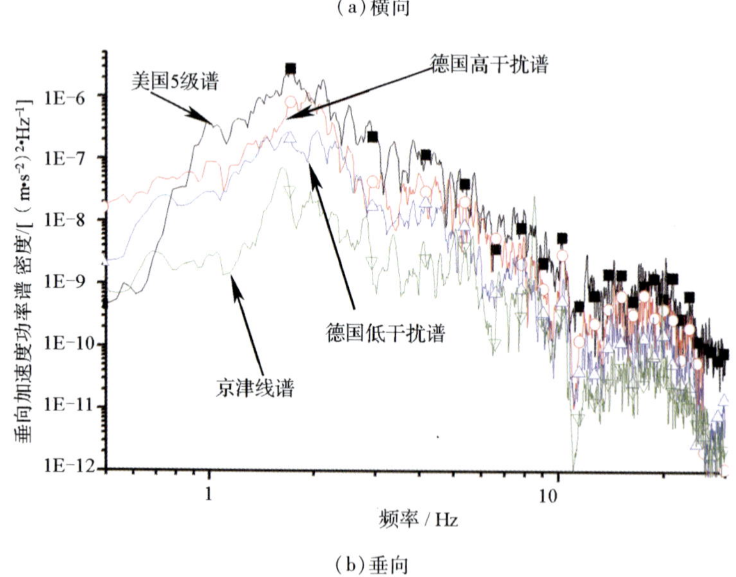

(b)垂向

图 4－14　车辆在不同激扰谱作用下的振动响应

3. 振动控制设计

车辆运行平稳性性能的好坏主要取决于各部件相互之间的减振效果。减振方式一般可分为被动减振和主动或半主动减振。被动减振方式主要是通过车辆系统悬挂参数的优化,来使车辆系统的固有频率尽量远离输入激扰频率,被动减振的悬挂阻尼与刚度参数一经选定,无法实时调节,因而对不同线路的适应能力差一些。主动或半主动悬挂能根据线路及运行状况实时调整悬挂参数,保证客车对不同线路具有较好的适应能力。这里主要介绍如何通过参数设计来改变系统自振频率组成,到达振动控制的目的。

(1)自振频率的控制

被动减振方式效率虽然不如主动和半主动减振,但其可靠性高,成本低,通过参数优化可以使高速列车在固定的客运专线上达到较好的减振效果。

铁道车辆由车体、构架、轮对以及它们之间的悬挂装置组成,也构成了一个完整的机械振动系统。因此,铁道车辆和其他机械系统一样具备自由振动、强迫振动和自激振动这三种振动特性。

一般根据自由振动就可分析出车辆系统各刚体的固有振动模态,对于线性系统来说,固有振动模态频率为:

$$f_0 = \frac{1}{2\pi}\sqrt{\frac{4MK - C^2}{4M^2}} \tag{4-14}$$

式中:M 为振动系统的质量,K 为振动系统的刚度,C 为振动系统的阻尼。

从式(4-14)可以看出,固有振动频率由系统的质量、刚度和阻尼决定,它是系统的一种固有特性,与外界输入无关。

铁道车辆在钢轨上运行,钢轨并不是呈理想的平直状态,而是相对于理想的平直钢轨呈现某种波状变化,称之为轨道不平顺。轨道不平顺激扰分周期性激扰和随机性激扰,周期性不平顺具有特定的波长(如钢轨长度、轨道板长度、车轮周长等),而随机不平顺是含有不同频率成分的连续谱,也可看成是由很多不同波长组成的。激扰频率的计算公式为:

$$f_j = \frac{v}{L_j} \tag{4-15}$$

式中:v 为车辆运行速度,L_j 为激扰波长。

从式(4-15)可以看出,激扰频率是随着车辆运行速度的增加而增加的,当某一速度下激扰频率 f_j 与车辆系统某一振型的固有频率 f_0 接近时,就会引起该振型的共振从而恶化车辆系统的相关动力学性能。

由于铁道车辆的轮对具有一定锥度,即使车辆沿平直的轨道运行,只要有一个初始激扰,轮对就会围绕轨道中心线一边横移、一边摇头向前运动,就像蛇的运动状态一样,所以形象地称之为蛇行运动。蛇行运动的振动能量来自于动车牵引力,它是车辆系统内部的非振动能量转换为持续激振力而引起的一种自激振动。对于弹性定位转向架来说,其蛇行运动频率为:

$$f_s = \frac{\eta}{2\pi}\sqrt{\frac{\lambda}{aR_0}} \cdot v \tag{4-16}$$

式中:λ 为车轮踏面的等效锥度;a 为轮对左右滚动圆横向跨距之半;R_0 为轮对标称滚动圆半径;η 为与转向架轴距和悬挂参数有关的系数;v 为车辆运行速度。

从式(4－14)可以看出,转向架蛇行运动频率也是随着车辆运行速度的增加而增加的,当某一速度下蛇行频率f_s与车体的滚摆和摇头固有频率接近时,容易激发车体一次蛇行失稳;当某一速度下蛇行频率f_s与构架的横摆和摇头固有频率接近时,容易激发转向架二次蛇行失稳。一次蛇行失稳速度较低,一般都远离高速列车的常用运行速度,对高速列车的影响较小;二次蛇行失稳速度较高,与高速列车的常用运行速度相距较近,一旦发生二次蛇行失稳,车辆系统振动将十分剧烈,严重危及行车安全,因此高速转向架设计必须避免在常用运行速度段发生二次蛇行失稳。

把以上各种振动之间的关系画成一个车辆系统振动图谱(如图4－15所示)。图中,S_1表示车体一次蛇行共振点,S_2表示转向架二次蛇行共振点,G_1表示激扰与车体悬挂振动模态发生共振点,G_2表示激扰与构架悬挂振动模态发生共振点,G_3表示激扰与车体结构振动模态发生共振点,G_4表示激扰与构架结构振动模态发生共振点。值得注意的是,车体和构架的悬挂与结构振动有多种振动模态,激扰的主频也可能不止一个,图中分别只用了一条线来示意,实际上车辆系统的共振点是非常多的。

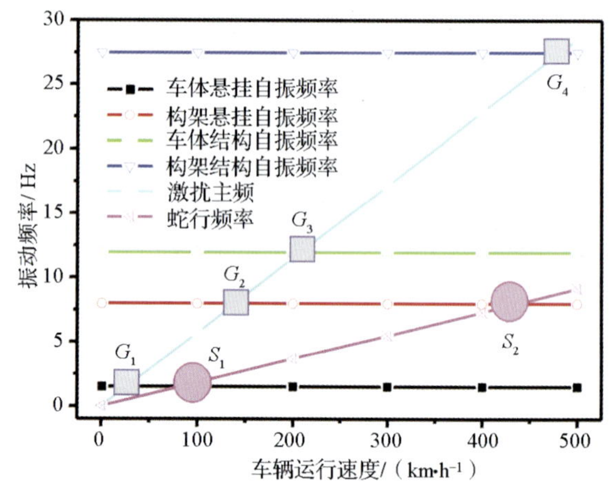

图4－15　车辆系统振动图谱

被动隔振的基本思路就是通过车辆悬挂系统的精心设计,使高速动车组在常用运营速度范围内尽量避开所有的共振点:

① 通过悬挂系统的精心设计,使高速动车组在常用运行速度范围内,车体和构架的横摆和摇头自振频率远离转向架的蛇行运动频率,这样可以提高车辆的一次蛇行和二次蛇行临界速度。

② 通过悬挂系统的精心设计,使高速动车组在常用运行速度范围内,车体的悬挂和结构自振频率远离线路激扰主频和构架的相关悬挂自振频率,这样可以提高车辆的乘坐舒适性。

(2)特殊频率的设计

振动控制的目的不仅仅是减小表征整个频率范围内振动状态的平稳性和舒适度指标,也要能够减小某个频率范围的异常振动,或衰减某个频率的固有激扰。一般通过改变系统的阻尼比可以得到不同频率下不同的衰减比。

图4－16是车体垂向加速度对轨道白噪声激扰的频率响应,采用的计算模型是CRH2－300型动车组经线性化后的线性模型。可见,在二系垂向阻尼或一系垂向阻尼为0时,车体加速度响应均对应有异常峰值,通过这个结果,可以找到系统的共振频率点。如果需要改变这些控制频率点,就必须改变车辆的质量和悬挂刚度。因此,为了躲避某些激扰频率点,可以通过悬挂刚度的设计来实现。如果想改变频率响应的幅值,特别是遏制

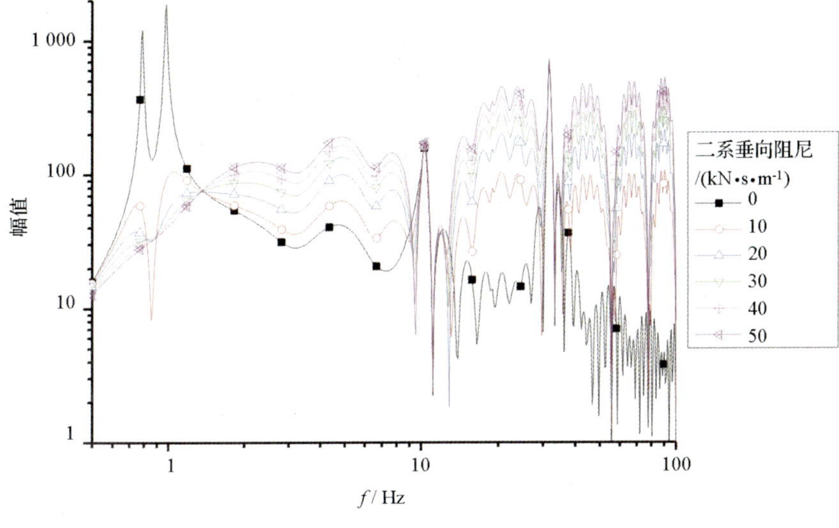

(a)二系垂向阻尼对车体垂向加速度

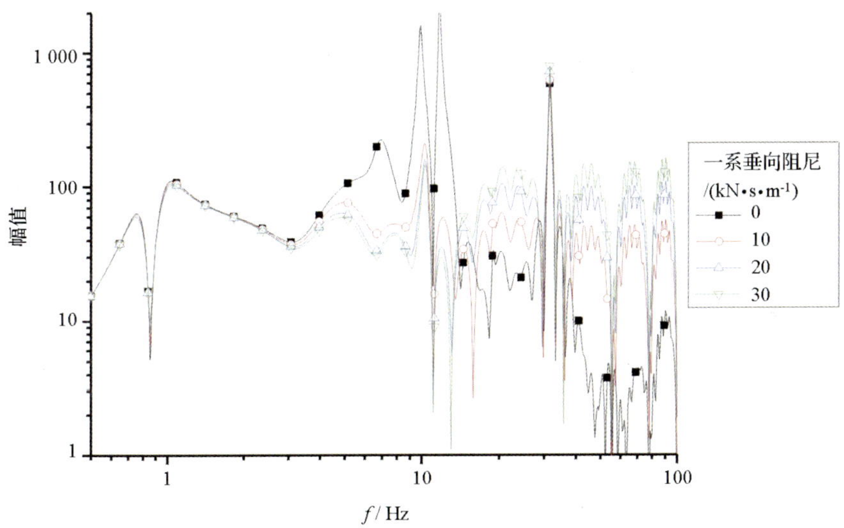

(b)一系垂向阻尼对车体垂向加速度

图 4－16　车体垂向加速度对轨道白噪声激扰的响应

共振现象的发生,往往需要设置阻尼来实现。图 4－16 中分别改变了车辆系统的一系和二系垂向阻尼,以观测减振的效果。显然,随着二系垂向阻尼的增加,1.5 Hz 以下低频响应幅值降低,但高频响应的幅值迅速增加,但在 10 Hz 左右的影响却很小;随着一系垂向阻尼的增加,在 3 Hz 以内对车体振动影响很小,3 ~ 15 Hz 的车体加速度响应减小,但 15 Hz以上的加速度响应增加。因此,可以通过这些阻尼的影响规律,利用阻尼设计来控制不同激扰频率段的响应。

这里以 CRH2－300 型动车组为例,改变空气弹簧节流孔直径以改变空气弹簧的等效阻尼,从而调整二系垂向阻尼,以达到最佳的减振效果。图 4－17 是空气弹簧节流孔直径

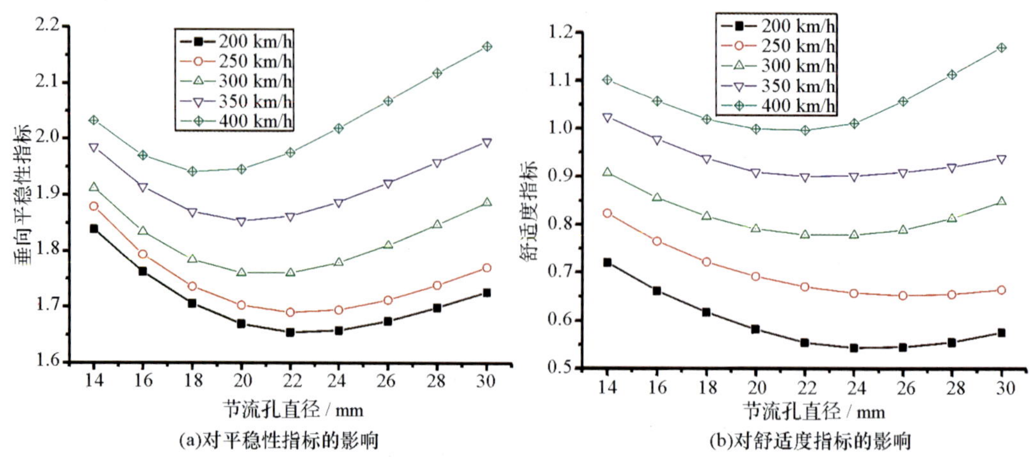

(a)对平稳性指标的影响　(b)对舒适度指标的影响

图 4－17　空气弹簧节流孔直径对垂向平稳性和舒适度指标的影响

对车体垂向平稳性指标和车体舒适度指标的影响，激扰谱为京津城际铁路不平顺谱。可见，节流孔直径太大和太小均不理想，要想获得最优的平稳性和舒适度指标，空气弹簧节流孔直径应该选择在 20～22 mm 左右，而且速度越高，最佳节流孔直径应偏小取值。

图 4－18 是通过时域计算得到在京津线谱激扰下车体的垂向加速度响应，通过 FFT 变换得到车体垂向加速度的频谱特性，然后找到在车速 250 km/h 和 300 km/h 下对应于轨道波长 6.5 m 和桥梁轨道波长 32 m 的响应频率，从而比较该频率下的车体垂向加速度。可见，随着空气弹簧节流孔直径的增加，两种轨道波长激扰下的车体垂向加速度值均减小，即随着二系垂向阻尼的减小，这两种波长下的车体垂向振动加速度会减小。这个结果可以从图 4－18 看出，图为对应 250 km/h 和 300 km/h 车速，在 6.5 m 轨道波长激扰下的振动频率分别为 10.68 Hz 和 12.82 Hz，在 32m 轨道波长激扰下的振动频率分别为 2.17 Hz 和 2.60 Hz，振动频率均大于 1.5 Hz，此时在同等激扰条件下，二系垂向阻尼越小，车体垂直振动就越小。

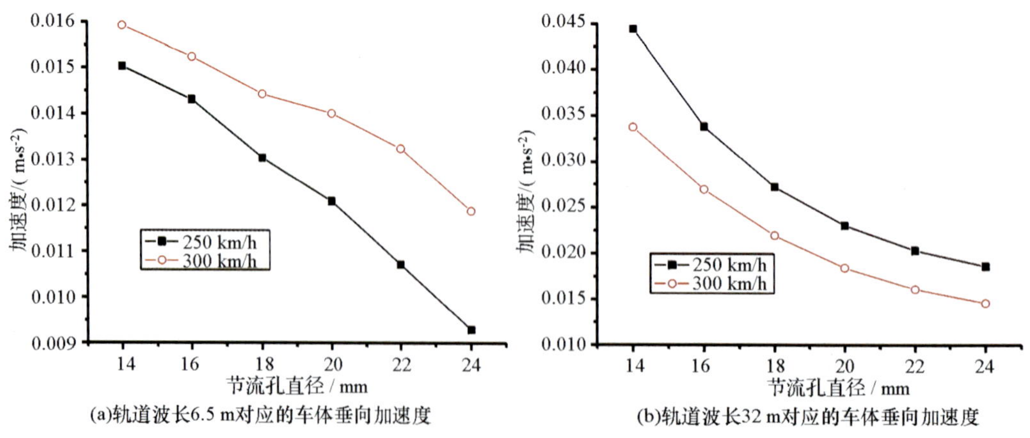

(a)轨道波长6.5 m对应的车体垂向加速度　(b)轨道波长32 m对应的车体垂向加速度

图 4－18　轨道波长 6.5 m 和 32 m 对应的车体垂向加速度随空气弹簧节流孔直径的变化

当然,真正的振动控制远比前面介绍的情况复杂得多,因为,我们在参数设计时不仅仅是考虑某一个因素,而需要综合考虑。图4－17的结果就要求节流孔直径在某一个范围内取值,而不是图4－18所得到的单调变化越小越好的结构。因为,轨道谱并不是一个简单的周期激扰,而是随机激扰,并且不同线路的谱特征也会不一样,另外还要兼顾考虑稳定性和安全性问题。

4.2.2 压力的影响及控制

1. 压力的影响

乘坐高速列车或飞机时,有时会因为频繁的耳鸣而感到不适,这种现象因室内外的压力差而出现,在高速列车中则主要出现在进出隧道和会车时。列车高速运行时,其表面的空气压力随车速运行环境而发生波动。特别是当高速列车会车或在隧道中运行时,车体表面的瞬时压力幅值会在较大的范围内变化。处于列车前部的客车,在外界正压力的作用下排气阻力增加;处于列车尾部的客车,在外界负压的作用下,新风风机的进风阻力增大。外界空气的这种波动会通过车体上可能存在的缝隙或空调系统的进排风口影响到车内,如果车内空气压力的变化量及变化速度超过一定值,就会刺激旅客的耳鼓膜,引起耳胀耳痛,从而影响乘客的舒适性。

在列车高速通过长隧道时,车体和隧道之间的空气流动速度很高,车内大气压力和车外的大气压力存在压力差,如果车内大气压力很快和车外大气压力一致,车内就会出现失压状态,旅客可能出现所谓的"高原反应",特别是有心脏病、高血压的乘客可能发病。

据日本在新干线上进行调查的结果[2]:当车内压力在－0.2 kPa以下时,开启车门时有"耳感不适"的现象;当车内压力在＋0.2 kPa时,同样也存在开启车门时发生"耳感不适"的现象;超过＋0.5 kPa,车门一打开,旅客将感到极度不适。

目前气压变化环境下人体舒适度评价有两种方法,一种是从压力变化幅值和压力变化率两个指标来进行评估;另一种是考核某一段时间内的压力变化幅值,这一段时间是根据人耳对外界气压变化幅值和压力变化自我调整所需时间来确定的。后一种方法不仅考虑了压力变化幅值和压力变化率,还考虑了人体生理的需要,被大多数国家采用。各国根据自身的情况,设定了压力的标准[3],如表4－5所示。

表4－5 国外采用的压力限值

国　家	标　　　准
日　本	$p_{\mathrm{bwmax}}<1$ kPa,$\frac{\mathrm{d}p_{\mathrm{bw}}}{\mathrm{d}t}<200$ Pa/s,可以放宽到$\frac{\mathrm{d}p_{\mathrm{bw}}}{\mathrm{d}t}<300$ Pa/s
美　国	$[p_{\mathrm{bw}}]_{\mathrm{s}}<700$ Pa/1.7s,$\frac{\mathrm{d}p_{\mathrm{bw}}}{\mathrm{d}t}<410$ Pa/s(适用于地铁)
英　国	$[p_{\mathrm{bw}}]_{\mathrm{s}}<3$ kPa/3 s,$[p_{\mathrm{bw}}]_{\mathrm{s}}<4$ kPa/4 s
德　国	$[p_{\mathrm{bw}}]_{\mathrm{s}}<1$ kPa,$\frac{\mathrm{d}p_{\mathrm{bw}}}{\mathrm{d}t}<300\sim400$ Pa/s

2. 压力变化与气密性的关系[3]

由于车体具有一定的密封性能，能够缓解和滞后空气压力变化，使得车厢内压力波幅值小于车厢外部。为了减少车内压力受车外压力波的影响，保证旅客的舒适度，需要采取措施提高车辆的密封性。在车辆静止时，车体气密性一般采用泄压时间来表示。目前普遍采用的方法是向封堵后的车厢内充气至一定压力，然后自然泄压，以泄压前后的时间差来衡量车辆的气密性。

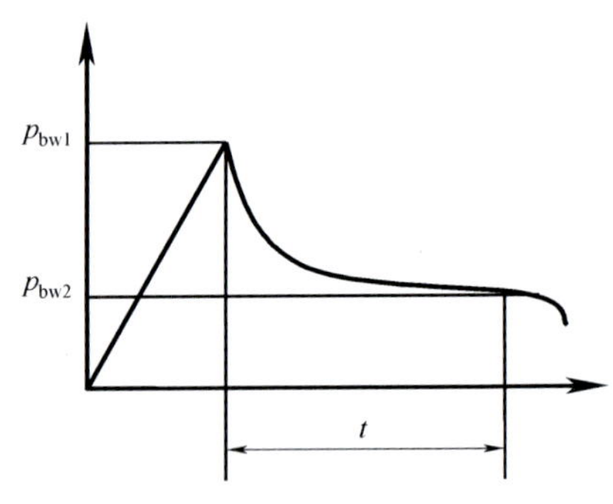

图 4－19　压力变化与速度的关系

当车厢内造成一定正压或负压后，车内压力会以近似指数函数变化使车内压力趋于平衡，如图 4－19 所示。空气压力密封常数定义为：

$$\omega = \frac{\Delta p_{nw}}{[\mathrm{d}p_{bw}/\mathrm{d}t]_{nei}} \tag{4-17}$$

式中　ω——空气压力密封常数；

Δp_{nw}——车内外压力差；

$[\mathrm{d}p_{bw}/\mathrm{d}t]_{nei}$——车内压力变化梯度。

车体刚度较大时，车内空气压力变化率和车体泄压时间以及外界空气压力幅值存在如下关系：

$$\left[\frac{\mathrm{d}p_{bw}}{\mathrm{d}t}\right]_{nei} = \lambda p_{bwmax}\omega^{\eta} \tag{4-18}$$

式中　$\left[\frac{\mathrm{d}p_{bw}}{\mathrm{d}t}\right]_{nei}$——车内空气压力变化率；

p_{bwmax}——车体外部空气压力变化率；

λ,η——常数。

3. CRH 系列动车组的压力保护

为了减少压力波的影响，保证旅客的舒适度，一方面高速车辆必须采取良好的空气压力密封，列车空调装置的进排气口应避开低压或涡流区布置；另一方面需要加装可控的间歇或连续作用式进排气控制装置，以便在车外压力发生变化时调节进排气口的工作状态，防止车内空气压力变化过大，并保持一定的正压。

为确保在高速列车上的空气压力保护系统有效工作，一般采用以下三种空气压力保护模式：

(1) 主动式空气压力保护系统：在压力事件过程中，使用合适的鼓风机来输送外部空气（CRH2－300 型动车组用）。

(2) 被动式空气压力保护系统：利用这个系统可以将列车内部空间的气压与外部环境气压相隔离，此时压力波阀门将会关闭与外部空间交换空气的通风口（CRH3 型动车组用）。

(3) 主动式与被动式结合空气压力保护系统：当列车内部空间的压力事件达到一定

的压强水平时，通过调节进、排风量增加压力调节能力。在此情况下，仍可向车内提供外部新鲜空气，只是适当减小新风量。

我国的高速列车上多数采用的是被动式压力波控制系统，通过设置在头车两侧的压力波探测器，检测车、内外的压差，并将信号反馈给控制柜内的压力波控制卡，当车、内外的压差超过设定的数值时，压力波控制卡产生一个 $+V_{dc}$ 输出信号。该信号以最快的速度传递给列车中所有车厢的废排和新风压力波阀门，将压力波阀门关闭，从而隔绝车外压力波对车内的影响。列车压力波保护系统[4]的示意图如图 4－20 所示。

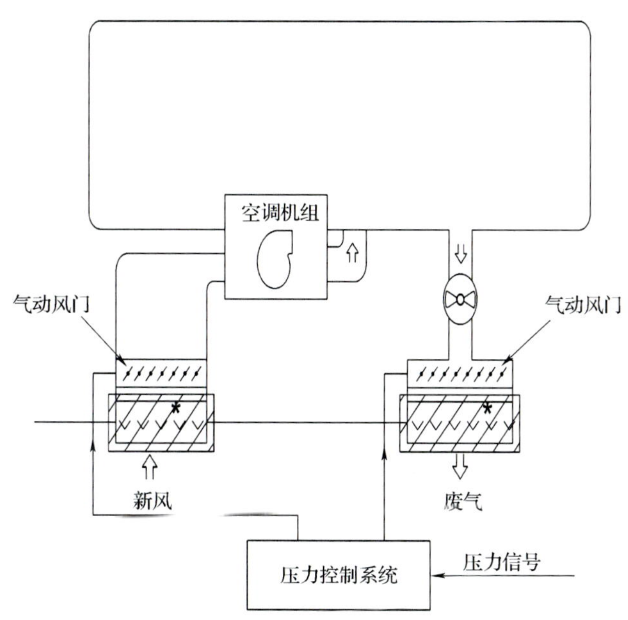

图 4－20　压力保护系统示意

压力保护系统使用快速动作的压力保护阀隔离送风风道，当压力保护被触发时，阀门打开，空调进入全回风模式。当压力保护阀重新打开后，新风量提高，室内 CO_2 含量就会迅速下降。其中的关键部分是压力监控单元和压力保护阀。压力监控单元负责驱动压力保护系统，完成压力传感和数据处理功能。它监控压力波的幅值和变化率，由微处理器对传感器的信号进行处理。车内设置 1 个压力监控单元，输出控制电平或运算后，通过单独的信号线控制新风及废排单元的气动阀。

压力保护阀是压力保护系统中的调节机构。它能满足在恶劣的机械和气候环境中的使用要求。高速列车的压力保护阀装在新风吸入箱和废排单元中，当需要动作时，压力保护阀由压力监控单元驱动，在压力波产生影响的一段时间内将送风风道隔绝。

4. 高速列车空气压力的仿真计算

CRH2－300 型动车组在正式运营前进行了型式试验。由于京津铁路没有隧道，因此对该车型进行了隧道交会的仿真计算，分为四个工况：时速 350 km 隧道内交会；时速 400 km隧道内交会；时速 350 km 单线隧道内运行；时速 400 km 单线隧道内运行。

(1)时速 350 km 隧道内交会仿真结果

仿真结果:最大车外压力变化为 -5.85 kPa,最大车内压力变化为 -1.51 kPa,车内压力变化为 -0.43 kPa/4 s,见图 4-21。

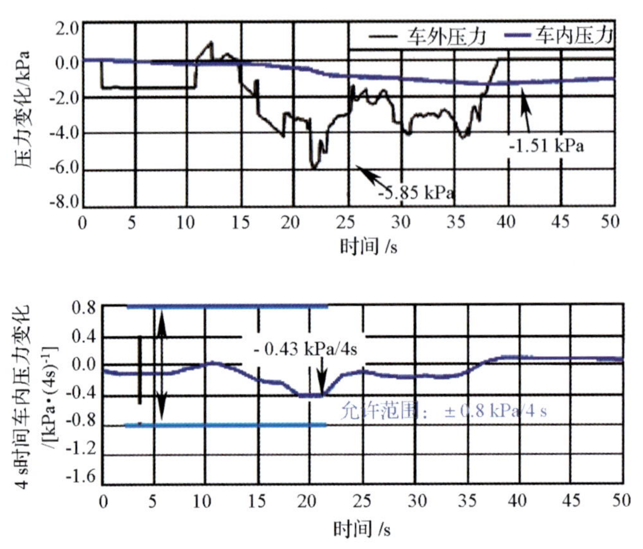

图 4-21　时速 350 km 隧道内交会车内压力波动

(2)时速 400 km 隧道内交会仿真结果

仿真结果:最大车外压力变化为 -7.63 kPa,最大车内压力变化为 -1.92 kPa,车内压力变化为 -0.47 kPa/4s。

(3)时速 350 km 单线隧道内运行仿真结果

仿真结果:最大车外压力变化为 -3.66 kPa,最大车内压力变化为 -1.32 kPa,车内压力变化为 -0.15 kPa/4s。

(4)时速 400 km 单线隧道内运行仿真结果

仿真结果:最大车外压力变化为 -4.78 kPa,最大车内压力变化为 -1.57 kPa,车内压力变化为 -0.21 kPa/4s。

经仿真计算分析,CRH2-300 型动车组可采用换气装置满足时速 350 km 运营要求。当运行速度超过 350 km 低于时速 400 km 在隧道内运行时,需要进一步通过试验验证其适应性。

5. 高速列车压力的运行测试

对高速列车运行过程中的压力变化进行测试,在车外将压阻式动态压力传感器直接贴附于列车侧面,以测量列车交会过程中的压力变化;将压差式动态压力传感器安装在一个与人头部大小相当的密闭空腔侧面,为了能够模拟车内压力对人体舒适度的影响,压力传感器安装在一个尺寸为 250 mm×250 mm×250 mm 的密闭保温箱上,保温箱在尺寸和安装高度上模拟了车内人员的头部,以测量列车交会过程中车内压力变化。其测试装置示意图如图 4-22 所示。

(1)CRH2－300 型与 CRH2－300 型动车组交会车内压力试验结果

CRH2－300 型与 CRH2－300 型动车组交会过程中车内压力变化 Δp_n 的试验结果如表 4－6 所示。表中给出的是各速度等级多次测量的平均值。

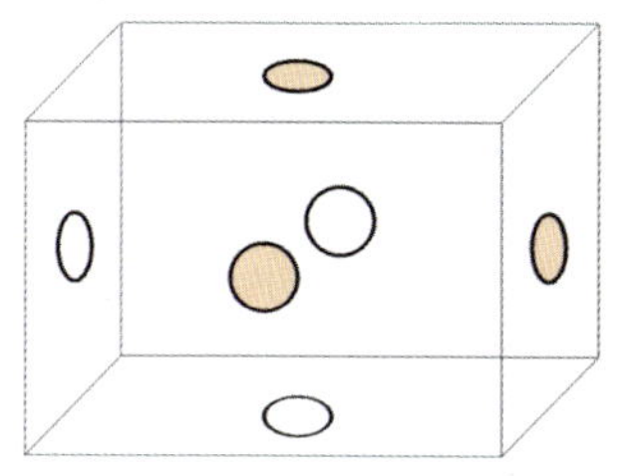

图 4－22　车内压力测试装置示意

表 4－6　CRH2－300 型与 CRH2－300 型动车组交会车内压力变化试验结果

工况序号	速度等级 /(km·h⁻¹)	车内压力变化 Δp_n/Pa					
		上	前	下	左	后	右
1	250	14	14	15	13	14	14
2	275	23	24	26	22	24	24
3	300	30	32	32	26	30	29
4	350	69	75	77	71	74	70

(2)CRH2－300 型与 CRH3 型动车组交会车内压力试验结果

CRH2－300 型与 CRH3 型动车组交会过程中 CRH2－062C 车内压力变化 Δp_n 的试验结果如表 4－7 所示，表中给出的是各速度等级多次测量的平均值。

表 4－7　CRH2－300 型与 CRH3 型动车组交会 CRH2－300 型车内压力变化试验结果

工况序号	速度等级 /(km·h⁻¹)	车内压力变化 Δp_n/Pa					
		上	前	下	左	后	右
1	275	22	23	25	23	25	25
2	300	31	31	31	27	31	28
3	330	41	32	41	41	41	47

(3)CRH3－300 型与 CRH3 型动车组交会车内压力试验结果

CRH3－300 型与 CRH3 型动车组交会过程中 CRH3－004A 车内压力变化 Δp_n 的试验结果见表 4－8，表中给出的是多次测量的平均值。

表 4－8　CRH3－300 型与 CRH3 型动车组交会 CRH3 型车内压力变化试验结果

工况序号	速度等级 /(km·h⁻¹)	车内压力变化 Δp_n/Pa					
		上	前	下	左	后	右
1	330	40	32	40	40	40	48

从目前 CRH2－300 型和 CRH3 型动车组的设计和测试上来看，其车内压力波的变化是有区别的，具体对比如表 4－9 所示。

表 4－9　CRH2－300 型与 CRH3 型动车组车内压力波动对比分析

项　目	CRH2－300 型动车组	CRH3 型动车组
车内压力波动控制方式	采用给排气一体型连续换气装置(1 台)来进行车内空气交换,可以控制车内的压力变化小于 1 000 Pa,压力变化率控制在 200 Pa/s 以下	采用被动式压力保护系统。系统使用快速动作的压力保护阀隔离送风风道,当压力保护被触发,阀门打开,空调进入全回风模式,保证车外压力不向车内传播
系统结构形式及布置	采用供排气一体型双联连续换气风机,吊挂在车体下部	进风口与空调新风口结合,废排口设置于车底,设置废排风机,新风、废排通过自动关闭调节车内压力
优点	当车外压力波动较大时,仍可向车内提供新风,可适应各种线路条件	压力保护系统进风口与车顶空调进风结合,进风口防尘效果好
缺点	换气装置设备位于车下,车下进风粉尘多,车顶进风风道系统结构复杂	由于压力保护系统动作时关闭新风,长时间关闭新风时车内环境差,不能适应多隧道线路运行

6. 空气压力保护的后续改进

在换气装置基础上增加车内压力调节装置方案,通过控制新风口、废排口的开关量增加换气装置车内压力调节能力,CRH2－300 型动车组车内压力调节装置初步方案见图 4－23。

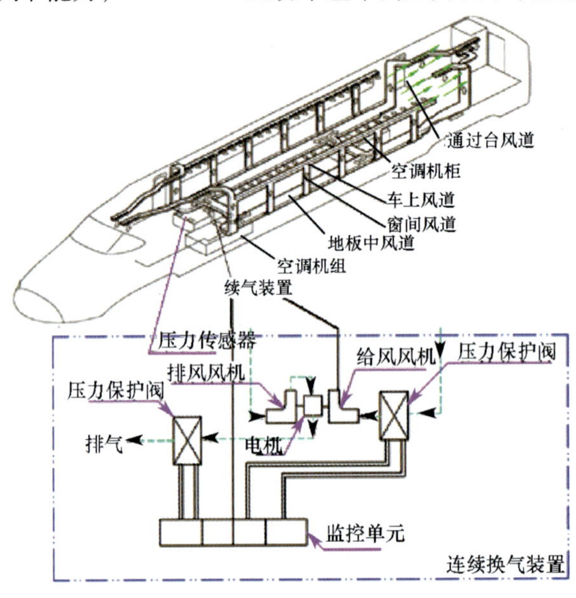

图 4－23　压力保护结构

4.2.3　噪声的影响及控制

噪声对人体的影响是声音的振动频率、振幅和持续时间。声波频率是决定音调高低的主要因素。人耳接收声波频率范围为 20～20 000 Hz。声音的强弱取决于声波振幅的大小,声音引起的听觉阈值的压力为 2×10^{-4} 达因/厘米^2。对于一定强度的声音,短时间作用虽然无害,当长时间作用时会引起听觉障碍。当声音的频率、振幅中的一个发生变化

时,即使时间相等,其效应也是不一样的。

声音对人体的影响多与频率有关,因此必须弄清声场的频率特点。目前高速列车的轮轨噪声的频率范围大概为 800 ~ 2 500 Hz,弓网噪声的频率范围大概为 500 ~ 5 000 Hz,气流噪声的范围覆盖广,不同位置的气动噪声几乎能覆盖人耳的听觉范围。因此噪声对乘坐舒适性有极大的影响。

根据噪声传播的方式和路径,车内噪声可以分为以下 4 种类型:第一类为直接噪声,即直接来自于噪声源的噪声,对车内来说主要为空调换气设备发出的噪声,对车内噪声的贡献度为中等。第二类为透射噪声,即车外发生的噪声透过车体结构的微小间隙(如车窗缝隙)传入车内的噪声。第三类为一次振动噪声,即附属于车体的各种设备、车内内装以及车体本身产生的振动以噪声的形式辐射至车内。这类噪声对车内噪声的贡献度较大。第四类为二次振动噪声,即车外产生的各种噪声(电磁噪声、机械噪声、空气动力噪声等)诱发车体及车内各种结构产生振动,再以噪声的形式辐射至车内。列车在高速运行、尤其是在 300 km/h 以上运行时,二次振动噪声贡献度最大。

1. 噪声的评价方法[5]

(1)时间计权瞬时声压级

$$L_{A\tau}(t) = 20\lg\left\{\left[\left(\frac{1}{\tau}\right)\int_{-\infty}^{t} p_A^2(\xi)\,e^{-\frac{t-\xi}{\tau}}\,d\xi\right]^{\frac{1}{2}}/p_0\right\} \tag{4-19}$$

式中 τ——时间计权 F(快)或 S(慢)的指数时间常数(s);

ξ——从过去的某时刻,例如积分下限 $-\infty$ 到观测的时刻 t 的时间积分的变量;

$p_A(\xi)$——在时间变量为 ξ 时的 A 计权瞬时声压;

p_0——基准声压。

(2)等效声压级

$$L_{Aeq,T} = 10\lg\left[\frac{1}{t_2 - t_1}\int_{t_1}^{t_2}\frac{p_A^2(t)}{p_0^2}dt\right] \tag{4-20}$$

式中 $L_{Aeq,T}$——等效声压级(dB);

$T = t_2 - t_1$——规定的时间间隔(s);

$p_A(t)$——噪声瞬时 A 计权声压(Pa);

p_0——基准声压(20 pPa)。

根据 ISO 3381—2005《Railway Applications - Acoustics - Measurement of Noise Inside Railbound Vehicles》、GB/T 3450—2006《铁道机车和动车组司机室噪声限值及测量方法》、GB/T 12816—2006《铁道客车内部噪声限值及测量方法》的规定,动车组司机室噪声限值为 78 dB(A);动车组车辆客室噪声限值为 65 dB(A)(运行时)、60 dB(A)(静止时)。

2. 噪声的测试分析

在京津线上对高速列车司机室和客室内的噪声进行了测试,测量时将传声器设置于司机室地板中部、距地板表面高度为 1.2 m 和 1.6 m 的位置,传声器面朝上,其轴线与地板面垂直,如图 4-24 所示。

图 4-25 为实测 CRH2-300 型动车组噪声波形,速度为 348 km/h,图中信号 1 和信

号2分别为司机室1.6 m和1.2 m测点信号，信号3和信号4分别为客室地板中央1.6 m和1.2 m测点信号，信号5和信号6分别为客室心盘1.6 m和1.2 m测点信号。

(1)车内噪声特性

图4－26为图4－25所示车内噪声的时间计权声压级的分析结果，整个信号历程是动车组的一次起动加速、匀速运行到制动停止的过程，图4－27是动车组运行速度的变化过程。比较图4－26中(a)、(b)和(c)～(f)，可以看出司机室的时间记权声压级的变化比较激烈，曲线上毛刺较多；而客室的噪声变化就比较平缓，曲线比较光滑。对应图4－26和图4－27，可以看出，司机室和客室噪声的时间记权声压级是随列车运行速度变化的。等效声压级变化趋势和计权声压级的分析结果类似。

图4－24　噪声测试的传声器放置位置

图4－28显示了图4－25所示车内噪声不计权1/3倍频程频谱分析结果，从图4－28(a)和(b)可以看出，司机室频率为12.5～4 000 Hz的噪声声压级比较大；而从图4－28

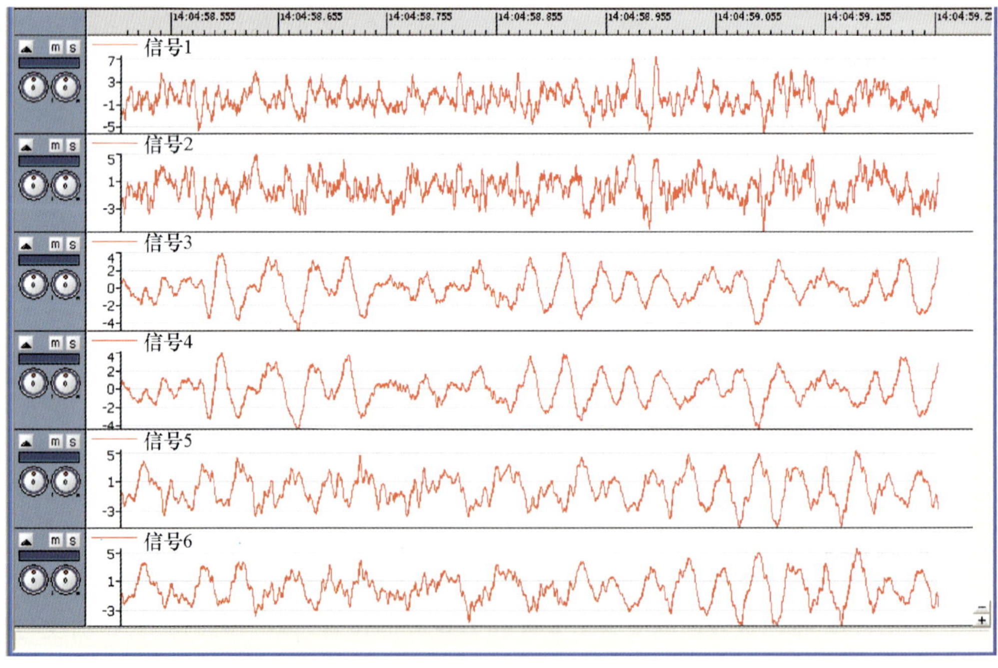

图4－25　速度为348 km/h的噪声波形

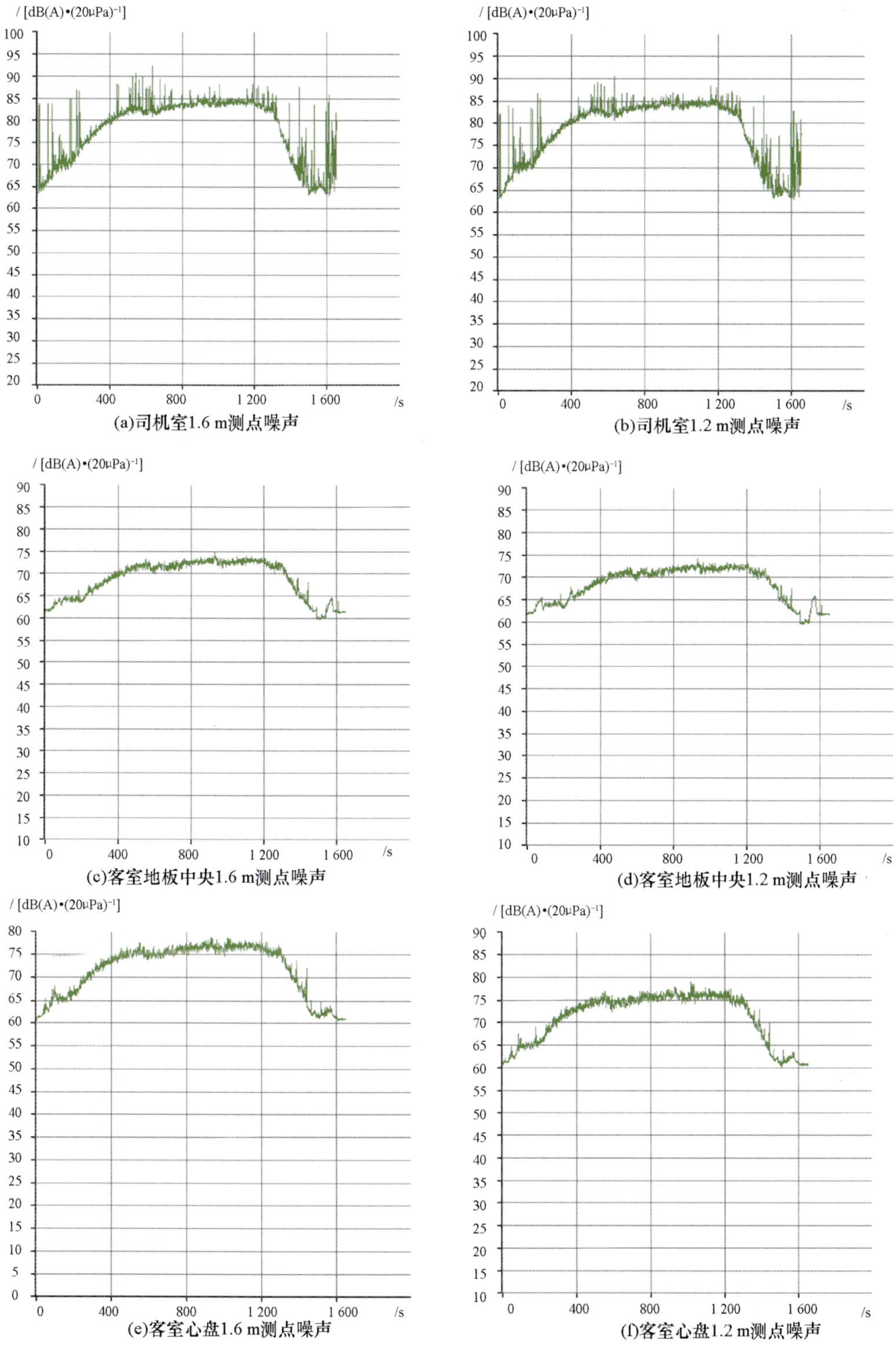

(a)司机室1.6 m测点噪声

(b)司机室1.2 m测点噪声

(c)客室地板中央1.6 m测点噪声

(d)客室地板中央1.2 m测点噪声

(e)客室心盘1.6 m测点噪声

(f)客室心盘1.2 m测点噪声

图 4－26 车内噪声的时间记权声压级的变化,时间记权常数为快挡(1/8 s)

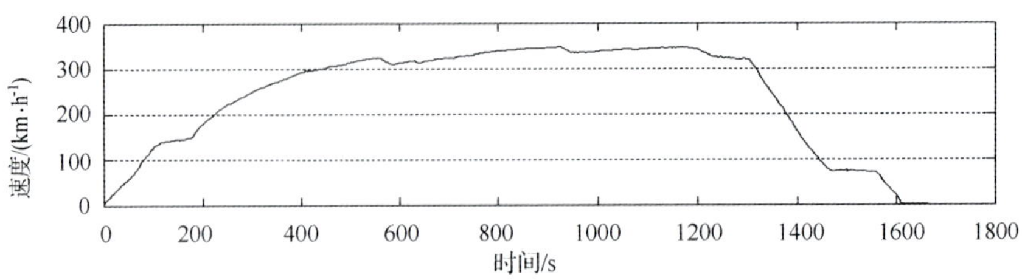

图 4－27　实测动车组运行速度的变化

(c)和(d)可以看出,车辆客室地板中央频率为 12.5 ~ 4 000 Hz 的噪声声压级就小得多。从图 4－28(e)和(f)可以看出,车辆客室心盘处频率为 12.5 ~ 4 000 Hz 的噪声较司机室弱,但比客室地板中央处强。这说明客室心盘位置接近车端通过台,和司机室一样,对噪声的阻隔效果比较差。

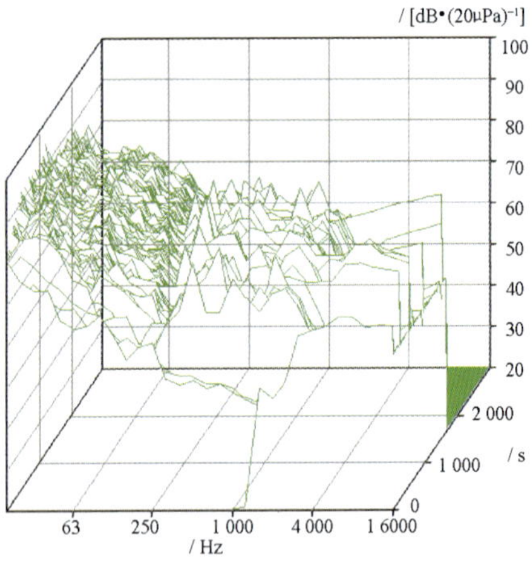

(a)司机室1.6 m测点噪声

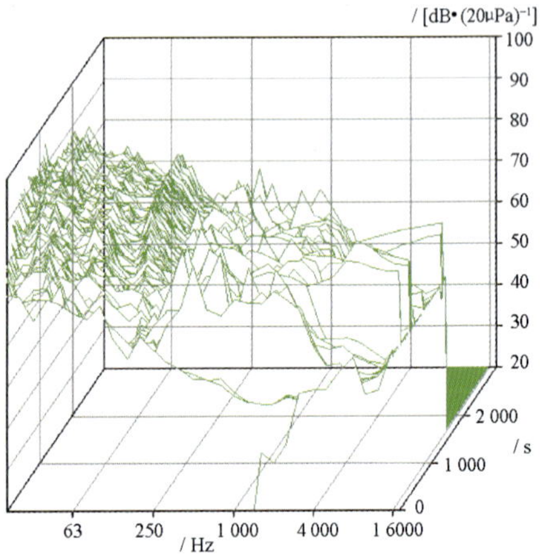

(b)司机室1.2 m测点噪声

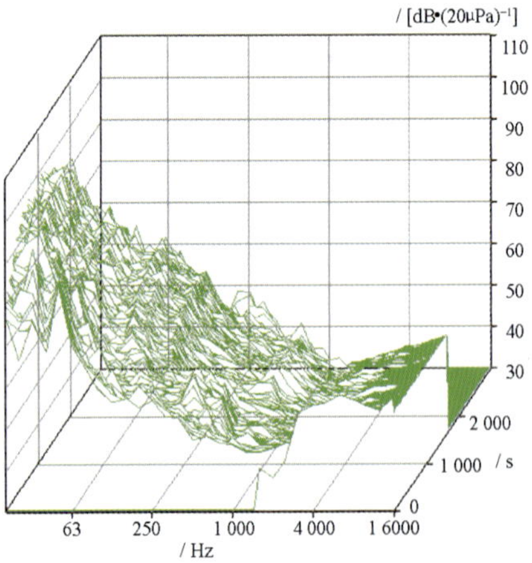

(c)客室地板中央1.6 m测点噪声

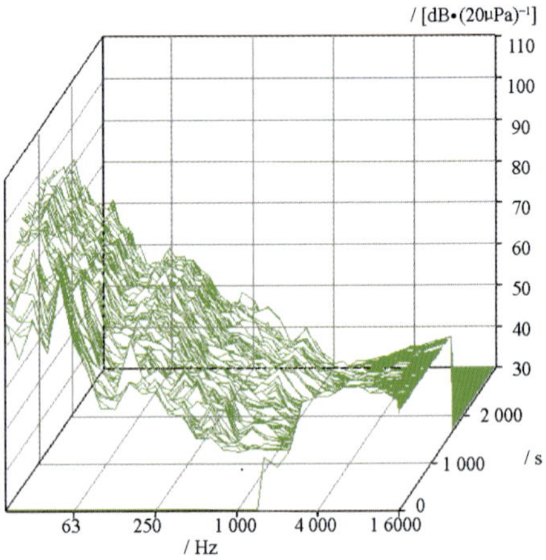

(d)客室地板中央1.2 m测点噪声

图　4－28

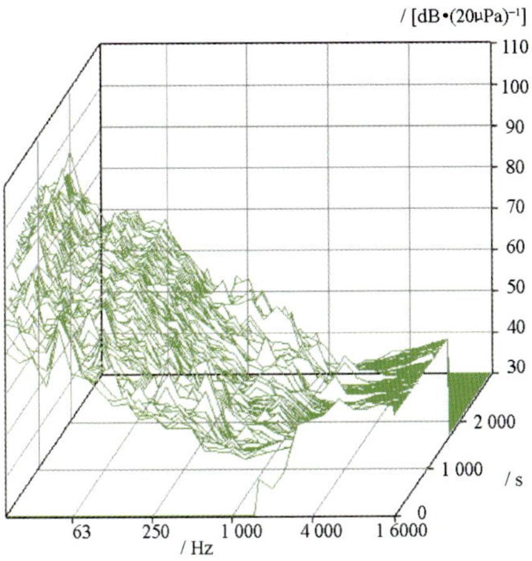

(e)客室心盘1.6 m测点噪声

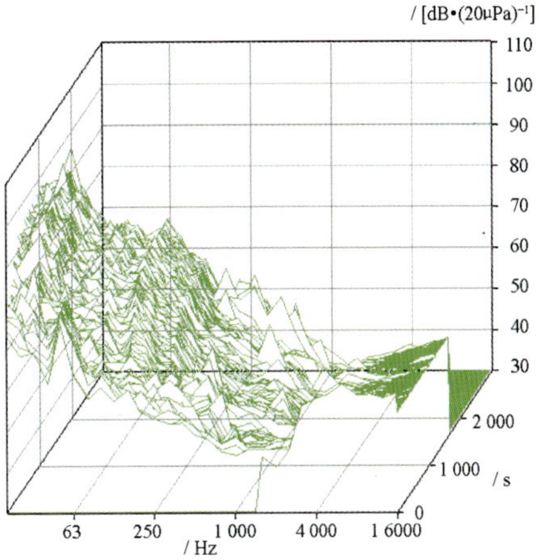

(f)客室心盘1.2 m测点噪声

图 4－28　车内噪声的1/3倍频程频谱分析(噪声信号不记权)

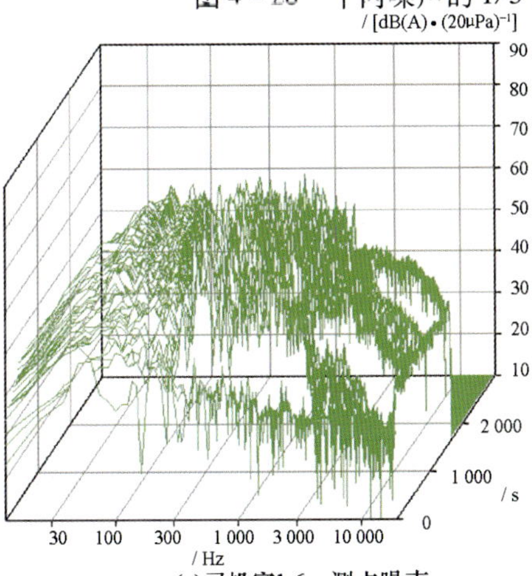

(a)司机室1.6 m测点噪声

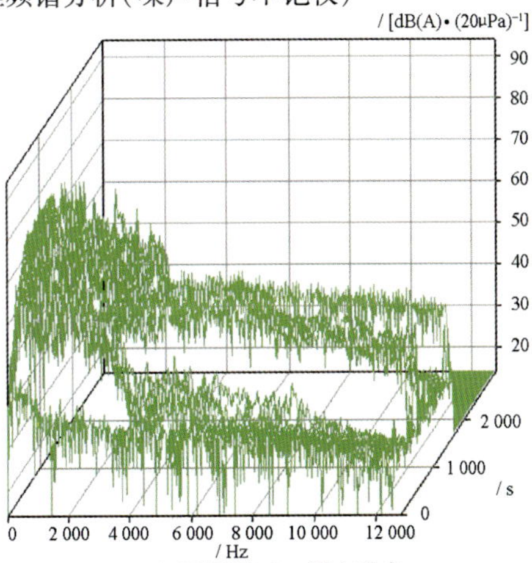

(b)司机室1.2 m测点噪声

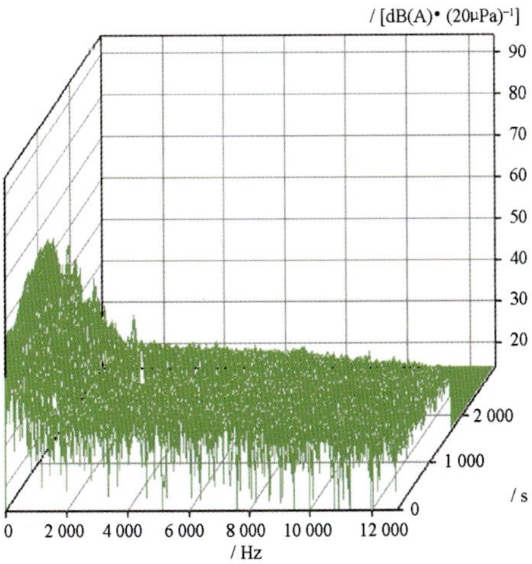

(c)客室地板中央1.6 m测点噪声

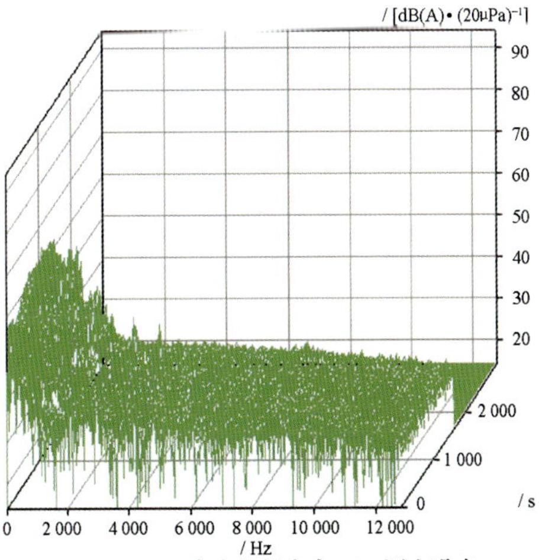

(d)客室地板中央1.2 m测点噪声

图　4－29

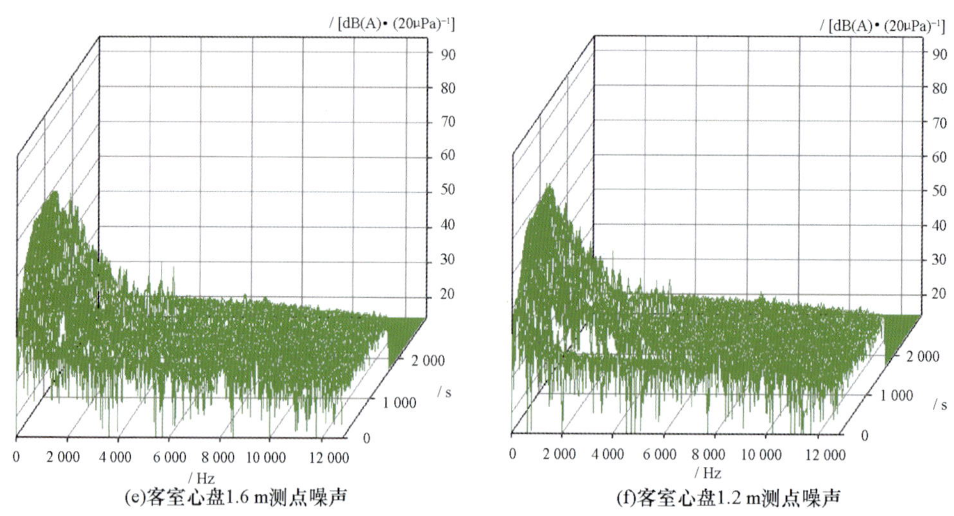

(e)客室心盘1.6 m测点噪声　　(f)客室心盘1.2 m测点噪声

图 4－29　车内噪声的 FFT 频谱分析

图 4－29 为图 4－25 所示车内噪声的 FFT 分析结果，同样可以看出，司机室噪声的中高频成分比较丰富，车辆客室的噪声主要以低频为主。图 4－30 给出了车内噪声信号的时频分析结果，从该图可以看出，车内噪声的主频不随动车组运行速度的变化而变化，即噪声的主频数值相对于时间是不变的，说明车内噪声不是周期性振动源发射的，否则噪声的频率应随速度的变化而变化。

(2)车内噪声等效声压级与速度的关系

图 4－31 为图 4－26 所示车内噪声 A 计权等效声压级 L_{eq} 随速度的变化关系。从该图可以看出，司机室噪声的等效声压级 L_{eq} 最高，其次是车辆客室心盘处的噪声，客室地板中央位置的噪声声压级最低。车头的空气动力作用复杂，司机室前端为瞭望玻璃，隔声效果差，所以噪声最大。心盘处靠近隔声薄弱的车辆连接处通过台，所以噪声水平也比较高。客室中央位置

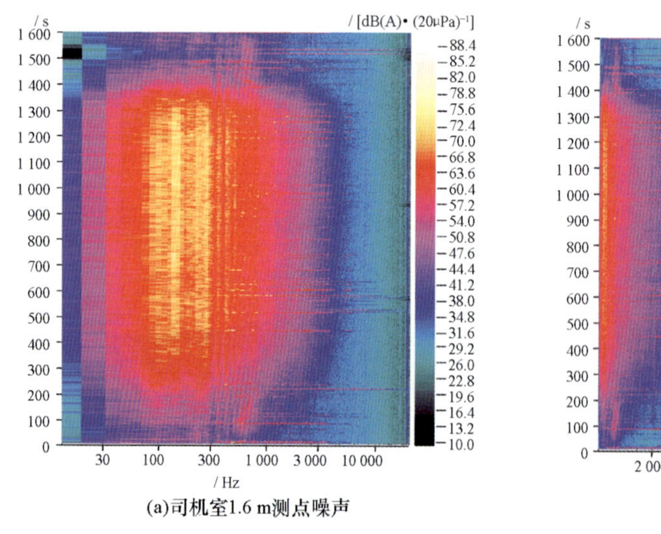

(a)司机室1.6 m测点噪声

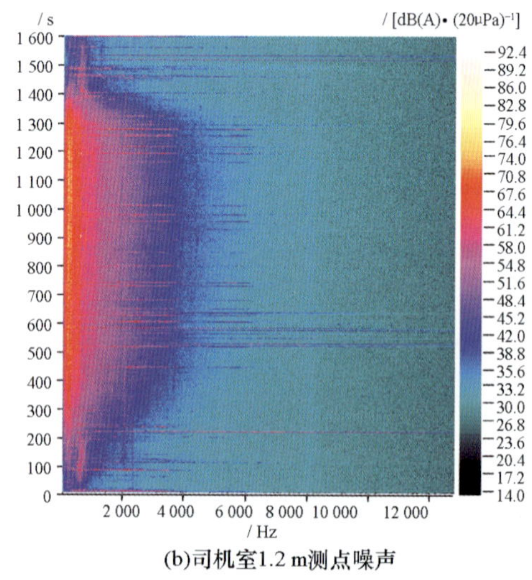

(b)司机室1.2 m测点噪声

图　4－30

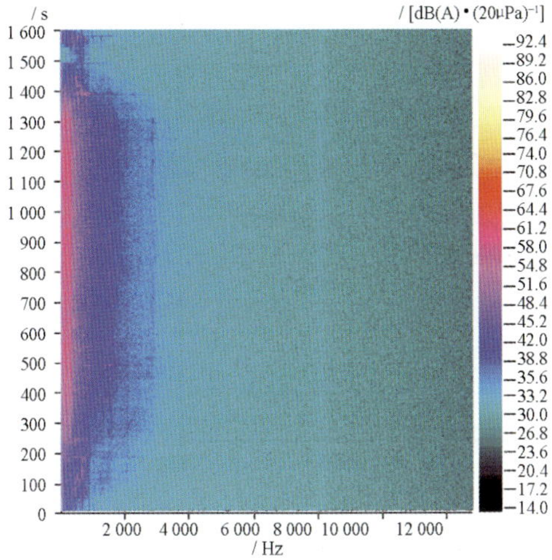

(c)客室地板中央1.6 m测点噪声

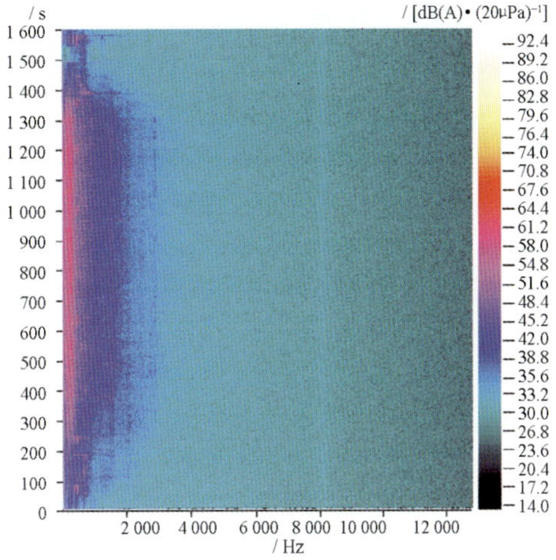

(d)客室地板中央1.2 m测点噪声

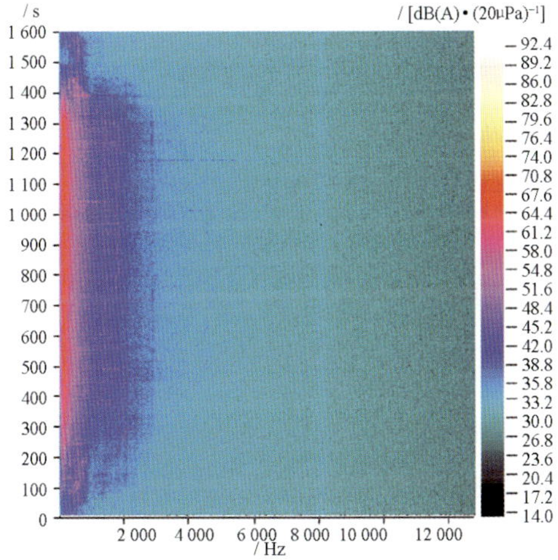

(e)客室心盘1.6 m测点噪声

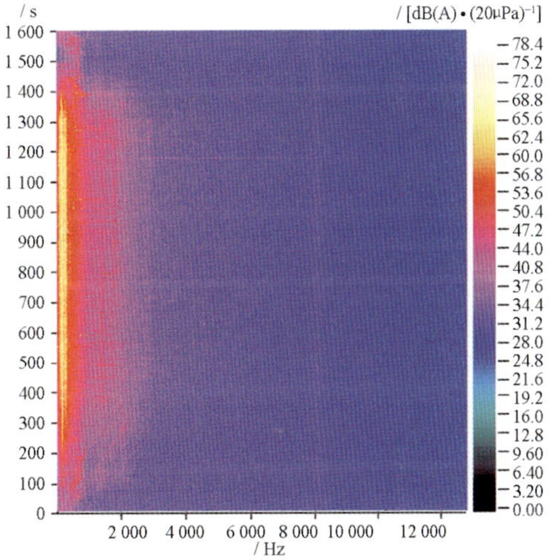

(f)客室心盘1.2 m测点噪声

图 4－30　车内噪声的时频分析

离车辆两端的通过台比较远，加上车辆侧墙的隔声效果比较好，所以此处的噪声水平最低。作者对等效声压级计算的时间间隔 $T = 10$ s，30 s，60 s 分别进行了计算，发现等效声压级数值最大相差不超过 1 dB(A)，图 4－31 所示结果采用 $T = 30$ s 进行计算得到。

3. 车内噪声的控制

要改善噪声对人体的影响，就需要对噪声进行控制。车内噪声控制策略如图 4－32 所示。首先要进行噪声源识别，确定各噪声源及传播路径传递的噪声对车内的影响。第二要采用高性能吸隔声结构，减小车外声源向车内的噪声传播。第三要对低频噪声进行控制，提高车内噪声的声学品质。第四要对车体设计进行优化，设计低车内噪声车体。总之，首先要在源头上降低噪声源的强度；其次应针对不同的噪声类型及其传播方式，在噪声传播的路径中采取隔声、吸声和减振措施。对于车内噪声，无论是隔声还是吸声，都具有良好的控制效果。

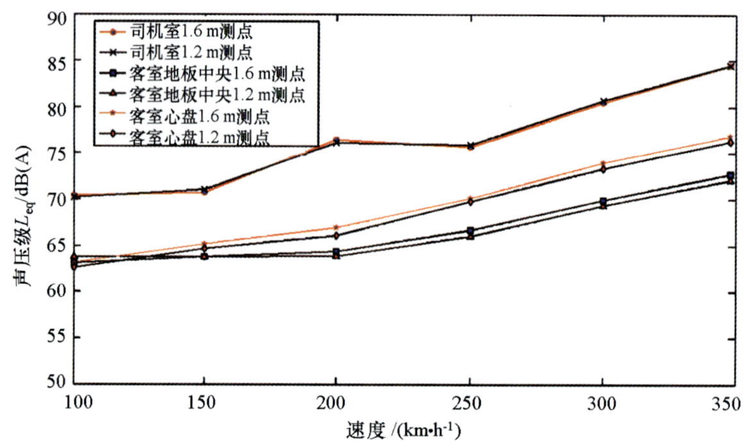

图4-31　车内噪声等效声压级随速度的变化关系

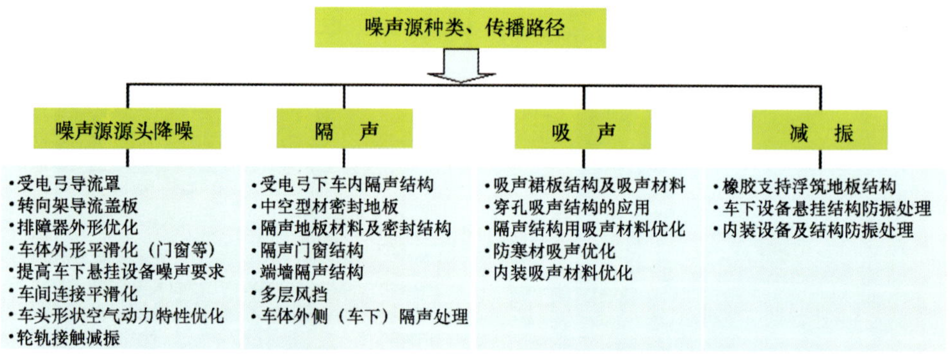

图4-32　降噪方案策划指南

实际上，噪声是系统振动的行为，要从振动的源头减小声源的强度，其核心还是要改善高速列车系统动力学。通过改善轮轨关系，减小轮轨间的冲击噪声和滑动噪声；通过改善弓网关系，减少弓网离线造成的集电噪声；通过改善流固耦合关系，减少流固耦合振动的噪声；通过改善车辆动力学性能，减少车体等结构噪声和各种摩擦噪声，等等。真正改善了高速列车的系统动力学性能，就是对车内外噪声最有效的控制。

关于舒适度中的其他因素如车内空气环境、照明等，与高速列车系统动力学的关系弱，这里就不再讨论。

4.3　广义舒适度的评价

4.3.1　广义舒适度的研究现状

从广义舒适度的定义可以看到，影响舒适度的因素很多，各因素对造成人感觉不舒适的程度是不同的。振动、噪声和车内压力，与列车运行速度、车体的总体设计、车体的隔声与吸声、转向架设计、车载设备、轨道形式等存在密切的关系。温湿度、气流组织、空气品

质，是列车通风环境设计的直接表现，座椅、心理反应等是现代人机工程学的体现。从广义舒适度的分类可以很明显地看到各因素对舒适感的影响程度是不同的。过去对影响因素没有进行统一的研究，只从单个因素进行分析，在振动、噪声、空气压力和热环境因素上有比较成熟的研究和单因素判别方法，但是对于涵盖多因素的广义舒适度的综合评价方法，在国内和国际上几乎都是空白的，处于起步状态。

4.3.2　广义舒适度的评价方法

广义舒适度的评价是涵盖主观和客观因素的评价，是一个从单独因素评价到综合因素评价的过程。对各因素进行判决的指标体系实际相当于一个判决系统。当对各因素进行单独评价时，其评价过程可用图 4－33 表示。

图 4－33　单因素独立评价

由图 4－33 可知，单因素独立评价时，各输入因素对应唯一的判决系统，其输出结果唯一，比如振动舒适度的评价，其具有唯一的计算公式和评价域。但是广义舒适度是对多因素进行评价，首先假设各因素间不存在相互影响，各因素的客观测试参数作为判决系统的输入，主观测试结果作为系统的反馈，该评价系统如图 4－34 所示。

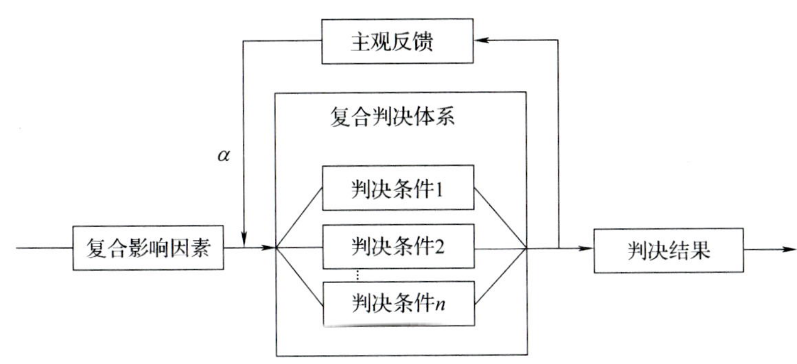

图 4－34　多因素独立评价

由图 4－34 可知，当我们对多因素进行评价时，需要满足的是一个复合判决体系[6]。在该体系中，客观的测试因素作为系统的主输入，主观的调查因素作为系统的反馈输入，其反馈系数为 α。对广义舒适度的研究就是要确定这个复合判决体系，确定主观反馈的作用系数。比如振动舒适度评价域为(a,b)，噪声的评价域为(A,B)，振动和噪声的综合评价域就应该是两个域的交集 Φ，如图 4－35 所示。如果考虑以人心理的调查作为反馈输入，其反馈系数如果为总体输入的 1/10，则其交集将减少到 ξ，如图 4－36 所示。

如果对影响广义舒适度的各因素进行综合判决，将获得一个空间域 Ω，该空间域代表了影响舒适度的各因素的稳定状态，如图 4－37 所示。但是在实际中，各单因素间是相互影响的，比如当振动在评价域为(a,b)内满足良好的舒适度要求，噪声在评价域为(A,B)内满足良好的舒适度要求时，综合考虑振动和噪声的评价域时，可能其结果不是良好的综

合域 Φ,而将发生偏移至交集 ψ,如图 4-38 所示。对广义舒适度的研究任务之一,就是判断交集 Φ 偏移至交集 ψ 的具体改变量。

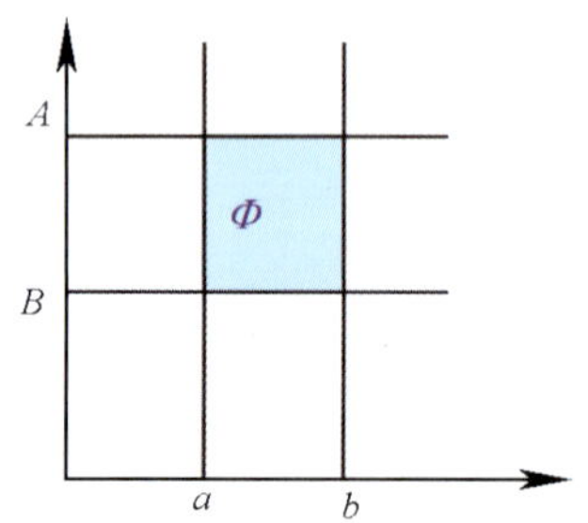

图 4-35　独自因素下进行判决的域图

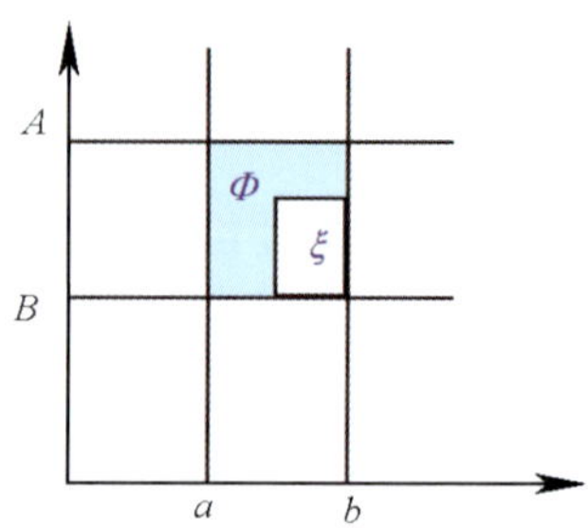

图 4-36　反馈输入下域的改变

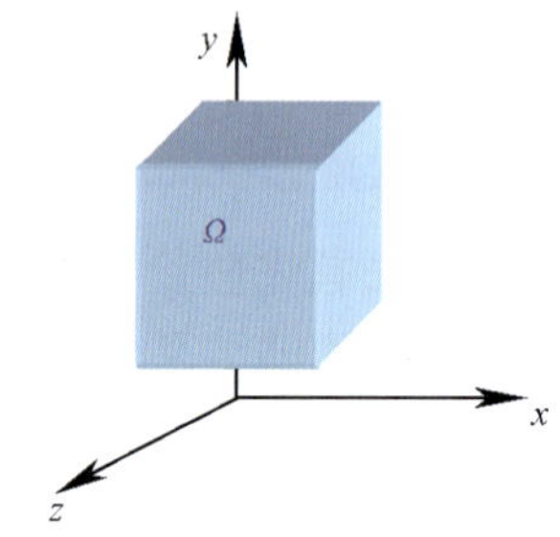

图 4-37　广义舒适度的稳定域图

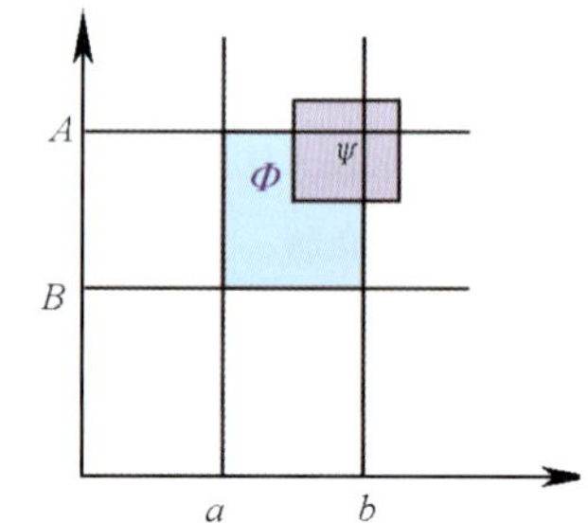

图 4-38　关联条件下进行判决的域偏移

综上所述,对广义舒适度的研究,既要考虑影响广义舒适度的各单因素间的相互作用关系,又要考虑影响因素的主观性和客观性,确定输出的判决结果的稳定域和主客观的权重系数。

由于广义舒适度的评价涉及主客观因素,其评价结果是一个域,目前对该类型的研究处理方法,比较有效的是证据理论。在广义舒适度评价中,将所有能考虑到的结果用集合Ⓗ表示,则Ⓗ代表了我们的识别框架[7]。在Ⓗ上产生的一批证据作用的结果,就是一个信度函数。一个识别框架中包含一个基本的可信度分配,该分配是由经验和数据支撑的。利用合成法则合成依据每批证据所得的信度函数,即得到判决结果。由于可信度的分配包含了经验和数据两部分,即涵盖了主观和客观因素,因此利用证据理论能得到较合理的决策系统的算法,可信度的分配比例研究将视为广义舒适度评价指标体系研究的重点和难点。

4.3.3　广义舒适度的研究平台

怎样对广义舒适度进行研究,获得广义舒适度的标准体系?怎样证明获取的标准体系的有效性?这是目前的研究重点,这里可以借鉴国际上对热舒适度的研究过程。丹麦学者范格尔教授为了研究热舒适度,首先建造了一个小型试验环境,在该试验环境中,实现了温度、湿度、空气流动速度的可调。然后邀请了不同国籍、不同年龄、不同性别的1 396名受试人员进入该试验屋,在试验屋里体验各种条件变化的环境。再通过问卷调查

表对试验人员的感受进行总结，最后将这些调查表做统计分析，获得了 PMV - PPD 指标体系的分度值。该指标体系在随后的实际环境中不断得到验证，最后形成了公认的热舒适度标准。

广义舒适度的性质决定了其评价体系是一个域值，而非一个点值。一个阈值即有上限和下限，该上限和下限是在极限条件下得到的。因此，建立模拟试验台，将高速列车在运行中影响乘客舒适感的因素进行模拟，是研究广义舒适度的基础。利用舒适度模拟器，可对影响舒适度的各因素进行模拟，完成各个因素间的相互影响关系的研究，完成线路条件下实测所得模型的合理性的研究，完成舒适度模型的极限系数关系的研究，最终形成广义舒适度指标体系。

1. 舒适度模拟器的设计要求

舒适度模拟器是对运行中的实际列车的模拟平台。因此，其基础应该是一个1∶1的实车平台，为了能同时模拟高速列车司机室的情况，该平台应选用高速列车的头车。模拟器要求设计一个基础平台，该基础能使车体与激振基础平台合理承接。整个模拟器要实现振动、噪声、车内压力、温度、湿度、照度和色度、车内流场、车内布置、座椅、数字化多媒体的模拟，检测乘客的生理和心理的变化。各舒适度因素模拟的具体设计要求如下：

(1)振动模拟

考虑车体的运行振动情况，该平台要求能实现纵向、横向、垂向、侧滚、摇头和点头六个方向的振动模拟，激振控制装置能进行 0 ~ 30 Hz 的单频和随机激振。

(2)噪声模拟

由于人耳的听觉范围为 20 ~ 20 000 Hz，因此对噪声的模拟要求能覆盖人耳的全部听觉范围，考虑人耳接受能力，最大分贝模拟到 150 dB。

(3)压力模拟

对压力的模拟，考虑在实际运行线路中进出隧道的压力最大值限，压力的大小模拟为 0 ~ 6 000 Pa，同时由于进行压力舒适度研究时采用压力的变化量来进行评价，因此模拟器内压力的变化率模拟范围为 1 s 中压力变动率：0 ~ 1 000 Pa/s。

(4)温度、湿度

由于人体的正常体温范围为 35 ℃左右，一般的气候下空气湿度一般为 50% ~ 70%左右，从人体极限考虑，该模拟器的温度模拟范围要达到 10 ~ 40 ℃，湿度模拟范围要达到 10% ~ 100%。

(5)照度

由于人眼接受的正常光线，在室内一般为 300 lx 左右，该模拟器要求照度可调范围为 100 ~ 650 lx。

(6)流场

该模拟器内人员活动区的平均流速要求范围小于 0.5 m/s。

(7)窗外场景运动

该模拟器要求能对窗外场景运动进行模拟，考虑到高速列车的减速玻璃，场景运动速

度应达到0～500 km/h。

(8)舒适度测试平台

在各种参数的可调模拟下，要求建立一个人体模拟仿真测试平台，完成对各可调参数的监测。

(9)乘客生理和心理测试平台

在舒适度各参数可调下，让不同的人进入模拟器，要能对进入模拟器的人员的各种生理因素进行监控，包括心电图、脑电图、肌电图、眼电图、皮肤反应、体温测量、血氧饱和度等。

2. 舒适度模拟器的设计方案

根据舒适度模拟器的总体设计要求进行模拟器设计，该模拟器由1:1的车体、机械基础平台、6个控制系统、1个场景模拟系统和1个医学测试平台构成。模拟器设计示意图如4－39所示。

(1)车体

采用高速列车1:1的真实头车，保留车体的心盘承接装置，但不包括走行部。同时对车体内饰进行改造，增加密封性。

(2)机械基础平台

模拟器的基础平台采用滑动梁型，底部采用3个滑轨，中间的滑轨用于调节心盘位置，两边的滑轨用于调节激振装置的位置。

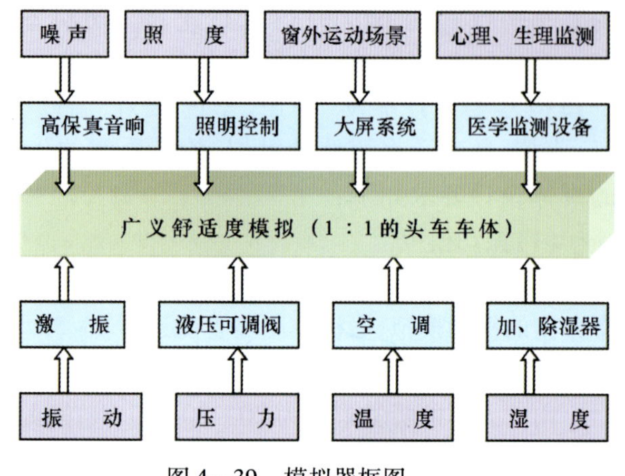

图4－39　模拟器框图

(3)液压激振控制系统

由于车体的质量，最大要模拟到40 t，并且要实现6个方向的振动，因此，该激振控制装置采用液压激振原理，垂向设3个激振器，横向设2个激振器，纵向设1个激振器。

(4)噪声模拟控制系统

噪声的模拟采用从实际线路进行录制，在车体内进行回放的方法进行模拟。车内使用高保真音响设备，保证声音不失真。

(5)压力连续调节系统

为了实现压力连续可调，采用液压阀进行加压，同时为了实现压力变化率，在车体改造时，压力的调节阀同时布置在车的四个角落。

(6)温度连续调节系统

温度采用空调控制，实现温度的连续可调。

(7)湿度连续调节系统

湿度控制采用加湿和除湿装置来实现湿度的连续可调。

(8)照度连续调节系统

照度调节是在车体改造时，增加对照明的控制，设置各种照度和色度的照明装置，实

现照度连续调节。

(9)窗外运动场景模拟系统

改造车体的玻璃,采用大屏系统代替玻璃,实现窗外运动场景模拟,车头立体视景用于驾驶员的乘坐舒适性研究。

(10)生理和心理监测系统

使用已经成熟的医学监测设备,在车的客观因素变动时,对车上人员的生理和心理进行监控。

4.3.4 广义舒适度研究的后续工作

广义舒适度的研究是一项复杂而繁重的工作。当前的任务是按照设计要求和设计的初步方案,完成模拟器的建造,并开展研究试验。但只有模拟试验台的试验是远远不能形成合理的评价指标体系的。对形成的指标体系进行线路运行试验,在实际的运行中对舒适度指标进行测试和收集旅客的反馈意见,修订并验证舒适度指标体系的参数,是后续研究的重点。

广义舒适度是针对我国高速列车提出的全新概念,其内涵丰富,研究成果将最终应用于高速列车的优化设计,如图 4 - 40 所示。对广义舒适度的研究,不论是从研究条件,还是研究方法上都具有极大的发展空间,也必将形成代表我国高速列车发展的前沿性成果。

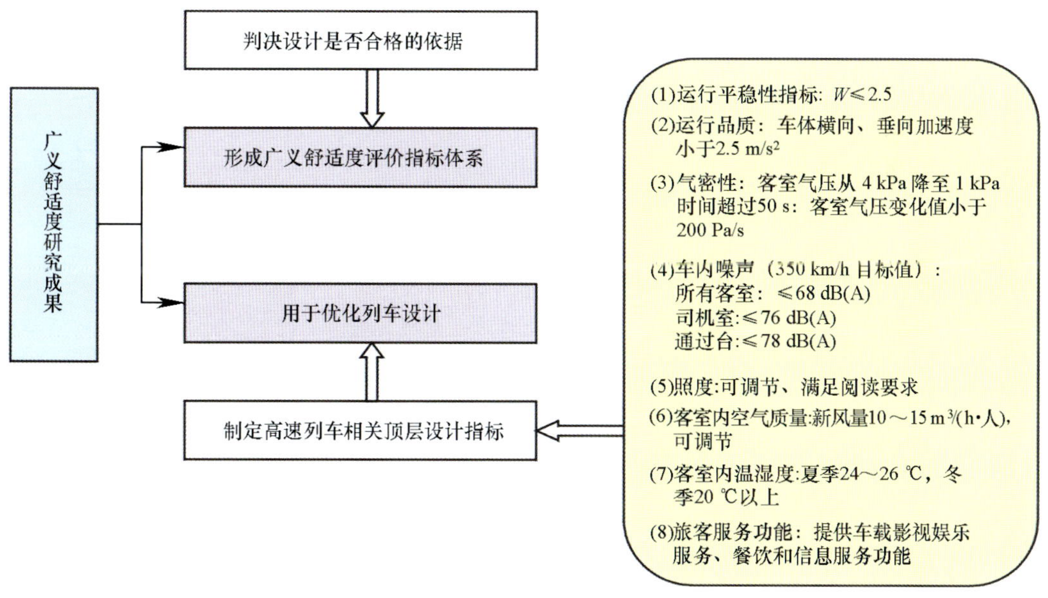

图 4 - 40 广义舒适度的研究应用

参 考 文 献

[1] 张曙光. 铁路高速列车应用基础理论与工程技术[M]. 北京:科学出版社,2007.

[2] 张曙光. CRH2 型动车组[M]. 北京:中国铁道出版社,2008.

[3] 田红旗. 列车空气动力学[M]. 北京:中国铁道出版社,2007.

[4] 张曙光. CRH1 型动车组[M]. 北京:中国铁道出版社,2008.

[5] 张曙光. CRH5 型动车组[M]. 北京:中国铁道出版社,2008.

[6] 段新生. 证据理论与决策、人工智能[M]. 北京:中国人民大学出版社,1993.

[7] 杨静,天亮,赵爱军. 基于典型样本的证据理论信度函数分配构造方法[J]. 华北电力大学学报,2008,35(5):70-72.

5 节能环保设计

5.1 低阻力设计

5.1.1 车体低阻力设计

列车空气阻力由列车表面空气摩擦阻力和空气压差阻力构成，因此，整列车的主要减阻措施可以归纳如下：

(1) 高速列车两端的端车头部采用流线型，列车前端能减轻气流滞止的影响，后端能减缓涡流或改变尾流结构，从而降低头尾车的空气阻力。

(2) 基于列车空气摩擦阻力形成的机理，摩擦阻力主要与附面层厚度有关，而附面层厚度主要与列车外形有关，如果在列车外形设计时尽可能选出可以降低附面层厚度的设计，即可减小列车空气摩擦阻力。

(3) 合理设计列车头尾流线外形，包括增加流线型头部长度，合理设计流线型头部俯视形状等。

(4) 相邻车辆链接部位采用外风挡结构，将车体连接部分的外表面延伸，使得两车体外表面间距缩小，这样可减弱气流分离及气流冲刷端墙表面的强度，以减小列车空气压差阻力。采用外风挡结构减阻的原因可以通过有无风挡的列车外表空气压力分布规律来解释。实验研究结果表明，采用外风挡结构可以使列车空气阻力降低 10% 左右。

(5) 尽可能使门窗部分与车身一致，减小由门窗引起的车身表面的凹凸不平。

(6) 车顶受电弓部分，安装导流罩以降低受电弓的阻力。

(7) 安装列车底部导流罩。

(8) 在列车车体侧壁的下部安装适当的裙板。

高速列车的空气动力学性能很大程度是由车头的形状确定，适当地设计车头，能极大地改善列车的阻力、升力、横向力、会车压力波以及隧道通过性能。

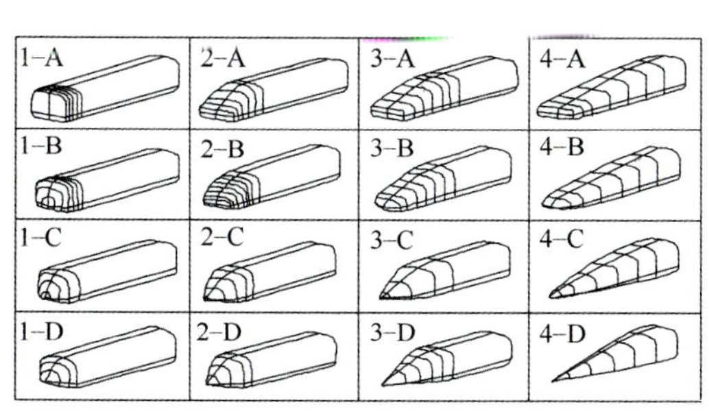

图 5-1 典型车头形状

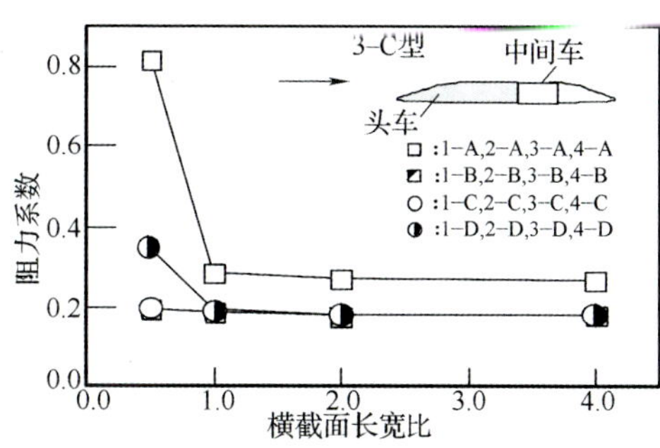

图 5-2 阻力系数

图 5-1 是典型的车头形状[1]，真实的车头是在这些头形的基础上变化得到。我们用序号 1,2,3,4 分别表示流线型部分长度是横截面宽的 0.5,1,2,4 倍。将图 5-1 中的头形做成列车的头、尾车，并与一辆中间车组成列车，通过风洞试验得到各种头形的阻力系

数。图 5－2 为图 5－1 中头形组成的列车中头车的阻力系数[1]。从阻力系数变化图可以看出，流线型头部长度与横截面宽的比增加时，头车阻力系数减小。同样，当长宽比增加时，中间车的阻力也减小。研究还发现尖梭形流线型头部有利于降低阻力(如 4－C，4－D)，但会车时压力波较大。而宽扁形头部(如 4－A，4－B)在会车时压力波较小[2]。所以降低空气阻力和降低会车压力波之间存在矛盾，在设计头形时需要加以综合考虑。

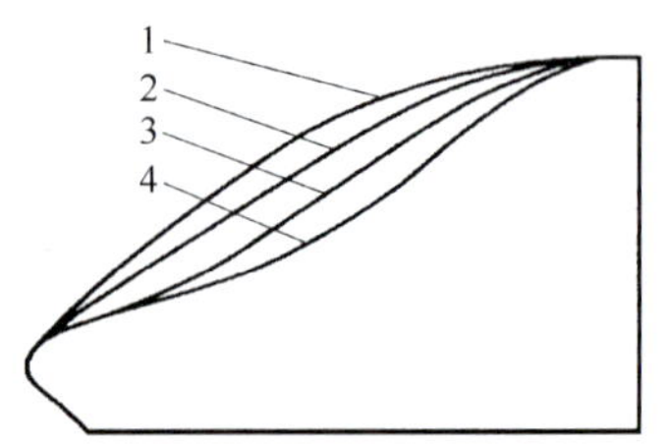

图 5－3　头部纵向剖面形状

列车的空气动力学性能与头部纵向剖面形状也有很大关系。在如图 5－3 的四种方案中，纵向对称面最大控制型线从外凸到内凹，纵向辅助控制型线也顺此改变。

从表 5－1 中可以看到，方案 1 阻力和升力都最小，方案 1 最大，但从会车压力波看，方案 4 压力波幅值最小，方案 1 最大。这又是一对矛盾。

表 5－1　头部纵向剖面形状对空气阻力和升力的影响

头形方案	1	2	3	4
头车阻力系数	0. 202 1	0. 202 3	0. 204 2	0. 207 3
头车升力系数	－0. 088 6	－0. 089 7	－0. 090 4	－0. 091 7

图 5－4　日本 700 系列车(左)和 N700 系列车(右)

正是由于这些矛盾，为了较好地解决空气阻力、会车冲击波和出入隧道引起的音爆问题，在设计车头外形时，多采用多拱复杂外形。日本的 700 系，设计速度为 340 km/h，最高运营速度为 285 km/h，采用鸭嘴形头形，车身高度为 3. 65 m，流线型长度为 9. 2 m，较好地解决了会车冲击波和噪声问题。700 系的改进型 N700 流线型部分长度增加到 10. 7 m，在车身宽度不变的情况下，将高度降为 3. 6 m，减小了车身横截面积，最高运营速度达到 300 km/h，并且较好地解决了会车冲击波和噪声问题。

图 5－5 为日本的 0 系、300 系、E2 和 500 系列车的头形流线型长度和车身横截面积。可以看到，随着设计速度的提高，流线型长度不断增长，横截面积在减小。

日本的 500 系列车的车头是尖梭形流线型头部的代表，其流线型部分长度达 15 m，运行速度为 300 km/h，设计速度为 350 km/h。为了降低会车时压力波对列车车身振动的影响，其车身横截面设计为椭圆形，使会车时气流可以上下流动，从而降低压力波的影响。

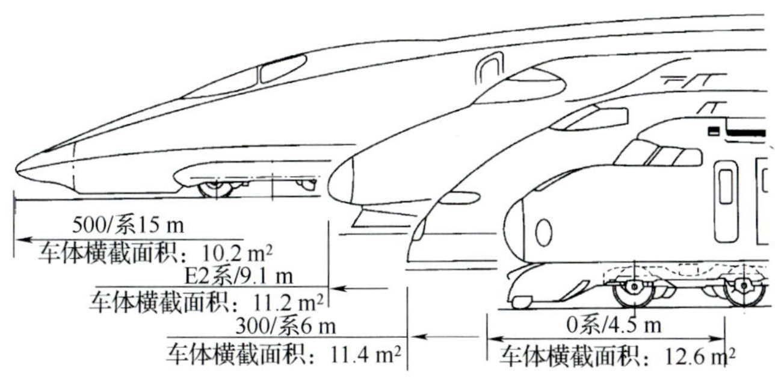

图 5－5　日本系列车头流线型部分长度和横截面积的变化

列车底部由于贴近地面，会产生较大的空气阻力。由图 5－6 可见，CRH2－300 型动车组底部转向架之间的大部分区域为较小负压，转向架的前挡雪板部位为较大负压，转向架的后挡雪板为较小负压，会产生压差阻力。通过在转向架前后安装适当的导流罩，可以减低转向架的空气阻力。

图 5－6　CRH2－300 型动车组转向架区域压力分布云图

车端连接部的间隙会产生较大的空气阻力。为了研究车端间隙的空气阻力，我们在京津线上对 CRH3 型车进行了实车试验[3]。CRH3 型动车组列车风挡压力测量试验在 CRH3－004A 上进行，列车 8 节编组，测点位于第 8 节和第 7 节车之间的风挡上，如图 5－7所示。

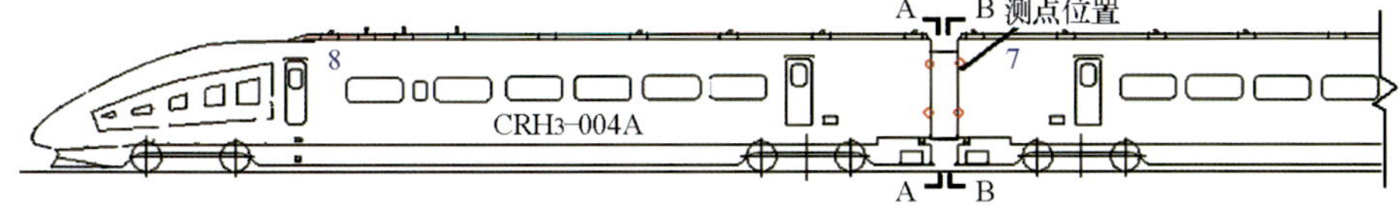

图 5－7　CRH3－004A 型动车组风挡压力测点位置图

风挡内的测点布置如图 5－8 所示。在每节车的风挡上布置 4 个压力测点，在与之相对的另一节车风挡的相同位置布置测点。在高度方向上：测点 1(5)和测点 3(7)位于同一个高度，距车地板 2 200 mm；测点 2(6)和 4(8)也位于同一高度，距车地板 800 mm。在水平方向上：测点 1(5)距车体外缘 120 mm，测点 3(7)距测点 1(5)340 mm；测点 2(6)距车体外缘 165 mm，测点 4(8)距测点 2(6)430 mm。

列车风挡压力试验共进行了 5 个往返运行，这里只给出列车以最高速度 330 km/h 运行时的试验结果。表 5－2 为 CRH3－004A 风挡压力分布试验结果，从这些数据，可以得到车端间隙的压差阻力。

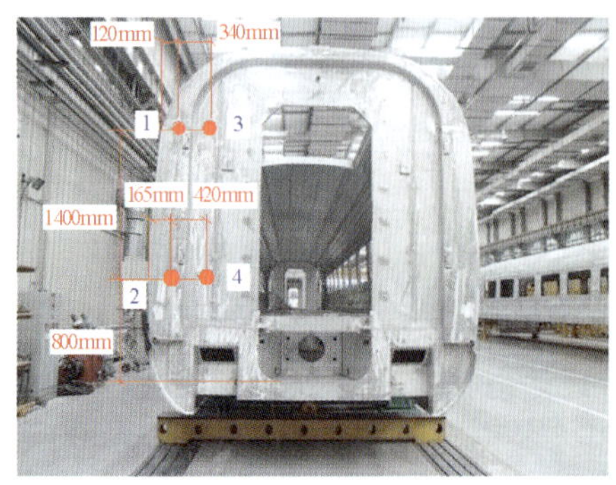

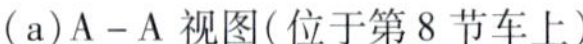
(a) A－A 视图（位于第 8 节车上）

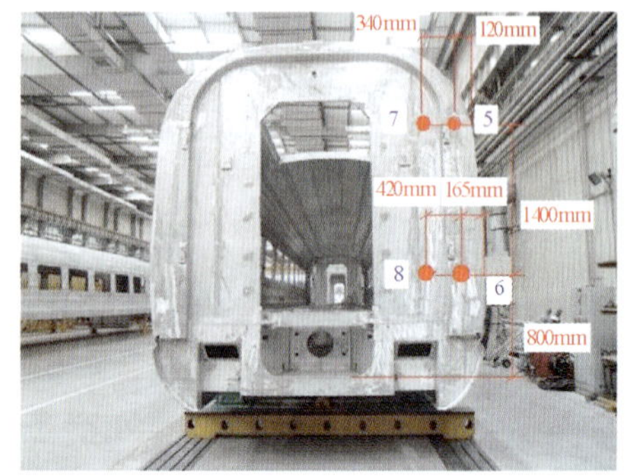

(b) B－B 视图（位于第 7 节车上）

图 5－8　风挡压力测点布置

表 5－2　CRH3－004A 风挡压力分布试验结果

速度/(km·h^{-1})	各测点压力/Pa							
	1	2	3	4	5	6	7	8
330	111	522	270	848	273	290	167	88

由图 5－8 的风挡测点布置可以看出，如果设整个风挡的面积为 a，将半风挡平均分成面积相等的 4 个部分，每个部分的面积为 $a/8$，则测点 1(5)、2(6)、3(7)、4(8) 约分别位于 4 部分的中心。如果以测点 1～4(5～8) 的压力分别代表所在等分区域的平均压力，则将测点 1～8 的压力值分别对应相减，即测点 5 与 1 相减、测点 6 与 2 相减、测点 7 与 3 相减、测点 8 与 4 相减，则整个风挡引起的空气阻力可按式(5－1)近似计算：

$$F_{\mathrm{D}}=2\times(|p_1-p_5|+|p_2-p_6|+|p_3-p_7|+|p_4-p_8|)\times\frac{1}{8}a \qquad (5-1)$$

根据实际粗略测量，风挡面积约为 3.0 m^2，则单个风挡处产生的气动阻力为

$$F_{\mathrm{D}}=0.75\times(|p_1-p_5|+|p_2-p_6|+|p_3-p_7|+|p_4-p_8|) \qquad (5-2)$$

式(5－1)、式(5－2)中的绝对值符号表示：当列车由北京向天津运行时，测点 1～4 位于下风向的风挡上，测点 5～8 位于上风向的风挡上，此时风挡的压差应由测点 1 与 5 相减、2 与 6 相减、3 与 7 相减和 4 与 8 相减；而当列车由天津向北京运行，测点 5～8 位于下风向的风挡上，测点 1～4 位于上风向的风挡上，因此，风挡的压差应由测点 5 与 1 相减、6 与 2 相减、7 与 3 相减和 8 与 4 相减。

表 5－3　CRH3－004A 风挡压差

速度/(km·h^{-1})	压差/Pa				F_{D}/N
	Δp_{51}	Δp_{62}	Δp_{73}	Δp_{84}	
330	－162	232	103	760	700

从表5－3可知,每个风挡增加的气动阻力约为700 N。CRH3型动车组8节编组,共计7个风挡。假设每个风挡引起的气动阻力均为700 N,那么整列车由于风挡引起的空气阻力约为4 900 N。CRH3型动车组最大宽度为3 m,最大高度为3.89 m,则动车组的最大横截面积约略小于$A=12.6\ \mathrm{m}^2$。如果列车最大横截面积按12.6 m^2计,试验时的空气密度$\rho=1.16\ \mathrm{kg/m}^3$,车速$v_t$为91.6 m/s,则由风挡引起的阻力系数约为:

$$C_{\mathrm{D-f}}=\frac{7F_{\mathrm{D}}}{\frac{1}{2}A\rho v_t^2}=\frac{7\times700}{0.5\times12.6\times1.16\times(91.6)^2}=0.08$$

目前还没有得到CRH3型动车组的确切的压差阻力系数。根据相关文献可知,高速列车的压差阻力系数大约为0.2,如果CRH3型动车组的压差阻力系数为0.2,那么风挡空气阻力约占压差阻力系数的40%,亦即风挡使整列车的压差阻力增加约40%[3]。尽管是一个估算,但至少可以说明在车端连接处增加风挡可以有效地减少空气阻力。

5.1.2 受电弓的低阻力设计

高速列车在以空气为介质的地面上行驶,空气对列车和受电弓-接触网系统都会产生空气动力作用,受电弓在高速气流作用下,不仅会产生气动阻力还会产生气动升力。受电弓在气动升力的作用下,会明显改变弓网接触力大小。当接触力过小和接触电阻大时,将产生大的能耗和电热,特别是接触力过小,常易造成离线,即受电弓弓头脱离接触线而产生电弧,造成弓网接触界面的烧伤。接触力过大时,过大的接触线抬升量,将使接触线局部弯曲,引起接触线疲劳损伤,同时使受电弓弓头滑板和接触线磨耗增大,严重时造成弓网事故。可见,列车在高速行驶时,气动特性对高速受电弓的受流质量有直接的影响。良好的受电弓气动特性是确保弓网系统跟随性、稳定性和减少弓网磨损的重要因素。因而研究高速受电弓的气动特性,进行合理的气动特性设计是一项必要的工作。

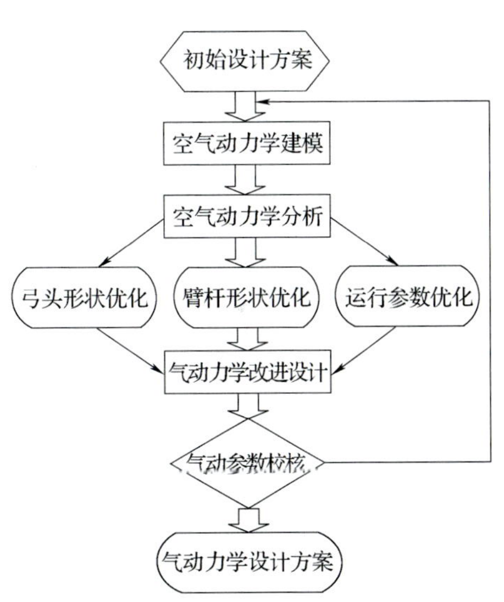

图5－9 高速受电弓气动力学设计流程

一个高性能受电弓必须具有良好的空气动力学特性。建立受电弓空气动力计算模型,可以详尽分析不同结构、不同运行条件下,空气动态力对受电弓作用的规律,为受电弓的设计提供合理的参数,明确进行受电弓低阻力设计的目标。对受电弓进行空气动力性能优化可采用图5－9所示的设计流程。

1. 受电弓流场特性分析

受电弓通过绝缘子安装在列车顶部,对于高速列车,考虑受电弓会受到头车影响,通常将受电弓安装在第三或第四节车厢上。要对受电弓进行空气动力学分析,必须考虑其周围流场特性,若受电弓所在流场受列车扰动,就需要采用车-弓一体模型对受电弓进行空气动力学特性分析;反之,可采用单个受电弓模型进行研究,这也是进行受电弓风洞试验常用的方法。文中结合受电弓和动车组对这一问题进行探讨,受电弓采用完整的实体模型,动车组采用三辆车编组,即头车+中间车+尾车,全长76.4 m。DSA380受电弓模型如图5-10所示,动车组模型如图5-11所示(忽略车间风挡的影响)。对受电弓流场进行是否受列车车顶及绝缘子扰动分析时,分两种工况来考虑:(1)列车运行时,无横风作用;(2)列车运行时,有横风作用。

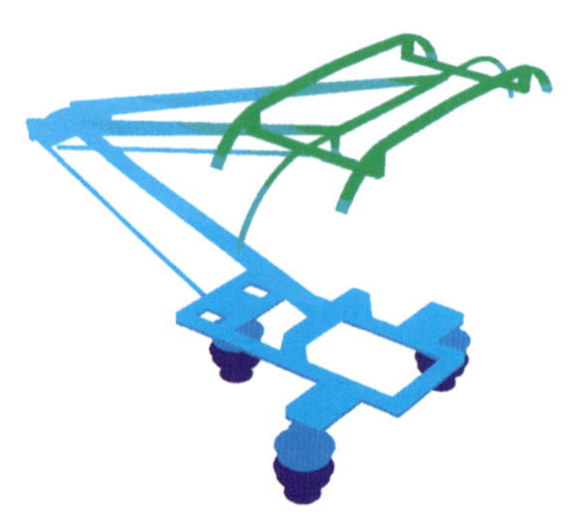

图5-10　DSA380受电弓模型

图5-11　动车组模型

(1)无横风作用受电弓空气动力学特性

在无横风作用时,计算表明受电弓所在流场基本不受列车扰动,但受电弓底座处的绝缘子对其有一定影响,主要是下臂杆所受的升力有一定改变。图5-12为受电弓开口运行,底座处有无绝缘子时下臂杆升力比较;图5-13是受电弓整体升力的比较。从图中可看出升力改变主要来自下臂杆处。因此,对单个受电弓进行风洞试验的研究是可行的,但需要考虑绝缘子的影响。

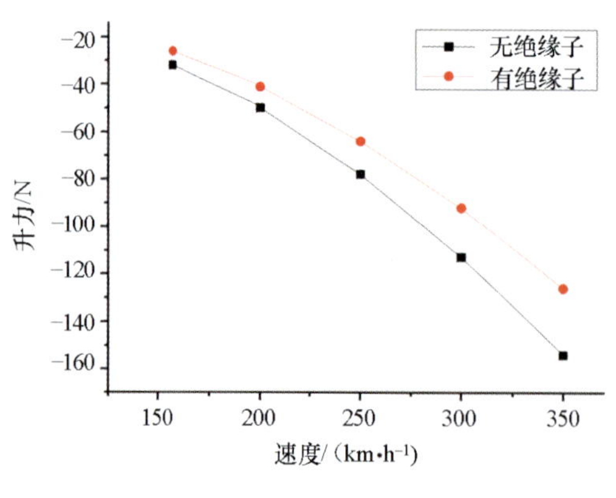

图5-12　下臂杆升力

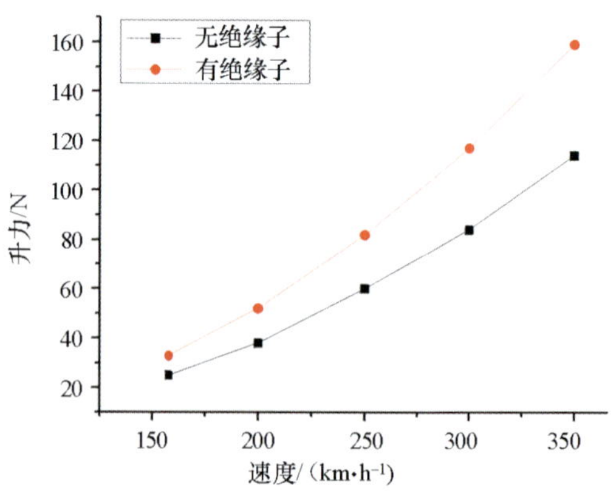

图5-13　受电弓升力

(2)有横风作用受电弓空气动力学特性

列车运行时会受到横风的作用。在车顶没有导流板的情况下,其空气动力学特性与没有横风作用时将有变化。下面介绍采用工作高度为1 500 mm的单个受电弓模型(模型Ⅰ)和车-弓一体模型(模型Ⅱ)计算得到的有横风作用下的受电弓空气动力学特性。计算分为四种工况,四种工况中列车均以200 km/h的速度运行,横风风速分别为0,10 m/s,20 m/s,30 m/s。图5-14是在横风作用下,单个受电弓模型和车-弓一体模型计算得到的受电弓开口工作时的升力。从图中可以看出模型Ⅱ计算得到的升力比模型Ⅰ计算得到的要大。因此,受电弓所在流场受到列车扰动很大,对受电弓进行有横风作用下气动力特性研究时,应该采用车-弓一体模型进行计算分析。图5-15是列车受横风风速30 m/s时,受电弓附近的列车横断面上等压线分布图。从图上可以看到列车车体侧墙迎风一侧为正压,背风一侧为负压,且负压和正压值随着横风风速增大而增大;从图5-16可看出,车辆的背风侧产生了一对漩涡,漩涡的形成是由于上层气流流速大,下层气流流速小导致,此流速差也导致上下层气流压差加大,这也是车-弓一体模型计算得到的受电弓气动升力变大的原因。因此,在列车顶部安装导流板来改善受电弓在横风作用时的流场特性是很有必要的。

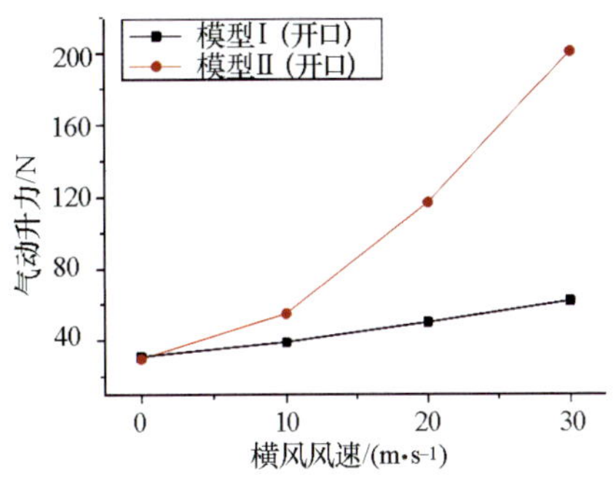

图5-14 不同横风风速受电弓气动升力

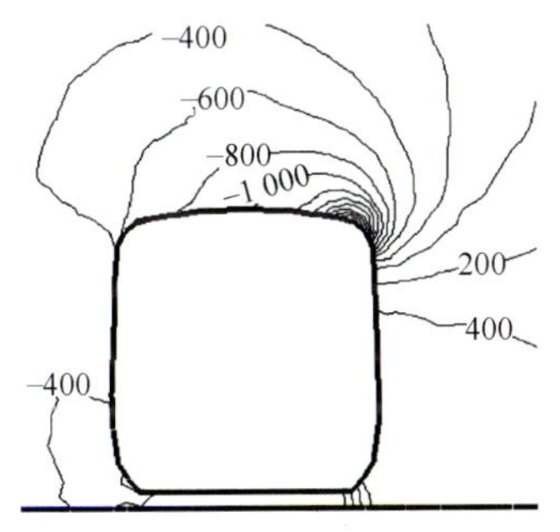

图5-15 列车等压线分布

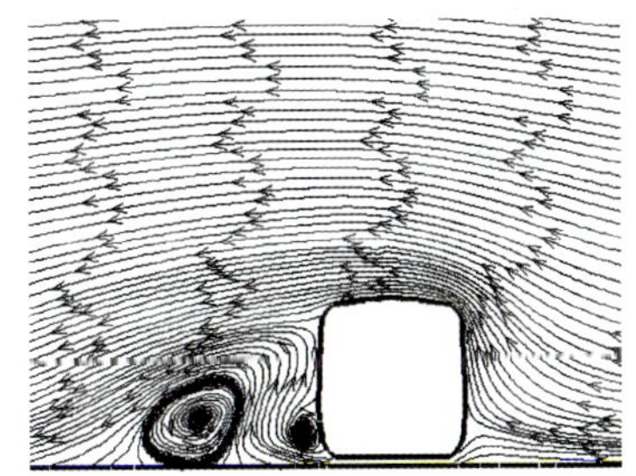
图5-16 列车流线图

2. 受电弓气动力特性

受电弓安装于列车顶部随列车高速运行,运行过程中受到高速气流作用,产生很大的阻力。这不仅要消耗列车的动力,而且会在受电弓杆件上产生漩涡脱落现象,漩涡的交替出现会在杆上产生交变力,这种力会使受电弓出现自振现象,受电弓振动加剧会导致弓网受流恶化。因此,研究受电弓各部件的阻力,从而得到减小阻力的部件是十分有必要的。通过对受电弓进行数值仿真,得到了受电弓各部件及整体阻力,分析出受电弓各部件阻力所占比例,得到了最具降阻潜力的部件,从而为高速受电弓的低阻力设计提供依据。

图5-17为受电弓在工作高度1 500 mm,开口运行时,计算得到的压力分布图。从图

中可以看出，弓头、底座及绝缘子处压力比较大。表 5－4 为受电弓在工作高度 1 500 mm和2 300 mm 时，受电弓气动阻力占列车运行总气动阻力的比例。从表中可看出，随着列车运行速度的提高，受电弓气动阻力所占列车运行总气动阻力也随之增加，不同工作高度，阻力也有差异，工作高度高阻力大。表中所给出的数据也符合有关文献指出的受电弓气动阻力占列车运行总气动阻力的 8% ～14% 。可见，对受电弓进行空气动力学仿真是可行的。

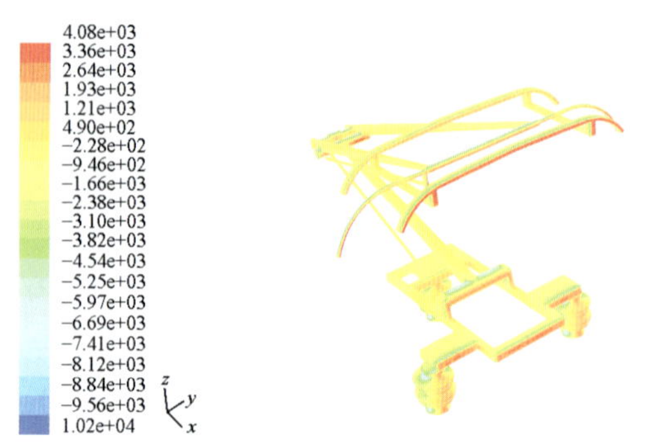

图 5－17　受电弓压力分布

表 5－4　受电弓阻力所占列车总阻力比例

列车速度/(km · h⁻¹)	160	200	250	300	350
工作高度 1 500 mm/%	9. 69	9. 73	9. 84	9. 97	10. 04
工作高度 2 300 mm/%	11. 21	11. 38	11. 56	11. 69	12. 03

图 5－18 为受电弓开口运行，工作高度为 1 500 mm 和 2 300 mm 时，总阻力随运行速度的变化曲线；图 5－19 为 1 500 mm 工作高度时，受电弓各部件阻力随运行速度的变化曲线。从图中可以看出，受电弓总阻力随着工作高度增加而增加，各部件中阻力从大到小依次为：弓头、绝缘子、底座、上框架、下臂杆、拉杆和平衡杆。可见，弓头、绝缘子和底座处存在较大的降阻潜力，要对受电弓进行低阻力设计时，首先应考虑对这三个部分进行截面优化，从而降低其阻力。

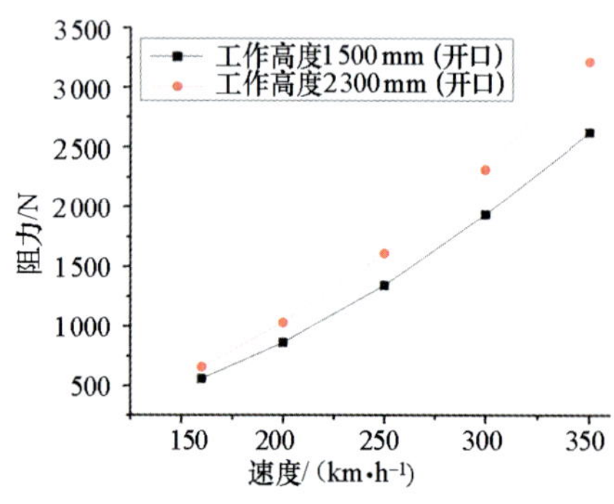

图 5－18　受电弓阻力

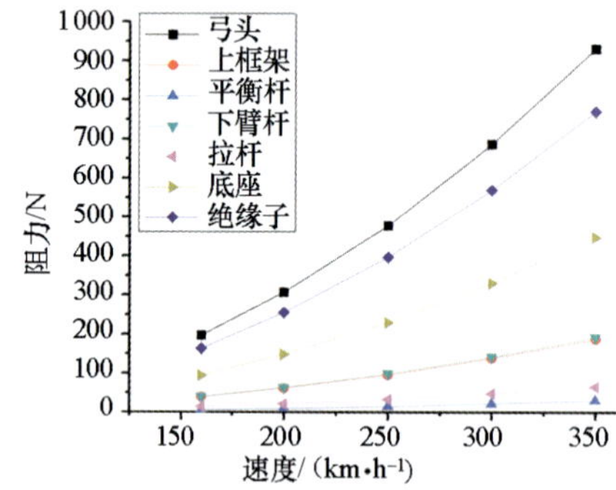

图 5－19　受电弓各部件阻力

列车运行过程中会出现受电弓开口和闭口的工作方式。对于动车组一般会安装两个受电弓，若能确定受电弓在开口及闭口运行时的阻力和升力特性，就可择优采用其中一种运行方式，因此有必要对受电弓在不同工作方式时气动力特性进行研究。图 5－20 和图

5－21 为列车在实际运行中,受电弓开口和闭口的两种工作方式,图中所标箭头是气流流动方向,有时把前者称为逆弓,后者称为顺弓。图 5－22 为受电弓开口和闭口工作时的阻力;图 5－23 为受电弓开口和闭口工作时的升力。从图中可看出,受电弓开口和闭口运行时所受阻力基本一致,升力差异比较显著,但阻力和升力都是随着速度提高而增加。受电弓开口工作时,所受升力要明显大于闭口工作,因此,DSA380 受电弓在闭口工作时空气动力学特性要优于开口工作。

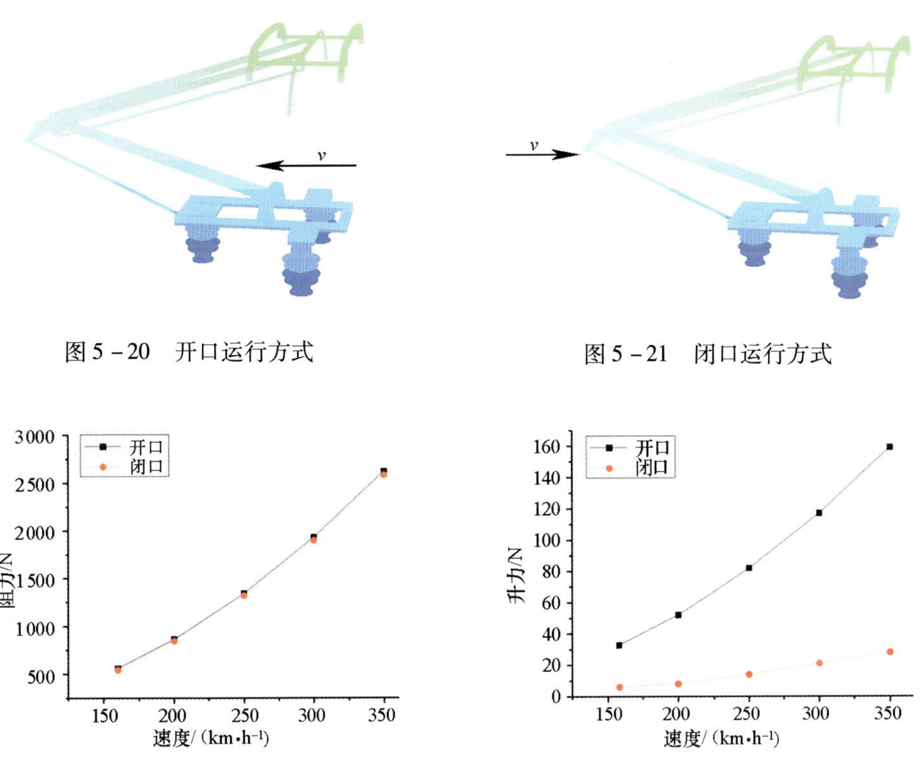

图 5－20　开口运行方式　　图 5－21　闭口运行方式

图 5－22　受电弓阻力　　图 5－23　受电弓升力

3. 导流板及整流罩

导流板是根据受电弓的空气动力学特性而设计的,其原理是根据受电弓在高速运行时产生的升力,设计出合理形状和安装角度的导流板,通过导流板自身产生的升力来改变受电弓的升力大小,从而满足最佳弓网受流要求。导流板通常安装于受电弓上框架横梁和弓头托架上,如图 5－24 所示;安装在横梁和弓头托架上的导流板形状如图 5－25 所示。横梁上的导流板主要用来平衡受电弓的整体升力,弓头托架上的导流板主要用来平衡前后滑板的升力。受电弓运行过程中产生的整体升力前面已讲述,由于气流影响而在受电弓上产生附加升力会使弓网受流恶化。在受电弓上安装如图 5－25 所示的导流板后,既可以平衡受电弓的整体升力,又可以使前后滑板的升力大小保持一致,这将很大程度上改善受流效果,为高速列车安全运行提供保障。图 5－26 和 5－27 是计算得到的受电弓前后滑板的阻力和升力曲线,从图中可看出未在弓头托架上安装导流板时,前后滑板的阻力和升力有明显差异，前滑板的阻力和升力要比后滑板的大，滑板间升力的不一致可能导致前后滑板出现偏斜，前滑板磨损过大，后滑板出现离线导致电弧灼伤，这会严重缩短弓头滑板的工作寿命，大幅增加列车运营成本；弓头托架上安装导流板后，前后滑板的升力比较一致，因此，安装导流板是非常有效的措施。

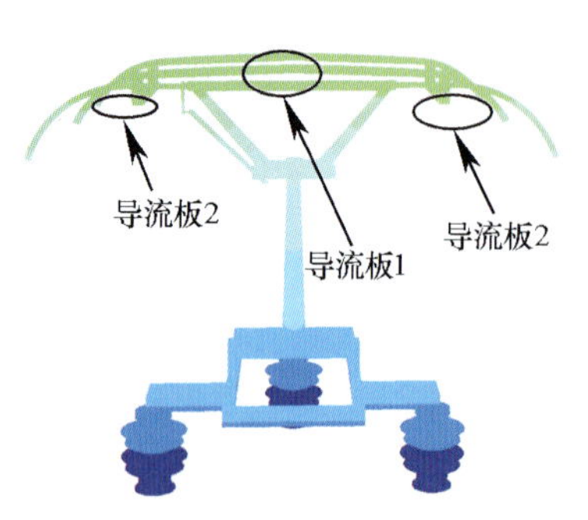

图 5－24　导流板安装示意图

图 5－25　导流板

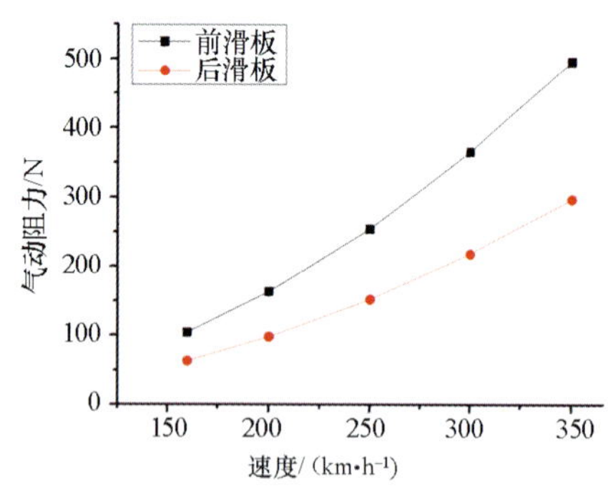

图 5－26　前后滑板阻力

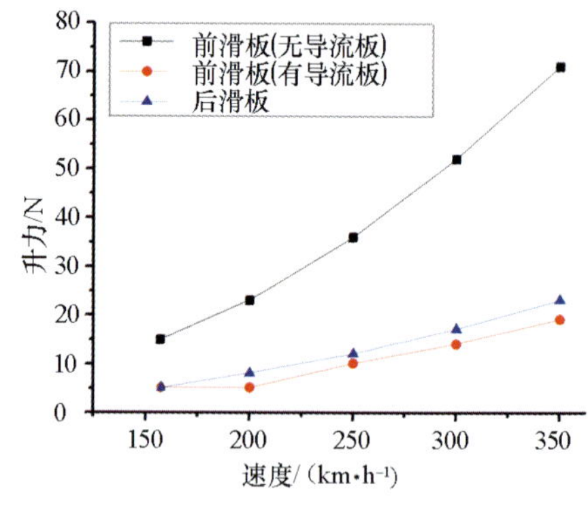

图 5－27　前后滑板升力

整流罩是安装在列车顶部，将受电弓的一部分围在整流罩中间，其原理是通过改善受电弓所在流场特性，一方面可以降低受电弓阻力；另一方面可以降低和隔离受电弓产生的部分噪声。图 5－28 为动车组受电弓的整流罩，从图中可看出，整流罩高度并不很高。要对受电弓进行最理想的流场改变，就是将整个受电弓完全落在整流罩里，但事实上，整流罩要有高度限制，首先，整流罩高度过高，自身的阻力将很大，而且远大于受电弓降低的阻力；其次，受电弓在运行过程中在不同路段的升弓高度并非一致，存在降弓和升弓的路段，而整流罩没法升降。因此，是否安装受电弓整流罩是一个值得思考的问题。

首先，建立了三种不同高度的受电弓整流罩，高度为 250 mm，450 mm 和 750 mm，建立的整流罩模型如图 5－29 所示。对受电弓安装三种高度的整流罩后，进行数值模拟，结果如图 5－30 和图 5－31 所示。

图 5－28 受电弓整流罩

图 5－29 受电弓整流罩模型

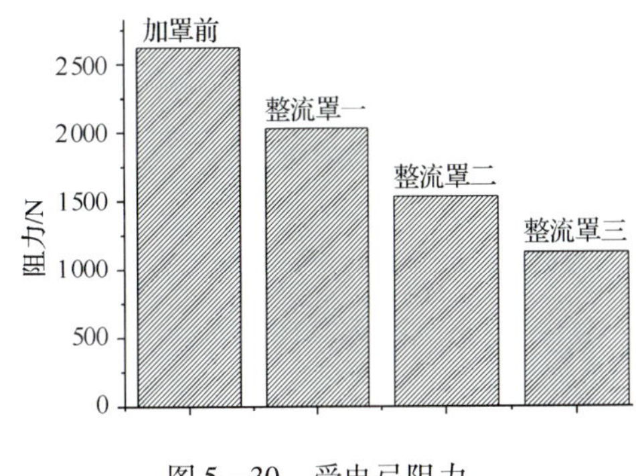

图 5－30 受电弓阻力

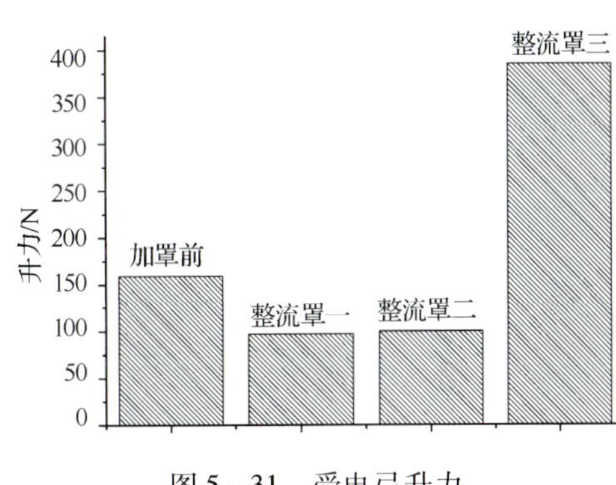

图 5－31 受电弓升力

从图中可以看到，整流罩高度越高受电弓降阻越显著，主要是降低了绝缘子和受电弓底座处的阻力，但整流罩自身的阻力又是一个问题。受电弓的升力也有一定改善，但未将受电弓完全遮挡时，并非整流罩高度越高效果越好。

4. 弓头及杆件截面形状设计

由受电弓阻力特性分析得到，弓头部分是整个受电弓部件中阻力最大且对受流质量最敏感的部件，对弓头部分进行合理的气动力学设计是非常必要的。弓头整体设计应紧凑、简单、轻量化、减少连接部件。采用一体化弓头、近流线型的结构形式是较理想的选择。其中，对于弓头截面的选择是非常重要的，直接影响其弓头的气动力学性能。如日本新干线在设计 N700 系受电弓时，对截面形状进行一系列的优化，最终确定两种设计方案，如图 5－32 所示[4,5]。在此基础上，对结构尺寸 120 mm × 55.1 mm 的设计方案进行改良，设计一种带气流入口和出口的弓头截面形状，如图 5－33 所示。通过气流入口和出口设计，不仅减小其气动阻力，同时通过气流的喷射，对弓头尾部的流场进行干预，从而对气动升力起到一定的调节作用，如图 5－34 所示。通过对出口向下和出口向上两种弓头截面设计方案的对比分析，可知：出口向下设计时，向下喷射气流，可增大抬升力；出口向上设计时，向上喷射气流时，可减小抬升力，如图 5－35 所示。同时可知，抬升力的变化与气流通道的空气压力有关，如图 5－36 所示。由此，通过调节气流出口的方向和空气压力，则可对气动抬升力进行调节，以获得最佳的空气动力性能。

框架是受电弓的主要承力部件，其对空气动力学性能影响也较大，合理选择截面形状可获取良好的空气动力学性能。图5－37和图5－38为DSA250和DSA380受电弓，从图

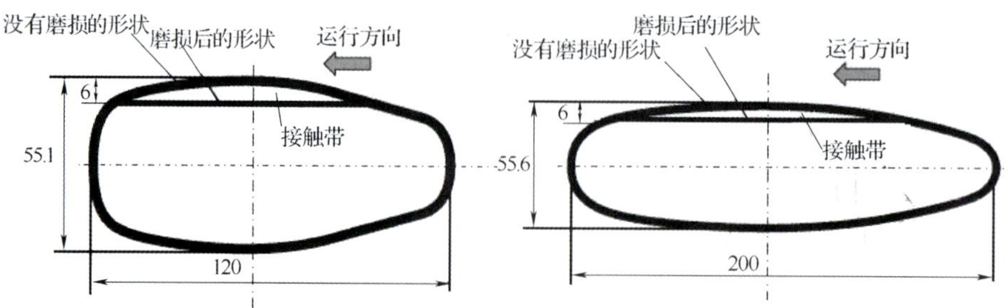

图 5－32　弓头截面形状优化方案

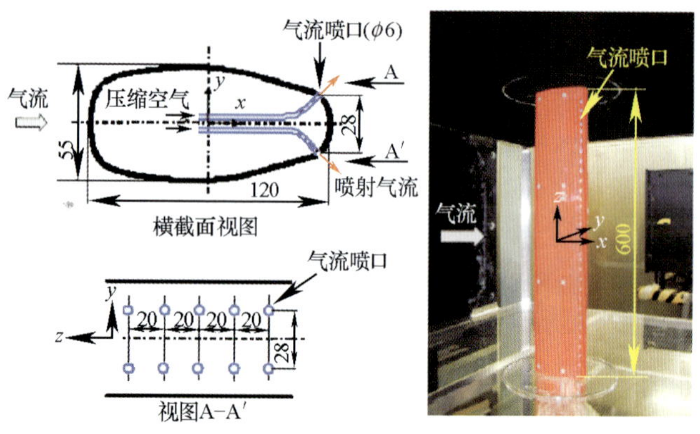

图 5－33　带气流入口和出口的弓头模型

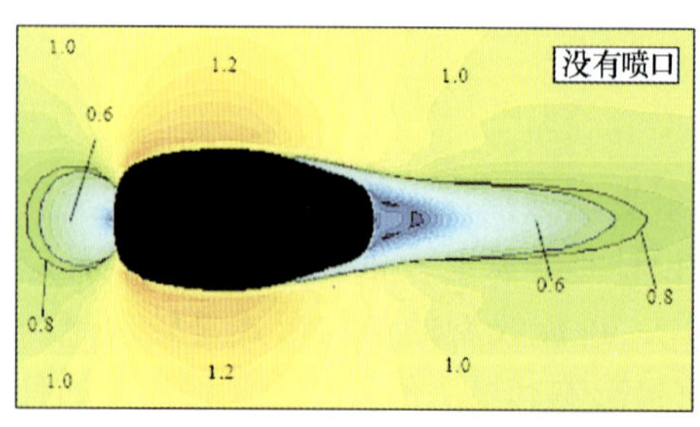

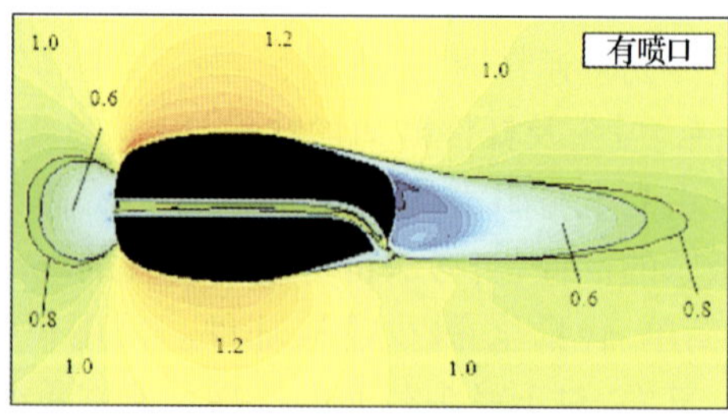

图 5－34　两种弓头截面的流场分布

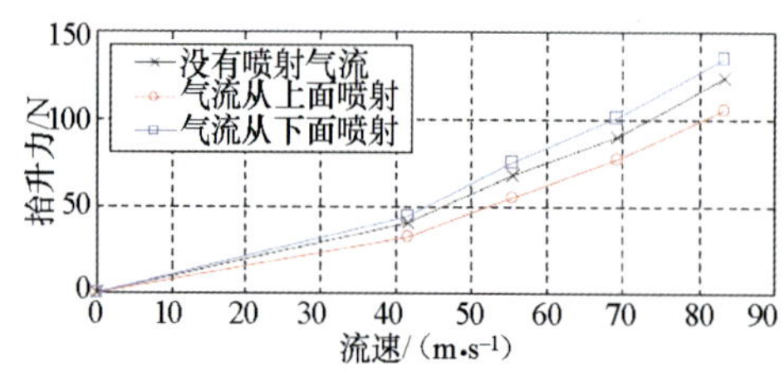

图 5－35　不同出口方向气流速度与抬升力关系

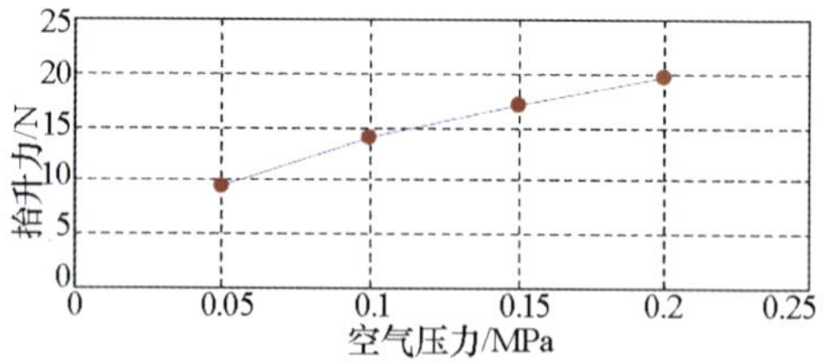

图 5－36　气流通道空气压力与抬升力关系

中可看出两架受电弓框架的主要差别在于，前者的下臂杆是方形等截面而后者的下臂杆是圆形变截面的。图 5－39 和图 5－40 分别为 DSA250（A 弓）和 DSA380（B 弓）受电弓在

350 km/h 速度时，下臂杆所受的阻力和升力比较，从图中可看出两弓下臂杆的空气动力学性能相差显著，后者要明显优于前者。图 5－41 所示为相同面积下不同的截面形状，由表 5－5 可见，相同工况下，圆形截面的阻力最大，而圆方形截面次之，近流线型的截面设计最好。因此，圆形截面杆件的空气动力学性能要优于方形截面，近流线型截面杆件的气动性能最好。此外，在进行受电弓杆件设计时，需根据杆件的受力状况，在满足杆件强度要求的前提下采用变截面设计。

图 5－37　DSA250 受电弓

图 5－38　DSA380 受电弓

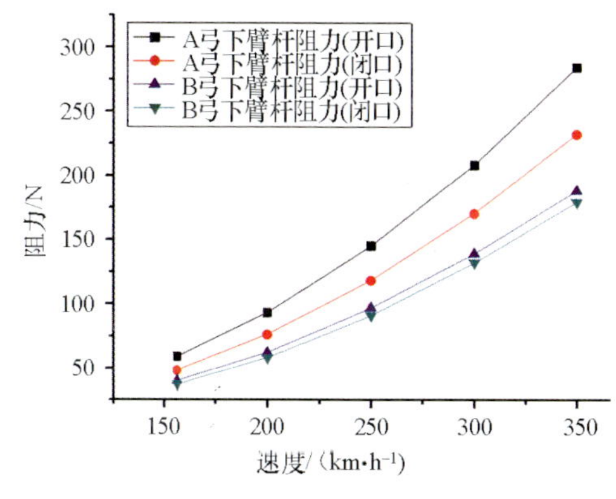

图 5－39　下臂杆阻力

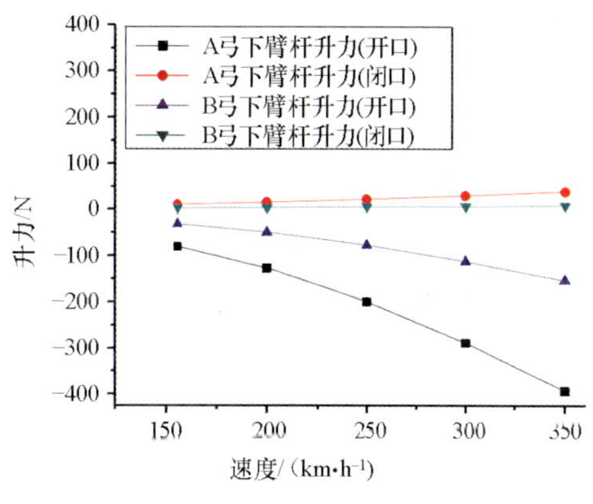

图 5－40　下臂杆升力

(a) 圆形截面

(b) 圆方形截面

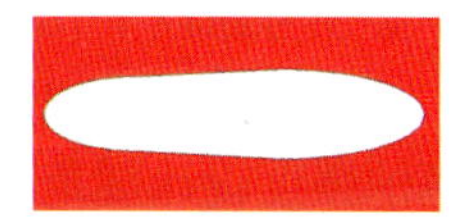

(c) 近流线型截面

图 5－41　不同截面形状

表 5－5　相同面积不同截面形状阻力

截面形状	圆形	圆方形	近流线型
阻力/N	438	112	31

5.2　车体轻量化设计

对于高速列车来说,阻力主要来自于机械摩擦和空气阻力,而机械摩擦阻力除了与摩擦系数有关,还和列车质量相关。因此,减小列车质量不仅体现在用材的减少和制造成本的下降,更重要的是通过减小运行中的机械阻力,达到提高牵引加速能力和节能的目的。当然还可以减小运行过程中轮轨相互作用,改善相关零部件的服役条件。正因为如此,高速列车的轻量化设计已经成为高速列车的关键技术之一。高速列车的车体系统占整个列车质量的一半以上,因此轴重的大小就反映出车体系统轻量化的水平,世界各国高速列车的轴重比较如表5－6所示。

表5－6　各国高速列车的轴重比较

车　　型	最高运营速度/(km·h^{-1})	最大轴重/t	平均轴重/t
(日)0系列	210	16.0	15.1
(日)100系列	220	15.0	14.5
(日)300系列	270	11.3	11.1
(法)TGV－PSE	270	17.0	16.0
(法)TGV－R	300	17.0	16.0
(法)TGV－2N	300	17.0	16.3
(德)ICE	250	19.5	15.1
(德)ICE－2	280	19.5	14.2
(意)ETR－500	300	17.0	12.3
(中)CRH3	350	17.0	15.0
(中)CRH2	350	14.0	12.8

5.2.1　车体结构设计基本要求

高速列车车体作为列车的组成主体和旅客的乘坐载体,高速、舒适、安全及结构的轻量化是高速客车车体设计的主要目标,但是这些设计目标之间有相互制约性,因此,高速客车车体设计必须在满足现代车辆的设计规范规定的条件下予以综合协调和优化。在车体设计中必须考虑以下几个方面的要求[6]。

(1)车体强度:为保证车辆在运行中有足够的强度,必须能承受一定的载荷工况,以符合车辆的强度设计规范。车体在运用中承受着纵向、横向、垂向、扭转和气密载荷等动态载荷的作用,这些动态载荷往往与线路条件、司机操纵和列车动力学品质相关、具有很强的随机变动特性。车体结构设计上需要考虑这些准静态及动态载荷的单独或联合作用,需校核车体结构的强度和刚度,同时要进行结构疲劳设计。

(2)车体刚度:这主要是控制车体的垂向位移和扭转角位移。

(3)车体自振频率:这与车辆运行品质和安全密切相关,因此,规范中对车体第一阶垂向弯曲模态有一定的限制。

(4)车体的耐碰撞安全防护:即要求设计一个更强的客室结构,同时在车体的非乘客区设置能量吸收区,以吸收撞击动能,保证乘客安全。

(5)结构轻量化:在保证安全和使用寿命的前提下,尽量做到结构的轻量化。车体结构所占车辆自重的比例很大,因此设计时尤其应注意减轻其自重。

上述这些约束与结构参数的要求有些是相互矛盾和互为制约的。例如,耐碰撞车体的轻量化设计既要保证车体结构强度和刚度以及耐撞击性能的要求,又要尽可能地减少车体质量,这是一个很难加以协调处理的设计问题。尤其碰撞中的结构大变形属于复杂的非线性问题,因而增加了设计难度。在这里重点指出,强度约束要求在各种典型载荷工况的作用下,车体强度分析或试验的应力结果不允许超过材料的许用应力,具体包括为车体的屈服强度和疲劳强度。刚度约束,即车体结构在垂直分布载荷作用下,计算或试验获得车体底架的侧梁(底架边梁)中间部位的最大变形量(也称挠度)。再根据车体整备质量下垂直载荷、车体长度、转向架中心间距、从前位转向架中心至前位车端的距离、从后位转向架中心至后位车端的距离等参数,通过公式得到刚度值。挠度值应该规定小于某一定的数值,JISE7105 标准中对车体刚度没有明确的评价指标。由于各个标准目前没有列出具体数值,还需要通过不断的试验确定合适的标准。根据相关文献和试验资料[6],高速列车车体铝合金材料主要技术参数见表 5-7。

表 5-7　CRH2-300 型动车组车体铝合金材料主要技术参数

材料名称	使用部位	密度/(kg·m^{-3})	纵弹性率/GPa	泊松比	屈服强度/MPa		疲劳强度/MPa	
					母材	焊材	母材	焊材
A5083P-O (JIS 4000)	头车车体结构	2.7×10^3	69	0.3	125	125	103	39
A6N01S-T5 (JIS 4100)	侧墙车体结构	2.7×10^3	69	0.3	205	120	78	39
A7N01P-T4 (JIS 4000)	底架补强板	2.7×10^3	69	0.3	195	176	135	39
A7N01S-T5 (JIS 4100)	底　架	2.7×10^3	69	0.3	245	205	119	39

5.2.2　结构轻量化设计的措施

高速列车的车体系统占整个列车质量的一半以上,因此,高速列车轻量化的关键是车体的轻量化。车体的轻量化主要从以下几方面入手:

(1)采用新材料、新工艺

高速列车车体材料早已放弃使用普通的钢质材料,耐候钢也已很少应用。近代高速列车主要采用铝合金和不锈钢材料,纤维复合增强塑料主要使用在车体头部流线型部分,同时在车体内装修中也得到愈来愈多的应用。近些年来,由于多品种异型截面和中空大截面铝合金挤压型材的发展,而使铝合金成为高速列车的主导材料。这主要是由于铝合金具有质量轻、性能好、易制造、耐腐蚀、维修费用低和外形美观等优点。

(2)采用先进的结构

采用先进的车体结构，这包括外形结构，如采用矮车体（4 000 mm 以下）和鼓形断面结构，以减小车体质量和气动阻力；也包括车体成型结构，如骨架外壳结构、薄型材（单壳）结构和中空型材（双壳）结构等。

（3）优化结构设计

高速列车的高速运行，给高速列车的车体结构设计带来了许多新课题，例如高速列车在隧道中运行或两列列车高速交会时的空气动力学载荷问题，高速列车车体采用铝合金材料而使整体刚度下降的问题等，都必须采用现代先进的设计、计算和试验方法，例如采用并行设计方法进行设计，应用有限元法进行结构强度计算，利用各种虚拟方法进行各种性能的模拟和方案选择和优化，以最轻的质量获得最大的强度和刚度。

以下两点不是车体设计范畴，但对于减轻列车质量意义重大。

（4）模块化和集成化

高速列车采用模块化和集成化，以使车体以最小的体积实现规定的功能，减少车上设备对车体空间的要求。

（5）车内设备和材料轻量化

车内设备约占客车总质量的 20%，轻量化具有重要意义。车内设备如门、窗、行李架、座椅、空调供水设备、卫生设备等，均可选用轻合金或高分子工程材料和复合材料，从而使设备质量大大减轻。

5.2.3 车体的模态设计

随着列车速度的不断提高，线路固有频率范围加宽，而车辆自重不断减轻，其固有频率降低，这样就导致车体的低阶弹性振型有可能处于线路的激扰范围之内，从而使车体产生较大的振动。这样带来的危害：一是使车体某些部位产生较大的变形，影响疲劳寿命；二是车体的振动会传递到车上的地板、座椅，降低乘坐的舒适度（见 2.2.3 介绍的试验结果）。在现如今以人为本的社会，车辆的设计应更加凸现人性化，车身结构除了必须具有足够的强度以保证其疲劳寿命，足够的静刚度以保证其装配和使用的要求外，还应有合理的动态特性以达到控制振动与噪声的目的。因此，为了提高车辆在高速条件下的运行品质，车体设计除考虑强度、刚度的问题外，还需要对其动态特性进行研究。

1. 车体结构的整体模态设计

车体动态设计准则，是指车体（全装备车体）一阶垂直弯曲振动的固有频率必须要高于某一规定值，避免车体产生剧烈的或过大的振动，以免造成舒适性降低和结构疲劳寿命的缩短。机车车辆车体是一个多自由系统，作用于这个系统的各种激扰力使它产生复杂的振动过程。由于这些激扰多是随机车车辆速度的提高而加剧的，所以高速机车车辆车体振动问题比较突出。车体振动是受迫振动，是激扰力通过弹簧、阻尼起作用的结果。因此对于车体振动来讲，我们通常关心的是车体垂直面内的振型及频率。为避免振动耦合的有害作用，国际铁路联盟 UIC Merkblatt566（1992）规定车体结构的一阶垂向弯曲自振频率不低于 10 Hz，我国在 95J01 - L《高速动力车及动力学性能规范》中，也做出了同样的规定。

全装备车体的质量比车体钢结构增加很多，所以全装备车体的一阶垂直弯曲振动的固有频率要比车体钢结构低。UIC－ORE B7 委员会对许多客车车体钢结构及其全装备车体进行振动试验，统计结果表明，车体钢结构的一阶垂直弯曲振动频率比全装备车体约高 30%，也就是说，车体钢结构的一阶垂直弯曲频率应该高于 14 Hz。图 5－42 是 CRH2－300型动车组头车车体垂向弯曲一阶振型，频率达到 19.1 Hz，达到设计要求。

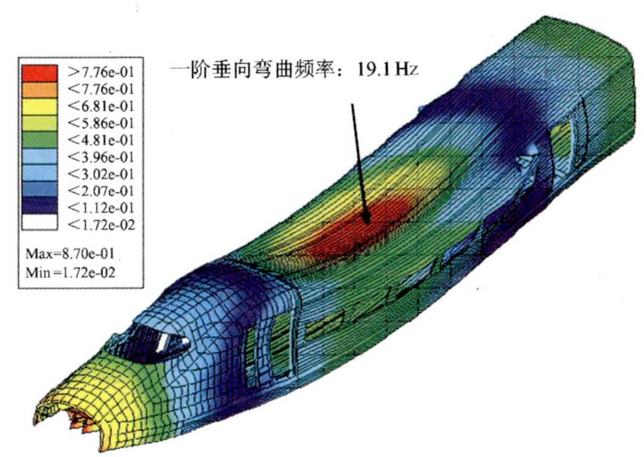

图 5－42　CRH2－300 型动车组头车车体垂向一阶振型

规定车体结构的一阶垂向弯曲自振频率不低于 10 Hz，是考虑车体的结构自振频率应避开转向架的点头或沉浮的自振频率，以免发生共振。根据转向架的设计经验，一般的转向架的点头或沉浮自振频率在 7 Hz 左右，根据机械系统振动理论，车体结构自振频率应该是转向架振动频率的$\sqrt{2}$倍，即 10 Hz。根据这样一个理论依据，在铁路标准 TB/T 3115—2005《铁道机车车辆动力学性能台架试验方法》中给出一个相对灵活的准则：在装备条件下，车体一阶弯曲自振频率与转向架的点头和沉浮自振频率的比值应大于 1.4 倍，在没有检测转向架的点头和沉浮自振频率情况下，在装备条件下，车体一阶弯曲自振频率不得低于 10 Hz。这给进一步减小车体断面和自重提高了可能性。

2. 局部振动模态设计

由于车体整体结构模态的要求，车体的整体模态设计已经在机车车辆设计中得到广泛应用，当时，局部模态设计没有得到应有重视。事实上，由于列车运行速度的提高，来自线路激扰频率的增加，是否容易引起结构的局部振动。车体结构局部振动，不仅会有高频振动，而且还会引发噪声，从而降低了旅客的乘坐舒适性。另外，车体的局部共振运动还会引起结构非正常的动应力，诱发结构疲劳。因此，应该重视局部模态的设计，特别是在掌握线路不平顺谱的情况下，完全可以通过车体结构模态有限元计算来分析局部模态组成和合理性。对于已经成型的车体，可以借助于试验技术来获得车体真实模态，并根据线路激扰谱来分析车体的局部振动问题。

在线路试验和运行中都发现 CRH2－300 型动车组的地板振动。为了消除这样的振动，在随后的研究中就测定了车体地板的振动模态。前 4 阶的拖车车体地板振动模态形状如图 5－43 所示。这为后面的车体结构，特别是地板的加强改造提供了依据。

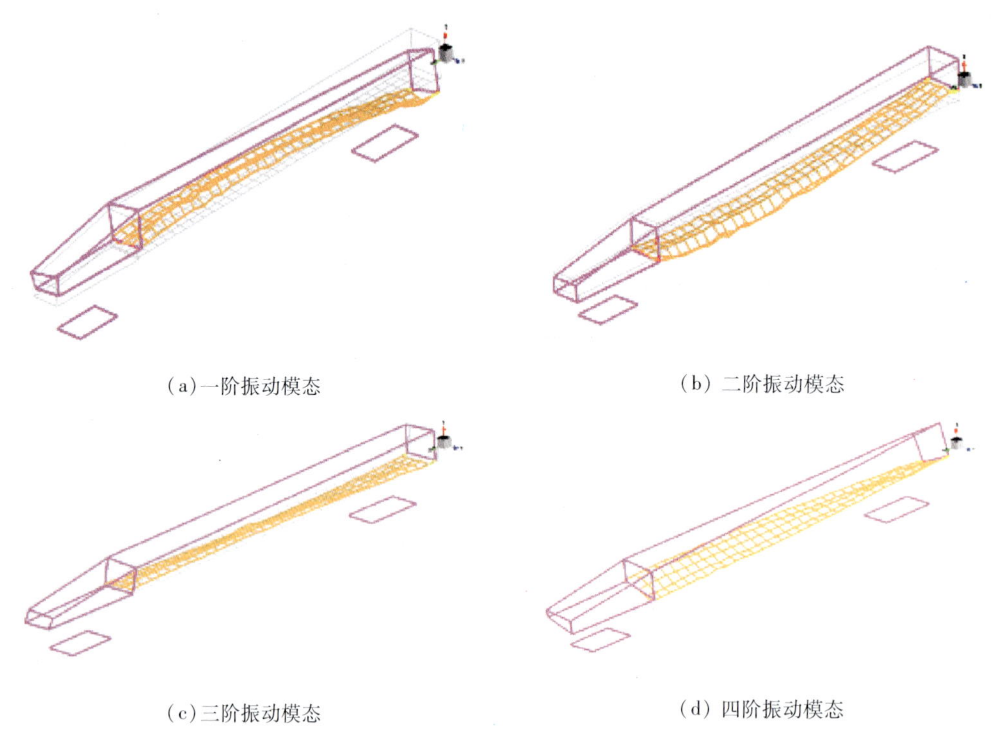

(a)一阶振动模态　(b)二阶振动模态

(c)三阶振动模态　(d)四阶振动模态

图5－43　拖车地板振动模态测试结构

5.2.4　轻量化铝合金车体的结构设计

铝合金车体是高速动车组车体发展的主流与趋势,铝合金车体承载结构的发展已有40余年的历史,随着各种铝合金材料的开发和制造技术的发展,车体结构也随之发生了一系列变迁。不同类型的典型结构如图5－44所示。

1. 骨架外壳结构

最早的铝合金车辆以A5083合金和A6061合金作为外板和小型骨架,形成外壳框架方式,与钢制车结构相似,小部件通过焊接组装在一起,但车体结构的总装一般采用铆接。高强度焊接结构用铝合金A7N01开发成功后,逐渐应用于车体底架及上部车体结构骨架,车体大部件结构的总装可采用焊接。由于该型铝合金具有更优的挤压性能,部分外板和骨架的组焊结构可以制造为一体的挤压型材,从而达到了轻量化和减少组焊零件数量的目的。

2. 薄型材(单壳)结构

虽然最初铝合金车体结构与钢制车体结构相似,但材料价格、制造加工费用较高,因而使车辆的制造成本较高。因此通过减少零件数量和焊缝总长度使车体结构简化,以及通过焊缝的单一化提高焊接的自动化率成为当时车体设计追求的目标。随着A6N01合金开发成功,使制造大型薄壁挤压型材及大型薄壁中空挤压型材成为可能。

初期铝合金车体以使用薄型材的单壳车体结构为主,车顶和侧墙外板采用带有加强筋的薄型材。同时车体底架中部分结构采用中空型材,当时由于考虑中空型材比单壳的

薄型材重,因此为达到车体轻量化设计目的而有限度地使用。以薄型材为主构成的车体结构称为单壳结构。

3. 中空型材(双壳)结构

以中空型材为主构成的车体结构称为双壳结构。双壳结构相对于单壳结构,车体质量稍重。但中空型材具有截面刚度高的特性,可以去掉在单壳结构中必须使用的加强材,从而减少零件数量,降低成本。但过度追求高速动车组的轻量化将对乘坐舒适性和列车空气动力学性能有不利影响。近年来,由于更加重视乘坐舒适性,车体结构也不单纯追求轻量化,而是合理控制车体结构的质量。因此,高速动车组的车顶及侧墙部车体结构均开始使用双壳结构,适当增加车体质量以改善车辆的舒适性。我国 CRH 系列动车组车体即采用此种双壳结构,结构如图 5 -44(d)所示。

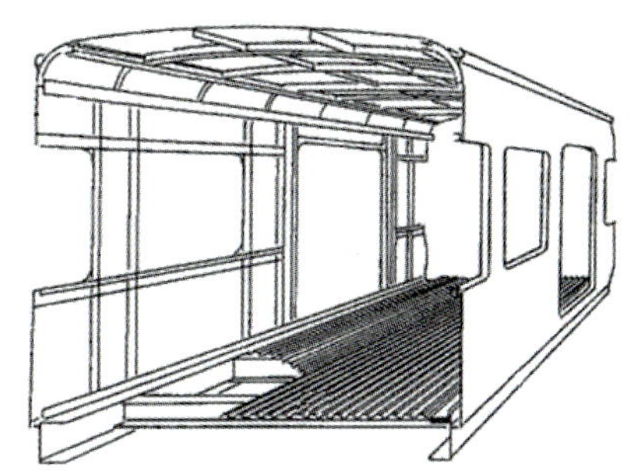

(a)骨架外壳结构车体实例

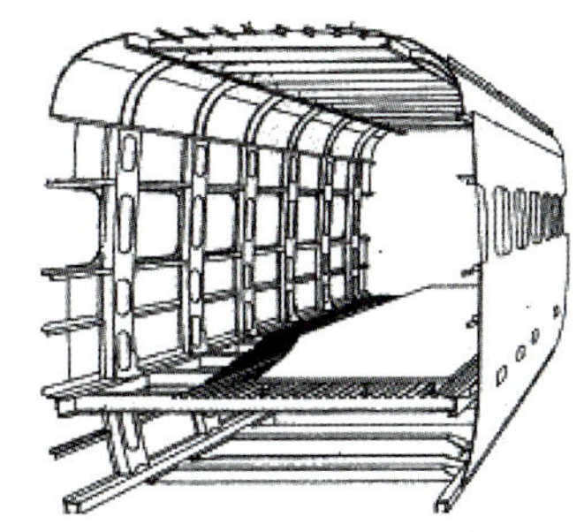

(b)A7N01 骨架外壳结构车体实例

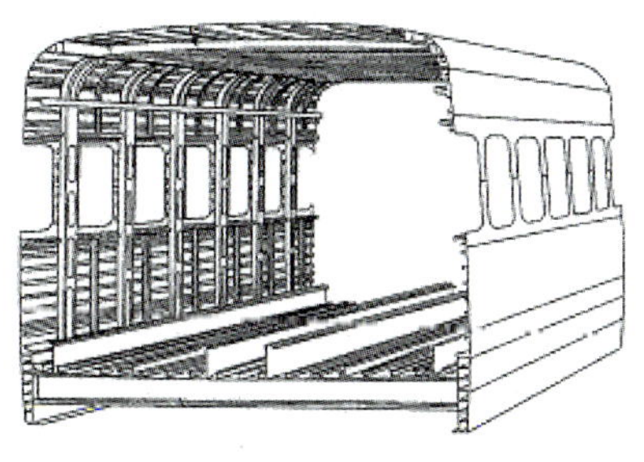

(c)单壳车体结构

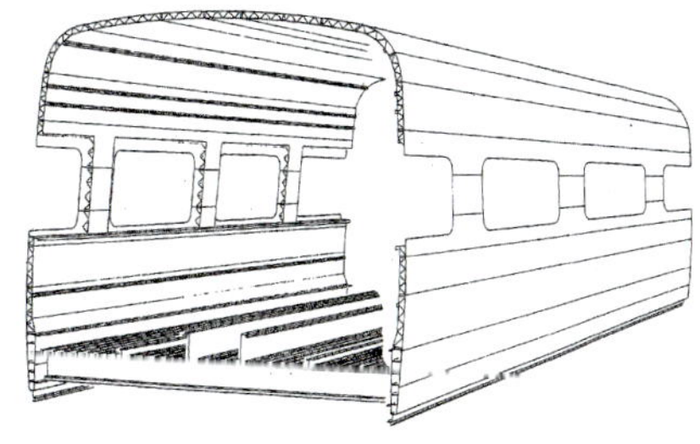

(d)双壳车体结构

图 5 -44　车体主要结构类型

高速列车车体结构的设计趋向于采用大型轻薄的挤压型材组合构成的薄壁筒形整体承载结构,CRH 系列动车组全部采用了筒形整体承载结构。经粗略论证,整体承载车体与底架承载车体比较,在具有相同的强度条件下,整体承载车体的质量(或材料消耗)仅为底架承载车体的 30% 。

车体结构,按其底架形式可以分为两种,即有中梁和无中梁车体。

无中梁车体的特点是在底架的两根枕梁之间取消中梁,而以金属波纹地板来代替,两枕梁的外端仍保留有牵引梁,这是安装牵引缓冲装置所必需的。理论与实践证明,整体承载结构中,保留强大的贯通式中梁,往往不能充分发挥和利用侧墙和车顶构件的承载能力。在承受垂直载荷时,中梁除与整个车体一起变形外,还存在着中梁相对于车体的单独变形,这样

就在中梁上产生了附加应力,从而减小了车体其他构件的应力,而在承受纵向载荷时,纵向力沿着贯通式中梁的轴线方向作用,故大部分纵向力由中梁承受了,而不能通过枕梁分配给车体其他构件,故有中梁的结构影响整体承载车体优越性的发挥,而中梁本身的应力分布也很不均匀(牵引梁接近枕梁部分的应力大于中梁中部),结构没有得到充分利用。

因此,采用无中梁车体,可以进一步发挥整个车体钢结构的承载能力,并使车体自重得以减轻,而且取消中梁以后,底架下部空间变大,有利于车下设备的布置和检修。无中梁底架的缺点是底架两端(牵引梁部分)的结构较复杂,需要有较强大的牵引梁补强板和斜撑,以保证作用在牵引梁上的纵向力能可靠地向侧墙传递。同时,波纹地板在并接和检修时截换都较麻烦,而且波纹板的防腐蚀问题也须加以注意解决。总之,从技术发展来看,无中梁结构是高速车体的发展趋势。

4. CRH2－300 型动车组车体结构改进提升

针对 CRH2－300 型动车组在京津城际铁路线高速运行时(>300 km/h)车体出现来自线路周期激扰的结构振动,而且车体,特别是头车的隔离噪声能力相对较差。因此该动车组为满足新一代高速列车速度提升的需要,提出了进行局部结构的提升措施:

- 加大侧顶外轮廓圆弧,增加侧顶型材断型断面,由原来的 50 mm 后增大到 90 mm 厚;优化其筋板结构,以提高车体局部刚度,如图 5－45 所示。
- 单板型材地板结构改为中空型材结构,优化其筋板结构,提高地板处的强度、刚度。
- 改进边梁型材断面以适应中空型材地板安装,优化边梁型材内筋提高边梁刚度。
- 外端墙单层板改为中空铝型材结构,提高车体局部刚度,如图 5－46 所示。
- 优化司机室骨架密度及蒙皮厚度,提高司机室的局部刚度。

从模态分析结果看:原结构车体的一阶弯曲振动频率为 18.45 Hz、扭转频率为 19.1 Hz,改进结构车体的一阶弯曲振动频率为 19.1 Hz、扭转频率为 19.6 Hz。原结构端

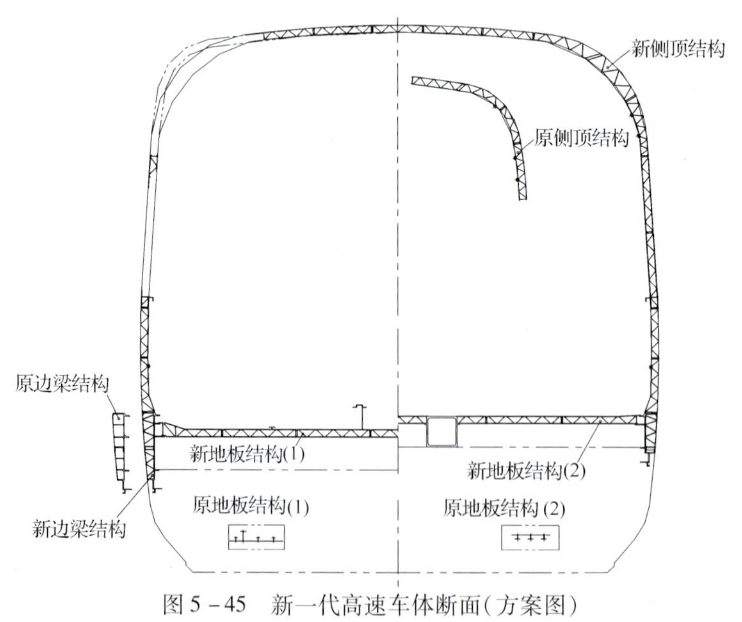

图 5－45　新一代高速车体断面(方案图)

图 5－46　新一代高速车体外端(方案图)

部地板一阶振动频率 13.5 Hz、中部地板一阶弯曲振动频率为 19.38 Hz,改进结构端部地板一阶振动频率大于 15 Hz、中部地板一阶弯曲振动频率为 20.2 Hz。改进结构的地板刚度有较大提高,同时,此改进对车体的一阶弯曲振动频率和扭转频率也有所提高。

从垂直载荷工况下变形图和计算结果可知:原结构(单层地板)垂向变形为 10.13 mm、边梁下挠度为 9.26 mm,改进结构(中空型材地板)变形为 8.476 mm、边梁下挠度为 8.2 mm,说明改进后地板和边梁的垂向变形都减小、刚度增大了,地板结构的改进对整车的垂向弯曲和扭转刚度提高也有贡献。

地板改为中空型材后,应适当增加边梁的刚度,使整个车体各部位的刚度保持协调,避免应力集中的发生。建议根据车下声源和振动源不同,在地板中空型材内部配置吸声材和减振材,提高地板的阻尼特性。

值得注意的是,尽管车体轻量化设计是高速列车发展技术的趋势,但是车体轻量化也可能会带来其他问题,如隔离振动和噪声的能力相对减弱,而且可能对其他动力学性能指标产生负面影响,如对安全性的影响。图 5－47 是 CRH_2 型动车组车体和轮对质量对轮重减载率的影响,显然,随着车体质量的增加,轮重减载率随之减小;而随着轮对质量的增加,轮重减载率随之增大,簧下质量大不利于轮轨相互作用。从这里也可以看到 CRH_2 型动车组轮重减载相对较大的端倪。因此,高速列车动力学参数设计,应该从稳定性、平稳性和安全性的角度综合考虑,不能片面追求某一项单项指标。

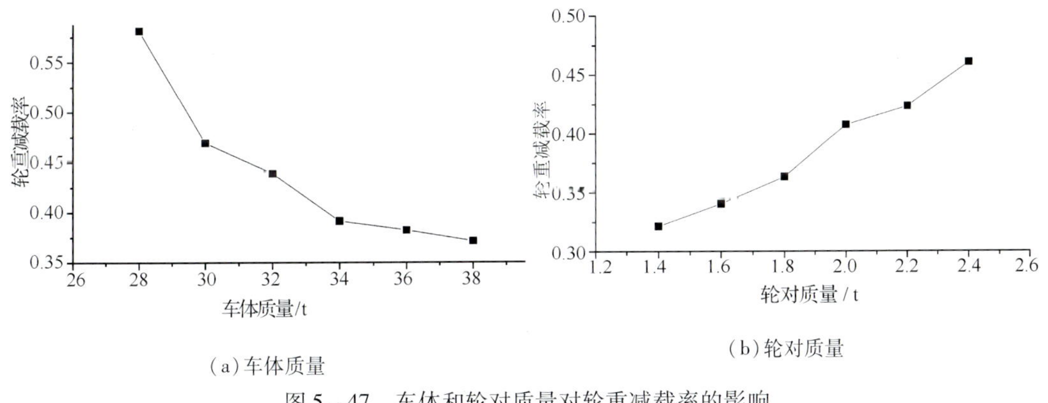

(a)车体质量　　(b)轮对质量

图 5－47　车体和轮对质量对轮重减载率的影响

5.3 噪　　声

5.3.1 高速列车噪声来源及其产生机理

1. 高速列车噪声来源

高速铁路的主要特征为高速、高架和电气化。随着列车速度的提高,它对周边环境影响的主要因素有噪声、振动和电磁波干扰，其中以噪声干扰最为突出。对高速列车噪声，有两个问题最基本也是最重要的问题需要解答：(1)高速列车噪声来自哪里？(2)如何减少它们？

了解高速列车噪声的来源、声源强度及其分布和频谱特性，是掌握高速列车噪声和进一步对其实施控制的基本要求。根据国内外铁路噪声测试经验[7]：铁路噪声主要由轮轨滚动噪声、牵引噪声和空气动力噪声等组成，它们对列车运行速度变化的关系如图 5－48 所示。

按照牵引噪声、轮轨噪声和空气动力噪声占主导所对应的列车运行速度范围，可以将其分为三个区段，两个不同区段转变的列车运行速度称之为声学转变速度，如图 v_{t1} 和 v_{t2} 所示。注意，列车的声学转换速度不是固定不变的，它跟列车和轨道的状态、所采取的减振降噪措施都有关系。例如，当轮轨滚动噪声性能不好，临界转换速度 v_{t1} 将会更低而 v_{t2} 将更高，换言之，在低速区域较低范围就由轮轨滚动噪声主导，而空气动力噪声会在更高的列车运行速度下占主导。法国 TGV 高速试验结果表明[8]：列车运行速度达到 380 km/h 时，轮轨噪声依然占主导地位。

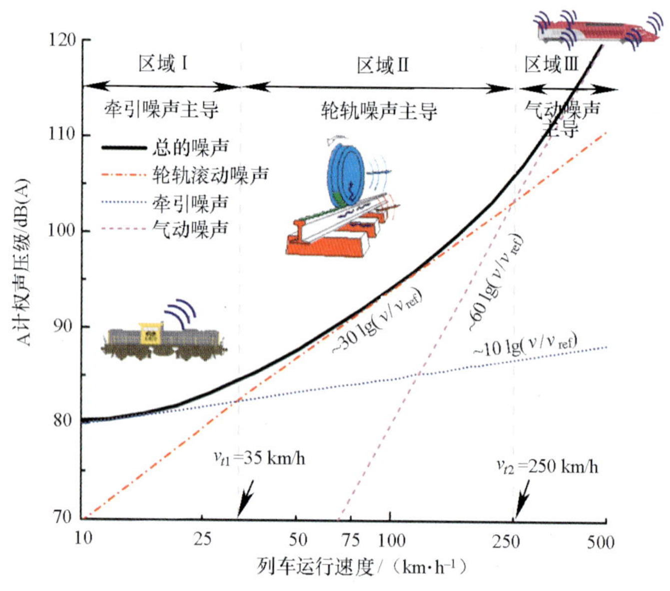

图 5－48　不同噪声成分随列车运行速度变化的关系

随着列车运行速度的提高，铁路噪声的主要成分会发生改变，高速列车辐射噪声的主要成分为轮轨噪声、空气动力噪声、集电系统噪声和高架结构噪声，基于高速列车系统动力学理论，高速列车噪声机理如图 5－49 所示。根据噪声的来源，典型的高速列车噪声源分布如图 5－50 所示。

轮轨噪声发生在轮轨相互作用位置，车轮、钢轨和轨枕是轮轨噪声的主要来源，包含轮轨滚动噪声、冲击噪声和曲线啸叫。空气动力噪声主要发生在车头、制冷风扇、受电弓及其底座、空调设备、排气装置、车顶百叶窗、车门、车窗、车辆连接部位、转向架、轴箱、车体外表面和车尾位置等。集电系统噪声发生在受电弓位置，包含弓网滑动噪声、电弧噪声和受电弓及其底座气动噪声。高架结构噪声主要是高架结构的二次辐射噪声,具有显著的低频特性。

2. 轮轨噪声

传统的轮轨噪声包括轮轨滚动噪声、冲击噪声和曲线啸叫[10],但高速铁路由于曲线半径大,而且采用无缝钢轨,因此,高速铁路的轮轨噪声主要是轮轨滚动噪声。轮轨滚动噪声是由于轮轨表面粗糙度激发车轮、钢轨和轨枕结构振动,并通过周围空气向外传播而产生的。典型的轮轨滚动噪声频谱分析如图5-51所示[10]。其中,频率低于500 Hz的轮轨滚动噪声主要来自轨枕;频率在500~1 600 Hz范围的,主要来自钢轨;频率大于1 600 Hz的,主要来自车轮。

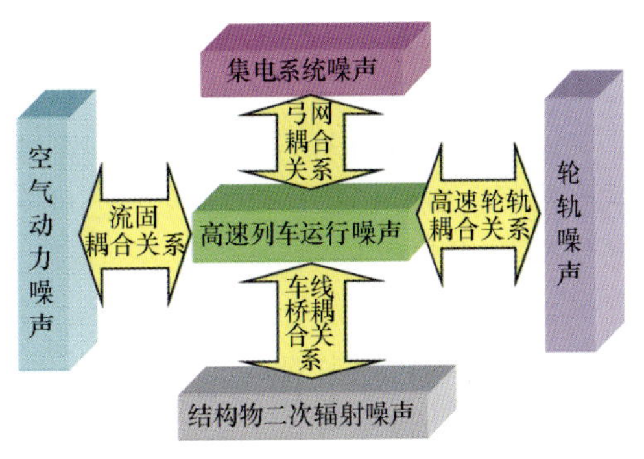

图5-49 高速列车噪声机理

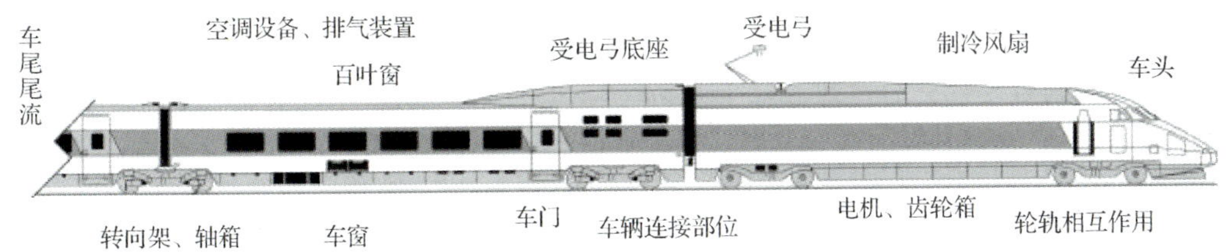

图5-50 高速列车噪声源分布

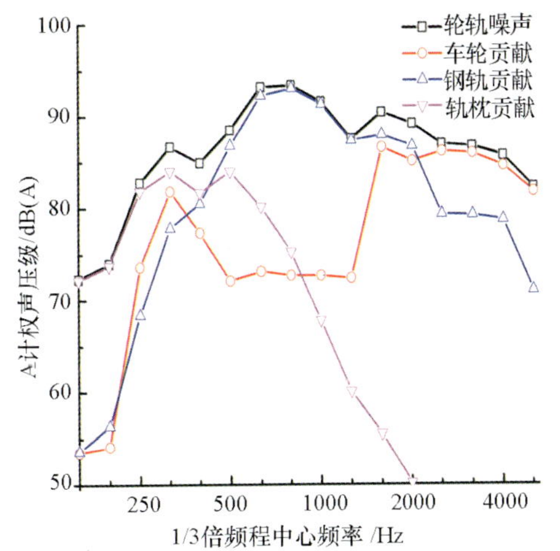

图5-51 轮轨噪声频谱分析

影响轮轨噪声产生的参数有:

(1) 轮轨表面粗糙度

轮轨表面粗糙度是车轮表面粗糙度和钢轨表面粗糙度合成后的统称。轮轨表面粗糙度对轮轨噪声的影响非常大,不同轮轨粗糙度情况下的轮轨噪声差异甚至可以达到十几dB(A)。列车制动是导致车轮表面粗糙度的主要原因。影响车轮表面粗糙度的主要因素是刹车系统类型和车轮踏面维护。导致钢轨表面粗糙度产生的原因有很多,包括钢轨表面的微小剥离、腐蚀、不均匀磨损和表面材料塑性流动等等。影响钢轨表面粗糙度的主要因素是轨道维护,其中钢轨打磨尤其重要。

(2) 轮轨接触斑

轮轨接触区域呈椭圆状,椭圆的长、短半轴通常很小,一般在5~10 mm范围,与轮重和轮轨型面直接相关。小于或与椭圆长、短半轴大小同数量级的轮轨表面粗糙度引发的激励对轮轨系统影响作用会被削弱,这就是所谓的“接触滤波”。轮轨接触斑大,对轮轨表面粗糙度的滤波作用就大,反之则小。

(3) 参数激振

一定条件下,列车运行速度、轨枕间距、沿轨道的轮轨接触条件和轨道刚度特性、滚动过程的摩擦系数和其他系统非线性参数会对轮轨系统形成参数激振,产生较大的振动和噪声。一般情况下,参数激振的影响不显著,会被粗糙度激励的轮轨噪声和气动噪声掩盖。

其他的影响参数还有车轮数量或列车编组、轮轨表面缺陷等等。

影响轮轨噪声辐射的参数有:

(1) 车轮结构参数

影响轮轨噪声辐射的车轮结构参数包括车轮直径、轮辋厚度、辐板厚度和车轮辐板型式等。车轮直径主要影响车轮的声辐射面积,而轮辋厚度、辐板厚度和车轮辐板型式主要影响车轮的特征频率和振型。

(2) 钢轨结构参数

影响轮轨噪声辐射的钢轨结构参数包括钢轨和轨头质量、钢轨高度、腹板厚度、轨脚厚度和宽度等。其中,钢轨高度、轨脚宽度主要影响钢轨的声辐射面积,而钢轨和轨头质量、腹板和轨脚厚度主要影响钢轨的特征频率和振型。

(3) 轨下垫层参数

垫层的刚度和阻尼特性对轮轨噪声辐射有非常重要的影响。它影响轮轨相互作用引起的钢轨振动能量向轨道下部结构的传递特性和轨道结构对振动能量的衰减特性。

(4) 轨枕结构参数

轨枕影响参数包括轨枕质量、刚度、类型和间距。轨枕质量和刚度主要影响轨枕的特征频率和振型。轨枕尺寸与轨枕类型相关,主要影响轨枕声辐射面积。轨枕间距影响运行列车的过轨跨频率,一定条件下,会对轮轨系统形成参数激振。

其他的影响参数还有轨道类型、与轨道波传播特性相关的轨道垂向和横向衰减率、道砟和道床的刚度和阻尼特性等。

3. 气动噪声

高速列车气动噪声主要产生于列车表面装置和特殊结构的特定位置。现有的研究结论表明[11~17],不同位置的气动噪声,其产生机理也不相同,大致可归纳为由于气流流经结构部件表面产生的噪声和湍流流动产生的噪声两大类。

气流流经结构部件表面产生气动噪声的来源包括:受电弓、受电弓底座、车辆连接处、车顶百叶窗、转向架和空调通风设备。在受电弓处产生气动噪声的机理是:构成受电弓的各种杆件引起非稳态气流,进而形成周期性的涡旋脱落,从而产生噪声。受电弓底座处的气动噪声属于封闭空腔噪声。百叶窗处气动噪声是由格子杆件的断面大小与车速决定的,多数情况下,其噪声频谱具有显著的纯音调成分。通过采用横格子的措施,可以大幅度降低百叶窗的气动噪声。在高速列车的转向架处会产生较明显的气动噪声,尤其是在头车前转向架部位。转向架部位的气流非常复杂,对转向架部位气动噪声的产生机理至今还未有很合理的解释。

湍流流动产生气动噪声的来源包括:车身表面、头车和尾车。由于高速列车车身表面存在湍流层,会在车身表面产生气动噪声。对于 300 km/h 的列车运行速度,它是所有气动噪声中最低的，对总的车外辐射噪声影响较小，但也是最难以抑制的。而且，随着列车速度的进一步提高，它会越来越显著甚至起主导作用。另外，车身表面湍流流动会对车体形成波动的载荷，使其强迫振动，进而使车身结构产生振动声辐射，对车内噪声产生较大影响[17]。由于头车车头附近有很多集中的表面状态变化，另外沿表面的气流大，从而导致在该处产生剧烈的空气湍流并形成噪声，其噪声频谱呈连续分布特性。列车尾流不单对行车安全和周边环境带来不利影响，还会产生尾流气动噪声。高速列车尾流气动噪声相对其他气动声源所产生的不利影响要小，但作为高速列车气动噪声来源之一，须在设计阶段给予相应的重视。

4. 集电系统噪声

高速列车集电系统在高速运行情况下会产生较剧烈的噪声，包含弓网滑动噪声、电弧噪声以及气动噪声。

弓网滑动噪声是由于受电弓和接触网之间相对滑动、使周围空气产生高频振动而产生的，在高速列车发车、停车时的噪声中占重要比例。电弧噪声是由于受电弓与接触网发生瞬时脱离时产生的弧光噪声。在日本新干线高速列车噪声问题中电弧噪声一度非常突出，后来通过在受电弓与接触导线接触部分采用柔性结构，成功消除了电弧噪声。

5. 高架结构噪声

当高速列车在高架结构上运行时，由于列车运行激发轨道结构振动并通过高架结构各个部件（如承重梁、墩台等）从地面向临近的建筑物传递，引起建筑物的墙壁、地板以及天花板振动而产生的低频噪声，称为“二次噪声”或结构噪声。

高架结构噪声频率比较低，主要分布在几十赫兹到数百赫兹范围内，而且高架桥结构辐射面积大，用声屏障隔声的方法控制二次噪声几乎没有效果。控制高架结构噪声最有效的方法是阻止轨道振动的传递，即用隔振的方法降低轨道传递给结构的振动，从而降低结构的振动能量，减少结构的噪声辐射。

6. 高速列车车内噪声

前述(1)～(5)项主要是高速列车车外噪声的主要来源及其机理。高速列车车外噪声主要对周边环境产生影响，高速列车噪声的另一重要内容是车内噪声问题。高速列车车内噪声主要影响乘客和司乘人员的乘坐舒适性。如果车内噪声过大，就容易使乘客感到身体疲劳、心情烦躁，影响乘客的休息和乘车心情，甚至造成心理和生理上的伤害。对于长期工作在高速列车上的司乘人员而言，车内恶劣的噪声环境会对其听力系统产生不同程度的伤害，产生轻度头晕以及头痛的感觉，使其反应迟钝，工作效率降低，严重时甚至会影响车辆的安全运行。高速列车车内声场环境非常复杂，声源众多，大致可分为三种类型：直达声、透射声和振动辐射声，如图 5－52 所示。

直达声是从噪声源发出，以空气为媒介，从车窗、车门的缝隙和排风口等直接传播到车内的声音。透射声指的是透过车身结构传到车内的声音。振动辐射声为固体传播声，包括一次固体传播噪声和二次固体传播噪声。一次固体传播噪声主要是轮轨、车辆机械系统引起的振动，振动能量通过固体结构和悬挂系统传到车体内壁，引起车体内壁振动，进而辐射噪声。二次固体传播噪声是噪声源的声能量激发车体内壁，引起车体内壁振动，进而辐射噪声。

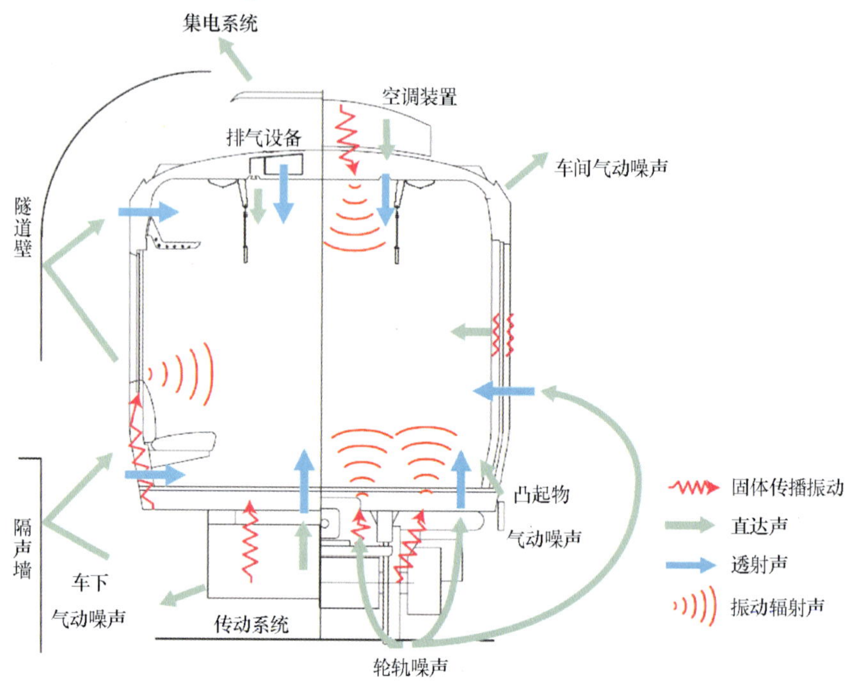

图 5-52　高速列车车内噪声

5.3.2 高速列车噪声水平、声源识别与控制

1. 高速列车车外噪声水平

经过多年的研究开发，相比高速铁路发展初期，高速铁路噪声得到了很好的控制，现有国内外高速铁路噪声情况如表 5-8 所示。噪声的测量位置为距轨道中心线 25.0 m 远、距钢轨顶面 3.5 m 高处（日本高速铁路为距地面 1.2 m 高处）。

表 5-8　国内外高速列车噪声[8, 14]

列车类型	测试地点	列车不同速度时的噪声/dB(A)			
		250 km/h	300 km/h	320 km/h	350 km/h
TGV Duplex	法　国	87.0	91.0	92.0	95.0
TGV Atlantique	法　国	—	90.5	—	94.7
TGV Reseau	法　国	89.0	91.5	94.0 *	97.0
ICE3	法　国	87.5	90.0	91.5	—
	德　国	85.5	89.0	92.0	—
AVE	西班牙	86.0	90.0	91.0	—
SHINKANSEN	日　本	73.0	77.0	—	—
FSATECH360	日　本	—	—	74.5 *	—
CRH2-300	中　国	83.2 **	87.1 ***	—	92.0 ****

注：* —测试速度 330 km/h；** —测试速度 258 km/h；*** —测试速度 312 km/h；**** —测试速度 347 km/h。

由表5－8可见：现有高速列车的噪声水平，其中CRH2－300型动车组噪声测量值取自于京津城际铁路的检测结果，我国的高速列车低于欧洲的高速列车，但与日本相比还存在一定的差距。

2. 高速列车车内噪声水平

根据ISO 3381—2005标准的相关要求，对京津线CRH2－300高速列车司机室、客室的噪声进行测试，测点布置示意图如图5－53所示，结果如图5－54所示。

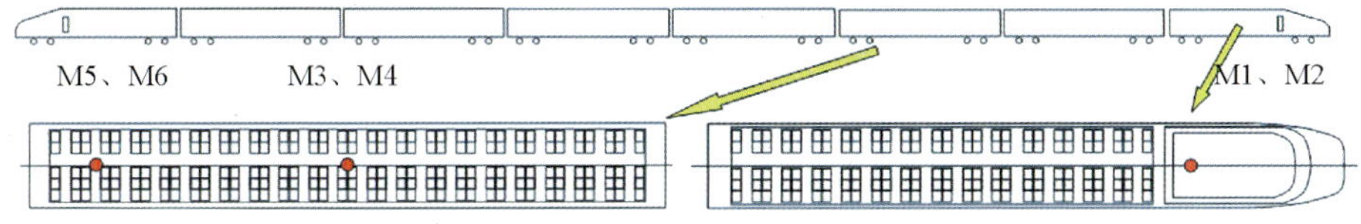

注：奇数编号声传感器距地板面1.6 m高；偶数编号声传感器距地板面1.2 m高。

图5－53　高速列车车内测点示意图

对高速列车车内噪声标准限值，德国铁路规定：高速列车以250 km/h速度运行时，一等车厢不超过65 dB(A)，二等车厢不超过68 dB(A)。在隧道中运行时，噪声限值可放宽5 dB(A)，在走廊、厕所等处，噪声水平不得超过75 dB(A)。

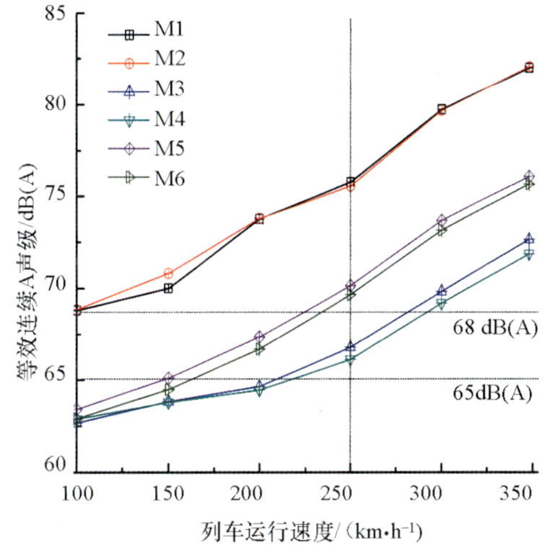

图5－54　CRH2－300高速列车车内噪声

在京津城际铁路运行的动车组中有CRH2－300型和CRH3型，其中CHR2－300型动车组的车内噪声水平相对较高。图5－54是CRH2－300型动车组不同测点的车内噪声水平，可以看到司机室处的噪声要比客室的高，客室转向架心盘上方的噪声要比中央的大，在300 km/h速度级车室中央比较接近标准要求；司机室和客室转向架心盘上方噪声对列车运行速度的依赖性非常相似，随着列车速度的增加，其噪声值呈线性比例增长；客室中央在列车速度低于200 km/h时，其噪声值随速度的增长速度明显要比司机室的慢，在大于200 km/h后，三个位置的噪声增长速度基本一致；1.6 m测点位置的噪声要比1.2m处的稍大，说明来自车厢上部的噪声要比来自其底部的稍大。

3. 京津城际高速列车运行声源识别

采用多通道阵列式噪声数据采集分析系统，如图5－55所示，基于波束形成(Beamforming)声源识别原理，测得我国CRH3高速列车以394 km/h速度运行情况下的车外辐射噪声声强云图，如图5－56所示。

由图5－56可见，CRH3高速列车以394 km/h速度运行时，车外辐射噪声的主要声源来自转向架、轮轨接触位置、受电弓及其底座以及车辆连接处。与其他位置转向架处的气

图 5－55　多通道阵列式声源识别系统

动噪声相比，头车转向架的气动噪声更显著。

受声源数量、位置和频谱特性等对列车通过噪声的影响，最显著的辐射噪声源并不总是通过噪声的主要来源，或通过噪声的最大值并不一定对应着最显著噪声源[18]。为此，图 5－51 给出了高速列车对应声强云图平面处的声暴露级垂向分布情况。由图可见，最大声暴露级位于车轮中心处，该处同时对应声强云图中的最大声源点。尽管受电弓处的气动噪声也较大，但是由于声源点数量有限，该处的声暴露级还不如车间连接处顶部高度位置处的。

尽管图 5－56 明确了高速列车车外噪声的主要声源，图 5－57 给出了对车外通过噪声影响最大声源来源，但对高速列车噪声控制而言，这些数据还不够，为了进一步找准高速列车噪声控制的着手点，图 5－58 给出了高速列车各个车辆的声暴露级。图中，数字 1 ～8 表示高速列车的第 1 至第 8 节车辆。由图 5－58 可见：测得的最大声暴露级位于头车轮轨接触位置处，在车轮中心处达到最大，该处同时对应着声强云图中最大声源点；次大声暴露级位于第 2 节车辆受电弓位置，此时受电弓呈升起状态；其下依次位于第 2 节车辆的轮轨接触位置、头车和第 2 节车辆上部。这些现场试验数据验证了参考文献[8]的定性推论。

4. 高速列车噪声控制策略

对高速列车噪声控制的策略是：按照基于独立声源叠加原理的噪声控制方法，根据噪声的强弱，对噪声按由强到弱的顺序进行控制。这是经济、高效的控制原则。结合图 5－56、图 5－57 和图 5－58，具体控制过程如下。

若噪声评价指标采用最大 A 计权声压级（$L_{A,max}$），则对高速列车噪声的控制需要根据声强云图进行。首先对声强云图中的最大声源点，即头车前转向架和轮轨接触位置进行控制；其次，对声强云图中的次大声源点进行控制。最大声源点的噪声控制目标值为两者之间的差值，一旦最大声源点处噪声降低到与次大声源点的噪声相同，就同时对这两个声源点实施噪声控制措施，从而得到经济、高效的噪声控制效果。

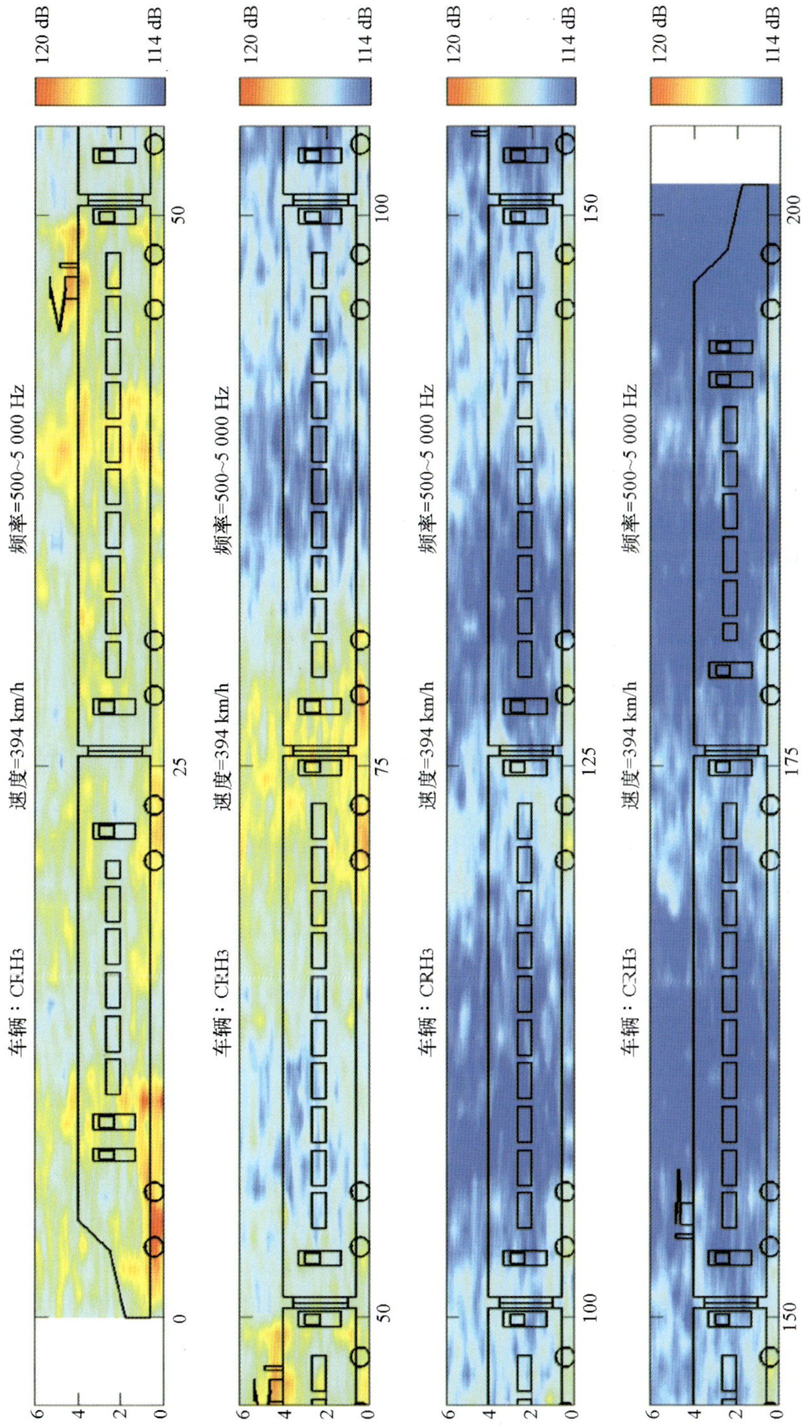

图 5－56　CRH3 高速列车(394 km/h)声强云图

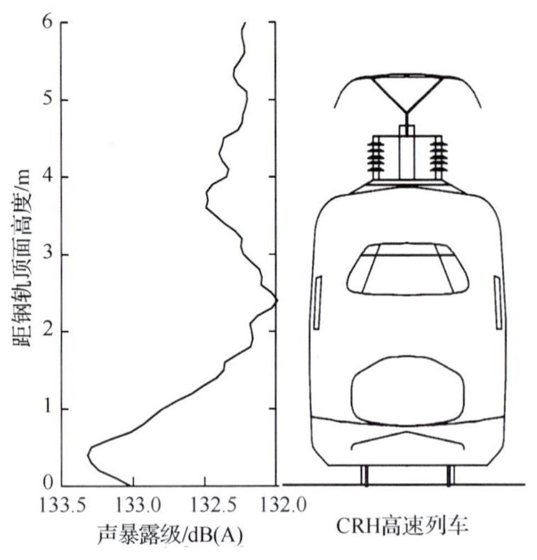

图 5－57　CRH3 高速列车（394 km/h）声暴露级

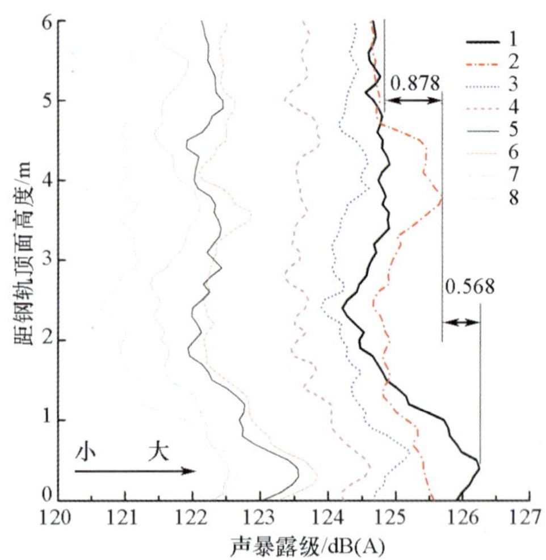

图 5－58　高速列车（394 km/h）车辆的声暴露级

若噪声评价指标采用通过时间 A 计权等效声压级（L_{pAeq}，t），则对高速列车噪声的控制需要根据声暴露级进行。按照图 5－58 所示的测试结果，首先需要对头车前转向架及轮轨接触位置的噪声源进行控制，噪声的控制目标值为 0.568 dB（A）；然后同时控制头车前转向架及轮轨接触位置和第 2 节受电弓位置的噪声源，噪声控制目标值为 0.878 dB（A）；接着再同时对头车前转向架、轮轨接触位置、第 2 节车受电弓位置和前 2 节车上部（尤其是头车上部）的噪声源进行控制；再以后是同时控制第 3 和第 4 节车的噪声源。

5.3.3　高速列车主动降噪设计

1. 低噪声车轮设计

（1）车轮形状

低噪声车轮设计中与车轮形状有关的参数包括车轮直径、轮辋厚度、辐板厚度和车轮辐板型式。

小的车轮直径，可以减小车轮的声辐射面积、减小车轮质量和减小车轮径向与横向模态之间的耦合振动，对降低车轮声辐射有积极作用。但是，同时它会引起轮轨接触斑变小，降低轮轨接触滤波作用，对降低轮轨噪声起消极作用。

轮辋和辐板厚度的增加，可以减小车轮径向与横向模态之间的耦合振动，对降低车轮声辐射起积极作用，但同时它会增加车轮的质量，加剧轮轨相互作用。

通过改变车轮辐板型式，可以减小车轮声辐射面积、降低车轮径向与横向模态之间的耦合振动，但对车轮强度、热应力和疲劳寿命等方面的影响还有待进一步深入研究。

总之，通过优化车轮形状来降低轮轨噪声是一个非常复杂的过程，需要多方面的考

虑,尤其是与车轮强度和疲劳寿命相关的参数,更需谨慎。因此,通过车轮形状优化措施得到的优化车轮往往在实践中难以推广。

从低噪声车轮角度,欧洲铁路研究工作者对标准的920 mm直径车轮进行了优化设计,得到了两种优化的车轮外形,优化后车轮的直径为860 mm,辐板型式、轮辋和辐板厚度也发生了相应改变,如图5-59所示。根据现场测试结果,它能降低约3.0 dB的车轮辐射噪声[16]。

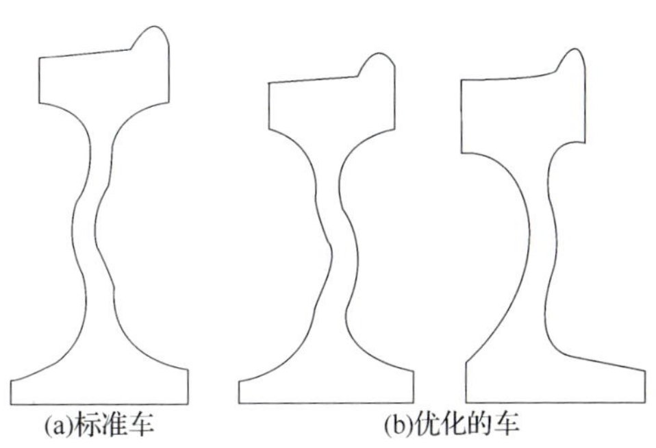

图5-59 低噪声车轮设计

(2)阻尼处理

由于车轮材料是钢铁,轮对本身的阻尼非常小,可通过对车轮进行阻尼处理,增加其阻尼效果,以达到控制轮轨噪声的目的。现有对车轮阻尼处理的形式有很多种,大致可分为两类:敷设阻尼结构和外挂动力吸振器,如图5-60所示。对车轮进行阻尼处理,不改变既有车轮的外形与结构,具有很好的应用前景。

现有商业产品化的敷设阻尼结构办法有两种:一种是在车轮辐板位置粘贴类似三明治状的约束阻尼层,如图5-60(a)所示,由阻尼结构剪切作用耗能,起到减振降噪的作用,在目前运用的CRH系列动车组中,CRH型车的拖车轮对就采用了类似的技术,在辐板表面涂抹了阻尼材料。根据国外研究和测试结果[16],此方法可降低车轮辐射噪声4.0~5.0 dB(A)。另外一种是在轮辋与轮毂之间安装干摩擦阻尼结构,如图5-60(c)所示,通过阻尼结构的干摩擦耗能来实现对振动能量的减小。另外,干摩擦结构对车轮辐板

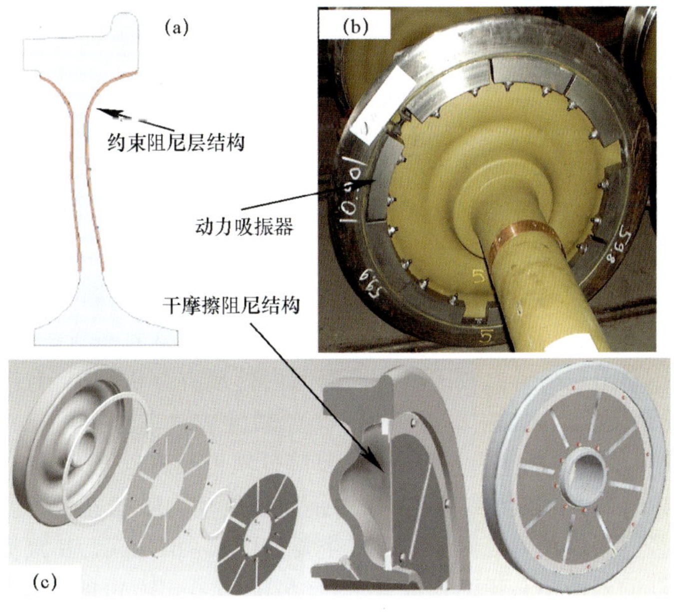

图5-60 车轮阻尼处理

声辐射也起到一定的屏蔽作用，由于离心力作用，该阻尼结构可能会对高速运行安全性有影响，这种技术更多的是在城轨等低速车辆上试验，在高速列车应用还需在其可靠性上做深入细致的研究工作。

但是，并不是对车轮采用了阻尼处理，就能达到有效降噪效果。由于轮轨滚动接触的作用，轮对的部分振动能量会通过轮轨接触斑传递给钢轨和轨下结构，轨道系统会对车轮起到类似阻尼的作用，即所谓的“轮轨滚动接触等效阻尼”，大大增加车轮的模态阻尼比[10]。自由车轮结构的模态阻尼比约为 0.1‰，而在轨道上滚动的车轮的相应模态阻尼比约为 1‰。因此，附加阻尼处理的阻尼必须大于 1‰，即阻尼处理所达到的阻尼必须大于“轮轨滚动接触等效阻尼”，阻尼处理的效果才能明显得到体现。

(3)弹性车轮

弹性车轮的轮毂与轮辐之间利用弹性阻尼材料分隔，分隔所用的阻尼层可将轮毂和轮辐的振动隔开，对轮毂和轮辐振动解耦，其减振降噪效果取决于轮毂和轮辐的振动解耦频率。另外，分隔阻尼层还能为整个车轮提供阻尼。为使弹性车轮取得明显的隔振和附加阻尼效果，分隔层刚度希望尽可能低，而其损耗因子尽可能高。但是，自从 1998 年德国 ICE 列车重大脱轨事故的发生，弹性车轮在高速列车上的应用必须从安全性的角度展开深入的研究和论证。

2. 低噪声钢轨设计

(1)钢轨形状

对钢轨形状优化可以达到降低钢轨辐射噪声的目的。对钢轨形状优化的参数主要有钢轨截面尺寸、轨脚宽度、钢轨高度和轨腰厚度等。钢轨截面尺寸的减小，不但可以减小钢轨的声辐射面积，还能减小其声辐射效率。减小轨脚宽度也能起到降低钢轨声辐射面积的效果。但是由于众多因素的限制，可减小的钢轨截面尺寸是有限的。减小钢轨高度可以降低钢轨横向振动声辐射，加厚轨腰厚度可降低钢轨垂向振动声辐射。腹板加厚达 74 kg/m 的钢轨(A74)，与 UIC60 钢轨对照，可以降低钢轨噪声 1.5 dB(A)[16]。

和对车轮形状优化一样，面临同样的问题，对钢轨的形状优化是一个非常复杂的问题，牵涉多方面的问题与顾虑，需要十分的谨慎考虑。因此，通过钢轨形状优化措施来降低噪声在实践中也往往难以推广。

(2)阻尼处理

与车轮阻尼处理方法类似，对钢轨的阻尼处理也有粘贴约束阻尼结构和设置动力吸振器两种。由于轨道的结构形式，特别是轨下垫层的存在，钢轨本身的阻尼已经较高，使用常规办法增加钢轨阻尼显得比较困难。根据国内外现有分析结果，对钢轨粘贴约束阻尼层结构，其降低钢轨振动声辐射的效果很小。给轨腰或轨底加上 1 mm 或 2 mm 厚的约束阻尼层，即使轨下垫层的刚度为 80 MN/m，其降低轨道噪声也仅为 2.0 dB(A)[10]。

从已有的国内外研究和测试结果看来，对钢轨设置动力吸振器是控制钢轨振动声辐射的一种有效途径。钢轨动力吸振器的形式主要如图 5－61 所示，其减振降噪效果主要取决于动力吸振器的调谐中心频率和带宽，约有 5.0～6.0 dB(A)的效果[16]。

3. 低噪声轨道设计

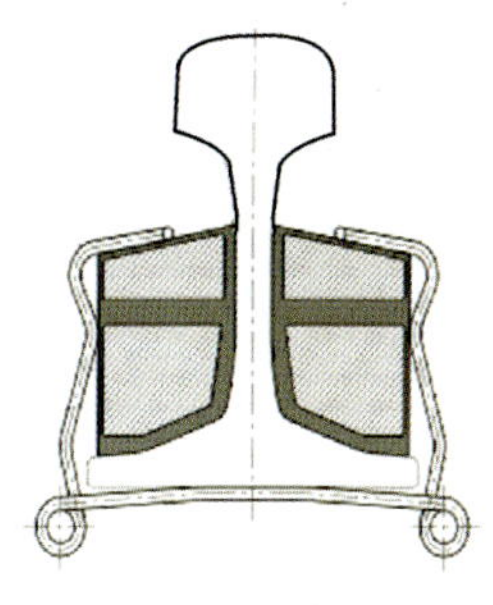

图 5－61　钢轨动力吸振器

（1）轨垫刚度

轨垫刚度对轨道振动声辐射的影响很大，如图 5－62 所示。轨垫刚度小，钢轨振动声辐射大，而轨枕的较小；反之，则钢轨的振动声辐射增大而轨枕的降低。图 5－62 中的数据来自现场实测结果，D 和 H 分别表示测点距轨道中心线的距离和距钢轨顶面的垂直高度。

图 5－63 给出了轮轨噪声主要成分随轨垫刚度变化的规律。随着轨垫刚度的增大，钢轨垂向振动声辐射迅速降低，钢轨横向振动声辐射也减小，而轨枕振动声辐射则逐渐增加。车轮振动声辐射基本不受影响。一般情况下，最佳的轨垫刚度约为 1 200 MN/m。

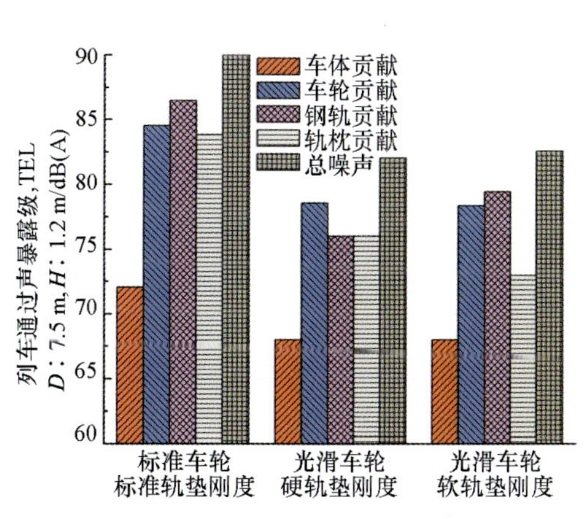

图 5－62　钢轨动力吸振器

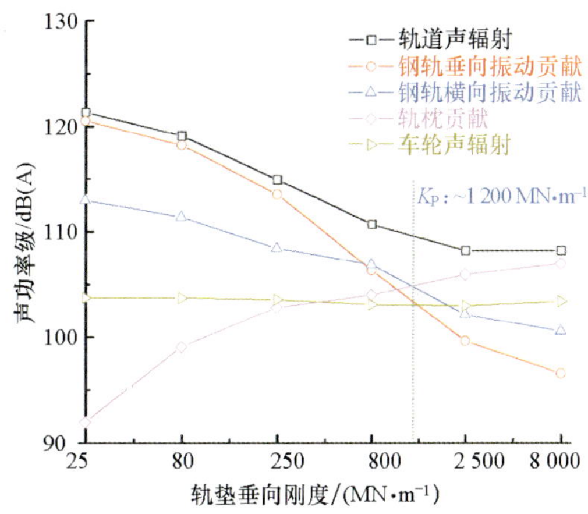

图 5－63　轮轨噪声随轨垫刚度变化关系

（2）轨道类型

现有高速铁路的轨道类型主要有两种类型：有砟轨道和无砟轨道。在没有外加减振降噪措施的情况下，无砟轨道要比有砟轨道产生更大的噪声，大约高出 2.0～4.0 dB(A)。造成两者在噪声性能上的区别主要来自两点：①道砟的减振、吸声作用，其影响效果大致在 1.0～2.0 dB(A) 左右。②轨下垫层刚度的影响。无砟轨道一般采用更软的轨垫，以补偿由于缺少道砟而减小的垂向轨道弹性。但是，如图 5－63 所示，软的轨垫会使得钢轨的振动声辐射增大，最终导致钢轨产生更大的噪声。因此在保证线路合理刚度的情况下，再进行轨下垫层刚度的优化。

针对无砟轨道的特点,对其采取系列的减振降噪措施,如图 5-64 所示,可使其辐射噪声比有砟轨道的还要低 4.0~6.0 dB(A)。目前,京津城际铁路线上设置的道旁低矮防撞墙,在发挥安全防护作用的同时,也可起到类似图 5-64 中迷你声屏障的效果,如图 5-65 所示。

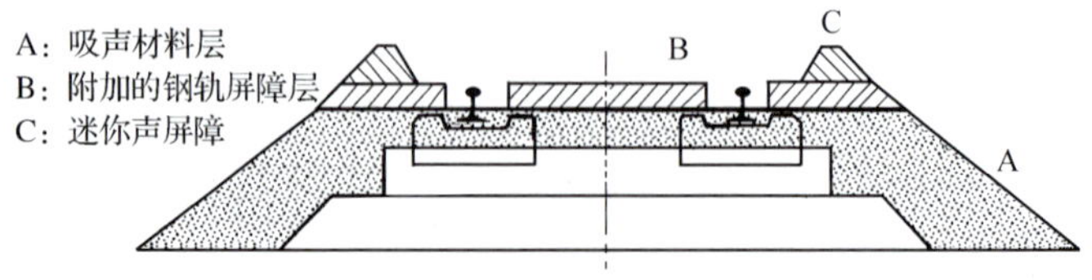

图 5-64 低噪声无砟轨道结构

图 5-65 京津城际铁路线上的迷你声屏障

4. 低噪声受电弓设计

CRH 和 SHINKANSEN 高速列车所采用的受电弓如图 5-66 所示。相比 SHINKANSEN 低噪声受电弓,CRH 的受电弓的低噪声性能方面还有待进一步优化。低噪声受电弓设计具体为:尽量减少突出在车顶外面的电绝缘子,若实在必要,则须考虑采用流线型外形;尽量减少中间铰,根据 SHINKANSEN 高速列车经验,单臂的受电弓噪声性能更好;为了减少涡流脱落,设置周期性的小孔是可供选择的方案之一;为了减少或消除电弧的产生,采用分块弹性悬浮式滑板是经实践证明的优化办法;可考虑设置受电弓整流底座和设置受电弓噪声局部屏障板,京津城际高速列车 CRH2-300 就采用了此项措施,现场测试结果表明其有约 1.0 dB(A)的降噪效果,但采用此措施必须十分谨慎,避免由此导致更大的气动噪声源。

5. 低噪声车体设计

低噪声车体设计主要侧重对车内噪声和车外空气动力噪声的减缓与控制。针对车内噪声,主要有结构措施和材料措施两种办法。通过结构措施来控制和降低车内一次和二次噪声辐射。通过材料措施来控制和降低车内直达声和透射声。另外,车体的密封性对车内直达声至关重要,必须保证车体结构有尽可能好的密封性。相关的措施例如:采用双层地板结构,在地板和外板之间,设置吸声材料、空气层和阻尼材料;研究结果显示,采用的铝蜂窝地板的平均隔声量约为 25 dB(A)地板。如采用双面不锈钢板的胶合板复合结构其平均隔声量可提高到 39 dB(A),比铝蜂窝地板提高 14 dB(A),与中空型材密封地板的改善效果相加,足以保证整个地板的隔声量提高 10 dB(A)以上。优化侧窗结构,采用

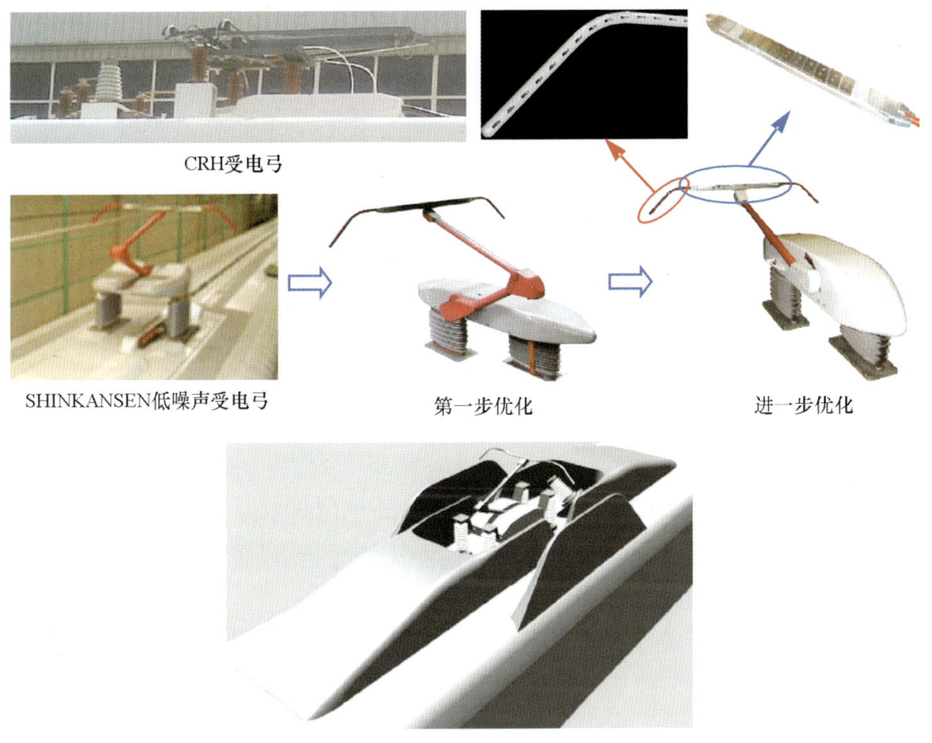

图 5－66　低噪声受电弓

高隔声量侧窗结构。对各种侧窗结构的隔声量测试结果表明结构的隔声量是28.8 dB(A)，优化后结构的隔声量为33.3 dB(A)，提高4.5 dB(A)。在保证车门、车窗、过道和风挡尽量密闭的同时，相应外形应尽量平滑，减小在相关位置产生较大的气动噪声；进、排气口和空调装置安装消声器设备等。

针对车外气动噪声，应改善车体气动外形。车头采用平滑、流线型外形；改变受电弓和绝缘子外形，设置气动性能良好的受电弓底座和杆件结构外形，设置弓网噪声局部屏蔽板；尽量避免设备外凸，减少车顶设备，对车底板下的设备进行平滑覆盖；车门、窗与车身尽量平滑过渡。

为降低车间连接部气动噪声，CRH2－300 高速列车设置了外风挡，具体为在车体端部两侧分别安装两个立胶囊，车辆连挂后，两个车端的胶囊是接触的。现场试验表明该外风挡对改善车间连接部气动噪声能起到较好的效果。日本新干线 360 km/h 高速列车建议设置圆周波纹管外风挡[14]。

合理使用吸声材料。对于单层板材其隔声效果符合面密度准则，但在实际结构设计时，为了轻量化的目的，往往采用复合结构满足既减轻总量又提高隔声量的需求。这时作为填充材的吸声材料起到关键性的作用。掌握各种吸声材料在不同频率段的吸声系数是设计复合隔声结构的基础。高速车辆经常采用的吸声、减振、防寒材料，不同的材料在不同的频域上其吸声系数相差很大。例如，将 51 mm 厚的车顶抗振支撑材更换为 50 mm 厚的玻璃丝棉，在较低的频率(500 Hz)即可达到最佳的吸声系数，有利于防止衰减缓慢的低频噪声传入室内。

5.3.4 高速列车被动降噪设计

主动降噪设计侧重在噪声源头和噪声辐射的角度采取措施以达到减振降噪的目的。被动降噪设计则侧重在声传播途径上采取措施，通过对声音的屏蔽和改变其传播路径的办法来降低和减小噪声。被动降噪措施主要有两种：在车上采用局部屏障和在线路上设置声屏障。

1. 局部屏障

对高速列车噪声控制的局部屏障措施主要有：对车内辅助设备的局部密封屏蔽、受电弓屏障板和转向架隔声裙。对车内辅助设备局部密封屏蔽减小和控制辅助设备噪声的有效办法，也是降低高速列车车内噪声的有效措施之一。

受电弓屏障板如图 5－66 所示，在受电弓位置的车顶两车设置两竖立的平板，以屏蔽弓网噪声。根据京津城际高速列车车外噪声性能比较分析，设置了受电弓屏障板的高速列车，其弓网噪声要比没有设置的低。

在转向架位置设置平滑外形的隔声裙对转向架位置和车轮的辐射噪声进行屏蔽，同时也起到导引、整流的作用，改善转向架位置的气动作用以减小其气动噪声，如图 5－67 所示。

图 5－67　转向架隔声裙

但是，需要特别注意的是，受电弓屏障板和转向架隔声裙本身也可能成为新的气动噪声源，在设计阶段必须作充分的计算和试验，以免其局部屏障效果远低于其本身所产生的气动噪声。

2. 声屏障

由于高速列车噪声声源源强和车外声场分布特性与普通速度列车存在的区别与差异，声屏障在高速铁路的应用效果还需进一步确认，但从噪声影响敏感区域的声接受者角度考虑，设置声屏障仍是比较直接和有效的手段之一。在京津城际铁路上分别采用混凝土、铝合金＋透明材料、铝合金及混凝土＋铝合金＋透明材料四种类型，结构为插板式的声屏障。从实际的测量效果看，高速列车声屏障对车辆下部噪声有一定的控制效果，但对车辆上部噪声，尤其是弓网噪声，其抑制效果非常有限。

国外声屏障研究、试验和实践结果表明：声屏障的噪声控制效果不单与声屏障的形状、设置位置有关，还与铁路噪声的声源分布、频谱特性和空间声场指向性有直接的关系。

在保证声屏障结构设计满足高速铁路运行情况下的安全性和可靠性前提下，对声屏障类型、高度、长度和噪声控制区域范围及效果的确定上，必须根据高速列车噪声声源强度、频谱特性和指向性的特点给予综合考虑和优化。尤其是高速列车车外声场指向性，它对优化声屏障的设计至关重要。注意，一旦声屏障在高速铁路上建成，对其改进或优化的成本将大大增加，甚至超过重新建造声屏障的成本。应该吸取日本新干线建造之处的惨痛教训，必须根据高速列车噪声源强分布和车外声场特性在声屏障的设计阶段给予充分考虑，尽量避免在声屏障建成之后再评价其噪声控制效果和作进一步改进及优化。在确定声屏障结构外形和几何尺寸的同时，应进一步考虑声屏障材料声学特性、增设吸声材料和干涉器等的积极效果，以求设计出最优的高速铁路声屏障结构。

参 考 文 献

[1] Raghunathan R S, Kim H D, Setoguchi T. Aerodynamics of high-speed railway train [J]. Progress in Aerospace Science, 2002, 38: 469 -514.

[2] 田红旗. 列车空气动力学[M]. 北京:中国铁道出版社,2007.

[3] 张曙光,康熊,张卫华,等. 京津城际铁路高速列车系统动力学试验研究报告[R]. 北京:2008.

[4] Mitsuru IKEDA, Kazushige YOSHIDA, Masahiro SUZUKI. Flow control technique utilizing air blowing to modify the aerodynamic characteristics of pantograph for high-speed train[J]. Journal of Mechanical Systems for Transportation and Logistics. 2008, 1(3): 264 -271.

[5] Masahiro SUZUKI, Mitsuru IKEDA, Tatsuya KOYAMA. Flow control on pantograph with air intake and outlet[J]. Quarterly Report of RTRI, 2007, 48(4): 236 -239.

[6] 李强,金新灿. 动车组设计[M]. 北京:中国铁道出版社,2008.

[7] Van Beek A, Beuving M, Dittrich M, et al.. Work package 1.2: Rail source - task 1.2.1 state of the art [R]. FRANCE:SNCF, 2005.

[8] Poisson F, Gautier P E, Letourneaux F. Noise sources for high speed trains: a review of results in the TGV case [C]. Munich:IWRN9, 2007.

[9] International Organization for Standarization. ISO 3095 -2005 Railway applications - Acoustics - Measurement of noise emitted by railbound vehicles [S]. EN: ISO Copyright Office, 2005.

[10] 雷晓燕, 圣小珍. 铁路交通噪声与振动[M]. 北京:科学出版社, 2004.

[11] Kitagawa T, Nagakura K. Aerodynamic noise generated by Shinkansen cars [J]. Journal of Sound and Vibration, 2000, 231(3): 913 -924.

[12] Talotte C, Gautier P -E, Thompson D J, et al.. Identification, modeling and reduction potential of railway noise sources: a critical survey [J]. Journal of Sound and Vibration, 2003, 267(2): 447 -468.

[13] Nagakura K. Localization of aerodynamic noise sources of Shinkansen trains [J]. Journal of Sound and Vibration, 2006, 293(3): 547 -556.

[14] Wakabayashi Y, Kurita T, Yamada H, et al.. Noise measurement results of Shinkansen high-speed test train (FASTECH360S,Z) [C]. Munich:IWRN9, 2007.

[15] Kurita T, Wakabayashi Y, Yamada H, et al.. Efforts for noise reduction on FASTECH360 high speed test trains [J]. JR EAST Technical Review, 2008, 12(2): 16 -21.

[16] Thompson D J, Gautier P – E. Review of research into wheel/rail rolling noise reduction [J]. Proc. IMechE Part F: Journal of Rail and Rapid Transit, 2006, 220(3): 385 – 408.

[17] Talotte C. Aerodynamic noise: a critical survey [J]. Journal of Sound and Vibration, 2000, 231(3): 549 – 562.

6 安全性可靠性设计

6.1 结构可靠性

6.1.1 不同运动方式的失效行为

影响高速列车运行安全的是形形色色失效带来的结构可靠性。本书在高速列车设计中第一次把可靠性问题纳入高速列车的设计核心指标，这是因为可靠性问题曾经严重伤害了我国的机车车辆工业。从我国铁路大提速开始，提速和高速机车车辆的结构可靠性问题不断发生，如209HS 型提速客车转向架的联系梁、吊杆、牵引座的疲劳断裂，CW-160型提速客车转向架的吊杆、构架和横向控制杆的疲劳断裂，SW-160 型提速客车转向架因旁承磨损引起严重的轮缘磨耗，SS_8 型提速机车转向架端梁断裂，蓝箭动力车的牵引座、电动机吊座，以及转 8A(G)型提速货车转向架的交叉杆系统的疲劳破坏等。设计速度较高的“先锋号”和“中华之星”在试运行中也出现了抗蛇行减振器座开裂和裙板折断等结构强度问题。这些问题的大面积出现已严重制约了我国铁路提速和高速铁路的发展。上面提到的第一批研制的提速转向架无一例外地因安全可靠性问题而淘汰，我国的机车车辆生产企业也为此付出了数以亿计的高昂代价[1]，用以进行产品的维护和改造。事实上，可靠性问题是一个需要长期研究的问题，我国在铁路提速过程中所出现的大量结构可靠性问题，对高速列车自主创新来说是前车之鉴。因此，在高速列车的设计中，可靠性应该单独作为一个设计和考核的指标。

失效问题是一个普遍存在的问题，在其他机械领域的研究中也备受关注。但是，高速列车安全服役的失效有着它自身的特殊性，失效大都是由于振动或相对运动引起的。对于高速列车来说，相对运动的形式十分特殊，呈现出多样性，基本的相对运动有高速滚动(轮轨)、高速滑动(弓网和制动)、紧配合微动(轮轴和螺纹连接)和结构振动(钢结构体)四种形式。在振动条件下，不同的相对运动模式就有相应的失效形式，如高速轮轨滚动中的磨损和接触疲劳[2]，高速弓网滑动中的摩擦磨损和电弧烧蚀[3]，轮轴等紧配合中的微动疲劳和表面胶合，结构件的疲劳损伤等[4]；在同一种相对运动模式下，往往还存在不同的失效形式，也就是共存问题，而且不同的失效形式之间相互影响、相互转化。更加严重和复杂的问题是在振动和相对运动过程中还诱发其他的失效行为，如在依靠轮轨黏着的制动过程中产生高温，车轮表面容易形成摩擦组织转变层(通常称为白层)，与此同时，交变的热应力和轮轨接触交变应力叠加，而且轮轨要在风、霜、雨、雪等恶劣环境中运行，这是一个多场耦合下的滚动接触疲劳磨损问题；又如弓网系统在大电流下服役，也存在摩擦热和接触电流形成的局部高温，它是一个复杂应力场、强电场、温度场及腐蚀性环境交互作用下的高速滑动磨损问题。多场耦合下材料在服役环境中的失效规律和机理也是材料科学家感兴趣而又尚未解决的问题。研究不同相对运动模式的失效机理，特别是在多场耦合作用下的失效机制，并掌握不同失效形式的共存和竞争机制，是实现结构和材料的优化，有效提高高速列车安全服役的突破口。因此，失效研究是高速列车重大的基础研究课题，科技部根据我国高速列车发展需要，在 2007 年设立了国家重点基础研究发展计划项目(简称“973 计划”)“高速列车安全服役关键基础问题研究”开展相关研究,作者作为本项目的专家组成员,从项目申请之初就给予了高度的重视,并特别在京津城际铁路上安排了科学研究性试验,为本项目的开展提供了良好的研究条件。围绕失效重点研究的内容包括:

(1)高速滚动下轮轨失效;

(2)高速滑动和载流条件下的弓网接触失效机制;

(3)微动条件下的紧配合件的失效机理;

(4)复杂载荷条件下结构材料的超高周疲劳失效机制。

下文围绕轮轨、弓网和结构疲劳失效,结合 CRH 系列动车组试验和运用,从揭示问题、提出设计方法的角度进行探讨。

6.1.2 轮轨摩擦磨损

轮轨在服役中的摩擦磨损是轮轨踏面失效的主要问题之一,在 CRH 系列动车组运用中已经出现比较明显的磨耗(见第 2 章 2.2.10)。尽管轮轨磨耗属于正常情况,但还是应该从减小磨耗的目标出发,进行相应的研究,更何况我国的高速列车开行时间并不长,稳定的磨耗会在今后的长期服役中慢慢表现出来。这里对一些基本的摩擦磨损情况进行探讨。

1. 轮轨摩擦磨损及对策

钢轨的磨损主要表现为如下的几种形式:钢轨的正常磨损[图 6-1(a)],严重偏磨[图 6-1(b)],钢轨坑式擦伤[图 6-1(c)],高速线短波长磨耗式波磨[图 6-1(d)][5],重载线路曲线钢轨由材料塑性流动和摩擦磨损共同引起的波磨[图 6-1(e)],高速曲线钢轨表现出波磨、压溃和疲劳裂纹并存的混合伤损形式[图 6-1(f)][5]。

图 6-1(a)所示磨耗状态为钢轨中度磨损状态,这种状态主要出现在用材较硬的曲线钢轨上,或用材相对软的直线轨上,属于正常磨损。处理手段取决于钢轨表面裂纹状态,裂纹不严重时,可以任其发展;如果裂纹严重的话,就要采取适当打磨措施,抑制裂纹的扩展。

图 6-1(b)为曲线外钢轨重度磨损状态,主要出现在重载线路或小半径曲线上,像这样的磨损状态也反映了此处钢轨用材相对较软。在此段上,轮缘贴靠曲线外轨内侧,轮轨横向力较大,蠕滑率也较大,磨损形状和车轮轮缘根部相近。车轮通过此段时,轮缘根部和轨角处出现大面积接触或共形接触,出现轮轨的相对旋削和打磨现象,轨侧和轮缘磨耗都会很大,一旦钢轨硬度小,磨损越来越严重。减轻这种磨损的关键措施是:(1)适当提高曲线钢轨材料的硬度,提高其磨阻;(2)在曲线钢轨内侧处适当使用润滑剂,降低摩擦系数和磨损[2];(3)提高轮对过曲线性能;(4)严重时需要更换钢轨。

图 6-1(c)所示为钢轨顶面凹坑式磨损,主要是机车车轮在加速牵引时因轮轨黏着效果降低导致车轮“飞车”现象,即车轮原地打滑,轮轨高速滑动摩擦温度迅速上升(可达 1 000°C 以上)[6],钢轨材料融化而迅速被磨损掉,而且车轮踏面磨损也会加重。这样的

(a)钢轨的正常磨损

(b)严重偏磨

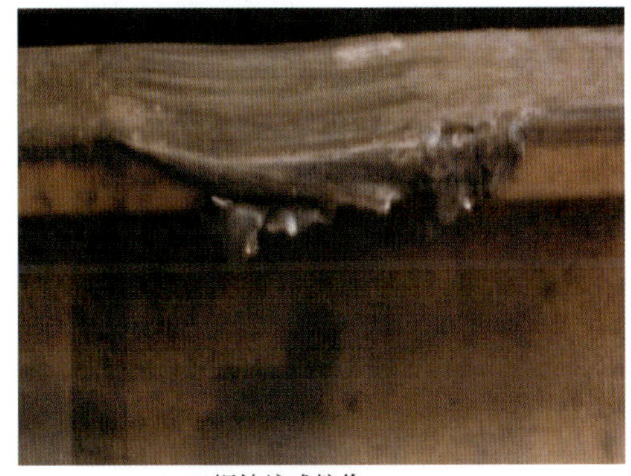

(c)钢轨坑式擦伤

(d)高速线短波长波磨

(e)重载曲线内钢轨波浪形磨损

(f)高速线曲线外轨伤损

图 6－1　钢轨的磨损几种形式

擦伤将会导致轮轨发生强烈的冲击，冲击载荷是静载荷的数倍，取决于凹坑的深度和长度。导致整个车辆-轨道系统产生强烈的振动和冲击噪声，钢轨、轮对、轴承、轨枕将会迅速遭到破坏。如果凹坑不及时处理，凹坑附近的钢轨表面因冲击接触振动，导致波浪形累积伤损变形，并不断向远处延伸[7]，严重的情况下车轮会跳离钢轨以致脱轨发生。解决此问题的最好措施是列车尽可能装配高精度、高可靠性的动力轮对防空转装置，尽可能控制轮轨之间不发生大的滑动。严重的情况需要补焊钢轨或切换钢轨。不过对于高速动车组来说，由于动车组的牵引黏着利用率相对较低，诱发这样的磨耗不太可能。

图 6 – 1(d)是高速线短波长波磨，出现的原因较为复杂，可能是高速轮对蛇行运动和离散轨枕支撑引起的轮轨横向高频振动引起。这样的小波长波磨起初诱发于高速轮对蛇行运动的摇头角峰值处，即轮对蛇行晃动通过轨道中央线附近时，摇头角最大，轮轨横向蠕滑率也较大，轮轨之间发生横向高频振动，导致小波长的波磨，这些小波长波磨随着轮对通过次数的增加，逐渐向前延伸，直至贯穿这个线路。解决此问题的最好措施是，消除或抑制车辆的大幅度蛇行运动，使轮轨之间不产生横向高频滑动振动[8]。另一个被动消除这种短波长波磨的方法是采用消除轮轨高频横向振动的 TMD 系统(Tuned Mass Damper)，如图 6 – 2 所示。这个减振系统就是阻尼质量块系统，其原理就是能过产生一个频带较宽的反共振系统来消除钢轨的导致短波长波磨的横向高频振动，当然对消除噪声也是有效的。另一种办法就是直接在钢轨腹板上粘贴阻尼材料来吸收轮对通过时引起的钢轨横向振动，通常来说其吸振的频带范围较宽，但最终取决于阻尼材料本身和粘贴效果。当然，在保持磨损疲劳均衡发展的前提下，可适当增加钢轨材料抗磨损的性能对抑制短波长波磨也是有效的。如果能确认短波长的通过频率和轮对的某共振频率相同的话，则对轮对将采取同样的措施，即在车轮腹板上粘贴阻尼层。一旦这样的短波长波磨形成并较严重的话，需要通过打磨的方法来消除它。

图 6 – 2　消除钢轨高频振动的阻尼质量块系统

图 6 – 1(e)是重载曲线内钢轨波浪形磨损情况，主要是轮轨在共振条件下材料累积变形和磨损共同作用下的结果，从磨损的形貌看，塑性累积变形起到主要作用。引起的原因主要是轮对通过曲线时轮轨的横向蠕滑作用和轨枕离散支撑引起轮轨之间的高频横向相对滑动振动[9]。目前还不能取代钢轨离散支撑这种古老的结构形式。但是，正如第 3 章 3.3 的轮轨关系设计中所说讨论的，除提高轮对通过曲线性能、降低轮轨之间的横向作用的重要措施外，根据图 6 – 1(e)所示的伤损情况，更重要的是提高钢轨材料的硬度，即抗磨损的能力。

图 6 – 1(f)为高速线(约 200 km/h)曲线外轨伤损情况，主要表现为表面材料严重的压溃(塌陷)、严重的斜裂纹和轻微的磨损。其原因是车速高、曲线半径略小导致轮轨横向冲击力较大[10]。另一个原因是钢轨材料过硬，裂纹扩展速率较快。这种伤损后果较为严重，因为裂纹尺寸较大，有些直接扩展到轨头深处，列车高速通过时，较大的冲击载荷随时诱发钢轨发生断裂，导致重大脱轨事故。英国 2000 年 10 月 17 日 Hatfeild 重大脱轨事故就是典型的例子[11]。对付这种问题的主要措施是：(1)适当提高钢轨材料的韧性，降低硬度，提高轮轨之间作用条件下的自然磨损量；(2)加大钢轨人工打磨频次，频繁改变曲

线钢轨接触光带位置,适当条件下配合频繁调整曲线钢轨轨底坡;(3)尽可能采用半径更大的曲线。

车轮的磨损主要表现为如下的几种形式:轮缘根部严重磨损[如图6－3(a)所示],扁疤磨损[图6－3(b)所示],踏面单凹槽磨损[图6－3(c)],踏面双凹槽磨损[图6－3(d)],车轮圆周呈现多边形磨损[图6－3(e)]。

图6－3(a)所示轮缘磨耗情况,这样的磨耗主要是车辆运行时轮对大幅度蛇行运动导致轮缘周期性地贴靠钢轨内侧,或轮对通过小半经曲线时由于通过曲线性能差导致轮轨之间横向作用激烈而造成的轮缘严重磨损。这样的磨损会使轮对和钢轨游间变得很大,车辆失稳时轨道横向约束空间变得很大,不利于车辆稳定性运行。同时轮缘根部因磨耗导致滚动圆半径变小,车轮踏面变平,轮对等效锥度趋近于0,严重的轮缘根部磨损也可能会导致负的等效锥度。解决此问题的主要措施有三种:(1)设计的轮对需要具有优越的动力学特性;(2)曲线外侧钢轨内轨角使用润滑剂;(3)适当提高车轮材料的硬度,可能的条件下对轮缘接触摩擦部位进行局部硬化处理(包括激光硬化技术),但注意这个硬化从轮缘顶部经由根部到踏面有一个逐步过渡过程,以免材料性能发生突变而导致车轮服役过程中突然失效开裂。

图6－3(b)所示为车轮踏面扁疤擦伤。这是轮对在制动时被抱死造成的。车轮踏面的这种破坏形式对车辆轨道系统危害范围远大于图6－3(c)影响的范围,这种扁疤擦伤如果不及时消除,列车运行过程中轮轨将会周期性地发生冲击作用,影响整个车轮的运行平稳性。冲击载荷的幅度决定于扁疤伤损程度。克服此问题的最好措施就是列车系统装备可靠的高性能 ABS 制动控制系统,同时也能充分利用轮轨的最佳黏着特性来发挥最好的制动效果。

图6－3(c)所示为车轮踏面单凹槽磨损,产生这样的磨损有三点重要的原因,(1)轮轨材料硬度相差太大,钢轨材料硬车轮材料软;(2)轮轨游间较小,在车速不高的条件下轮对相对轨道晃动量小,挤压变形和磨损相对集中,导致整个踏面磨耗的形状和轨头形状相似;(3)踏面闸瓦制动也可能导致如图6－3(c)所示的单凹槽破损。解决措施就是适当提高车轮材料硬度,不得已的情况下只好加大轮对旋削次数。如果是采用踏面制动模式由闸瓦引起单凹槽的摩擦磨损,可以加大闸瓦的横向尺寸,利用闸瓦机构的稳定传动性能,使整个踏面得到均匀挤压作用和全面的磨损。

图6－3(d)所示为车轮踏面双凹槽磨损。这种磨损情况不普遍。如果列车车轮是采用踏面闸瓦制动,那引起这种磨损原因是很清楚的。从图6－3(d)所示的踏面磨出的横向双凹坑看,凹槽的曲率深度大于钢轨轨头的曲率深度,显然不是轮轨之间作用自然磨损形成的,是不合适的闸瓦横向尺寸和闸瓦连接机构相对车轮不稳定作用所致。高速列车一般不会采用踏面闸瓦制动,这样的磨损情况不存在。

图6－3(e)所示为车轮踏面多边形磨损,主要为轮对第一阶弯曲共振频率(高速轮对一般在100 Hz左右)共振引起轮轨之间的相对横向滑动和压力载荷呈现周期的变化,导致车轮沿圆周踏面磨损发生周期性的变化,如图6－4所示。这种现象在欧洲高速列车轮对上较严重。目前除了频繁旋修车轮外,还没有太好的处理手段。可以考虑加粗轮轴直

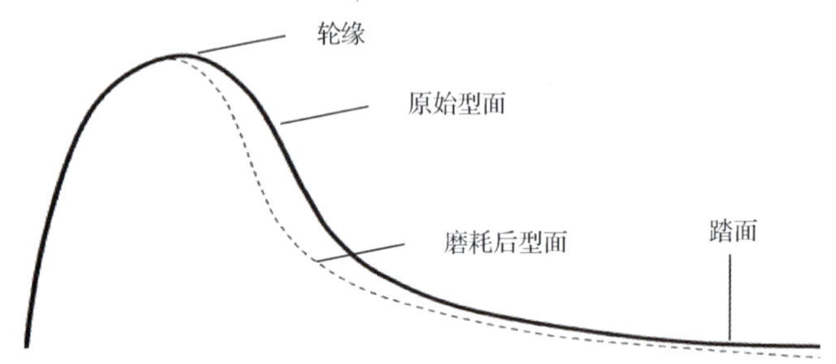

(a)轮缘根部严重磨损

(b)扁疤磨损　(c)踏面单凹槽磨损

(d)踏面双凹槽磨损　(e)车轮圆周多边形磨损

图 6－3　车轮集中典型的磨损情况

径,加大其弯曲刚度,使其在各种可能的运行速度范围之内第一阶弯曲频率不易被激发出来。即使被激发出来,希望第一阶弯曲频率尽可能高,在一定的平均运行速度下,形成的多变形波长尽可能短,即分布在车轮踏面多边形长度尽可能短,这样车轮在长期运行条件下,各种随机激扰和相位分布的离散性和随机性,整个圆周踏面磨损趋于均匀化。

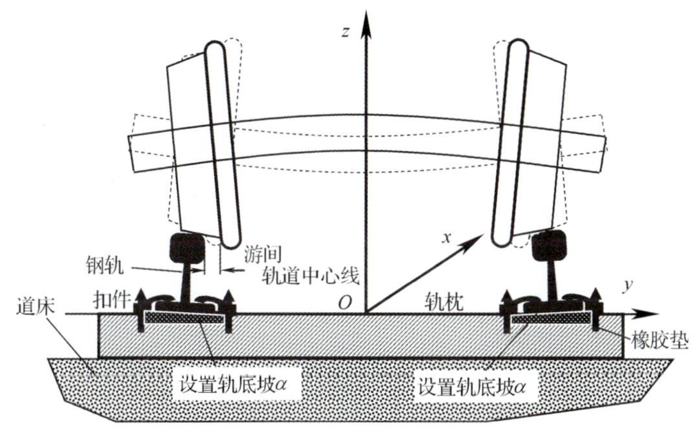

图6-4 轮对一阶弯曲振动可能导致轮对踏面多边形磨损

高速轮对的首要问题是，当其设计并投入运营之前，不知道运行过程中哪些共振频率被激发出来。通过运行过程的状态测试或轮对踏面伤损情况才会知道轮对容易被激发的频率。真的发生了严重的多边形磨损的话，也许此刻这种轮对已经大批量投入运营。重新设计轮对和更换这些糟糕的轮对，从时间上和生产上绝对不容许，维修部门不得不频繁的旋修踏面或更换轮对。另一处理办法是，对于低速运行的列车，如城市轨道列车，采用TMD系统。这种系统用在轮对上有两种安装方式，一种是安装在腹板上，如图6-5所示；另一种方案是悬挂在轴箱上，如图6-6所示。无论采用哪种方式，TMD系统参数和轮对安装位置都要通过精确设计和计算。如果用于高速列车，还需要考虑安装的可靠度和离心力作用后的强度等安全性问题。

2. 摩擦磨损的利用和防护[2]

摩擦磨损改变了轮轨型面，使原设计的轮轨动力学性能和滚动接触行为发生改变或退化。防磨损措施除前面所谈到的提高轮轨材料硬度和改善车辆轨道动力学特性外，轮轨润滑是一种投资少、见效快的有效方法，能迅速减小轮缘及轨侧的磨损，延长钢轨使用寿命。

图6-5 安装在轮对腹板上的TMD系统

3. 钢轨打磨策略研究

保证轮轨具有优越的动力学特性、低接触应力水平和低磨耗指标，保持最佳的形状和平顺度。高速线路在运营过程中，钢轨表面可能出现各种伤损情况，如波浪形磨损、疲劳裂纹、擦伤、剥离、压溃等。对于此类伤损现象即使在不严重的情况下，也需要及时消除，以免在高速运行时引发轮轨冲击力，消除的唯一手段是打磨。钢轨打磨工作的执行是相对复杂的系统工程。涉及打磨前现场钢轨状态测量调查统计分析、打磨方案和标准的制定、不同线路打磨效果的评估和最佳周期的确定等。打磨方案的制订紧密关系到行车安全风险、断轨风险和钢轨维修的经济效益等重要问题。我国高速

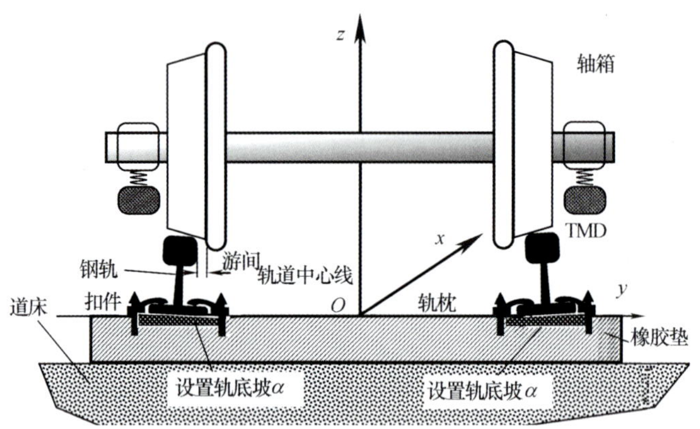

图 6－6　安装在轮对轴箱处的 TMD 系统

铁路急需制定打磨标准和策略问题,着重预防性打磨策略问题。预防性打磨措施需要考虑的关键问题有:

(1)根据线路铺设的钢轨和运营轮对以及轴重等情况,是否考虑对新钢轨进行预打磨,以达到轮轨初始使用阶段增加轮轨界面的“共形度”,减轻轮轨之间的压力水平。图 6－7所示为高速钢轨常见的裂纹区,新轮轨接触时此处接触应力水平较高,如果需要减轻此处的应力水平的话,这个最合理的打磨位置和打磨量是多少,如图 6－8 所示(图中的坐标是打磨坐标,而不表示型面的坐标)[12],这就需要研究。

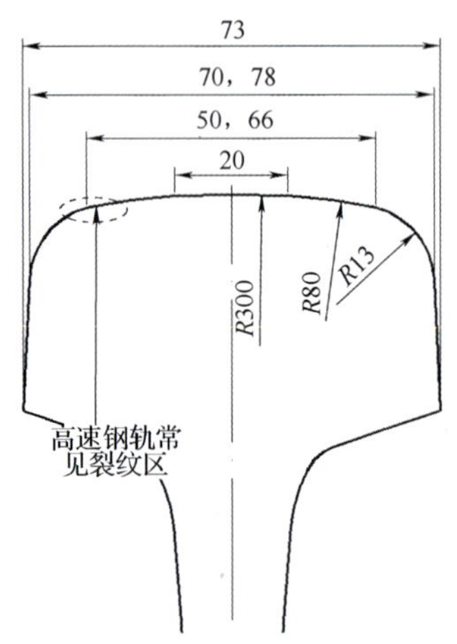

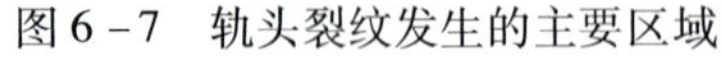
图 6－7　轨头裂纹发生的主要区域

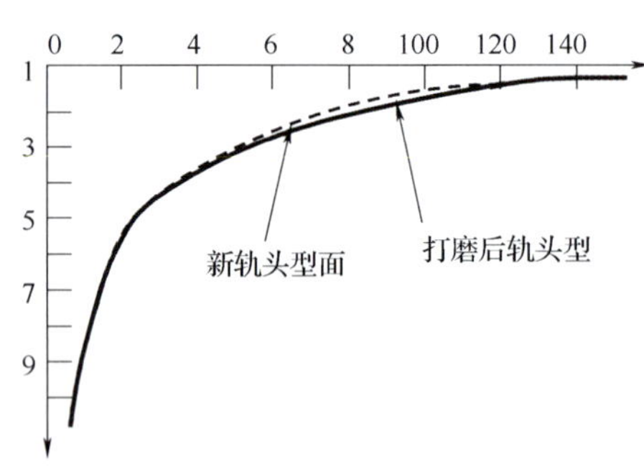

图 6－8　新钢轨预防性打磨状况

(2)钢轨在服役过程中,预防性打磨周期(或运量)是多长才能保证钢轨使用寿命最长断轨风险最小,这也许要一个长时间实践过程。

(3)预防性打磨过程中钢轨打磨最佳目标形状是什么?钢轨打磨的最佳目标形状就是钢轨自适应磨耗状态(如图 6－9 所示),或者为自然平稳磨耗状态。也就是该线路经过一段时间运营后,钢轨的磨耗发展处于稳定状态或沿横向端面均匀的发展。这个自适应状态是不以人们的主观想象而定的,取决于车辆类型、轨道类型、轮轨初始几何尺寸和

硬度、材料状况等，不同的线路可能不一样，同一个线路不同的路段也可能不一样。所以，某线路钢轨打磨的目标型面由这条线路运营一段时间后达到稳定磨损后经过精确测量得到，一条线路不同的路段可能需要按若干个不同的目标型面进行打磨。

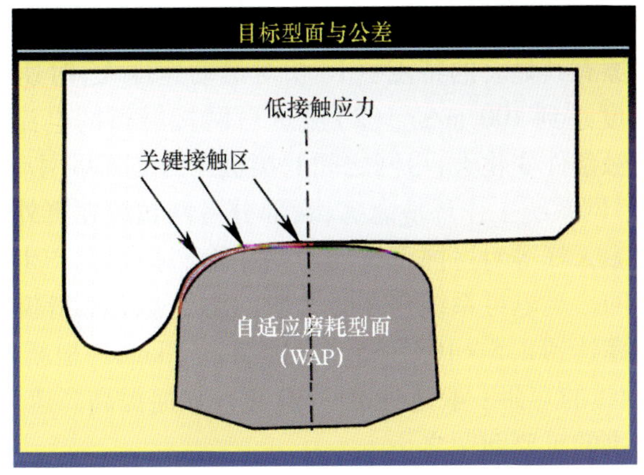

图6－9　钢轨预防性打磨目标型面为轮轨自适应型面

(4)每次预防性打磨磨头数量的确定、压力设置、通过的速度等和打磨效率、效益、对钢轨伤损程度以及对轮轨接触形成的影响有密切关系，需要进行科学研究和探讨，以得到最佳的工程实践效果。

事实上，减缓轮轨摩擦磨损和接触疲劳是在轮轨关系设计时就需要考虑解决的问题，而且要基于高速列车系统动力学的理论进行系统的多因素、多目标研究。具体参见第3章3.3的轮轨关系设计内容。

6.1.3　弓网摩擦磨损

现代高速列车在短编组时一般都是单个受电弓工作，牵引功率达到8 000～10 000 kW，单弓传递电流达到800～1 000 A。接触网-受电弓系统的受流质量，直接影响到高速列车的牵引功率，关系到列车速度的提高。因此，高速铁路接触网-受电弓系统的平稳受流是保证高速列车正常运行的关键技术之一。接触网-受电弓系统的受流质量与弓网材料滑动摩擦接触性能有着密切的关系，研究接触摩擦磨损及其对受流质量的影响有着十分重要的意义。

接触网-受电弓系统在工作过程中，承受着非常复杂的动力学、摩擦学、电气学等方面的相互作用。弓网系统的动力学影响到受电弓与接触线之间的接触状态，不良的弓网关系会导致受电弓脱离接触线即离线，产生电弧。弓网离线是十分有害的现象，当离线率大于一定数值后(详见第3章3.4)，弓网之间传递的电流就受到限制，达不到额定的传输电流，这样列车速度就上不去。其次，弓网离线产生的电弧放电会灼伤接触线，使接触线的工作表面产生高低不平顺，从而恶化了弓网之间的高速滑动接触状态。电弧放电是受电弓滑板快速磨损的主要原因之一。电弧放电严重时，受电弓滑板材料很容易熔化。此外，弓网离线还会引起供电电路的谐波干扰以及损坏机车车辆的电气设备。应用高速列车系统动力学理论，从弓网摩擦学的角度出发，研究不同性能的弓网材料配副、不同的接触形貌等对弓网摩擦磨损的影响，找到抑制弓网材料磨损以及电弧产生的措施，从而提高弓网滑动摩擦受流性能和弓网材料的使用寿命。

1. 弓网摩擦磨损规律

高速弓网滑动摩擦有其显著的特点：(1)相对滑动速度大，时速 360 km/h 的列车弓网之间的相对滑动速度达到 100 m/s。(2)流过弓网接触点的电流大，单弓达到 800 ~ 1 000 A。(3)弓网接触条件变化大，弓网之间的接触压力受到弓网动力学性能的影响，波动范围比较大。(4)弓网系统工作环境恶劣，大部分弓网系统在野外露天环境下工作，日晒雨淋、冰雪霜冻、沙尘天气等对弓网系统的滑动摩擦磨损都会产生重要的影响。目前，国内外高速列车接触网—受电弓系统存在的普遍问题是受电弓滑板的使用寿命偏低，受电弓碳系滑板的磨损率达到 $2.5\times10^{-4}\sim5.4\times10^{-4}$ mm/km，一根新品的使用寿命仅仅为 18 ~ 20 天[13,14]。接触线的寿命一般达到 10 ~ 30 年。如何提高高速列车受电弓滑板的使用寿命是当前需要解决的重要问题之一。

弓网材料磨损主要由材料的磨损机理确定[15]。弓网材料磨损机理通常有机械磨损机理和电气磨损机理[16 ~ 19]。机械磨损机理包括黏着磨损和磨粒磨损。黏着磨损的特点是材料黏着或熔焊在对磨件上。由于相对滑动，摩擦材料产生撕裂并转移到对磨件上，在接触摩擦的部位留下明显的磨痕。黏着磨损是受电弓材料的主要磨损形式，高速列车的弓网滑动是高速滑动，会产生大量的热，引起摩擦材料的高温。高温对材料的黏着磨损十分不利，高温使材料软化，强度降低，加剧材料的撕裂和熔焊。现代的受电弓滑板的硬度一般比接触线材料的硬度高，会产生硬颗粒，加之弓网系统是在露天野外工作，粉尘沙砾等硬颗粒都可能附着在接触线和滑板的表面，参与滑板和接触线的摩擦。在压力作用下，这些硬颗粒在滑板和接触线表面产生犁沟，形成磨粒磨损。弓网材料的磨粒磨损程度比黏着磨损程度要小一些，但磨粒磨损在滑板和接触线工作表面形成的犁沟，增加了这些工作表面的粗糙度，对接触导流有不利的影响。电气磨损是弓网材料的另一种重要的磨损形式，主要是指电弧放电烧蚀磨损以及电流流过接触点引起材料过热使材料黏着磨损加剧等方面。在高滑动速度和大电流下，电气磨损是受电弓滑板材料的主要磨损形式。现在国内外的受电弓滑板材料使用寿命普遍偏低，主要是由受电弓滑板材料的电气磨损引起。弓网系统的磨损机理还包括氧化磨损和腐蚀磨损，只不过这两种磨损形式相对于弓网材料的机械磨损和电气磨损小很多。因此，目前主要是从弓网材料的机械磨损和电气磨损特点出发来提高弓网材料的耐磨性能。

弓网材料的机械磨损和电气磨损是相互影响的[20 ~ 26]。摩擦表面的质量包括表面形貌、材料硬度等，是影响摩擦磨损的重要因素。表面接触实际上是表面的微突体接触，表面越粗糙，微突体接触的数量就越少，承受的局部压强越大，越容易出现黏着现象，越容易引起犁沟，划伤弓网的工作表面。受电弓滑板和接触线之间的离线产生电弧，导致电弧烧蚀，使工作表面质量下降，表面粗糙，甚至形成不规则表面，从而导致摩擦磨损的加剧。同时由于真实接触微突体数量的减少，通过它们的电流加大，发热量增大，造成接触材料的高温，加剧了接触材料的软化及其熔融，即加剧了黏着熔焊作用。

图6－10显示了纯碳滑板与铜接触线滑动摩擦过程中摩擦系数的变化。滑动摩擦会导致材料磨损、接触表面粗糙、动力消耗和对磨件温度升高。摩擦系数是衡量滑动摩擦阻力的一个通用指标，一般摩擦系数大，表明摩擦磨损严重，摩擦阻力大，摩擦引起的温升大。因此，对大多数摩擦系统来说，要求其摩擦系数尽可能小。从图6－10可以看出，摩擦副的摩擦系数随电流的增大而减小，而且当电流增大到20～50 A后，摩擦系数的数值比较接近。根据试验观察，摩擦副通过的电流愈大，产生的电弧也愈大。电弧引起的高温，会促进摩擦副中滑板试样材料的氧化，并且在接触线试样的摩擦表面形成一层转移层。摩擦表面形成的转移层与摩擦过程中产生的氧化颗粒、摩擦副表面脱落的磨屑，对摩擦副表面起到了隔离作用。同时，滑板试样材料是纯碳材料，具有自润滑性能，使摩擦副的摩擦系数减小，但增大了摩擦副间的接触电阻。当电流为0时，纯碳材料的黏着磨损比较小，在接触线滑动表面没有形成比较广泛的转移层，此时多为纯碳滑板与接触线的直接接触，所以摩擦系数比较大。当电流为10 A时，观察到没有电弧产生，因此接触区的热量为接触电阻产生的热量和摩擦产生的热量的综合，提高了接触区的温度，促进了黏着磨损的发生，摩擦系数最大为0.20。当电流为20～50 A时，可以观察到比较强的电弧，并且随电流的增大而加大，在滑板试样的磨痕表面还可观察到一层黑色质细的粉末状石墨颗粒。这层碳滑板材料转移层减轻了弓网之间的直接接触，代之为滑板与转移层之间的接触，所以能够减少摩擦系数。

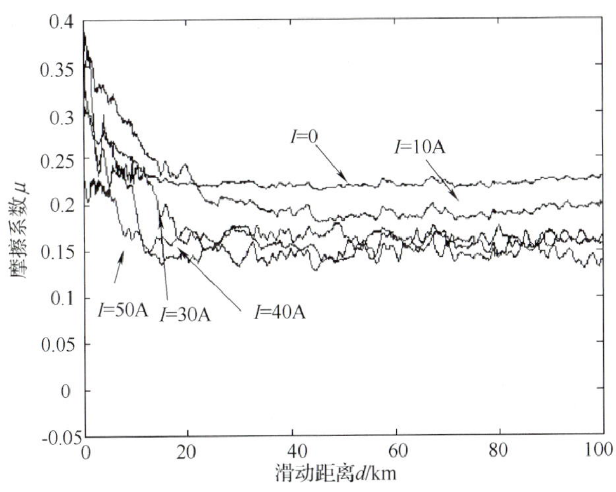

图6－10 摩擦系数随滑动距离的变化

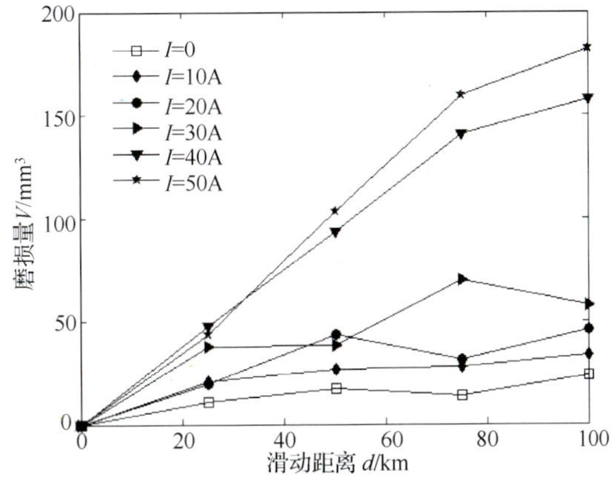

图6－11 电流对滑板材料磨损的影响

对一般的机械摩擦，从理论上讲摩擦系数减小，应该是磨损越小。但弓网摩擦磨损有别于一般的机械摩擦行为，它是载流摩擦磨损行为。图6－11显示了受电弓滑板材料的磨损曲线。可以看出，随着电流的增大，滑板材料的磨损急剧增加，这主要是随着电流的增加，摩擦滑动过程中产生的电弧烧蚀增大，电弧烧蚀的磨损量是单纯滑动摩擦的磨损量的3～8倍，电弧烧蚀是弓网载流摩擦磨损主要因素。因此，要降低滑板材料的磨损量，就必须抑制弓网滑动过程中电弧的产生，减少滑板材料由于电弧烧蚀引起的磨损量。

图6－12显示了纯碳滑板与铜合金接触线滑动摩擦磨损后的摩擦表面形貌。从图6－12(a)可以看出，在接触线表面有很多犁沟和滑板材料转移层，说明发生了磨粒磨损和黏着磨损。从图6－12(b)可以看出，在滑板材料摩擦表面有明显的电弧烧蚀痕迹。

(a)接触线磨痕表面形貌

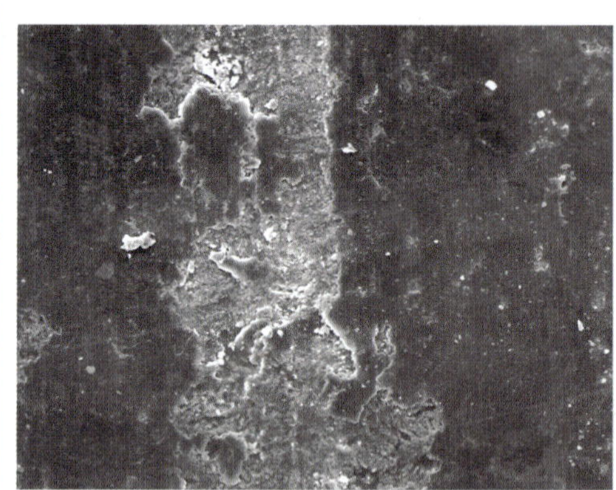
(b)接触线磨痕表面形貌

图6－12　接触线和滑板摩擦表面形貌

2. 减少弓网磨损的措施

本节虽然主要是讨论弓网的摩擦磨损问题，但从弓网可靠性设计而言，还应该注意系统的应力问题。事实上，在弓网系统中，结构破坏十分严重，提高弓网接触副材料强度和减小弓网振动是十分必要的；另外弓网接触是从接触网导电到列车上，弓网接触的导电特性也应该兼顾，不然就本末倒置了。提高导电能力，一方面是要减少接触电阻，同时要保持弓网接触。接触电阻是和弓网接触副材料及接触力相关的，一般来说接触力大，接触电阻就小，导电品质就高。图6－13是从受流和系统可靠性角度出发的弓网接触材料和系统动态特性的关系图。下文就摩擦磨损性能的设计要求进行探讨。

(1)提高受电弓滑板材料的自润滑性能、降低弓网滑动摩擦系数

尽管载流摩擦磨损的主要原因是电弧烧蚀，但如果弓网摩擦系数大，则摩擦功就大，产生的摩擦热也大，使材料温度升高，对弓网材料的摩擦磨损不利。因此，还是应该减少弓网之间的滑动摩擦系数，提高弓网材料的耐磨性。

现在的滑板材料已由粉末冶金材料向纯碳材料和浸金属碳材料发展。粉末冶金滑板材料的基体是金属，和导线材质差不多，加之其自润滑性能的局限性较大，粉末冶金滑板

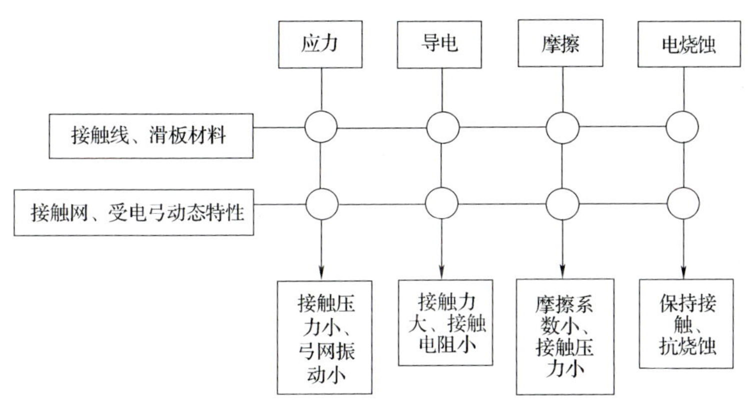

图 6－13　弓网可靠性设计框架

对铜接触网导线的磨耗比较严重。碳滑板的基体是碳,具有很好的自润滑性能和减磨性能,对接触网导线磨损小,不易和接触网导线发生熔焊现象。碳滑板在与铜接触网导线摩擦时可以在导线上形成一层碳转移膜,大大改善了导线的磨耗状况。浸金属碳滑板既具有粉末冶金滑板机械强度高的特点,又具有纯碳滑板对导线磨耗小、在导线摩擦表面易形成润滑膜和熄弧性强的优良性能。纯碳滑板和浸金属碳滑板是目前高速受电弓使用的两种主要滑板。

(2)采用合适的受电弓和接触线材料配副

不同的接触线与不同的滑板材料匹配时的高速滑动磨损程度不同,接触线的材质应该与受电弓滑板材料相匹配,以保证良好的机械和电气性能匹配。我国的相关试验研究表明,纯碳滑板和浸金属碳滑板与铜接触导线有良好的匹配关系,但现场接触线一般采用铜合金接触导线,包括锡铜、镁铜、铜银合金接触线。因此,对不同铜合金接触线与受电弓滑板材料的匹配需要在细节上加以研究。

(3)提高弓网材料滑动工作表面特性匹配

从弓网材料滑动接触表面的轮廓、形貌和硬度等参数匹配来提高弓网的接触状态以及抑制电弧产生的能力。目前的研究已经发现,弓网材料接触工作面的轮廓、形貌和硬度都对弓网摩擦磨损产生影响,可以通过优化弓网材料的接触状态,来减少弓网系统的滑动摩擦磨损。

(4)减轻受电弓滑板材料的质量,降低电弧产生的概率

电弧烧蚀磨损是高速受电弓滑板材料严重磨损的主要原因。在高速受电弓设计过程中,要求受电弓的规算质量尽可能小,以便提高滑板跟踪接触网的随动性,减少离线频率。其中受电弓弓头质量对受流质量产生严重影响,因此要尽量减小弓头质量。弓头质量包括滑板质量,降低滑板质量必须使其材质成分尽量少含金属甚至不含金属。从这个意义上讲,目前使用的滑板材料中,纯碳滑板的密度最小,有利于弓网接触,减少电弧烧蚀。

6.1.4 结构疲劳

正如我们在本章开篇时介绍的，结构疲劳问题长期困扰着我国机车车辆工业的发展，从低速到准高速机车车辆都出现过大量结构可靠性问题。正像中国科学院院士、中国工程院院士沈志云先生所指出的那样：与其说 CRH 系列动车组引进是引进了技术和产品，还不如说我们真正引进了高速列车服役可靠性的理念和从设计、产生、调试、试验、运行到维修全过程的服役可靠性管理体系。

1. 结构疲劳

(1)高速列车的结构疲劳现象

结构疲劳的研究的历史比铁路发展历史还长，从 Wöhler A 系统研究金属疲劳，提出应力-寿命曲线奠定金属疲劳基础以来，金属疲劳研究已有近 200 年的历史(铁路诞生于 1825 年 9 月 27 日)，在宏观、微观领域进行了大量的疲劳裂纹萌生与扩展的试验与理论研究，已形成了应力-寿命设计法、局部应力应变-寿命设计法和损伤容限设计法等结构抗疲劳设计方法。

对于高速列车，结构疲劳是指除了轮轨、弓网相对运动界面接触疲劳之外的结构件疲劳。由于高速列车的结构特征，结构疲劳主要发生在轮对、轴箱、转向架构架、车体、车钩等重大受力和振动部位。相比较而言，发生结构疲劳的概率大的结构是转向架构架(包括上面焊接的支吊座)、轮对和轴箱(包括转臂)。

结构疲劳的形式多种，实际上是和载荷的方式有关。在高速列车上作用载荷方式有三种：①高幅低周冲击载荷，主要发生在道岔通过等工况，主要在静强度设计中考虑；②高频高周冲击载荷，主要是线路不平顺和轮轨损伤(擦伤或表面剥离)引起的，可靠性研究主要关注这类研究；③超高周低幅随机振动载荷，这主要是应力周次和速度有关应力，如轮轴系统，由于列车运行速度导致应力循环次数大大增加。因此，在不同载荷形式的作用下，结构疲劳有三种基本形式：低周疲劳、高周疲劳、超高周疲劳。当应力循环次数 $N < 10^4 \sim 10^5$ 次，疲劳极限接近于屈服极限，疲劳极限几乎与循环次数无关，称为低周循环疲劳。当 $10^7 > N > 10^4 \sim 10^5$ 次时称为高周循环疲劳，这时疲劳应力循环周次随着应力幅度的减小而增加，但应力小于一定幅值，疲劳应力循环周次达到 10^7，传统的疲劳理论就认为是无限寿命。应力循环次数 $N > 10^9$ 以上，这时有些材料即使应力幅不大，同样也会出现疲劳破坏，这类疲劳问题称之为超高周疲劳。超高周疲劳打破了传统的无限寿命的说法，是最近发展起来的结构疲劳学说。

在我国铁路机车车辆的结构疲劳事故中，大多数疲劳是发生在焊接结构件。因此，这里就焊接结构的可靠性进行讨论。

(2)设计规范与疲劳可靠性

机车车辆的焊接结构主要集中在转向架构架和车体上，车体因为刚度的要求，相对而言强度比较大，很少出现疲劳失效问题，主要的结构疲劳问题出现在转向架构架上。目前，高速列车转向架大多采用焊接结构，焊接构架的疲劳设计与评价规范中，基本上还是采用传统的以安全系数保障强度裕度的定值方法，它忽略了结构动

态特性的影响;在现行的构架疲劳试验中,也都采用高度简化的加载方法。因此,采用目前构架的疲劳设计与试验方法尚难较好地反映其实际工况,在一般速度下运行,这个问题尚不突出。然而,随着速度的提高,线路的激扰频率范围加宽;随着焊接构架自重的减小,其固有频率将有所降低,这样,构架的低阶弹性振型有可能处于线路的激扰频率范围之内,这就可能导致构架的某些部位产生较大的动态应力。另外,在构架的焊接接头部位,由于存在几何形状突变和焊接缺陷而引起动态应力集中,常常成为结构中疲劳强度薄弱部位。

以上说明,按现行规范设计的焊接构架一是没有寿命指标,二是疲劳可靠性往往得不到保障。因此,我国高速转向架焊接构架的疲劳可靠性问题仍是迫切需要研究解决的课题。

发达国家十分重视机车车辆关键构件的疲劳可靠性研究,企业除要遵循行业通用的疲劳设计、鉴定标准外,企业内部还有一套更加严格的设计、鉴定制度,如在焊接构架疲劳试验考核中,德国企业除按照 UIC 规程进行垂、横向加载外,还同时在各支从座、吊座等处施加疲劳载荷,实验更严格、结果也更加符合实际。我国目前的转向架结构疲劳的试验方法也朝这方面努力,在牵引动力国家重点实验室完成的 CRH1 型和 CRH2 - 300 型动车组转向架构架疲劳试验,就力图实现仿真加载(如图 6 - 14 所示),其中CRH2 - 300 型动车组转向架构架强度试验的动态加载 8 个,静态加载通道达到 14 个。

图 6 - 14　CRH2 - 300 型动车组转向架构架在仿真减载疲劳试验中

国际铁路联盟(UIC)规程要求在转向架研制中,除了以规定的计算载荷和 Goodman 疲劳极限线图评定转向架构架的疲劳强度外,还应重视关键部位动应力的线路实测,并以此为依据对转向架构架的疲劳强度进行评估。如法国 TGV 高速列车转向架构架首先在试验台上进行常规静载试验和 10^7 周次的疲劳试验,以验证构架的疲劳强度并发现薄弱点。试验时如构架没有出现裂纹,随即按照规定里程对构架进行线路试验,测试其薄弱点的动应力,所得应力须符合 UICB12 专业委员会提出的技术文件的规定。只有在进行上述所有试验并获得良好结果的条件下,构架设计才能得到认定。英国铁路还建议采用应力谱、应用可靠性设计方法来预测转向架构架的疲劳可靠性寿命。

近年来,我国主要繁忙干线均开行了提速列车,某些提速客车转向架焊接构架或其他零部件的疲劳问题不断暴露出来,究其原因,主要表现在以下3个方面:

① 经验不足

对一些结构细节考虑不周,而结构细节处理的好坏对疲劳影响很大,由于对焊接结构疲劳性质的了解不够,没能在设计阶段就发现问题。

简单借用UIC规程的焊接接头疲劳强度极限图,没能全面反映我国焊接接头形式、焊接工艺对疲劳强度的影响。

② 疲劳试验考核不细

由于试验设备的限制,忽视了一些如减振器载荷、电机动载荷等诸多对构架有比较大影响的动载荷,只用垂向、横向两个动力头来进行构架疲劳试验,加载方法高度简化,疲劳试验考核不全面,没有发现问题。

③ 材料、工艺等问题

构架疲劳可靠性研究通常采用模拟计算、台架试验和线路上的运行试验(测定运行中的应力)三个层次进行。其中,模拟计算是在设计层面的工作,进行设计的强度校核;台架试验包括静力学和疲劳试验是生产过程中对结构强度的校核性鉴定试验,只有通过静动强度试验的才能投入生产;线路运行试验是通过运行的动载荷和动应力测试,确定实际运行工况的载荷谱,并以此来进行强度的校核,同时通过线路运行的跟踪试验,进行异常情况的在线诊断。它们之间的关系如图6-15所示。

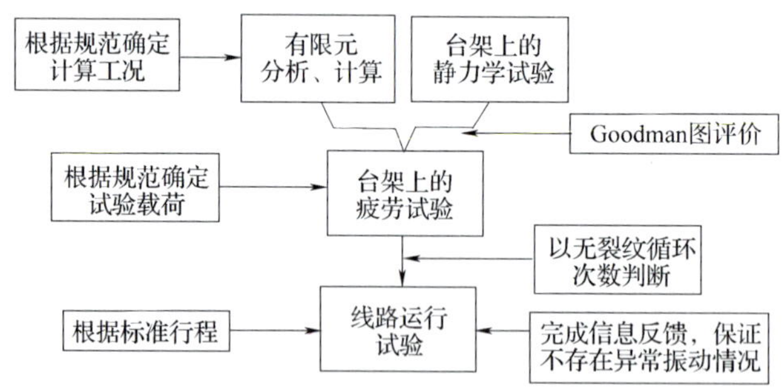

图6-15 结构疲劳研究的关系图

目前,设计阶段依据规范采用有限元法和台架试验来评价构架的疲劳强度是十分必要的。但是这种评价方法仍然存在缺陷:分析和试验均将构架按准静态的方式加载,忽略了结构动态特性的影响,可能与实际不符;在现行的构架疲劳试验规范中,都采用高度简化的加载方法(有时还忽略减振器、制动件等产生的载荷),始终难以证明通过试验的产品在运行中无疲劳失效问题的发生。

与实际运用相符的线路动应力试验能进一步分析构架在运用中是否存在异常振动情况,结构的异常振动在台架试验中未曾加以考虑,且这些异常振动有可能引起结构快速产生裂纹(因构件本身的频率和不稳定引起),因此通过该试验能评价疲劳寿命并完成信息

反馈,这对保证结构的疲劳可靠性是必不可少。

台架试验和线路试验方法具有良好的互补性,这种互补性能在控制试验费用的同时,以很高的效率解答构架结构疲劳可靠性问题。

2. 焊接结构的疲劳强度

(1)焊接结构疲劳失效与对策

焊接结构疲劳失效的主要原因有以下几个方面:①客观上讲,焊接接头的静载承受能力一般并不低于母材;而承受动载荷时的能力却远低于母材,且与焊接接头类型和焊接结构形式有密切的关系。这是引起一些结构因焊接接头的疲劳而过早失效的一个主要的因素。②早期的焊接结构设计以静载强度设计为主,没有考虑抗疲劳设计,或者是焊接结构疲劳设计规范并不完善,以至于出现了许多现在看来设计不合理的焊接接头。③工程设计技术人员对焊接结构抗疲劳性能的特点了解不够,所设计的焊接结构往往照搬其他金属结构的疲劳设计准则与结构形式。④焊接结构日益广泛,而在设计和制造过程中人为盲目追求结构的低成本、轻量化,导致焊接结构的设计载荷越来越大。⑤焊接结构有往高速重载方向发展的趋势,对焊接结构承受动载能力的要求越来越高,而焊接结构疲劳强度方面的科研水平相对滞后。

由于焊接接头焊趾处的焊接缺陷、应力集中和残余拉伸应力的作用,其疲劳强度大幅度地低于基本金属的疲劳强度,所以焊接结构的疲劳强度取决于接头的疲劳性能,即焊接接头的抗疲劳性能关系着焊接结构能否安全使用。因此,为了保证焊接结构可靠性,在设计承受交变动载荷的焊接结构时,设计规范规定以焊接接头的疲劳强度作为整体结构的疲劳强度,而不采用基本金属的疲劳强度,显然这造成极大浪费。即使如此,在接头处局部应力集中作用下,仍然会发生整体结构的过早疲劳失效。为了使焊接结构很好地满足工程上对其提出的承受动载的要求,能够采取的措施主要有两点。一方面,增加对焊接结构抗疲劳性能的了解,精心设计结构形式及接头形式,使所设计的焊接结构更合理,具有更高的疲劳强度;同时提高和严格控制焊接质量,防止和减少焊接缺陷的产生;另一方面,直接面对焊接接头疲劳性能较差的弱点,在焊接结构制造过程中、完成后以及使用过程中采取有效的工艺措施,提高接头的疲劳强度,增加其承受动载的能力、延长其使用寿命。

(2)影响焊接结构疲劳强度的主要因素

① 焊接缺陷的影响

焊接接头中的工艺缺陷,包括裂纹、夹渣、气孔、咬边、未熔合及未焊透等均能引起相当程度的应力集中。当气孔、夹渣与未焊透等焊接缺陷尺寸较小时,对于焊接接头的静载塑性强度影响不大,但对于结构的疲劳强度影响要大得多,因为在交变载荷作用下,缺陷往往会引发疲劳裂纹(图6-16)。

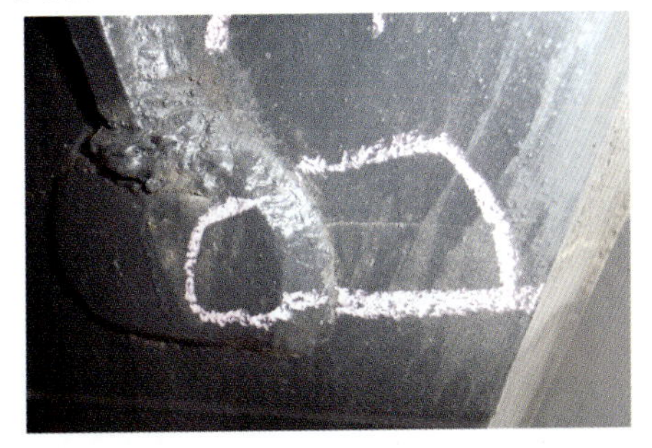

图6-16　电力机车牵引拉杆座裂纹

焊趾部位存在有大量不同类型的缺陷,这些不同类型的缺陷导致疲劳裂纹早期开裂和使母材的疲劳强度急剧下降(下降到80%)。焊接缺陷大体上可分作两类:面状缺陷(如裂纹、未熔合等)和体积型缺陷(气孔、夹渣等),它们的影响程度是不同的,同时焊接缺陷对接头疲劳强度的影响与缺陷的种类、方向和位置有关。

焊接缺陷对接头疲劳强度的影响不但与缺陷尺寸有关,还取决于许多其他因素,如表面缺陷比内部缺陷影响大;与作用力方向垂直的面状缺陷的影响比其他方向的大;位于残余拉应力区内的缺陷的影响比在残余压应力区的大;位于应力集中区的缺陷(如焊缝趾部裂纹)比在均匀应力场中同样缺陷影响大。

② 静载强度对焊接结构疲劳强度的影响

人们在结构选材时,总希望材料具有较高的比强度,即以较轻的自身质量去承担较大的负载质量,或是同样的承载能力可以减轻自身的质量。所以高强钢应运而生,也具有较高的疲劳强度,基本金属的疲劳强度总是随着静载强度的增加而提高。

但是对于焊接结构来说,情况就不同,因为焊接接头的疲劳强度与母材静强度、焊缝金属静强度、热影响区的组织性能以及焊缝金属强度匹配没有多大的关系,也就是说只要焊接接头的细节一样,高强钢和低碳钢的疲劳强度是一样的,具有同样的 $S-N$ 曲线,这个规律适用于对接接头、角接接头和焊接梁等各种接头形式。Maddox 研究了屈服点在 386 ~ 636 MPa 之间的碳锰钢和用 6 种焊条施焊的焊缝金属和热影响区的疲劳裂纹扩展情况,结果表明:材料的力学性能对裂纹扩展速率有一定影响,但影响并不大。在设计承受交变载荷的焊接结构时,试图通过选用较高强度的钢种来满足工程需要是没有意义的。只有在应力比大于 +0.5 的情况下,静强度条件起主要作用时,焊接接头母材才应采用高强钢。

造成上述结果的原因是由于在接头焊趾部位沿熔合线存在有类似咬边的熔渣楔块缺陷,其厚度为 0.075 ~ 0.5 mm,尖端半径小于 0.015 mm。该尖锐缺陷是疲劳裂纹开始的地方,相当于疲劳裂纹形成阶段,因而接头在一定应力幅值下的疲劳寿命,主要由疲劳裂纹的扩展阶段决定。这些缺陷的出现使得所有钢材的相同类型焊接接头具有同样的疲劳强度,而与母材及焊接材料的静强度关系不大。

③ 接头类型和焊缝形状的影响

焊接接头的形式主要有:对接接头、十字接头、T 形接头和搭接接头,在接头部位由于传力线受到干扰,因而发生应力集中现象。

对接接头的传力线干扰较小,因而应力集中系数较小,其疲劳强度也将高于其他接头形式。但实验表明,对接接头的疲劳强度在很大范围内变化,这是因为有一系列因素影响对接接头的疲劳性能的缘故。如试样的尺寸、坡口形式、焊接方法、焊条类型、焊接位置、焊缝形状、焊后的焊缝加工、焊后的热处理等均会对其发生影响。

十字接头或 T 形接头在焊接结构中得到了广泛的应用。在这种承力接头中,由于在焊缝向基本金属过渡处具有明显的截面变化,其应力集中系数要比对接接头的应力集中系数高,因此十字接头或 T 形接头的疲劳强度要低于对接接头。对未开坡口的用角焊缝连接的接头和局部熔透焊缝的开坡口接头,当焊缝传递工作应力时,其疲劳断裂可能发生在两个薄弱环节上,即基本金属与焊缝趾端交界处或焊缝上。对于开坡口焊透的十字接头,断裂一般只发生在焊趾处,而不是在焊缝处。焊缝不承受工作应力的T形接头和十字接头的疲劳强度主要取决于焊缝与主要受力板交界处的应力集中,T形接头具有较高的疲劳强度,而十字接头的疲劳强度较低。提高T形或十字接头疲劳强度的根本措施是开坡口焊接,并加工焊缝过渡处使之圆滑过渡,通过这种改进措施,疲劳强度可有较大幅度的提高。

搭接接头的疲劳强度是很低的,这是由于传力线受到了严重的扭曲。采用所谓"加强"盖板的对接接头是极不合理的,由于加大了应力集中影响,采用盖板后,原来疲劳强度较高的对接接头被大大地削弱了。对于承力盖板接头,疲劳裂纹可发生在母材,也可发生在焊缝,另外改变盖板的宽度或焊缝的长度,也会改变应力在基本金属中的分布,因此将要影响接头的疲劳强度,即随着焊缝长度与盖板宽度比率的增加,接头的疲劳强度增加,这是因为应力在基本金属中分布趋于均匀所致。

无论是何种接头形式,它们都是由两种焊缝连接的,对接焊缝和角焊缝。焊缝形状不同,其应力集中系数也不相同,从而疲劳强度具有较大的分散性。

④ 焊接残余应力对疲劳强度的影响

焊接残余应力是焊接结构所特有的特征,它对于焊接结构疲劳强度的影响是人们广为关心的问题。已有的研究表明:在应力比 r 值较高时,例如在脉动载荷下($r=0$),疲劳强度较高,在较高的拉应力作用下,残余应力较快地得到释放,因此残余应力对疲劳强度的影响就减弱;当 r 增大到0.3时,残余应力在载荷作用下,进一步降低,实际上对疲劳强度已不起作用。从这里也可以看出焊接残余应力对接头疲劳强度的影响与疲劳载荷的应力循环特性有关。即在循环特性值较低时,影响比较大。

由于结构焊缝中存有达到材料屈服点的残余应力,因此在常幅施加应力循环作用的接头中,焊缝附近所承受的实际应力循环将是由材料的屈服点向下摆动,而不管其原始作用的循环特征如何。例如标称应力循环为 $+S_1$ 到 $-S_2$,则其应力范围应为 S_1+S_2。但接头中的实际应力循环范围将是由 S_y(屈服点的应力幅)到 $S_y-(S_1+S_2)$。这一点在研究焊接接头疲劳强度时是非常重要的,它导致了一些设计规范以应力范围代替了循环特征 r。

(3)改善焊接结构疲劳强度的工艺方法

焊接接头疲劳裂纹一般启裂位置存在于焊根和焊趾两个部位,如果焊根部位的疲劳裂纹启裂的危险被抑制,焊接接头的危险点则集中于焊趾部位。许多方法可以用于提高焊接接头的疲劳强度:①减少或消灭焊接缺欠特别是开口缺陷;②改善焊趾部位的几何形状降低应力集中系数;③调节焊接残余应力场,产生残余压缩应力场。这些改进方法可以分为两大类,如表6-1所示。

焊接过程优化方法不仅是针对提高焊接结构疲劳强度而考虑,同时对焊接结构的静载强度、焊接接头的冶金性能等各方面都有极大的益处。

3. 焊接构架疲劳评价规范

高速转向架构架的疲劳评价通常采用模拟计算和室内试验方法进行,并形成了以UIC和JIS规范为代表的设计、评价体系。这些规范均将载荷种类分为"静载荷"和"动载荷”两种,并规定了载荷计算方法,再通过有限元应力计算或台架加载下的应力测试确定“静应力”和“动应力”,然后用 Goodman 疲劳极限线图评定焊接构架的疲劳强度或进行室内加载疲劳试验评价。这种方法体现的是无限寿命设计思想,由于其将载荷看为定值,忽略了结构动态特性(包括动载荷大小和频次/频率变化)的影响,对高速、轻量化的构架设计而言,显然存在不足。本处通过对上述两种规范内容和数据的梳理,就接头疲劳极限线图、动载荷等问题加以比较讨论。

表 6-1　焊接结构疲劳强度的改善方法

<table>
<tr><td rowspan="18">焊接结构疲劳强度的改善方法</td><td rowspan="6">焊接过程优化</td><td rowspan="3">局部几何形状</td><td colspan="2" rowspan="2">质量控制</td><td>焊接缺欠的控制</td><td>1</td></tr>
<tr><td>几何形状的改善</td><td>2</td></tr>
<tr><td colspan="2">工艺过程</td><td>焊接顺序</td><td>3</td></tr>
<tr><td colspan="3">残余应力(<0)</td><td>焊趾冶金处理</td><td>4</td></tr>
<tr><td colspan="3" rowspan="2">焊　道　造　型</td><td>焊趾几何形状</td><td>5</td></tr>
<tr><td>冶金和金属状态</td><td>6</td></tr>
<tr><td rowspan="12">焊缝的改善</td><td rowspan="4">局部几何形状</td><td colspan="2" rowspan="2">机械加工</td><td>焊趾研磨</td><td>7</td></tr>
<tr><td>水冲击</td><td>8</td></tr>
<tr><td colspan="2" rowspan="2">局部重熔</td><td>TIG 熔修</td><td>9</td></tr>
<tr><td>等离子熔修</td><td>10</td></tr>
<tr><td rowspan="8">残余应力</td><td colspan="2" rowspan="3">应力释放方法</td><td>热处理</td><td>11</td></tr>
<tr><td>力学处理</td><td>12</td></tr>
<tr><td>局部加热</td><td>13</td></tr>
<tr><td rowspan="5">力学方法</td><td rowspan="3">力学接触</td><td>喷　　丸</td><td>14</td></tr>
<tr><td>锤　　击</td><td>15</td></tr>
<tr><td>超声冲击</td><td>16</td></tr>
<tr><td rowspan="2">焊　　接</td><td>冲　　压</td><td>17</td></tr>
<tr><td>局部压缩</td><td>18</td></tr>
</table>

(1)载荷方面

动载荷值因线路条件、速度条件、动载荷产生的原因、动载荷的发生频率等的不同而异。因此在设计阶段,对加于构架的动载荷及由此而在焊接接头产生的动应力,精确地确定并做出严密的安全判断是困难的,从规范取值比较来看,有下述差别:

① UIC 规程建议对通常的欧洲铁路,正常运用条件下,侧滚动载系数 α 取 0.1 、浮沉载系数 β 取 0.2;在线路品质低劣或在线路超高不良的条件下,则可取高些。

② JIS 技术条件按垂向(0.2 ~0.5)、横向(0.2 ~0.3)和纵向(0.2 ~0.4)分别给出动载荷系数,且只表示一般的取值范围。

③ 在特殊载荷处理方面 JIS 技术条件比 UIC 规程更严格,如 JIS 对电机惯性动载荷方面就考虑了垂向、纵向、横向三个方向的影响,而 UIC 只规定了垂向。

④ 近年来,载荷确定的准确性因实际运用载荷测定的增多而不断提高,测试结果反

映出各种动载荷极值同时出现的概率很小。因此 JIS 技术条件中应力振幅采用平方和的均方根的处理方法比 UIC 规程的应力振幅采用代数和的方法更接近实际。

(2)焊接结构的疲劳极限

JIS 技术条件中的焊接接头疲劳极限 Goodman 图是一个经验的判断图,并包括焊缝未修磨(疲劳极限 69 MPa)和修磨后(疲劳极限 108 MPa)两种情况,它是在大量收集、统计实际车辆主要结构件在实际载荷下的实测值整理出来的,因此,它也能反映实际变动载荷、运用环境、结构尺寸、制造工艺和残余应力等条件对接头疲劳强度的影响,比较接近日本实际。

UIC 规程中的接头 Goodman 图包括对接(疲劳极限 95 MPa)和填角焊缝(疲劳极限 85 MPa)两种,其疲劳极限介于 JIS 技术条件中的焊缝未修磨和修磨后两种情况之间。

上述疲劳极限值不能简单代表所有构架接头情况,如法国国铁将接头分为四类(见图 6－17)。该图包括:A—母材,B—对接(疲劳极限 100 MPa),C—对接(疲劳极限 87 MPa),D—填角焊缝(疲劳极限 67 MPa),E—凸件与板焊(疲劳极限 32 MPa)。日本铁路认为在焊后未经热处理的情况下,焊缝未修磨的疲劳极限应由 69 MPa 降为40 MPa。

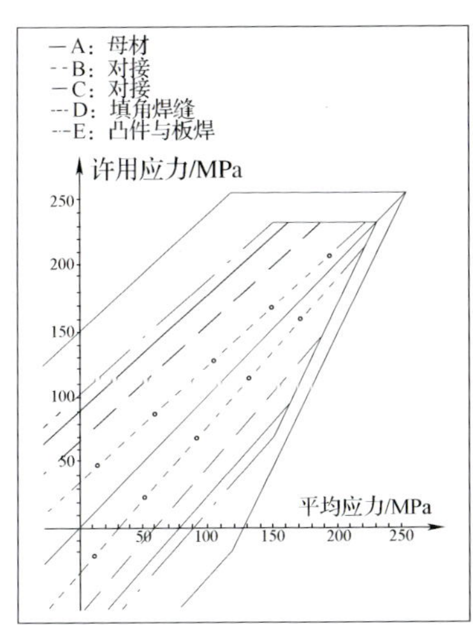

图 6－17 SNCF 的接头疲劳极限图

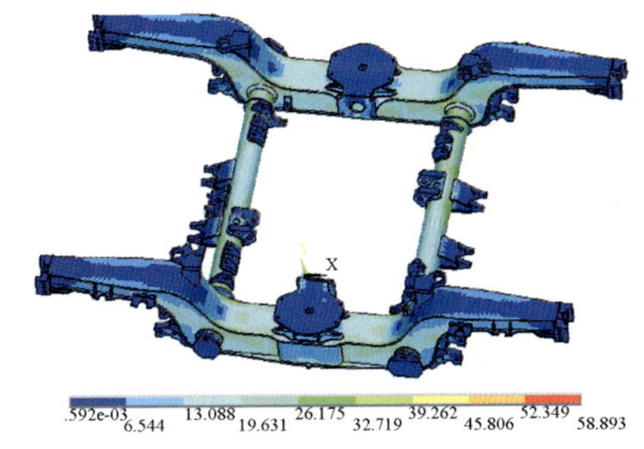

图 6－18 疲劳评价时构架的应力幅值

(3)疲劳强度评价

UIC 规程要求:对构架上模拟主要载荷中所得动应力较低的点,应当充分验证由于特殊载荷所产生的动应力是否在 Goodman 图容许的范围之内;对构架上模拟主要载荷中所得动应力较大的点,则应将其与由特殊载荷所产生的动应力相叠加,并验证其是否在 Goodman 图容许的范围之内。

JIS 技术条件要求对构架上模拟主要载荷和特殊载荷所产生的应力均值和对应的动应力(见图 6－18),均应在应力界限图(Goodman 图)的界限之内。

4. 焊接细节的疲劳强度评价

在构成转向架构架的构件之间相互结合的焊接部位所产生的疲劳裂纹部位,一般分为以下 3 种:(1)构件表面的焊接部位;(2)焊根部位;(3)构件的背面存在的焊接部位。

表面焊接部位的疲劳强度可根据前面规范所述的疲劳极限图进行评价。但此方法不适用于焊根部位及构件背面焊接部位的强度评价，对这类问题应该采用焊接细节的疲劳强度评价方法进行细致分析。

焊根部位采用断裂力学的方法、背面焊接部位则可采用日本钢结构协会的疲劳设计准则进行评价。

（1）焊根细节的强度评价

焊接部位采用双面焊接是较为理想的方法，但在转向架构架上一般使用没有垫板的单面坡口焊。此时，我们应该考虑到的是，即使焊接时完全熔合，也会在焊根部位存在细小的熔合缺陷（接合缺陷），将此熔合缺陷视为裂纹（图 6－19），则可采用断裂力学进行强度评价的方法。

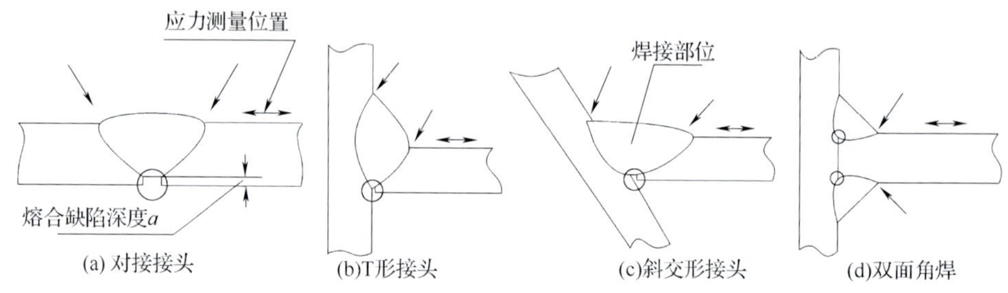

图 6－19　单面坡口焊接与双面角焊

断裂力学参数即应力强度因子 $\Delta K = F_C \Delta\sigma \sqrt{\pi a}$，式中：$\Delta\sigma$ 为焊接部位靠近母材部分的应力范围，F_C 为修正系数，a 为熔合缺陷深度（参考图 6－17）。

如果 ΔK 不大于裂纹生长的应力强度因子范围的下极限值 ΔK_{th}，则可以断定不会因熔合缺陷而发生裂纹。

$$\Delta K \leqslant \Delta K_{th} (=4.2\ \text{MPa} \cdot \text{m}^{\frac{1}{2}})$$

当 $\Delta K = \Delta K_{th}$时，可求出极限应力范围 $\Delta\sigma_{th}$与 a 的关系。$\Delta\sigma$ 实际上采用距离强度评价目标焊缝边缘约 30 mm 的母材部位的应力测量值，该部位临近容易集中载荷的构件边缘。$\Delta\sigma$ 的最大测量值为 50 MPa，因此 a 的容许值应为 2 mm。而实际中出现损伤的转向架 a 为 3.5 mm 以上，所以这种评价方法趋于安全，也存在避免发生裂纹的余地。反过来，如果在焊接时，将 a 值控制在 2 mm 左右，则只要在距离焊接边缘 30 mm 处的 $\Delta\sigma$ 的测量值小于 50 MPa，我们也可以将其理解为安全。

（2）存在于背面的焊接部位的强度评价

在转向架构架的主构件背面存在如内部加强等从正面看不到的焊接部位，在这样的焊接部位上无法放置测量应力所用的应变仪。因此与焊根部位的评价相同，根据构件正面的公称应力值来评价强度。具体方法如下：

在大量疲劳试验结果的基础上，各种焊接接头被分为 A ~ F 六个强度等级，并按等级设定了疲劳设计曲线及应力范围的截止极限 $\Delta\sigma_{ce}$及 $\Delta\sigma_{ve}$（见图 6－20）。此处的应力范围为不含应力集中成分的名义应力值。当所测量的应力范围最大值（等幅应力范围的截止极限）不超过 $\Delta\sigma_{ce}$时，此判断生效。若超过此限度，则以雨流法统计 $\Delta\sigma$ 的产生频度分

布，推算在使用期间内各水准的应力范围 $\Delta\sigma_i$ 及其产生次数 N_i，使用疲劳设计曲线，根据修正的 Miner 定律计算累计损伤度，由此对应力产生次数进行评价。

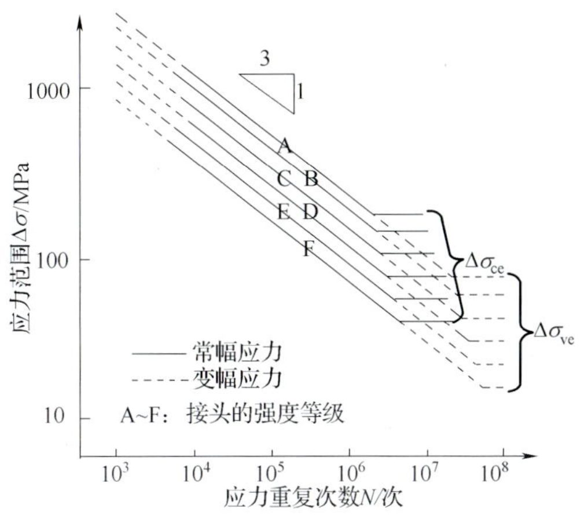

图 6-20　强度等级与容许应力范围

5. 随机载荷下焊接构架的疲劳强度评价

(1)概述

结构疲劳评价主要涉及两方面的问题：一是构件的疲劳寿命曲线，一般用常幅加载疲劳试验得到，具有很大的离散性，通常在经过统计概率处理后表示为具有上下限(如出现概率为 10% ~90%)的曲线族；二是构件的工作应力谱，就是构件在外部载荷作用下产生的应力-时间历程(动态应力响应)。

一般意义上的载荷谱指的就是工作应力谱，因为后者可以实际测量出来(如通过电阻应变片)，工作应力谱中包括了外部载荷及结构的动态特性的影响。工作应力谱一般也有很大的随机性和离散性，工作应力谱可表达为应力的累积频次分布，累积频次分布可以通过对工作应力的时间纪录进行统计处理来求得。

根据疲劳寿命曲线和工作应力谱的关系，有两种设计概念：第一种是工作应力须低于疲劳寿命曲线的疲劳极限(水平部分)，这种设计概念体现的是一种无限寿命设计的思想；第二种是所谓考虑工作强度的设计，即工作应力谱与疲劳寿命曲线不相交，最高工作应力可以高于疲劳极限，大部分构件都可运用这种概念。运用第二种设计概念可以得到既较量化(许用应力高)，又安全可靠(寿命长，在使用寿命期间不出现疲劳破坏)的结构。由此可见，除疲劳寿命曲线(用常幅疲劳试验可求得)之外，工作应力谱的准确制定是抗疲劳设计的关键，也就是说载荷谱的制定是结构疲劳强度评价的基础工作。

(2)随机载荷下构架的疲劳强度评价

采用 Miner 法则，结合概率应力谱($P-S-N$)和构件 $P-S-N$ 曲线，按图 6-21 思路可进行疲劳可靠性预测。

对于变幅载荷下结构的疲劳可靠性评估，比较方便的做法是将应力谱按损伤相当的方式等效为恒幅应力幅，称之为等效应力幅，该等效应力幅可以反映结构在一定的工艺条件，运用状况和运用里程(运用时间)下的动应力状况。将等效应力幅与结构在相同工艺条件和指定可靠度下的疲劳极限(称之为疲劳许用应力幅)进行比较，可以评估结构在一定的运用条件和指定可靠度下的疲劳强度。

以 Miner 线性疲劳累计损伤法则和焊接接头 $S-N$ 曲线指数计算等效应力幅，采用这一方法可使各级应力水平产生的损伤均得到合理的考虑，并使评估结果略偏保守。等效应力幅的计算公式如下：

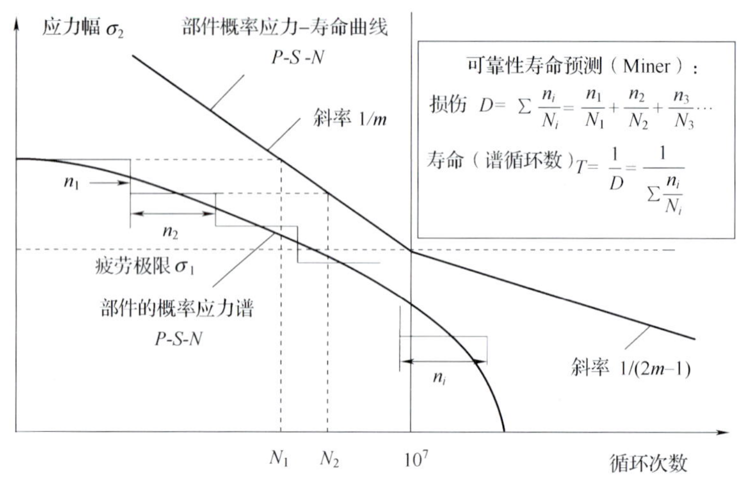

图 6－21　疲劳可靠性寿命预测方法

$$\sigma_{\text{aeq}}=\left[\frac{L}{L_1N}\sum n_i(\sigma_{\text{ai}})^m\right]^{\frac{1}{m}}$$

式中　L——转向架在规定使用期限内的总运用公里数；

L_1——实测动应力区段对应的运用公里数；

σ_{ai}——应力谱中第 i 级应力水平；

n_i——应力谱中与应力水平 σ_{ai} 对应的循环次数；

m——构件的 $S-N$ 曲线指数参数；

N——是与结构接头疲劳极限所对应的循环次数，取 200 万次。

事实上，用每次测试数据（一个子样）整理出来的应力谱按上式折算出的等效应力各不相同，对所有等效应力子样进行统计分析，给出等效应力的均值和方差等，即建立用概率表征的测点等效应力，用这样建立的概率等效应力来代表整个服役期下测点的应力情况更加方便，采用概率等效应力实现疲劳寿命的可靠性预测，具体途径见图 6－22。

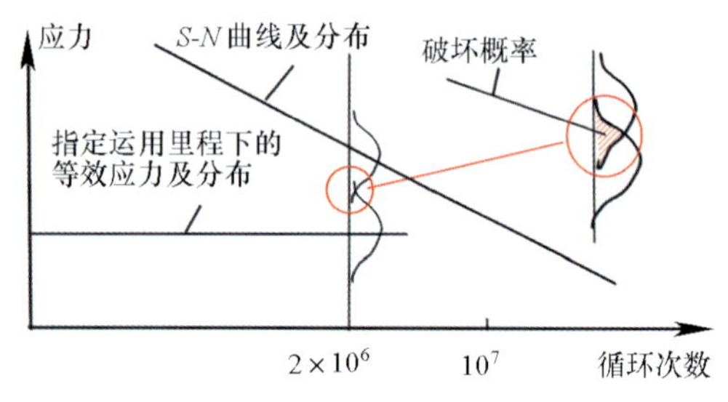

图 6－22　疲劳寿命及可靠性预测途径

应力－强度干涉理论指出，强度大于应力时，结构安全可靠，强度大于应力情况的概率即为结构的可靠性，对于应力 $X_L\sim(\mu_L,\sigma_L^2)$ 和强度 $X_S\sim(\mu_S,\sigma_s{}^2)$ 均为正态分布的情况，下述连接方程将结构强度、载荷和可靠性三者关系联系起来，用于求指定运用里程下转向架构架的疲劳可靠性（或破坏概率）。

$$Z=\frac{\mu_\delta}{\sigma_\delta}=\frac{\mu_S-\mu_L}{\sqrt{\sigma_S^2+\sigma_L^2}}$$

上式中 Z 为可靠性系数，或概率安全余量。

下面是一个提速焊接构架寿命评估实例，该构架在摇枕吊座处侧梁的两个内筋板与侧梁外立板的连接焊缝处出现疲劳裂纹（图 6－23）。

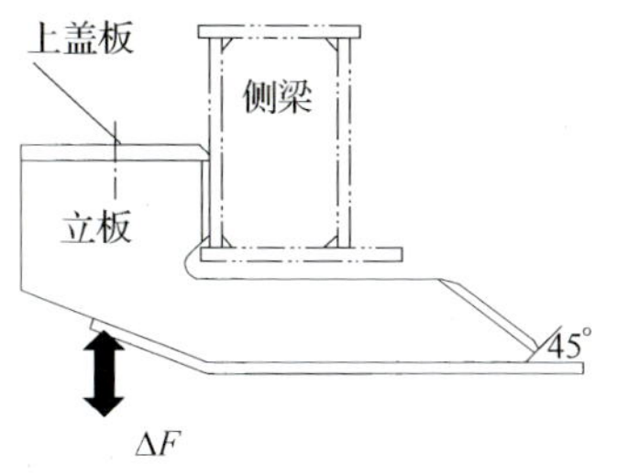

图 6－23　构架细节图

由于吊座内筋板处无法贴片测试动应力，故采用线路实测的吊杆载荷谱，对摇枕吊座部位进行局部细化有限元应力计算，以得到内筋板单元的应力谱。结果表明，位于内筋板与侧梁连接角焊缝处的应力较大。

该处空间小，内筋板与侧梁外立板焊接采用填角焊，接头疲劳强度等级低（相当于图 6－20 中的 F 级甚至更低）。采用图 6－20 中接头 F 级 $S-N$ 曲线、内筋板单元的应力谱和图 6－21 估算模型进行寿命预测，发现如果按每年运行 35 万 km 计，疲劳寿命为 6 年（99.7% 可靠度），与实际运用发生的情况基本相当。

鉴于结构疲劳对高速列车运用可靠性的重大影响，结构强度设计在高速列车创新设计中占有重要的地位，应该建立结构疲劳可靠性研究标准，在计算和试验方法、加载法和载荷标准、数据采集和处理方法等进行规范，保证研究过程的科学性和研究结论的正确性。

6.2　载荷谱

6.2.1　高速动车组结构载荷与载荷谱

结构载荷谱是建立结构可靠性试验评定标准和设计规范的基础。国内外对飞机、汽车和铁路货车等结构的载荷谱进行了研究，涉及的结构类型基本上属于梁型结构。高速列车转向架构架是高速列车最重要的承载结构之一，为典型的框架型结构且承载状况复杂（见图 6－24）；对于非梁型复杂结构载荷谱的建立方法进行了有益尝试，取得了阶段性成果。

京津客运专线是目前世界上速度等级最高的高速铁路，采用无砟轨道且 80% 以上的区段为高架方式，线路结构独特。以京津客运专线上运行的 350 km/h 速度等级的高速动车组为对象，对 CRH2－300 型高速动车组进行了为期 10 天的线路测试，测试总里程约为 10 000 km。实测了构架运营全工况的载荷和构架疲劳关键部位的应力，研究了构架载荷谱的建立方法，给出了 350 km/h 速度等级高速动车组新车状态下的构架载荷谱。

高速动车组转向架构架由两个侧梁和两个横梁为主构成，是位于轮对和车体之间的载荷传递结构；上部主要通过两个空气弹簧支撑车体，下部主要通过 4 对轴箱弹簧和定位转臂联系轮对，其上还悬挂一些功能单元（如牵引单元和制动单元等）。从与轮对联系的角度，构架主要承受通过轴箱弹簧传递的垂向载荷和通过定位转臂传递的横向载荷。构架上承受的其他载荷可以视为这两组力系的反力。依据构架的运动特征，这里将构架垂向载荷和横向载荷这两组力系分解为四个基本载荷系：浮沉载荷系、侧滚载荷系、扭转载荷系和横向载荷系（如图 6－25 所示）；前三个载荷系与轴箱弹簧垂向载荷相关联，后一

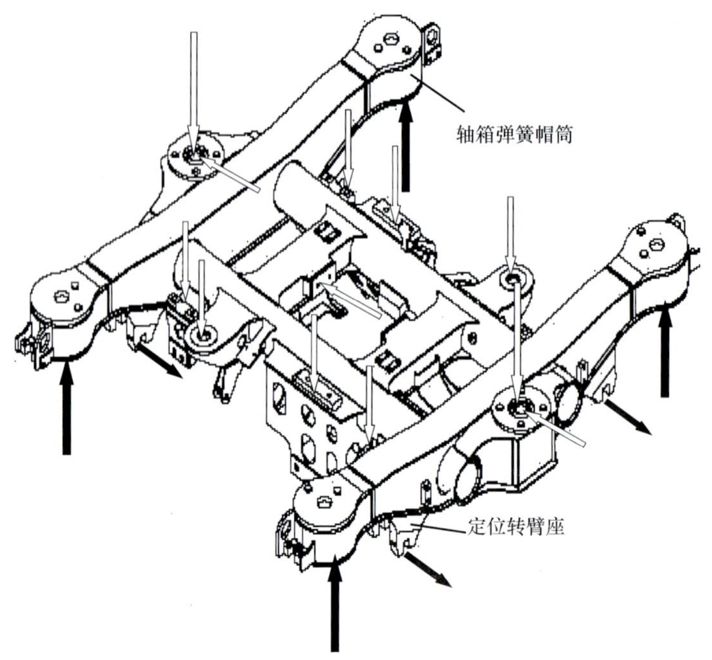

图 6-24　高速动车组转向架构架及其承受的主要载荷

个载荷系与定位转臂横向载荷相关联。

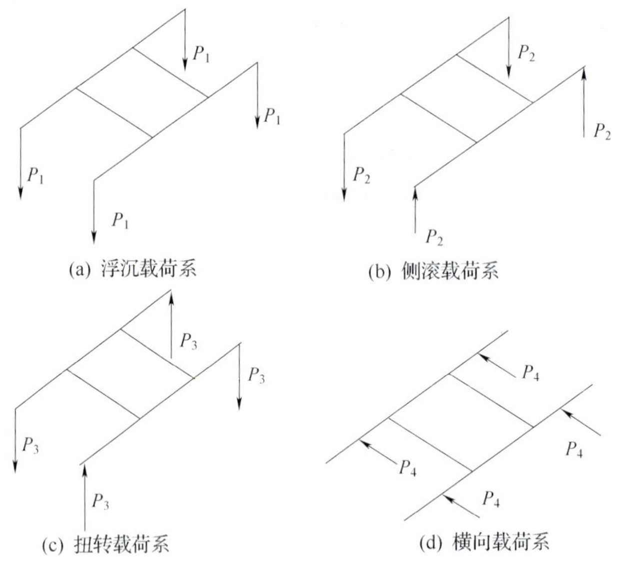

图 6-25　转向架构架四个基本载荷系示意图

高速动车组转向架构架载荷实测采用直接测试方法。将转向架 4 个轴箱弹簧和 4 个定位转臂分别制作成独立的测力传感器，同步测试轴箱弹簧和定位转臂在实际运营全过程中的载荷。轴箱弹簧载荷以 $R_i(i=1,2,3,4)$ 表示，其中 R_1，R_2 和 R_3，R_4 分别表示同一车轴两端的弹簧载荷，R_1，R_3 同侧，R_2，R_4 同侧；定位转臂载荷以 $H_i(i=1,2,3,4)$ 表示。

浮沉载荷 P_1、侧滚载荷 P_2、扭转载荷 P_3 和横向载荷 P_4 可由公式(6-1)计算。

$$
\begin{aligned}
P_1 &= \frac{R_1 + R_2 + R_3 + R_4}{4} \\
P_2 &= \frac{R_1 - R_2 + R_3 - R_4}{4} \\
P_3 &= \frac{R_1 - R_2 - R_3 + R_4}{4} \\
P_4 &= \frac{\sum_{i=1}^{4} H_i}{4}
\end{aligned}
\tag{6-1}
$$

鉴于转向架构架在车辆系统中既承受来自一系悬挂系统的作用力,又受到二系悬挂的作用力,还受到牵引制动、电机和齿轮箱吊座传递的作用力,因此,针对转向架作用力测试与识别应是再创新体系的首要任务之一。

6.2.2 轴箱载荷测试与识别

直接测试部件作用力是获得其载荷特性最为理想、直接和准确的方法。对于高速动车组转向架来说,通过测试轴箱弹簧、定位转臂、牵引装置以及空气弹簧等的作用力,可以实现对其载荷特性的全面掌握。这对高速转向架合理设计和维持高速动车组运用安全具有十分重要的意义。

运营中动车组转向架构架主要受到轴箱垂向载荷、横向载荷、纵向牵引载荷、电机载荷、齿轮箱载荷和制动载荷的共同作用。理论上应对它们进行分别测试或识别。事实上,轴箱垂向载荷和横向载荷在上述所有载荷中起决定性作用,其他载荷在正常情况下对构架强度的影响并不十分明显。因此如果能够准确获得转向架轴箱位置的垂向和横向载荷,再辅以测试构架横侧梁连接部动应力值,那么就可以较为准确地确定出作用于构架上的载荷及其特性。

高速动车组一般由动力转向架和非动力转向架组成。为了全面把握动车组特性,对试验 350 km/h 下 CRH2 型高速动车组的动力转向架和非动力转向架均进行了测试。转向架主要载荷测试位置分布如图 6-24 所示。测试转向架轴位及编号如图 6-26 所示。

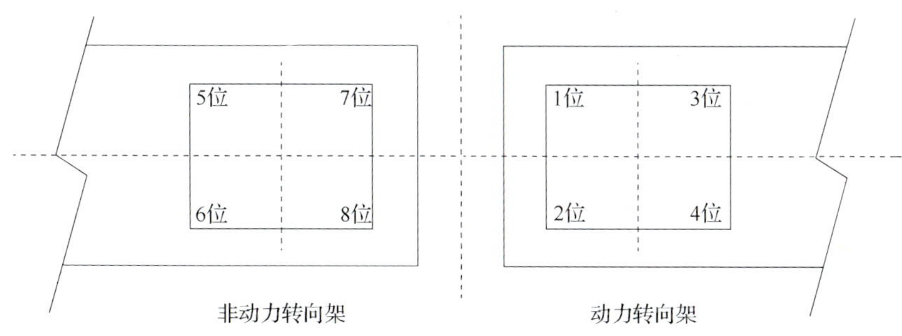

图 6-26 两测试转向架及轴箱弹簧轴位编号

由此可见,两测试转向架(非动力和动力转向架)分别位于头车后位以及第 2 车第 1

位位置。鉴于动车组在测试过程中每日在北京南和天津之间均来回往返运行，因此两测试转向架处于导向位和非导向位的概率几乎完全一致。这对测试结果的准确性与全面性具有十分重要的意义。

1. 轴箱弹簧垂向载荷测试方案

为了直接测试垂向载荷，对该型高速动车组轴箱弹簧进行测量能力的改造，通过专业力传感器制作工序如布片、封装、信号放大以及加载测试试验等，将其做成力传感器元件形式（图6-27），并将它们安装于该型动车组上，以完成线路测试前期工作。由于该“力传感器”能够连续记录任一时刻轴箱弹簧变化引起的应变信号，因此，该方法实现了对轴箱载荷的连续和直接测试。另外，为确保测试结果的准确性，每一组弹簧上有两个测试通道。

2. 定位节点横向载荷识别方案

横向载荷目前还没有十分理想的直接测试方案。为此，在用测试定位转臂根部动应力的基础上，借助有限元计算确定出横向载荷与应力之间对应系数，从而获得轴箱横向载荷。需要说明的是，定位转臂测试应变片布片位置经过计算和全面分析、比较后确定（图6-28），其目的是确定出该测试获得的动应力只与定位转臂节点横向力有关，而与其他载荷基本无关。

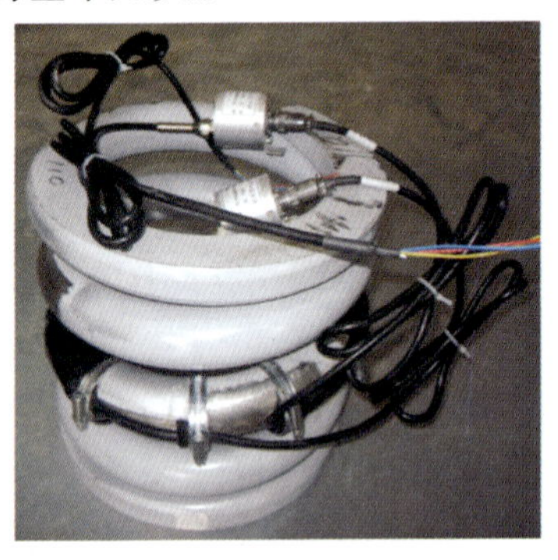

图6-27　专用弹簧测力传感器

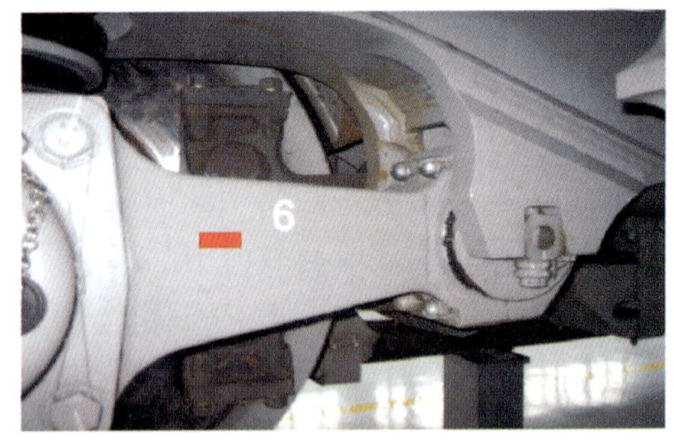

图6-28　横向载荷识别测点位置

3. 横侧梁连接部及其他部位动应力测试

按照载荷性质，构架垂向载荷可以分为浮沉载荷、侧滚载荷、斜对称载荷。通过对上述测试得到的同一转向架4个轴箱垂向载荷同相位相加或相减后，可以从测试得到的垂向载荷中分离出作用于构架上的侧滚载荷和斜对称载荷。如以动力转向架为例，按照式（6-1）处理后，可以得到作用于转向架构架上的侧滚载荷。

为进一步确认电机振动以及制动载荷对构架结构强度究竟有何种程度的影响，在测试轴箱垂向力和横向力的同时，选择测试构架横侧梁连接部的动应力。即通过对轴箱垂向力、横向力以及该部位动应力测试信号分析后，可以初步确定电机和制动力对构架动应力以致结构强度的影响特性。

实际上，斜对称载荷除与轴箱垂向载荷以及电机振动和制动载荷有关外，与其他载荷无关。在比较这些信号的同时，如果横侧梁连接部动应力信号的相位和相对幅值主要与轴箱弹簧测试得到力有关，那么就可以确定电机和制动力对构架横侧梁连接部动应力基本没有影响，反之则有较大影响。

按照对构架侧滚载荷和按照准静态法进行载荷识别时，应该选择某一载荷占主导地

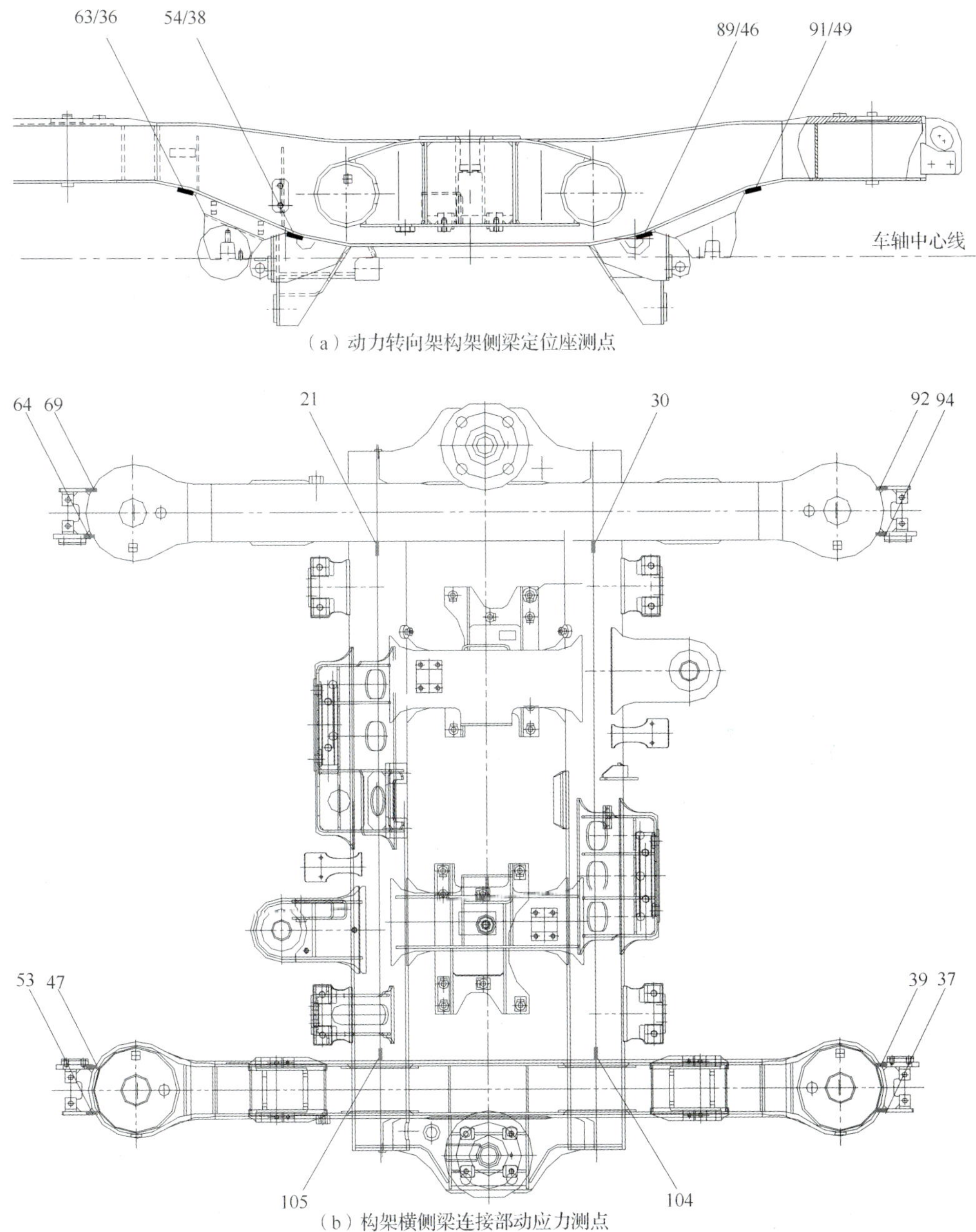

（a）动力转向架构架侧梁定位座测点

（b）构架横侧梁连接部动应力测点

图 6－29　动力转向架构架动应力测点

位的测点，或者说该测点必须位于该载荷作用下的强响应区，才能够保证载荷识别的正确

性和一定的精度。有鉴于此，在对构架结构和受载特性进行全面研究和分析后，确认斜对称载荷影响因素的动应力测点位置布置在构架横侧梁连接部、侧梁下盖板定位座以及轴箱垂向减振器座等部位（见图6－29和图6－30）。

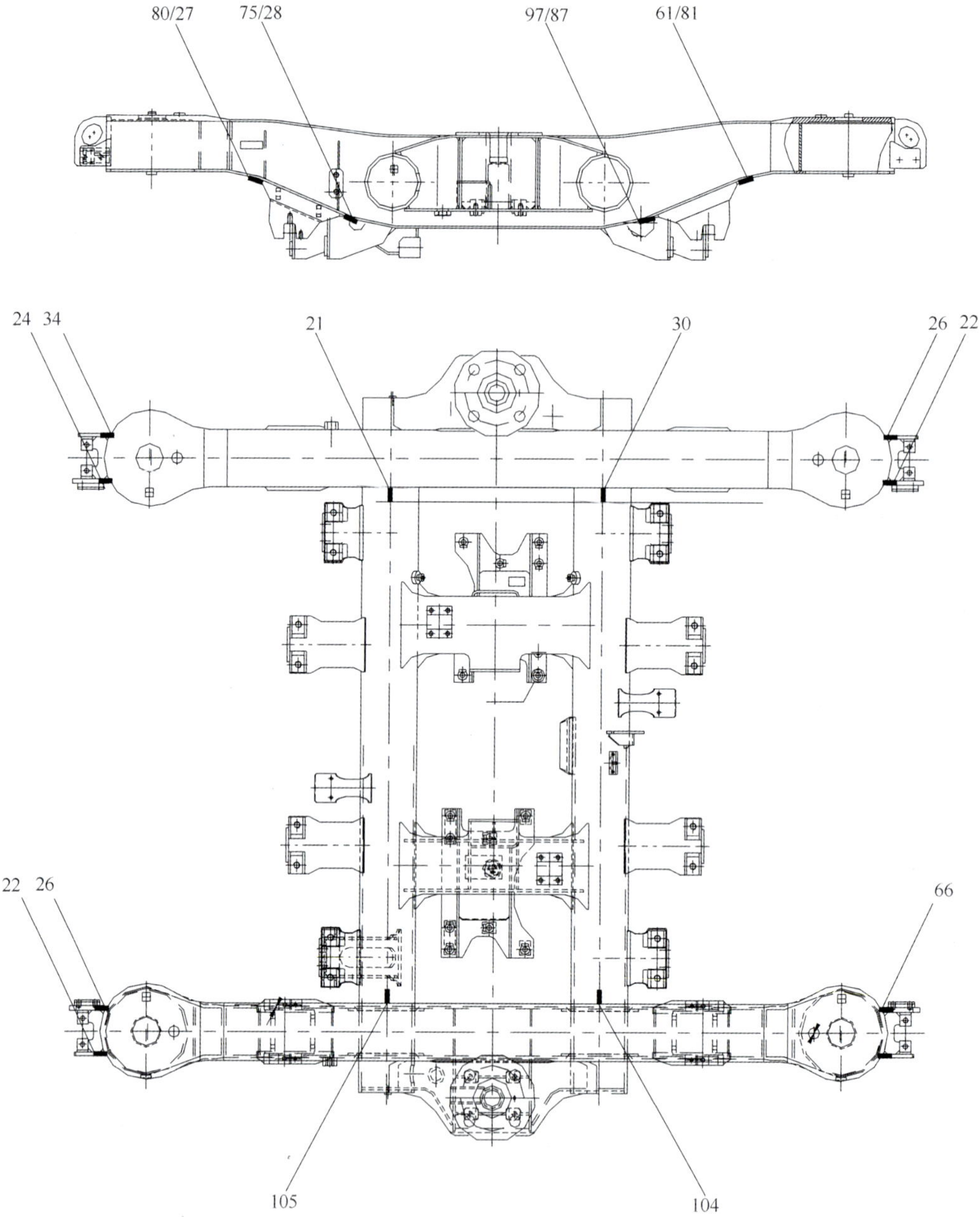

图6－30　非动力转向架构架动应力测点

6.2.3 测试数据处理

图6－31是CRH2－300型动车组构架横侧梁连接处4个对称测点的应力时间历程。在我们获得作用点载荷和结构应力的基础上如何处理出载荷谱，这是载荷谱研究的关键。传统上，动态载荷的识别分为频域法和时域法两类。前者根据频响函数及模态参数在频域中进行识别，后者直接在时域中进行。从目前的研究情况来看。虽然提出了许多不同的方法，但识别的效果均不够理想。比较常用的方法是准静态法。由振动理论可知，当激励载荷频率在所分析部件的任何自然(固有)频率之下，可以忽略振动响应的影响，简单的人为任一时刻的应力状态可以通过线性叠加各个不同载荷的响应来模拟。即定义一组静态载荷，任一时刻的应力状态为：

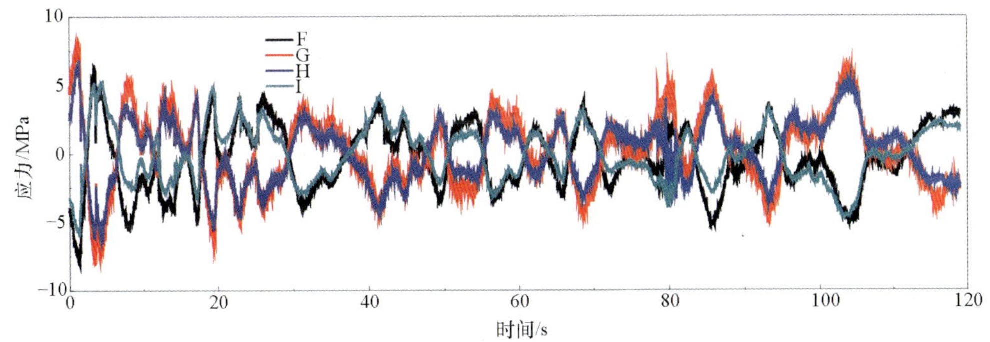

图6－31　CRH2－300型动车组构架横侧梁连接处4个对称测点的应力时间历程

$$\sigma_{ij,e}(t) = \sum_{k=1}^{N} p_k(t) \frac{\sigma_{ij,e,k}}{p_{k,FEA}} \tag{6-2}$$

式中　k——载荷序号；

$p_{k,FEA}$——定义的第 k 种静态载荷；

$\sigma_{ij,e,k}$——第 k 种静态载荷所应起的弹性应力；

$p_{k,FEA}$——第 k 种载荷的动态谱；

$\sigma_{ij,e}(t)$——叠加后的弹性应力谱。

这就是通常所说的准静态法。

按照线弹性理论，测点的应变响应包括对应构架所受到的静载荷和动态载荷。本试验所有测点在数据采集前已经调平衡。因此，所测试数据均反映动态载荷。

整个测试过程中列车在线路上快速运行，各种干扰信号也会由测试环节进入数据采集系统对信号产生干扰，因此，本文采用机车车辆结构动应力专用数据处理软件，对实测信号进行以下处理：去除零漂、排除干扰、提高信噪比并将应变转换为相应的应力，按照垂向斜对称载荷的识别公式，得到垂向斜对称动态载荷。

为方便室内疲劳加载试验，将识别出的动态载荷进行编谱。本次试验仅编制了一维载荷谱。在编制一维载荷谱时，先将输入数据文件(即载荷循环的均值、幅值数据文件)进行一次扫描，找出载荷幅值的最大值和最小值，再按照下式进行分组处理。

$$D=\frac{\sigma_{amax}-\sigma_{amin}}{N} \tag{6-3}$$

式中　D——组间距；

$\sigma_{amax},\sigma_{amin}$——分别为载荷幅值的最大值和最小值；

N——载荷幅值组级数，通常取 8 级。

这样载荷幅值组的上、下限值可以分别计算：

$$D_{iup}=\sigma_{amin}+i\cdot D$$
$$D_{idown}=\sigma_{amin}+(i-1)\cdot D(i=1,2,\cdots,N) \tag{6-4}$$

载荷幅值分级后，进行一维载荷谱编制的方法是：先设定 N 个统计载荷幅值发生频率的变量 $C_i(i=1,2,\cdots,N)$ 并赋初值为零，然后顺序读取原循环计数结果数据文件，按载荷幅值的 N 个区间逐个判断新读入的载荷幅值 σ_a 属于哪一级范围，若 $D_{idown}\leqslant\sigma_a<D_{iup}$，则对 C_i 进行加 1 处理；如此循环直至输入数据文件为止。为了统计描述上的方便，各级载荷幅值采用其组中值来表示，按下式计算：

$$\sigma_{ai}=\frac{D_{iup}+D_{idown}}{2}(i=1,2,\cdots,N) \tag{6-5}$$

式中　σ_{ai}——第 i 级的组中值；

D_{iup},D_{idown}——分别为第 i 级的组上限和下限值。

6.2.4　结构载荷谱统计

在获得了转向架轴箱弹簧和定位转臂的载荷－时间历程后，便可得到构架浮沉载荷 P_1、测滚载荷 P_2、扭转载荷 P_3 和横向载荷 P_4 的载荷－时间历程。

载荷－时间历程的统计计数方法有很多种，目前应用最广泛的是雨流计数法，该计数方法的突出优点是它与材料的疲劳损伤特性具有内在联系。对各载荷系的载荷－时间历程进行雨流计数处理后，可得到各个载荷系的实测载荷谱，如表 6－2 所示。

表 6－2　各载荷系的实测载荷谱

浮沉载荷谱		侧滚载荷谱		扭转载荷谱		横向载荷谱	
载荷/kN	频次	载荷/kN	频次	载荷/kN	频次	载荷/kN	频次
0.55	162 128	0.66	200 684	0.71	126 135	1.58	33 085
1.15	6 152	1.48	1 062	1.62	3 109	3.23	727
1.75	403	2.29	222	2.53	835	4.88	222
2.35	153	3.11	75	3.45	230	6.53	94
2.95	46	3.93	14	4.36	79	8.18	34
3.55	4	4.74	8	5.27	22	9.83	12
4.15	1	5.56	2	6.18	3	11.49	5
4.75	1	6.38	3	7.10	3	13.14	1

6.2.5 载荷谱损伤一致性校准

1. 载荷谱编制准则

载荷谱是进行结构可靠性试验评定和设计的基础数据，载荷谱应能够体现结构在服役条件下的损伤状况，这是载荷谱须满足的根本性要求，也是载荷谱编制过程中须遵循的准则，称之为损伤一致性准则。

高速动车组转向架构架承受的载荷相当复杂，具体体现在：一是构架载荷包含多个基本载荷系，实际运用条件下这些载荷系既有一定的关联性又不具有同步性，当各自编制成载荷系谱（即实验载荷谱）后，无法再现载荷系之间的关联特性，这会导致试验载荷谱与结构实际损伤失去对应性；二是构架载荷与结构疲劳关键部位应力（损伤）之间的传递关系具有动态特征，而从方便结构可靠性试验评定和设计的角度，载荷谱具有静态属性，因此编制构架载荷谱时还应将构架动态载荷转换为静态载荷。

2. 构架在服役条件下的损伤状况

在测试构架载荷的同时，测试了构架疲劳关键部位的应力。疲劳关键部位通过对构架进行有限元强度分析和模态分析，结合强度试验和结构特征予以确定。

由各个测点的应力—时间历程，通过雨流计数法可以获得其应力谱，表 6－3 列出了其中测点 1～测点 6 的应力谱。根据构架材料焊接接头的 $S-N$ 曲线和 Miner 累计损伤法则，可计算各测点的损伤如下：

$$D_{cj} = \sum_{i=1}^{n_1} \frac{n_{1ji}(\sigma_{ij})^m}{C}, j = 1,2,\cdots,q \qquad (6-6)$$

式中 n_1——应力谱级数；

m,C——$S-N$ 曲线的常数，对于焊接接头 m 一般取 3.5；

q——表示疲劳关键部位测点的数目；

σ_{ij},n_{1ji}——分别表示构架疲劳关键部位 j 测点应力谱的 i 级应力幅值与频次。

表 6－3 构架疲劳关键部位测点的应力幅值谱

测点 1		测点 2		测点 3		测点 4		测点 5		测点 6	
幅值/MPa	频次	幅值/MPa	频次	幅值/MPa	频次	幅值/MPa	频次	幅值/MPa	频次	幅值/MPa	频次
5.74	4 359	6.08	8 517	6.72	111 529	5.67	2 410	6.13	11 718	6.69	95 988
7.23	895	8.25	1 164	10.16	17 783	7.01	521	8.38	1 250	10.08	11 316
8.71	225	10.42	293	13.61	1451	8.35	163	10.63	294	13.47	1 206
10.19	84	12.59	87	17.05	292	9.68	58	12.88	116	16.86	290
11.68	50	14.76	29	20.49	78	11.02	32	15.13	39	20.25	103
13.16	15	16.92	3	23.93	23	12.36	7	17.38	8	23.64	21
14.65	4	19.09	2	27.37	7	13.7	3	19.63	4	27.02	9
16.13	4	21.26	2	30.82	1	15.04	3	21.89	2	30.41	7

3. 构架由实测载荷谱对应的损伤状况

为计算构架由实测载荷谱对应的损伤，需要确定各载荷系与构架疲劳关键部位应力之间的静态传递系数，进而得到与各载荷系实测载荷谱对应的构架疲劳关键部位的应力谱。

采用有限元方法确定各载荷系与构架疲劳关键部位之间的载荷应力传递系数。载荷系与构架疲劳关键部位应力之间的关系可表示为：

$$\sigma'_{kj}=k_{kj}P'_{k},k=1,2,3,4,j=1,2,\cdots,q \tag{6-7}$$

式中 k_{kj}——载荷系 k 与构架疲劳关键部位 j 之间的载荷应力传递系数；

σ'_{kj}——载荷系 k 在构架疲劳关键部位 j 产生的应力响应；

P'_{k}——与载荷系 k 对应的载荷；

k_{kj}值计算结果列于表 6－4。

表 6－4　载荷应力传递系数计算结果　　MPa/kN

传递系数	测点号					
	1(10)	2(11)	3(12)	4(7)	5(8)	6(9)
k_{1j}	0.826	1.479	0.672	0.815	1.483	0.690
k_{2j}	1.018	1.680	0.653	1.011	1.687	0.653
k_{3j}	1.901	2.913	3.465	1.910	2.921	3.467
k_{4j}	0.120	0.057	0.251	0.127	0.057	0.261

通过各载荷系的载荷应力传递系数，由各载荷系的实测载荷谱，可以得到各载荷系在构架疲劳关键部位对应的应力谱；进一步利用构架材料焊接接头的 $S-N$ 曲线和 Miner 累计损伤法则，并假定载荷系彼此独立直接叠加各自引起的损伤，可以得到与实测载荷谱对应的构架疲劳关键部位损伤如下：

$$D_{sj}=\sum_{k=1}^{4}\sum_{i=1}^{n_2}\frac{n_{2ki}(P_{ki}k_{ki})^{m}}{C},j=1,2,\cdots,q \tag{6-8}$$

式中 n_2——载荷系实测载荷谱级数；

m,C——$S-N$ 曲线的常数；

q——构架疲劳关键部位的数目；

P_{ki},n_{2ki}——载荷系 k 实测载荷谱对应的 i 级载荷大小和频次；

k_{ki}——载荷系 k 与构架疲劳关键部位 j 之间的载荷应力传递系数。

4. 载荷谱的损伤一致性校准

对于高速动车组转向架构架这样一个结构形式和承载方式复杂，而载荷与构架疲劳关键部位应力之间又呈动态传递关系的构架，直接采用实测载荷谱按（6－8）式计算得到的构架疲劳关键部位的损伤，一般显著小于实测应力得到的损伤。然而，适用于可靠性试验评定和设计的构架载荷谱的必要条件是：与构架载荷谱对应的疲劳关键部位的损伤不能小于服役条件下构架的实际损伤。为此需要对实测载荷谱进行校准，比较简单的校准方式为

$$F_{k}=\gamma_{k}P_{k},k=1,2,3,4 \tag{6-9}$$

式中 F_k——校准后的载荷系谱；

P_k——实测载荷系谱；

γ_k——校准系数。

基于损伤一致性准则，通过求解下面的优化问题，可确定校准系数 γ_k。

目标函数：

$$\mathrm{MIN}\left\{\sum_{j=1}^{q}(D_{cj}-D_{sj})^2\right\}=\mathrm{MIN}\left\{\sum_{j=1}^{q}\left(\sum_{i=1}^{n_1}\frac{n_{1ji}(\sigma_{ij})^m}{C}-\sum_{k=1}^{4}\sum_{i=1}^{n_2}\frac{n_{2ki}(\gamma_k P_{ki}k_{ki})^m}{C}\right)^2\right\}$$

$$=\frac{1}{C}\mathrm{MIN}\left\{\sum_{j=1}^{q}\left(\sum_{i=1}^{n_1}n_{1ji}(\sigma_{ij})^m-\sum_{k=1}^{4}\sum_{i=1}^{n_2}n_{2ki}(\gamma_k P_{ki}k_{ki})^m\right)^2\right\} \quad (6-10)$$

即：

$$\mathrm{MIN}\left\{\sum_{j=1}^{q}\left(\sum_{i=1}^{n_1}n_{1ji}(\sigma_{ij})^m-\sum_{k=1}^{4}\sum_{i=1}^{n_2}n_{2ki}(\gamma_k P_{ki}k_{ki})^m\right)^2\right\} \quad (6-11)$$

约束条件：

$$D_{cj}\leqslant D_{sj} \quad (6-12)$$

即：

$$\sum_{i=1}^{n_1}\frac{n_{1ji}(\sigma_{ij})^m}{C}\leqslant\sum_{k=1}^{4}\sum_{i=1}^{n_2}\frac{n_{2ki}(\gamma_k P_{ki}k_{ki})^m}{C}\Rightarrow\sum_{i=1}^{n_1}n_{1ji}(\sigma_{ij})^m\leqslant\sum_{k=1}^{4}\sum_{i=1}^{n_2}n_{2ki}(\gamma_k P_{ki}k_{ki})^m \quad (6-13)$$

式中 D_{cj}——构架疲劳关键部位的实际损伤；

D_{sj}——校准后载荷谱的计算损伤。

求解优化问题可得：浮沉载荷系校准系数 $\gamma_1=1.42$，侧滚载荷系校准系数 $\gamma_2=1.55$，扭转载荷系校准系数 $\gamma_3=2.13$，横向载荷系校准系数 $\gamma_4=1.64$。

由表 6－4 和式(6－13)可给出适用于构架可靠性试验评定和可靠性设计的载荷谱，如表 6－5 所示。

表 6－5 经损伤一致性校准的各载荷系载荷谱

浮沉载荷谱		侧滚载荷谱		扭转载荷谱		横向载荷谱	
载荷/kN	频次	载荷/kN	频次	载荷/kN	频次	载荷/kN	频次
0.78	162 128	1.02	200 684	1.51	126 135	2.59	33 085
1.63	6 152	2.29	1 062	3.45	3 109	5.3	727
2.49	403	3.55	222	5.39	835	8	222
3.34	153	4.82	75	7.35	230	10.71	94
4.19	46	6.09	14	9.29	79	13.42	34
5.04	4	7.35	8	11.23	22	16.12	12
5.89	1	8.62	2	13.16	3	18.84	5

将表 6－3 实测载荷谱，表 6－4 疲劳关键部位实测应力谱和表 6－5 校准后的载荷谱，利用构架材料焊接接头的 $S-N$ 曲线和 Miner 累计损伤法则，计算得到构架疲劳关键部位 12 测点的实测载荷谱损伤、实际损伤和校准载荷谱损伤，列于表 6－6。

由表 6－6 可见，实测载荷谱损伤与实际损伤在大多数测点的差异比较明显，且实测载荷谱损伤远小于实际损伤，因此必须对实测载荷谱损伤进行校准。通过载荷谱损伤一致性校准后,构架疲劳损伤较大部位(3、6、9、12 测点),校准载荷谱损伤与实际损伤较为接近,而且校准载荷谱损伤覆盖了服役条件下构架的实际损伤,校准效果明显。

表 6-6 构架各疲劳关键部位测点的损伤值 $\times 10^{8}/C$

测点	实测载荷谱损伤	校准载荷谱损伤	实际损伤
1	0.022	0.205	0.041
2	0.113	0.98	0.089
3	0.099	1.347	1.22
4	0.022	0.208	0.021
5	0.115	0.992	0.118
6	0.1	1.358	1.35
7	0.022	0.208	0.101
8	0.115	0.992	0.139
9	0.1	1.358	1.247
10	0.022	0.205	0.047
11	0.113	0.98	0.132
12	0.099	1.347	1.181

从结构可靠性试验评定和可靠性设计的需要出发,提出了载荷谱建立须遵循的损伤一致性准则;以此为基础,给出了适用于复杂结构的载荷谱建立方法。以 350 km/h 高速动车组转向架构架为应用对象,结合京津客运专线运营全工况构架载荷和构架疲劳关键部位应力的实测数据,建立了 350 km/h 高速动车组新车转向架构架在京津客运专线运营条件下的载荷谱,为建立高速列车转向架构架载荷谱奠定了坚实的基础;对于将国际上现行的处于定性层次的构架可靠性试验评定标准和设计规范提升至定量层次,消除现有标准和规范中的安全隐患具有重要意义。

从复杂结构载荷谱建立方法研究的角度,还应进一步研究的问题有:结构在运用条件下的动态载荷与载荷谱编制时的静态载荷之间的转换关系,结构载荷与结构疲劳关键部位应力对应关系。

6.3 轨道谱

轨道不平顺是导致机车、车辆和线桥隧等结构物产生振动或破坏的根本原因之一,轨道不平顺谱是描述全线轨道不平顺状态的最有效形式,它反映轨道不平顺的幅频特性。轨道不平顺谱是机车车辆和线桥隧设计、计算及评估的重要依据。

早在 20 世纪 60 年代中期,英国、法国、德国、捷克等国就开始了轨道不平顺功率谱的研究。1971 年 UIC ORE C116 RP1 对轨道不平顺功率谱的定义、拟合公式形式和单位等提出了统一的建议,随后,英国、法国、德国、捷克、日本、美国、前苏联等国都发表了各自测量分析得出的轨道不平顺谱。20 世纪 80 年代美国公布了 6 个速度等级轨道不平顺谱。同时欧洲铁路提出了高速机车车辆设计的“欧洲高速铁路轨道不平顺谱”。

国内对轨道不平顺谱的研究起步较早,20 世纪 60 ~ 70 年代长沙铁道学院、铁道科学

研究院开始用地面测量和轨道检测车检测等方法进行高低、轨向和水平不平顺谱的研究。20世纪90年代，铁道科学研究院还对中国干线轨道不平顺谱进行系列研究[27]，西南交通大学牵引动力国家重点实验室为了应用好滚动振动试验台，通过反演方法提出滚动振动试验台用载荷谱。但国内一直没有公认的轨道不平顺谱，因此在进行高速铁路设计时，常采用德国和美国轨道不平顺谱。

京津城际铁路是中国按高标准修建的第一条设计时速为350 km的高速铁路客运专线，轨道结构采用德国博格板式无砟轨道技术，钢轨首次采用时速350 km定长100 m的国产钢轨，桥梁占线路总长达84.2%，且主要是32 m梁。这些特点决定京津城际铁路轨道不平顺谱有别于既有线和国外轨道不平顺谱，国外轨道不平顺谱和国内原有的轨道不平顺谱难以描述京津城际铁路轨道状态。因此，研究京津城际铁路轨道不平顺谱对设计和建设中国高速铁路具有重大意义。

6.3.1 轨道不平顺谱计算方法

轨道不平顺谱是轨道不平顺单边功率谱密度的简称。轨道不平顺谱计算方法很多，主要分经典谱估计方法和现在谱估计方法两种。经典谱估计分间接法（BT法）、直接法（周期图法）、改进的直接法（平均周期图法、Bartlett法和Welch法）和直接法与间接法结合法（Nuttall法）。现在谱估计按方法分为参数模型法和非参数模型法两种。现在谱估计参数模型法分为AR，MA，ARMA和Prony谱估计法，现在谱估计非参数模型法分为特征向量谱估计法和MUSIC谱估计法。不论是经典谱估计方法还是现在谱估计方法，它们的算法都已很成熟，也有相应的计算软件。本文采用周期图法。

对于采样频率为1、均值为零（$E(X)=0$）的实平稳随机信号X的一个样本的M个数据点$x(n)$（$n=0,1,2,\cdots,M-1$）。傅里叶变换（Fourier）为：

$$X(\omega) = \sum_{n=0}^{M-1} x(x) e^{-i\omega n} \tag{6-14}$$

式中　ω——圆频率。

周期图谱估计法的谱密度公式为：

$$S(\omega) = \frac{1}{M} |X(\omega)|^2 \tag{6-15}$$

轨道不平顺谱计算流程如下：

（1）把轨道不平顺按4 096点（1 024 m）划分成子段；

（2）利用异常值处理算法和小波分析方法对轨道不平顺进行预处理，消除异常值和非平稳特征；

（3）计算子段平均速度和标准差，如果平均速度低于线路设计速度，可能是施工慢行地段，该子段不进行谱计算；标准差太大时，可能是检测设备异常或线路设备异常，该子段也不进行谱计算；

（4）对满足要求的子段进行FFT变换，计算子段轨道不平顺谱；

（5）对各子段轨道不平顺谱进行统计分析。

6.3.2 京津城际铁路轨道不平顺分布特征[29]

平稳随机过程按周期图法计算时，每一个频率点功率谱值应服从自由度为2的χ^2分布。但实际轨道不平顺不完全满足平稳性条件，因此有必要研究轨道不平顺谱的概率分布规律。本文通过上述方法计算京津城际铁路轨道不平顺谱，进行统计、分析。具体方法如下。

（1）计算频率点k的轨道不平顺谱平均值$\bar{S}_k$。

（2）对频率点k的每段轨道不平顺谱值$\bar{S}_{k,j}$进行变换，令

$$\tilde{S}_{k,j}=2\times\frac{S_{k,j}}{\bar{S}_k}, j=1,2,\cdots,N \tag{6-16}$$

其中N为统计段数。

（3）用 Kolmogorov - Smirnov 检验方法对$\tilde{S}_{k,j}(j=1,2,\cdots,N)$进行自由度为2的$\chi^2$分布检验。

Kolmogorov - Smirnov 检验方法为拟合优度型检验，可以检验样本数据是否服从指定的理论分布。假设$F_{\chi^2}(x,2)$是自由度为2的χ^2分布函数，$\hat{F}_{k,N}(x)$为根据N段轨道不平顺谱值$\tilde{S}_{k,j}$ $(j=1,2,\cdots,N)$计算的频率点k处轨道不平顺谱分布函数的一个估计。取检验统计量D为：

$$D_N=\max|\hat{F}_{k,N}(x)-F_{\chi^2}(x,2)| \tag{6-17}$$

如果轨道不平顺谱服从自由度为2的χ^2分布函数，则观测值$D_N<D_{N,1-\alpha}$（α为显著水平）。如果观测值$D_N\geq D_{N,1-\alpha}$，则轨道不平顺谱一定不服从自由度为2的χ^2分布函数。当显著水平$\alpha=0.05$，$N>100$时，有

$$D_{N,0.95}\approx 1.36/\sqrt{n} \tag{6-18}$$

由于计算轨道不平顺谱的段数N远大于100，因此可以按式（6-18）确定$D_{N,0.95}$，在显著水平$\alpha=0.05$下，对轨道不平顺谱进行自由度为2的χ^2分布检验。

京津城际铁路轨距、水平、高低和轨向不平顺谱自由度为2的χ^2分布检验结果表明，京津城际铁路轨道不平顺检测数据经预处理后的平稳性较好，轨道不平顺谱接近自由度为2的χ^2分布。

满足自由度为2的χ^2分布轨道不平顺平均谱对应63.2百分位谱，轨道不平顺谱的平均值等于轨道不平顺谱的标准差，两倍轨道不平顺谱的平均值对应轨道不平顺86.5百分位谱，0.5倍轨道不平顺谱的平均值对应轨道不平顺39.4百分位谱。因此京津城际铁路任意轨道不平顺百分位数谱和平均谱可以根据轨道不平顺中位数谱（50百分位谱）推算。表6-7给出了用中位数谱和平均谱推算其他轨道不平顺百分位数谱的系数。由于中位数谱计算稳定，因此建议采用轨道不平顺中位数谱进行估计轨道不平顺其他百分位谱。

表6-7 轨道不平顺百分位谱的估计系数

百分位数 / 系数	10.0	20.0	25.0	29.3	30.0	39.4	50.0	60.0	63.2	70.0	75.0	80.0	86.5	90.0
$K_{中位数}$	0.152	0.322	0.415	0.500	0.515	0.722	1.000	1.322	1.443	1.737	2.000	2.322	2.886	3.322
$K_{平均值}$	0.105	0.223	0.288	0.347	0.357	0.500	0.693	0.916	1.000	1.204	1.386	1.609	2.000	2.303

6.3.3 京津城际铁路轨道不平顺特征分析

图 6－32～图 6－35 给出了时速 200 km 以上既有线路、京津城际铁路和德国高速铁路设计高低干扰轨道不平顺谱对比图。从轨道不平顺谱对比图分析京津城际铁路轨道状态和谱特征如下。

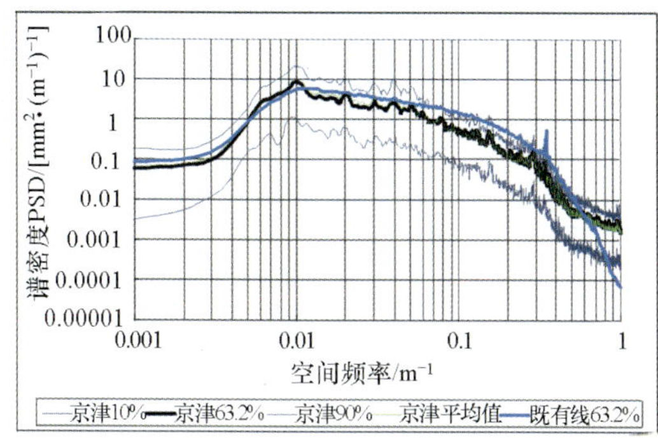

图 6－32　轨距不平顺比较谱

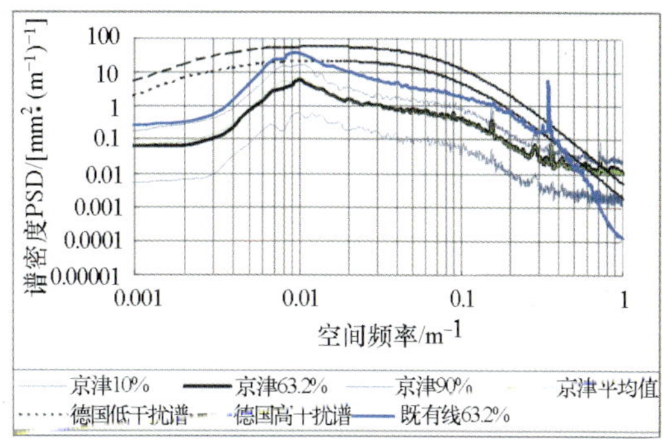

图 6－33　水平不平顺比较谱

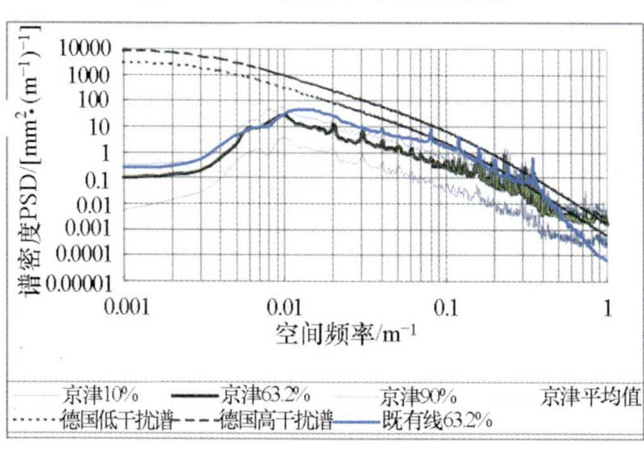

图 6－34　轨向不平顺比较谱

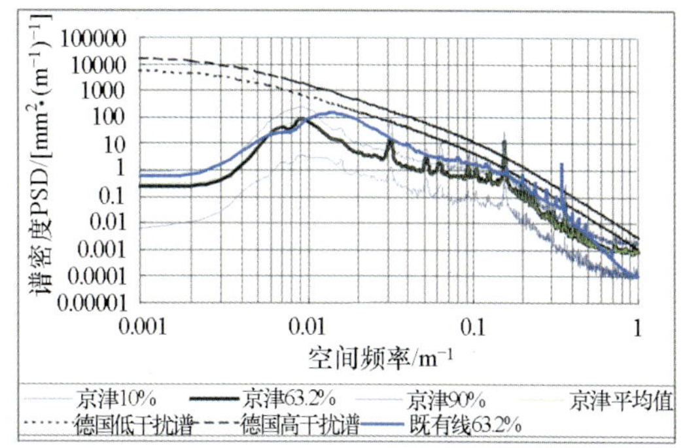

图 6－35　高低不平顺比较谱

（1）在轨道不平顺有效检测波长范围内，除高低不平顺谱线中 6.5 和 33 m 谱峰外，京津城际铁路轨道不平顺谱线均明显低于时速 200 km 以上既有线路谱；水平 90 百分位数谱低于相应的德国不平顺低干扰谱；除 10 m 以下部分谱峰外，轨向 90 百分位数谱低于相应德国不平顺低干扰谱；除 6.5 m 和 33 m 谱峰外，高低 90 百分位谱低于相应德国不平顺低干扰谱。京津城际铁路轨道不平顺谱线低说明器轨道状态好。

（2）高低和水平不平顺谱中均存在波长 6.5 m 尖峰，表明京津城际铁路高低和水平不平顺存在 6.5 m 周期性不平顺。6.5 m 的高低和水平周期成分是博格板上拱、翘曲或博格板支撑刚度不均匀等原因产生的，因为波长 6.5 m 正好是博格板的长度。

（3）高低不平顺谱有波长 32～33 m 的谱峰，表明高低不平顺存在以梁长为周期的周期不平顺，是桥梁徐变上拱引起的。

（4）轨向不平顺谱存在 100 m 的倍频尖峰，表明轨向不平顺存在 100 m 周期不平顺。京津城际铁路铺设的无缝线路由 100 m 定长的钢轨焊接而成，可见，京津城际铁路的轨距和轨向不平顺存在100 m的周期成分与钢轨焊接质量有关。一般钢轨焊接接头处的轨距和轨向变化率较大。

6.4 风载荷安全域

6.4.1 风载荷作用下的安全性分析

列车在侧风下运行的气动性能研究是列车空气动力学中一个重要的课题。在强侧风作用下,列车空气动力性能恶化,不仅列车空气阻力、升力、横向力迅速增加,还影响列车的横向稳定性,严重时将导致列车倾覆。对于一些特殊的风环境,如特大桥、高架桥、路堤、风口河谷地带,列车的绕流流场改变更为突出,空气动力显著增大。同时,当列车通过曲线路段时,空气横向力、升力与离心力叠加导致列车翻车的可能性也大大增加。为使列车安全通过风区,必须开展大风环境下的列车空气动力特性、大风－路况－车型耦合列车空气动力特性以及行车安全保障体系等研究。

随着列车提速以及高速列车运营的日益普遍,列车由于侧风失稳而脱轨和倾覆的事故屡见不鲜[29]。1981年,在印度发生了旅客列车被飓风吹落桥下造成800多人死亡的人间灾难。1986年12月,在日本山阴线的余步桥上,超过列车临界倾覆风速的强风将列车吹到桥下,造成列车车辆、路轨、桥梁结构破坏以及人员伤亡的重大交通事故。在欧洲、瑞典和比利时也均出现过横风导致的重大铁路交通事故。我国兰新铁路也多次发生列车被大风吹翻的事故[30]。2007年2月28日,从乌鲁木齐驶往阿克苏的5 806次旅客列车因大风造成车辆脱轨,11节车厢在大风中倾覆,全部翻倒在风口的山坡上,南疆线一度被迫中断行车(图6－36)。显然,研究列车在横向风作用下的空气动力学特性,特别是在极端风速和特殊风环境下的气动力特性是尤为重要的。

图6－36　南疆铁路旅客列车翻车现场

在我国,高速铁路的建设已经全面展开,而且其大部分处于我国中东部地区,此地区人口密集,经济较为发达,一旦发生铁路事故,将造成严重的后果。即将建设的京沪高速铁路,沿线最大风速极有可能超过30 m/s,而且京沪高速的设计时速将达到350 km。因此,非常有必要展开高风速和高车速时的列车横向气动性能研究,为列车在环境风作用下的运行安全性评估提供科学依据。

1. 路堤上运行的列车气动力特征

本节针对路堤上运行的高速列车,研究不同车速、风速以及路堤高度对列车气动力的影响。所模拟的路堤包括单线路堤和复线路堤,并将其计算结果与列车在平坦路段运行时的结果进行分析比较。列车在路堤上运行时列车中部横截面如图6－37所示。

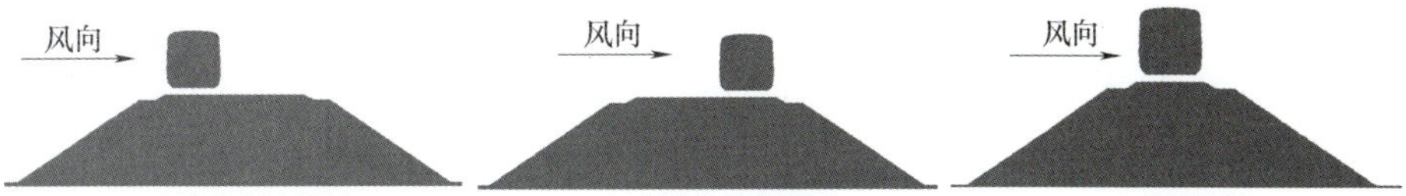

风向 风向 风向

(a)复线路堤迎风侧 (b)复线路堤背风侧 (c)单线路堤

图 6－37 列车位于路堤上的断面图

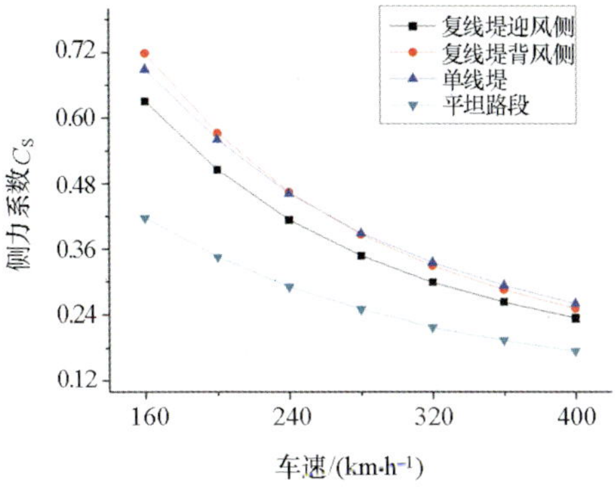

(a) 头车

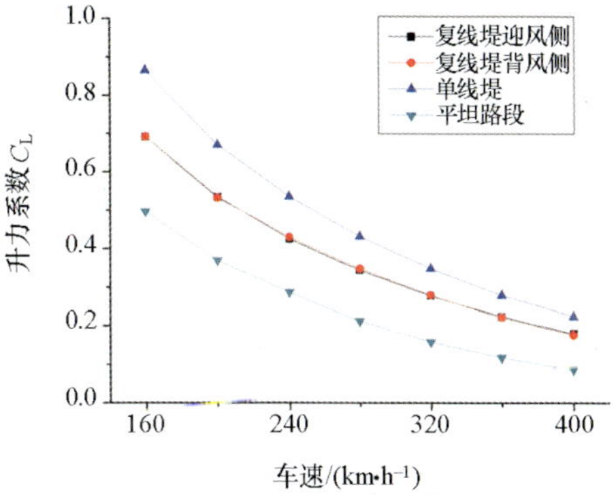

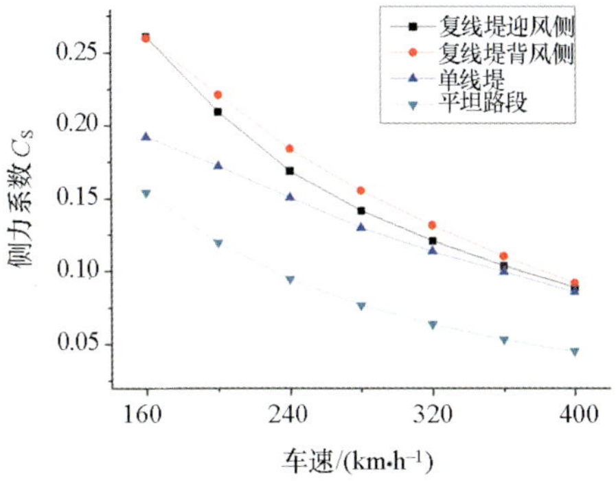

(b) 中间车

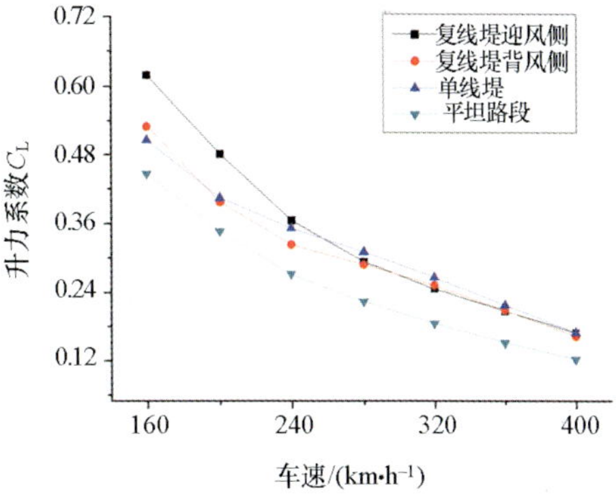

(c)尾车

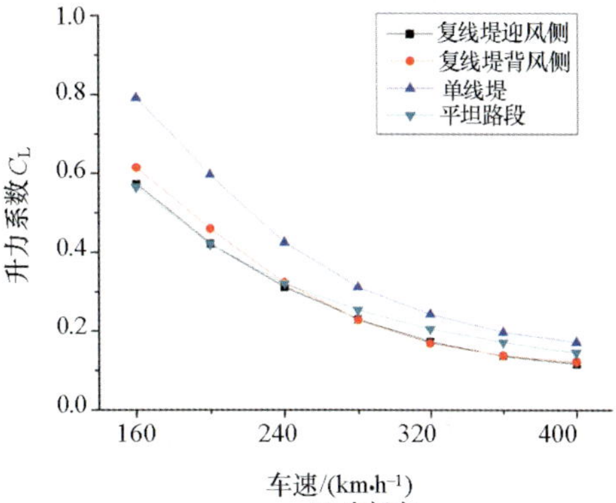

图 6－38 侧力系数随车速变化图

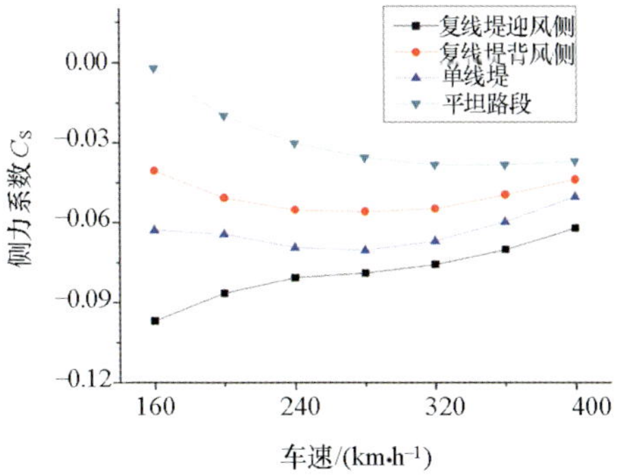

(a) 头车

(b) 中间车

(c)尾车

图 6－39 升力系数随车速变化图

图 6 – 38 是侧力系数 C_S 随车速变化的曲线图。从图 6 – 38 中可以看出，随车速增大，头车和中间车 C_S 逐渐减小，其变化曲线趋于平缓，而尾车在不同路况上其变化规律有所不同，如图 6 – 38(c)所示。三节车中，头车 C_S 最大，车速为 400 km/h 时，单线路堤上头车 C_S 比中间车大 3.02 倍，比尾车则大 5.19 倍，且尾车受力方向与头车相反。平坦路段时列车侧力明显小于路堤上，当车速为 400 km/h 时，单线路堤上头车、中间车和尾车 C_S 比平地上分别大 49.5%、89.3%、49.1%。

图 6 – 39 是升力系数 C_L 随车速变化图。从图 6 – 39 可见，三节车的 C_L 变化规律基本相同，都随车速增大而减小，其变化曲线趋于平缓。三节车中，在路堤上头车升力最大，当车速为 400 km/h 时，单线路堤上头车 C_L 比中间车和尾车分别大 29.8%、31.7%，而平坦路段上中间车升力最大，分别比头车和尾车大 69%、18.8%。平坦路段头车和尾车升力明显小于路堤上，当车速为 400 km/h 时，平坦路段头车和尾车 C_L 分别是单线路堤上的 38.7%、72.6%，而中间车升力与路堤上相差不大，仅比单线路堤小 17.8%，分别比复线堤迎风和背风侧上大 26%、20.6%。

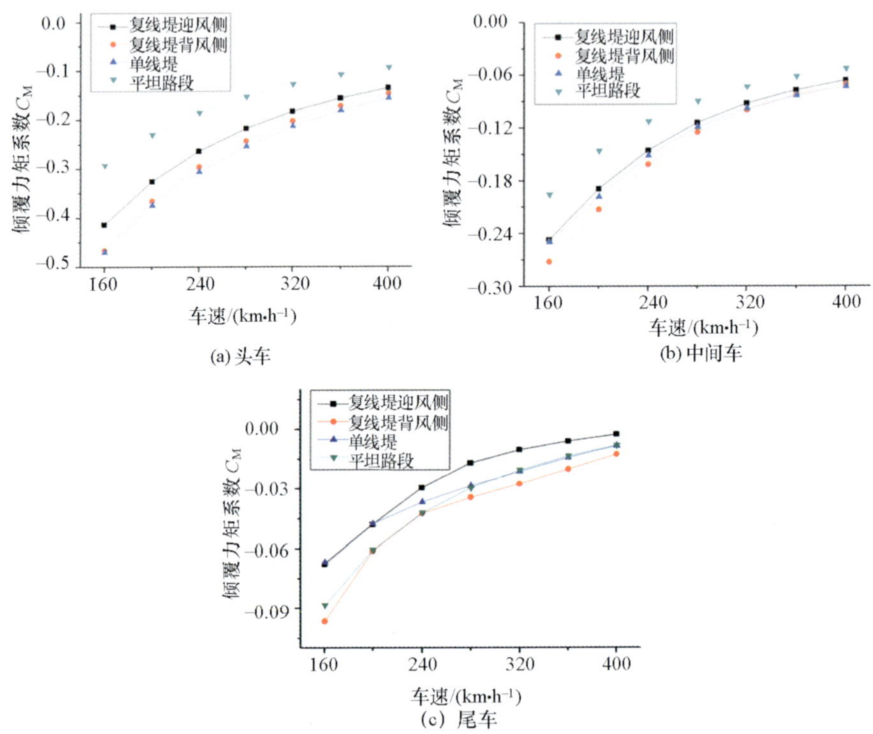

图 6 – 40　倾覆力矩系数随车速变化图

图 6 – 40 是倾覆力矩系数 C_M 随车速变化图。从图 6 – 40 中可见，随车速增大，列车 C_M 逐渐减小并分别趋于某个常数。所有路况下，头车倾覆力矩最大，而尾车最小。车速为 400 km/h 时，单线路堤上头车 C_M 分别是中间车和尾车的 2.14 倍、18.7 倍。头车和中间车 C_M 在平坦路段时最小，车速为 400 km/h 时，分别是单线路堤上的 60%、72%，尾车却是在复线堤迎风侧上最小。从图中还能看到，头车 C_M 在单线路堤上最大，而中间车和

尾车 C_M 则在复线堤背风侧上最大。

讨论环境风风速对气动力的影响时，选取列车车速 400 km/h、环境风风向角 90°的情况进行分析，所模拟路堤高度为 5 m。图 6－41 是侧力系数 C_S 随风速变化的曲线图。从图 6－41 中可以看到，随风速增大，三节车 C_S 均增大，头车和中间车在复线堤背风侧时增长速度最快，而尾车则是在迎风侧增长最快。头车侧力近似线性增长，且在三节车中 C_S 最大，风速 28.4 m/s 时，单线堤上头车 C_S 分别是中间车和尾车的 3.23 倍、5.58 倍。尾车侧力最小，且其方向与头车相反。平坦路段列车 C_S 明显小于路堤上，且增长速度也最小，风速 28.4 m/s 时，头车、中间车和尾车分别比单线堤上大 47.3%、87.2% 和 17.8%。

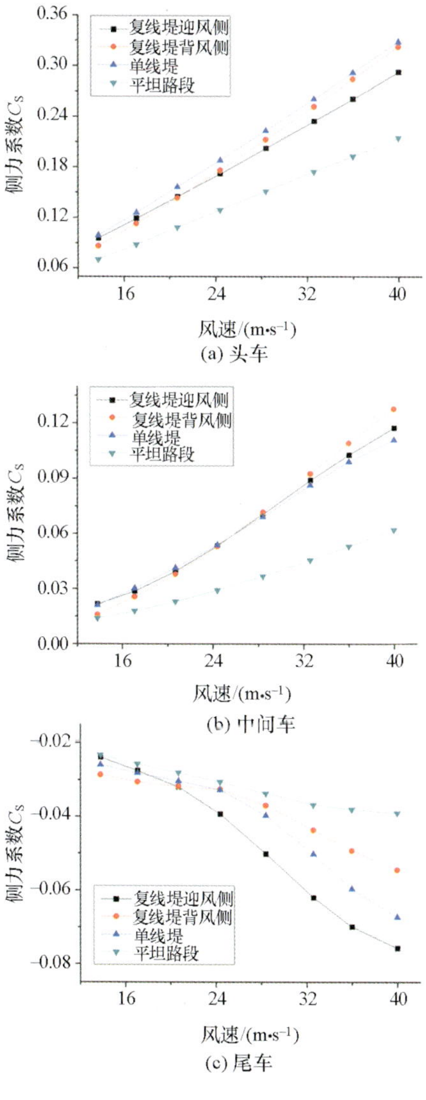

(a) 头车

(b) 中间车

(c) 尾车

图 6－41 侧力系数随风速变化图

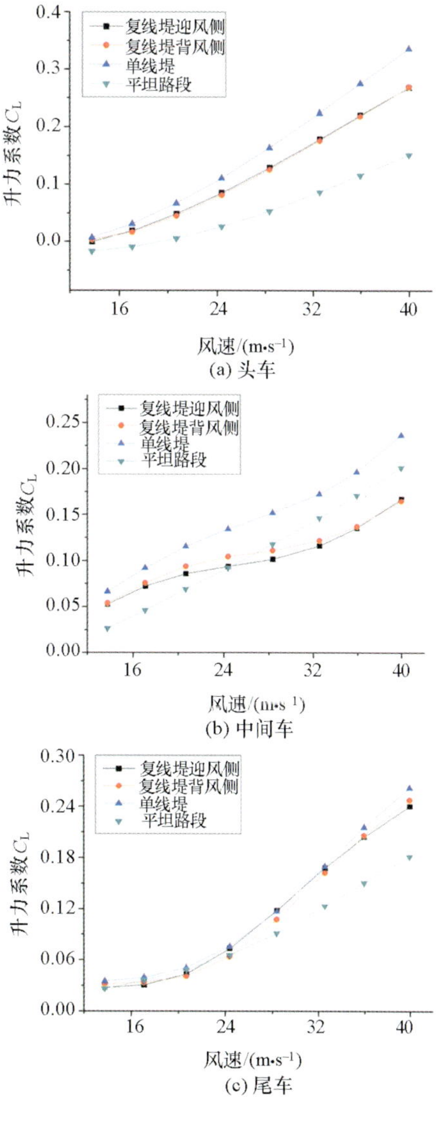

(a) 头车

(b) 中间车

(c) 尾车

图 6－42 升力系数随风速变化图

图 6－42 是升力系数 C_L 随风速变化图。从图 6－42 可见，随风速增大，三节车 C_L 均逐渐增大，其中，头车和尾车在风速小于 24 m/s 时增长率明显增大，风速大于 24 m/s 时基本呈线性增长，而中间车 C_L 只在平坦路段呈线性增长，在路堤上则非线性增长。头车在风速较小时升力小于中间车和尾车，但其增长率较快，随风速增大，头车 C_L 逐渐超过中间车和尾车。风速较小时，头车和尾车 C_L 在不同路况差距不大，但当风速增大到 40 m/s 时，单线堤上 C_L 比平坦路段分别增大 122%、44.2%。

图 6－43 是倾覆力矩系数 C_M 随风速变化图。可见，头车和中间车 C_M 随风速增大而增大，增长率也略有增大。风速较小时，尾车 C_M 方向与头车相反，大小变化不大，随风速增大方向发生变化，风速超过 28 m/s 时，尾车 C_M 基本呈线性增长。三节车中头车 C_M 最大，风速为 40 m/s 时，单线堤上头车 C_M 分别是中间车和尾车的 2.18 倍、10.4 倍。在不同路况下头车和中间车 C_M 变化规律基本相同，均在单线堤上最大，而尾车则在复线堤背风侧较大。

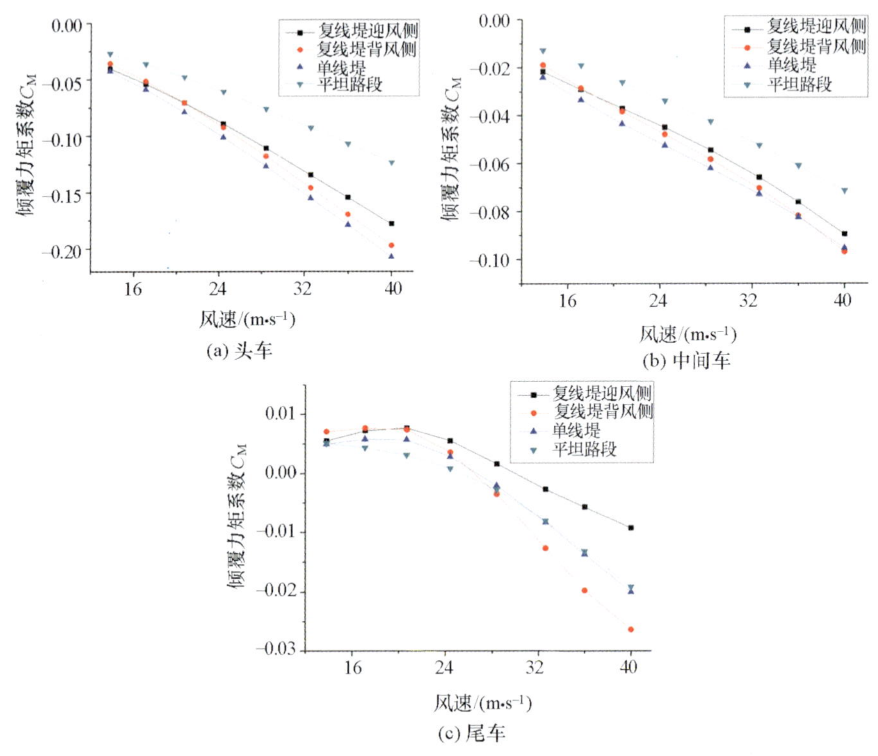

图 6－43　倾覆力矩系数随风速变化图

2. 桥梁上运行的列车气动力特征

与路堤相同，桥梁上的风速也将大于平坦路段，本节讨论不同的车速、风速以及桥梁高度对列车气动力的影响，并与平坦路段进行比较。所模拟的桥梁包括单线桥梁和复线桥梁，并将其计算结果与列车在平坦路段运行时的结果进行分析比较。列车在桥梁上运行时列车中部横截面如图 6－44 所示。

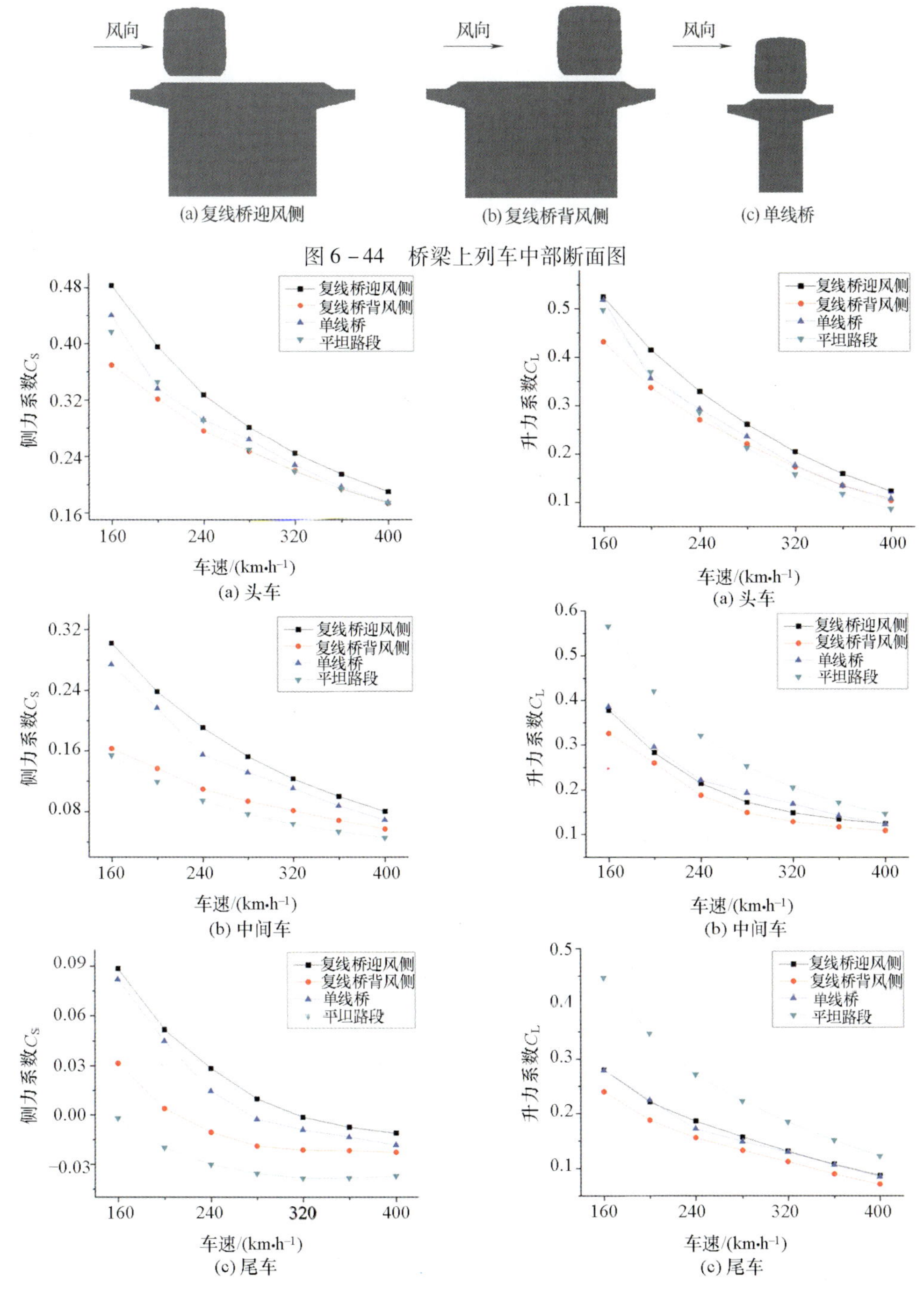

(a) 复线桥迎风侧　(b) 复线桥背风侧　(c) 单线桥

图 6－44　桥梁上列车中部断面图

(a) 头车　(b) 中间车　(c) 尾车

图 6－45　侧力系数随车速变化图

(a) 头车　(b) 中间车　(c) 尾车

图 6－46　升力系数随车速变化图

6.4.2　车速对气动力的影响

讨论桥梁上运行的列车车速对气动力的影响时，选取环境风风速 32.6 m/s、风向角

90°的情况进行分析，所模拟桥梁高度为 5 m。

图 6－45 是侧力系数 C_S 随车速变化曲线图。从图 6－45 可见，随车速增大，三节车 C_S 曲线均逐渐趋于平缓，其中头车和中间车 C_S 逐渐减小，而尾车 C_S 先正向减小，当达到一定速度时，尾车 C_S 方向发生变化，并略有增大。头车 C_S 明显比中间车和尾车大，当车速为 400 km/h 时，单线桥上头车 C_S 分别是中间车和尾车的 2.53 倍、9.61 倍。三节车 C_S 均在复线桥迎风侧最大，头车 C_S 在复线桥背风侧最小，中间车 C_S 则在平地最小，尾车 C_S 低速时在平地上最小，高速时则在复线桥迎风侧最小。

图 6－46 是升力系数 C_L 随车速变化曲线图。图 6－46 中可以看出，随车速增大，三节车 C_L 均逐渐减小，并分别趋于某个常数。头车 C_L 在平地和桥梁上时相差不大，其中复线桥迎风侧 C_L 最大，车速 160 km/h 时比平地时大 5.4%。而中间车和尾车 C_L 在平地时明显比桥梁上大，车速 160 km/h 时，分别比单线桥上大 46.5%、102%。

图 6－47 是倾覆力矩系数 C_M 随车速变化图。从图 6－47 可见，随车速增大，列车 C_M 逐渐减小，且增长率也减小，曲线趋于平缓。三节车中头车 C_M 最大，当车速为 400 km/h 时，在单线桥上，头车 C_M 为 －0.095，分别是中间车和尾车的 1.51 倍、8.07 倍。头车、中间车和尾车 C_M 均在复线桥迎风侧时最大，当车速为 400 km/h 时，分别比平地上大 15.7%、33.1% 和 88.2%。

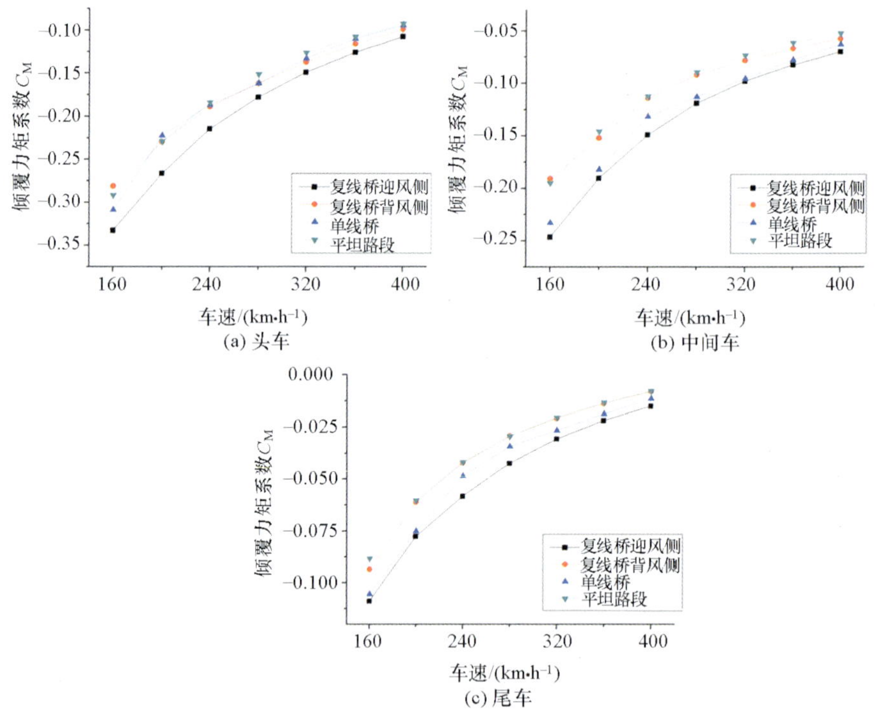

图 6－47　倾覆力矩系数随车速变化图

讨论桥梁上环境风风速对气动力的影响时，选取列车车速 400 km/h、环境风风向角 90°的情况进行分析，所模拟桥梁高度为 5 m。

图 6－48 所示为列车侧力系数 C_S 随风速的变化规律。随风速增大，头车 C_S 近似线性增长，中间车则非线性增长，其增长率逐渐变大。尾车 C_S 方向与头车相反，在不同的路况上其变化规律有所不同，随风速增大，在复线桥迎风侧和单线桥上 C_S 呈减小趋势，在桥梁背风侧时 C_S 变化不大，而在平地时 C_S 逐渐增大。头车 C_S 在不同路况时差别不大，风速 32.6 m/s 时，各路况差距小于 10%。风速 32.6 m/s 时，中间车 C_S 在复线桥迎风侧上最大，为 0.08，是平地上的 1.77 倍。尾车 C_S 和中间车相反，在平地最大，在复线桥迎风侧最小，二者差 3.3 倍。

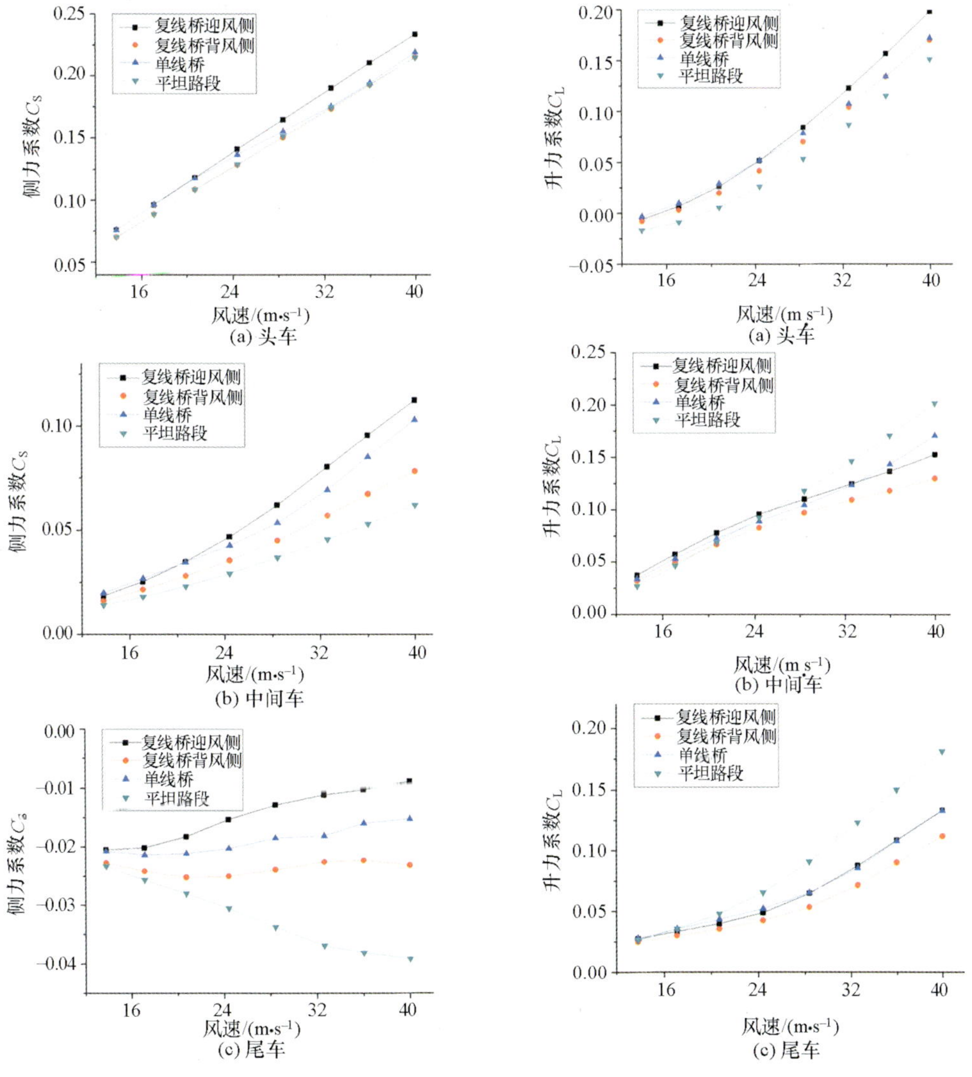

图 6－48　侧力系数随风速变化图　　图 6－49　升力系数随风速变化图

图 6－49 为列车升力系数 C_L 随风速变化曲线图。从图 6－49 中可见，低速时，头车 C_L 为负，随车速增大，C_L 由负变正，并逐渐增大，增长率也逐渐变大，中间车和尾车 C_L 也

呈非线性增长。三节车 C_L 相差不大,风速为 32.6 m/s 时,单线桥上头车 C_L 分别为中间车和尾车的 0.87 倍、1.26 倍。头车 C_L 在平地时最小,复线桥迎风侧时最大,而中间车和尾车 C_L 均在复线桥背风侧最小,中间车 C_L 低速时在复线桥迎风侧较大,高速时和尾车相同,在平地上较大。

图 6 – 50 是倾覆力矩系数 C_M 随风速变化曲线图。从图 6 – 50 中可以看到,随风速增大,列车 C_M 逐渐增大,且增长率也有所增大,其中尾车 C_M 增长率变化最大,低速时为正,随风速增大逐渐变为负。三节车中头车 C_M 最大,风速为 32.6 m/s 时,单线桥上头车 C_M 分别是中间车和尾车的 1.51 倍、8.07 倍。三节车 C_M 均在复线桥迎风侧最大,在平地上最小。

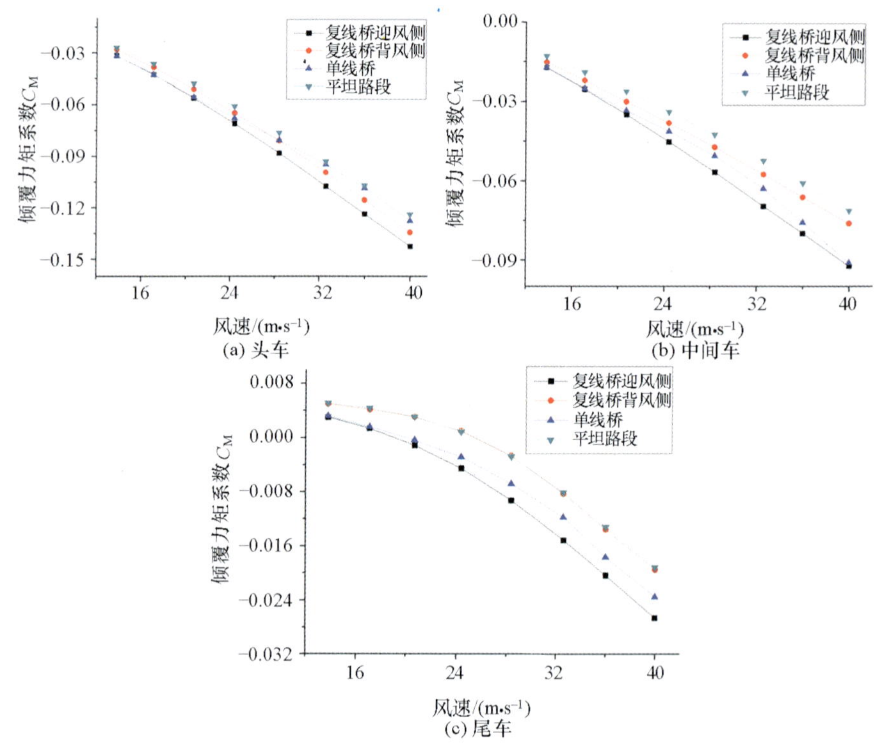

图 6 – 50 倾覆力矩系数随风速变化图

6.4.3 风载荷安全域确定

车辆沿轨道运行时受到各种横向力的作用,其中大风作用在车体上的横向力是一个重要的方面。如果各种横向力在最不利的组合作用下,车辆一侧的车轮与钢轨之间的垂向力减少到零时,车辆就有倾覆的危险。

研究高速列车在横风作用下的安全域是高速列车运行必须考虑的问题,传统的做法是根据列车外形,计算在不同列车运行速度下,不同横风(包括不同入角)作用下的气动力,利用气动力来计算车辆的倾覆系数,判断是否安全。

根据由空气动力学计算得到的作用在列车车体上的气动力,计算得到列车在不同风速和运行速度下的倾覆系数。GB 5599—1985 规定的客车容许倾覆系数 $D<0.8$，这里以此作为横风作用下的安全评价标准。

图 6－51 是平地上在 12 级（32.6 m/s）大风下倾覆系数随车速的变化情况，由图可见，头车最容易倾覆，当列车速度为 400 km/h时，倾覆系数达到 0.73 快要接近 0.8 的限值，因此，CRH2 型车在平地上 12 级大风下运行时车速达到400 km/h仍然是安全的，但已经接近 0.8 的限值。

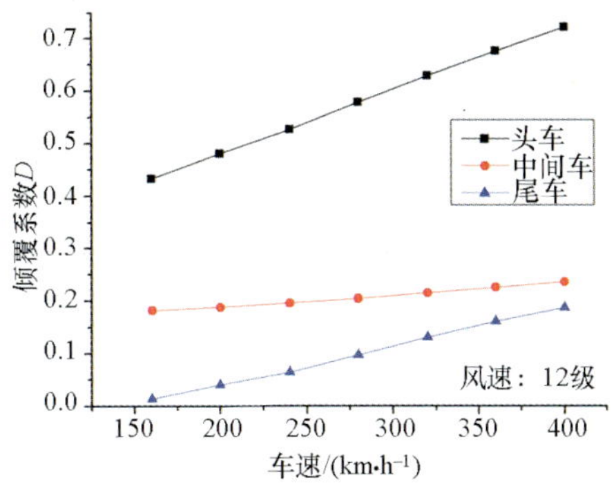

图 6－51　倾覆系数随车速变化图（平地上）

图 6－52 是在平地上车速为 400 km/h 下倾覆系数随风速的变化情况，图中红线以下为安全区域，由图可见，头车最容易倾覆，当风速为 34.4 m/s 时，倾覆系数将达到 0.8 的限值，因此，列车在平地上 400 km/h 运行时能够抵抗的最大风速为 34.4 m/s。

图 6－53 是单线路堤上车速为 400 km/h 时倾覆系数随风速的变化情况，图中红线以下为安全区域，由图可见，头车最容易倾覆，当风速约为 25 m/s 时，倾覆系数将达到 0.8 的限值，因此，列车在单线路堤上车速为 400 km/h 运行时能够抵抗的最大风速为 25 m/s。

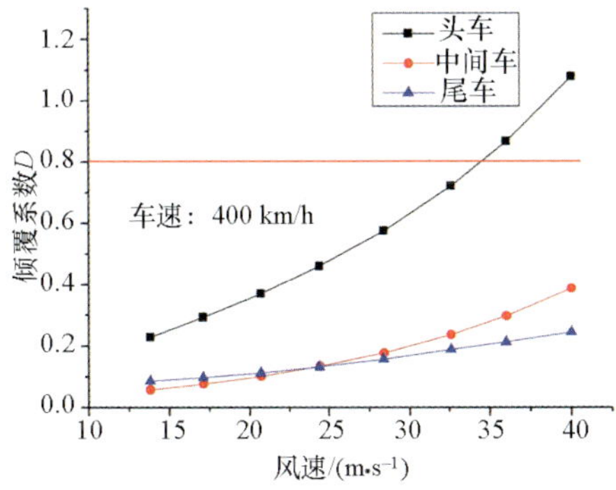

图 6－52　倾覆系数随车速变化图（平地上）

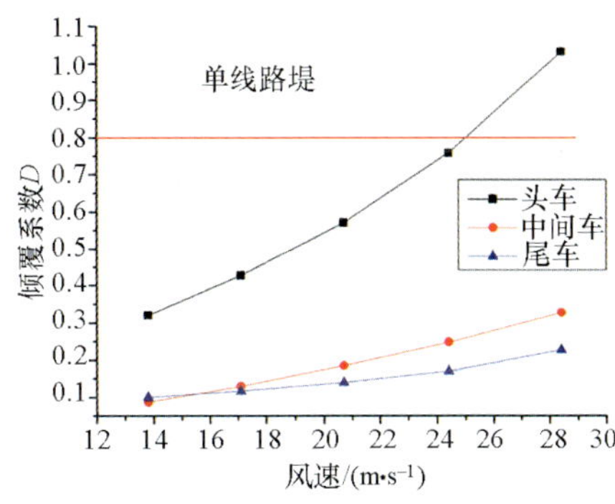

图 6　53　倾覆系数随车速变化图（单线路堤）

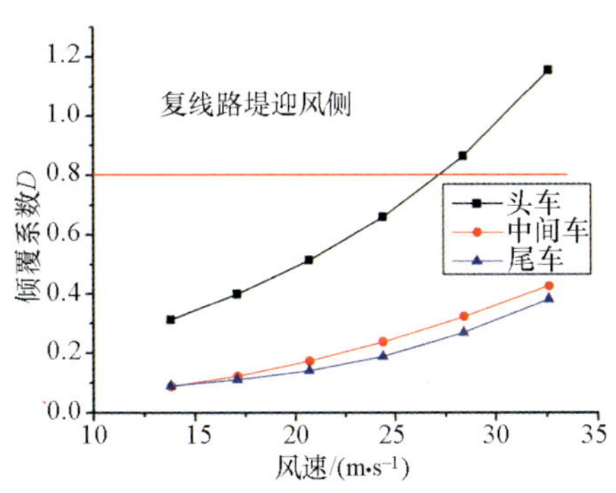

图 6－54　倾覆系数随车速变化图（复线路堤）

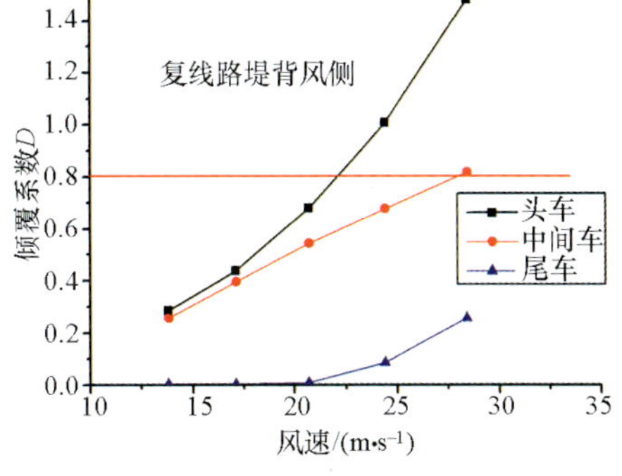

图 6－55　倾覆系数随车速变化图（复线路堤背风侧）

图6.54是复线路堤迎风侧上车速为400 km/h时倾覆系数随风速的变化情况，图中红线以下为安全区域，由图可见，头车最容易倾覆，当风速约为27 m/s时，倾覆系数将达到0.8的限值，因此，列车在复线路堤迎风侧上车速为400 km/h运行时能够抵抗的最大风速为27 m/s。

图6.55是复线路堤背风侧上车速为400 km/h时倾覆系数随风速的变化情况，图中红线以下为安全区域，由图可见，头车最容易倾覆，当风速约为22 m/s时，倾覆系数将达到0.8的限值，因此，CRH2型车在复线路堤背风侧上车速为400 km/h运行时能够抵抗的最大风速为22m/s。

6.4.4 风载荷安全域确定方法的可靠性

在6.4.3中以倾覆系数评价指标得到了列车在横风作用下的安全运行速度，所使用的方法是一种静力学的方法，是利用稳态的空气动力学模型得到气动力，再考虑车辆自身的质量得到的。这样得到的安全域是偏于保守还是偏于危险呢？

以平地上列车运行速度为300 km/h，风速为28.4 m/s为例。将此时作用在列车的横向力、升力和力矩作为车辆动力学模型的输入，得到头车、中间车和尾车的脱轨系数分别为1.3，1.06，1.38，列车不能正常运行。但从图6－51看，此时倾覆系数不到0.6，属于安全运行范围。当风速为17.1 m/s时，头车的脱轨系数已到0.85，而倾覆系数仅为0.27，离0.8的极限值很远。由此看来，用传统的方法得到倾覆系数来确定运行安全速度偏于危险。因此，必须采用流固耦合方法来进行风致振动的列车运行安全性的分析。

表6－8　平地上列车运行速度为300 km/h倾覆系数于脱轨系数的比较

风速/(m·s^{-1})	头车倾覆系数	头车 脱轨系数	中间车 倾覆系数	中间车 脱轨系数	尾　车 倾覆系数	尾　车 脱轨系数
17.1	0.27	0.85	0.173	0.47	0.0072	0.374
28.4	0.57	1.3	0.2	1.06	0.05	1.38

在以往计算横风作用下的气动力，是把车静止安置在线路进行计算的，但实际的情况是在横风作用下，车体在转向架的悬挂下，车体会发生横移和倾侧。如果考虑到这样的列车姿态变化，比如有侧倾现象，由倾覆系数得到的安全结果可能更不可靠。

表6－9为列车停止状态，用风速为30 m/s的横风作用时，列车姿态的变化情况，此时列车有明显的侧倾。从表6－10是考虑列车在横风作用下的姿态变化后气动力情况，显然，列车姿态变化对气动特性的影响很大，特别是对升力的影响很大。事实上，当车体发生倾斜时，空气的流道发生了变化，车身底部成为迎风面，这样，作用在车体的升力增加，这又将进一步增加身体的倾斜，使列车易于脱轨或倾覆。

表6－9　列车姿态的变化

风速(m·s^{-1})	车体横移 Y_c/mm	车体上浮 Z_c/mm	车体侧滚 θ_c(°)	构架横移 Y_t/mm	构架上浮 Z_t/mm	构架侧滚 θ_t(°)
30	51.3	21.3	1.5	1.9	5.6	0.56

表 6-10 风速 30 m/s 时作用在车体上的气动力系数

车体状态	横向气动力系数	升力系数	气动侧滚力矩系数
车体静置	0.386 7	0.329 1	-0.110 0
车体侧倾	0.395 0	0.450 0	-0.155 9
变化	2.15%	36.6%	42.0%

由此看来,对于列车的在横风作用下的运行速度安全域问题,有必要从流固耦合关系出发,建立空气-列车耦合动力学模型进行分析计算,而不是简单的应用静力学的方法通过倾覆系数来确定运行速度安全域。这方面的工作亟待完善,并进行充分的试验验证。

参考文献

[1] 张卫华. 引进消化吸收国外先进技术提升中国轨道交通车辆制造水平[J]. 世界轨道交通,2004,(10):22-27.

[2] 金学松,刘启跃. 轮轨摩擦学[M]. 北京:中国铁道出版社,2004.

[3] 林修洲,朱旻昊,陈光雄. 高速电气化铁路弓/网系统的摩擦磨损研究进展[J]. 润滑与密封,2007,32(2):180-183.

[4] 朱旻昊. 径向与复合微动的运行和损伤机理研究[D]. 成都:西南交通大学,2001.

[5] J. C. O. Nielsen, R. Lunder, A. Johansson, et al.. Train-track interaction and 972 mechanics of irregular wear on wheel and rail surfaces[J]. Vehicle System Dynamics ,2003,40(1-3): 3-53.

[6] 赵鑫,温泽峰,金学松. 轮轨滚动摩擦温升分析[J]. 摩擦学报,2005,25(4):358-359.

[7] WenZ. ,JinX. ,XiaoX. ,et al.. Effect of a scratch on curved rail on initiation and evolution of plastic deformation induced rail corrugation [J]. International Journal of Solids and Structures,2008, 45:2077-2096.

[8] Xuesong Jin, Xinbiao Xiao, Zefeng Wen, et al.. Effect of sleeper pitch on rail corrugation at a tangent track in vehicle hunting [J]. Wear,2008,265:1163-1175.

[9] X. S. Jin, Z. F. Wen. Effect of discrete track support by sleepers on rail corrugation at a curved track [J]. Journal of Sound and Vibration,2008,315:279-300.

[10] 熊嘉阳 钢轨斜裂纹形成机理研究[D]. 成都:西南交通大学,2006.

[11] Kapoor A, Schmid F, Fletcher D I. Managing the critical wheel/rail interface[J]. Railway Gaz. Int. , 2002,158(1):25-58.

[12] Daniel Boulanger, Louis Girardi, Andre Galtier, et al.. Prediction and prevention of rail contact fatigue [C]. The Proceedings of IHHA'99 STS-Conference, Mascow, Russia, June 14-17,1999,229-237.

[13] 青木纯久. 高速铁路车辆用受电弓的现状与存在问题[J]. 国外机车车辆工艺,1994,(3):44-49.

[14] 涂川俊,陈振华,陈刚,等. 炭系电力机车受电弓滑板材料的研究进展[J]. 炭素技术,2007,26(4):23-29.

[15] 温诗铸,黄平. 摩擦学原理[M]. 北京:清华大学出版社,2002.

[16] 董霖. 受电摩擦磨损机理研究[D]. 成都:西南交通大学,2008.

[17] Hiroki Nagasawa, Koji Kato. Wear mechanism of copper alloy wire sliding against iron-base strip under electric current [J]. Wear,1998,216:179-183.

[18] Bouchoucha A. ,Zaidi H. ,Kadiri E. K. ,et al. . Influence of electric fields on the tribological behaviour of electrodynamical copper/steel contacts [J]. Wear,1997,200 - 204:434 - 441.

[19] Braunovic M,Koncits V V ,Myshkin N K. Electrical contacts:Fundamentals,applications and technology [M]. New York :CRC Press,2007.

[20] Bouchoucha A,Chekroud S,Paulmier D. Influence of the electrical sliding speed on friction and wear processes in an electrical contact copper-stainless steel [J]. Applied Surface Science,2004,223:330 - 342.

[21] Shunichi Kubo,Koji Kato. Effect of arc discharge on the wear rate and wear mode transition of a copper-impregnated metallized carbon contact strip sliding against a copper disk [J]. Tribology International, 1999,32:367 - 378.

[22] Chen G X, Li F X, Dong L, et al. . Experimental study on friction and wear behaviour of stainless steel rubbing against copper-impregnated metallized carbon [J]. Tribology International, 2007, doi: 10. 1016/j. triboint. 2008. 12. 011.

[23] Dong L,Chen G X,Zhu M H,et al. . Wear mechanism of aluminum-stainless steel composite conductor rail sliding against collector shoe with electric current[J]. Wear ,2007,263 :598 - 603.

[24] 贾步超,丁涛,陈光雄. 两种气体环境中的带电摩擦磨损性能研究[J]. 润滑与密封,2008,33(6):62 - 64.

[25] 林修洲,朱旻昊,陈光雄,等. 载流摩擦过程中摩擦系数影响因素试验研究[J]. 中国机械工程,2008,19(23):2786 - 2789.

[26] 董霖,陈光雄,朱旻昊,等. 支撑刚度对载流摩擦磨损特性的影响研究[J]. 交通运输工程学报,2008,8(4):7 - 10.

[27] 翟婉明. 车辆—轨道耦合系统动力学[M]. 第二版. 北京:中国铁道出版社,2003.

[28] 张曙光,康熊,刘秀波. 京津城际铁路轨道不平顺谱特征分析[J]. 中国铁道科学,2008,29(5):61 - 66.

[29] 高广军. 强侧风作用下列车运行安全性研究[D]. 长沙:中南大学,2008.

[30] 熊小慧,梁习锋,高广军. 兰州—新疆线强侧风作用下车辆的气动特性[J]. 中南大学学报,37(6):1183 - 1188.

7 高速列车系统服役性能设计

高速列车在服役环境中,可能因为某些参数发生改变而导致动力学性能恶化,服役性能设计就是为了保证高速列车的动力学性能而向参数提供允许范围,从而为设计公差设置和维修许用范围设置提供依据。

7.1 高速列车服役性能分析

真正的服役模拟需要有参数的时变参数模型,这需要大量试验和运用方可获得。这里运用服役模拟的理念,对高速列车容易发生变化的动力学参数进行研究,得到其参数误差的控制域,以保证高速列车的动力学性能。以下研究以 CRH2 型或 CRH2 - 300 型动车组为研究对象。

7.1.1 踏面磨耗

高速列车在运行过程中车轮磨耗在所难免,车轮磨耗会导致踏面形状发生改变,进而可能导致等效锥度和轮径差发生变化,这样就会影响到动车组的动力学性能[1]。

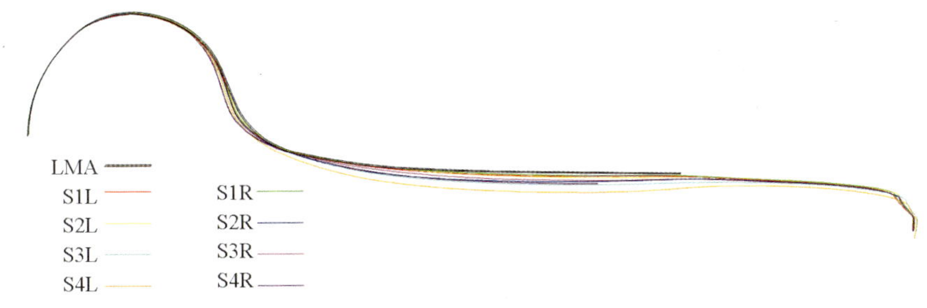

图 7 - 1 踏面磨耗的 4 次跟踪测量结果

图 7 - 1 是采用跟踪测量(运行 5 万公里测定一次)得到的 CRH2 型动车组同一轮对左右车轮的踏面状态,运行工况是既有线 200 ~ 250 km/h 运行。图中,LMA 是原始踏面形状,数值 1 ~4 是测量的次数,L 和 R 分别代表左右轮。可以看到明显的踏面磨耗状态,而且磨耗集中在滚动圆附近,以至于踏面出现了凹形。图 7 - 2 是踏面磨耗后的等效锥度变化情况,表 7 - 1 是踏面磨耗后车轮轮径差的变化情况以及磨耗对临界速度和平稳性的影响,计算所用钢轨型面为标准型面(由于没有测定钢轨对应的磨耗)。从图、表中可以看出,随着运行里程的增加,踏面磨耗越来越大(等效锥度和轮径差越来越大),从而导致车辆系统的临界速度越来越低(最大下降了 200 km/h)。踏面磨耗还同时导致运行平稳性性能的恶化,特别是横向平稳性越来越差,最大达到 3. 19,这时的平稳性指标属于不合格状态,而且此计算结果在 CRH2 型动车组于京津城际铁路运行后也反映出来。由于京津城际线路是新轨状态,原来在既有线运行的 CRH2 型动车组其磨耗的踏面与京津城际铁路新轨不匹配,以至于 CRH2 型动车组尽管以 250 km/h 运行,但动力学性能较新踏面车有明显下降,图 7 - 3 是线路运行测试的平稳性指标,和计算结果基本一致,其中垂向平稳性指标在优秀水平,但横向平稳性指标严重恶化。因此,及时的轮对旋修是十分必要的,以保证车辆动力学性能。

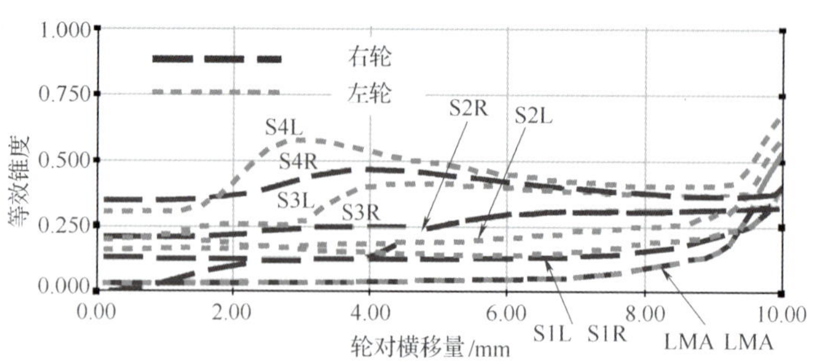

图 7－2　实测踏面磨耗后的等效锥度变化情况

表 7－1　踏面磨耗对临界速度和平稳性的影响

工况序号	左轮踏面外形	右轮踏面外形	左轮直径 /mm	右轮直径 /mm	轮径差 /mm	临界速度 /(km·h^{-1})	横向平稳性 Wy	垂向平稳性 Wz
0	LMA	LMA	860.0	860.0	0	543	1.8684	1.6702
1	S1L	S1R	858.99	859.73	0.74	480	2.294	1.6864
2	S2L	S2R	858.3	856.71	1.59	475	2.7591	1.7344
3	S3L	S3R	855.73	857.82	2.09	472	2.8047	1.7438
4	S4L	S4R	853.68	856.68	3	344	3.1902	1.7615

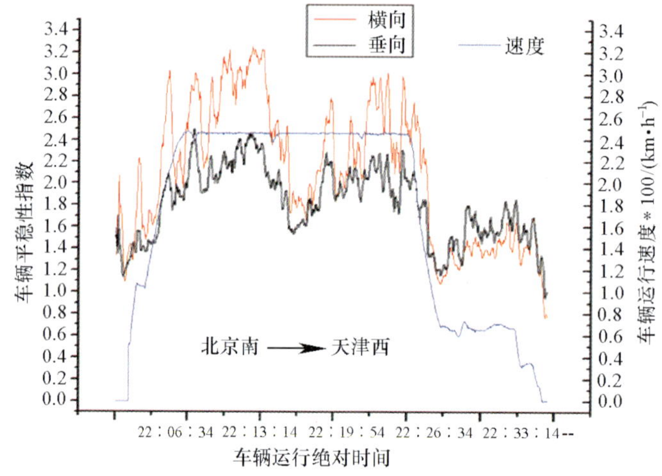

图 7－3　实测踏面磨耗后的等效锥度变化情况

从表 7－1 可以看到，车轮踏面磨耗不均匀会引起车轮轮径不一致，出现轮径差。对一个转向架而言，四个车轮轮径差可以表达为四种最典型的轮径差组合方式，如图 7－4 所示。图 7－4(a)所示的转向架前后轮对的同侧车轮直径相等，这样转向架前后轮对的轮径差大小相等且正负号相同，称之为等值同相轮径差；图 7－4(b)所示的转向架对角线上的车轮直径相等，这样转向架前后轮对的轮径差大小相等，但正负号相反，称之为等值反相轮径差；图 7－4(c)所示的转向架仅后轮对有轮径差；图 7－4(d)所示的转向架仅前轮对有轮径差。

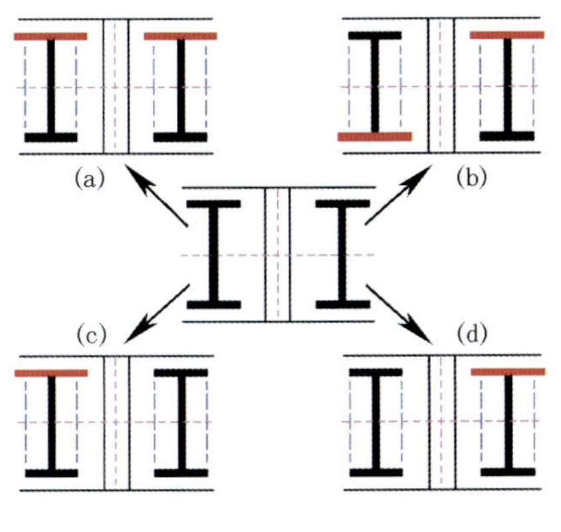

图 7－4 转向架轮径差示意图

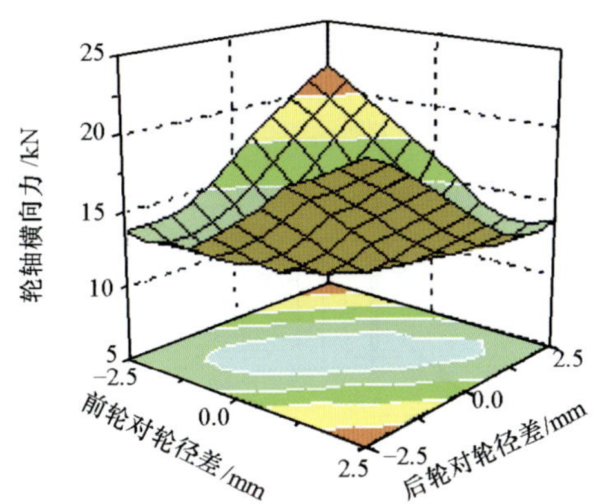

图 7－5 轮径差对轮轴横向力的影响

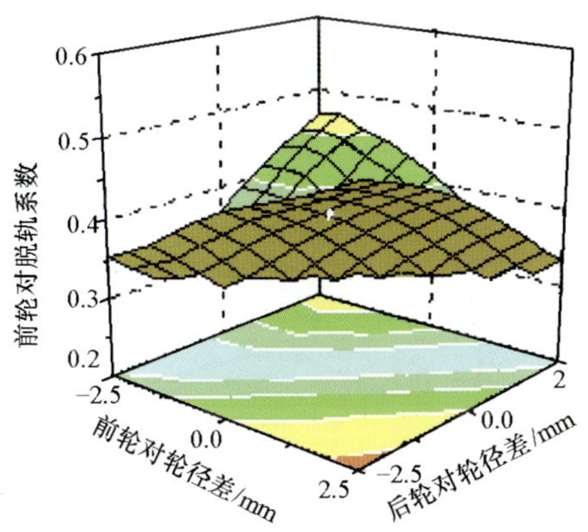

图 7－6 轮径差对脱轨系数的影响

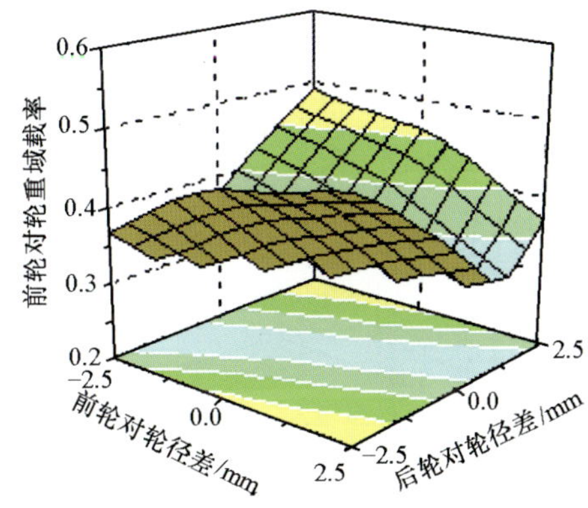

图 7－7 轮径差对轮重减载率的影响

转向架各种轮径差表现形式对车辆的动力学性能影响程度是不相同的，从图 7－5～图 7－7 可以看出，当转向架前后轮对具有同相轮径差时对安全性的影响较小（其中转向架前后轮对具有等值同相轮径差时的影响最小）；当转向架前后轮对具有反相轮径差时对安全性影响较大（其中转向架前后轮对具有等值反相轮径差时影响最大）；其他轮径差情形对安全性的影响介于转向架前后轮对具有同相轮径差与反相轮径差的影响程度之间。当转向架反相轮径差大于 1mm 后，车辆系统的安全性指标明显恶化。为了保证高速列车的行车安全性和乘坐舒适性，建议在运营过程中把轮径差（特别是转向架前后轮对反相位轮径差）控制在 1mm 范围内。

7.1.2 轮对安装形位误差

理想的标准转向架（无形位偏差）的基本特点是：前后车轴左右侧的轴距相等且前后车轴对角线的距离也相等。如果前后车轴左右侧的轴距不相等，就是通常所说的平行度误差；如果前后车轴对角线的距离不相等，就是通常所说的转向架对角线误差；这两种误差统称为转向架组装形位偏差（或轮对安装形位偏差）。这样的误差在制造、运用和维修过程均会出现，直接影响到列车的动力学性能。

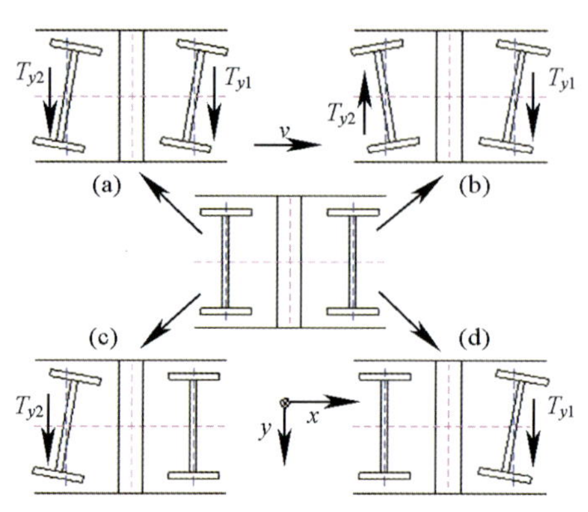

图 7-8　轮对安装形位误差示意图

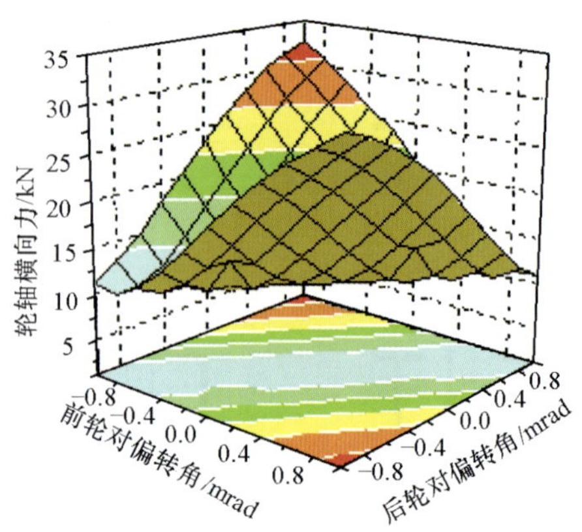

图 7-9　形位误差对轮轴横向力的影响

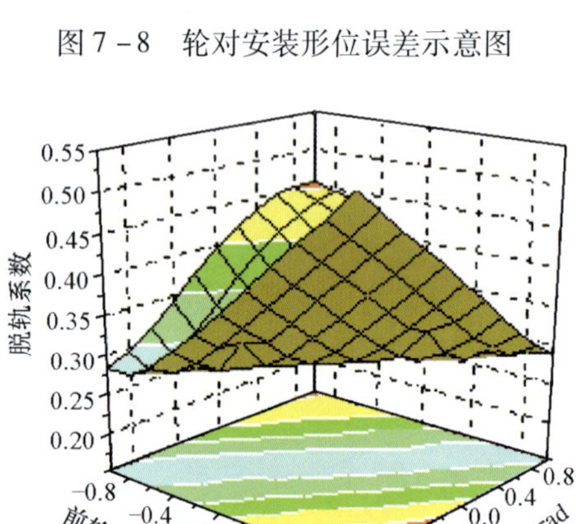

图 7-10　形位误差对脱轨系数的影响

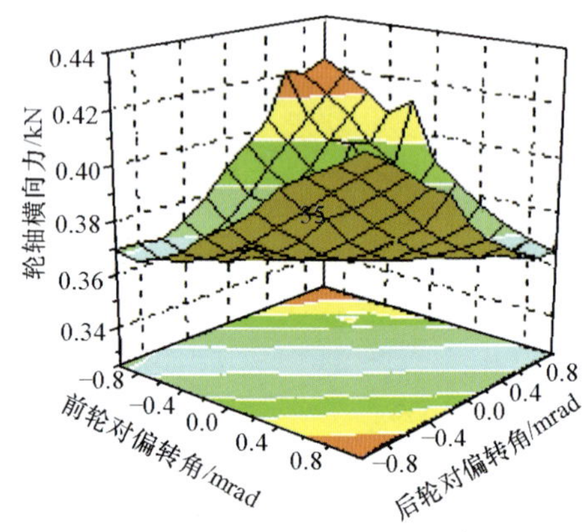

图 7-11　形位误差对轮重减载率的影响

图 7-8 是四种最基本的轮对安装形位偏差。图 7-8(a)所示的转向架前后轮对同时向同一方向偏转了相同的角度，此时虽然前后车轴左右侧的轴距仍然相等，但前后车轴对角线的距离已经不相等了，所以它存在对角线误差；图 7-8(b)所示的转向架前后轮对同时向相反方向偏转了相同的角度，此时虽然前后车轴对角线的距离仍然相等，但前后车轴左右侧的轴距已经不相等了，所以它存在平行度误差；图 7-8(c)所示的转向架仅后轮对发生了偏转，图 7-8(d)所示的转向架仅前轮对发生了偏转，这两种情形不仅前后车轴对角线的距离不相等，而且前后车轴也不平行，所以它们同时存在平行度误差和对角线误差。在实际中，轮对安装形位偏差的表现形式还很多，但它们都可以通过这四种最基本的形位误差形式组合得到。

不同的轮对安装形位误差对车辆的动力学性能影响程度是不相同的，从图 7-9～图 7-11可以看出，当转向架前后轮对安装偏转角是同相位变化时对安全性影响较小（其中转向架前后轮对安装偏转角等值同相位变化时对安全性影响最小）；而转向架前后轮对安装偏转角反相位变化时对安全性影响较大（其中转向架前后轮对安装偏转角等值反

相位变化时对安全性影响最大);其他轮对安装形位偏差情形对安全性影响介于转向架前后轮对同相偏转与反相偏转之间。当转向架前后轮对平行度误差大于0.5mrad后,车辆系统的安全性指标明显恶化。为了确保高速列车的行车安全性,建议在运营过程中把转向架前后轮对平行度误差控制在0.5mrad范围内。

7.1.3 偏　载

由于高速列车是运送客人的,流动的乘客可能导致偏载。假定无偏载车体的重心就在车体的几何形心上,那么偏载车体的重心就会在图7-12所示的车体几何中心周围的阴影区域内变化。偏载主要有2种基本形式:一种是纵向偏载(如图7-12左边所示车体的重心只在x方向发生变化,它会使转臂定位转向架的轴距发生变化);另一种是横向偏载(如图7-12右边所示车体的重心只在y方向发生变化,它会使转臂定位转向架前后轴的平行度发生变化)。而实际中,偏载车体的重心相对于几何中心可能既在纵向有偏移也在横向有偏移(如图中阴影区为偏载车体重心变化范围),但各种形式的偏载都可以通过纵向偏载和横向偏载这两种最基本的偏载形式组合得到。

从图7-13~图7-15可以看出,随着偏载的增大,车辆运行安全性指标逐渐变差;但不同偏载形式对行车安全性的影响程度是不相同的:纵向偏载对车辆的行车安全性影响较小而横向偏载对车辆的行车安全性影响较大。究其原因,主要是因为车辆的纵向偏载对转向架前后轮对的冲角影响较小,而车辆横向偏载会引起转向架前后轮对产生较大的附加冲角。

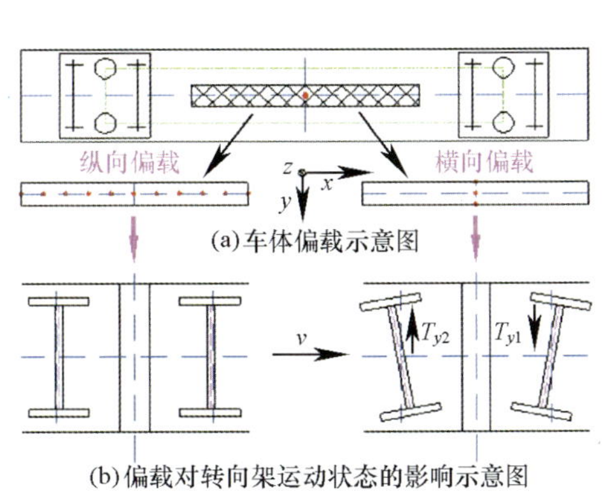

图7-12　偏载示意图

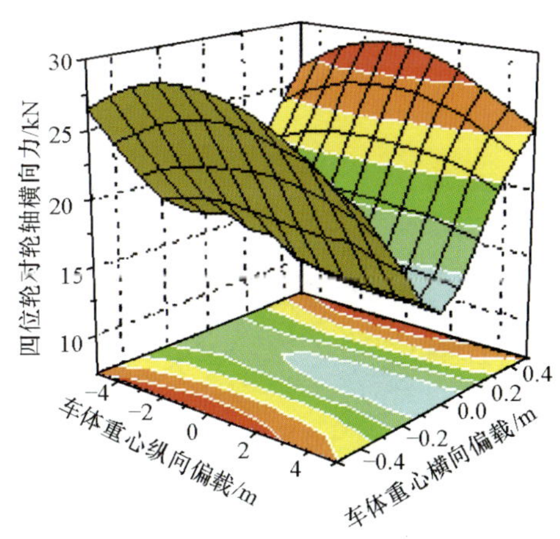

图7-13　偏载对轮轴横向力的影响

从图7-16~图7-17可以看出,载荷偏小部位的平稳性会变差,而载荷偏大部位的平稳性会变好,车体的纵向偏载会引起车辆前端和后端的平稳性产生较大的差距(主要是因为车体的纵向偏载会引起车辆前端和后端的载荷发生了较大的变化);车体的横向偏载不会引起车辆前端和后端的平稳性产生较大的差距(主要是因为车体的横向偏载不会对车辆前端和后端的载荷产生较大的影响)。

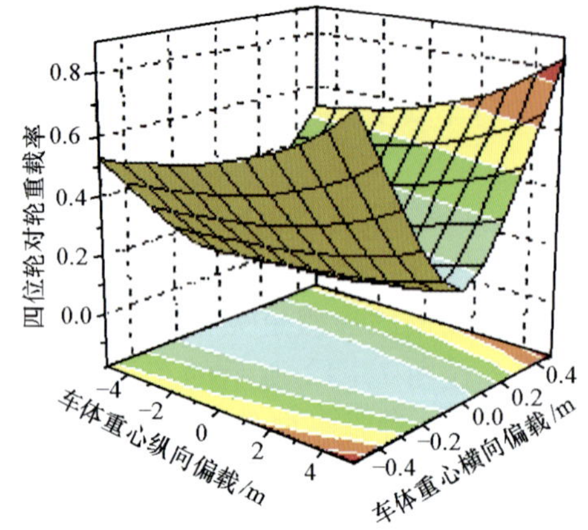

图 7－14　偏载对脱轨系数的影响

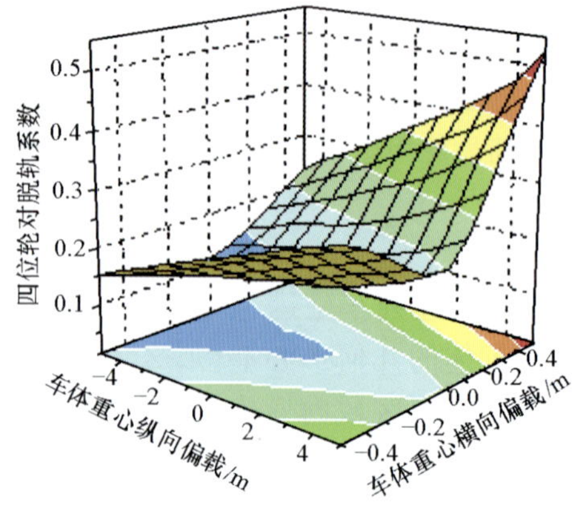

图 7－15　偏载对轮重减载率的影响

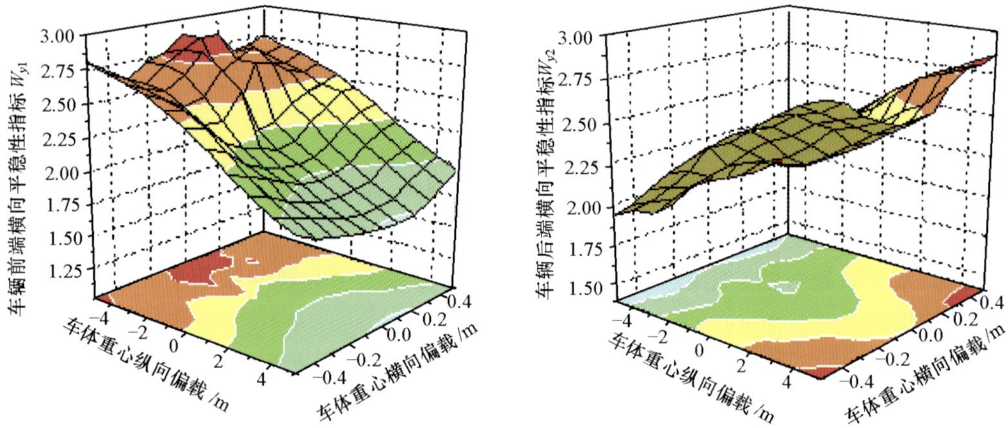

图 7－16　偏载对车辆横向平稳性的影响

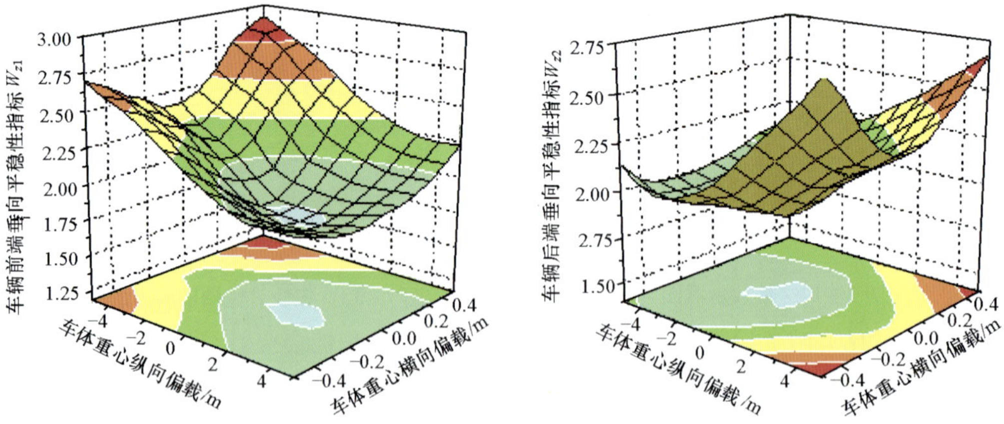

图 7－17　偏载对车辆垂向平稳性的影响

总结起来,横向偏载对安全性影响较大,纵向偏载对平稳性影响较大。偏载可以通过轮重差直观的反映出来,为了保证高速列车的行车安全性和乘坐舒适性,建议在运营过程中把轮重差控制在10%以内。

7.1.4 一系定位刚度

轮对轴箱定位装置的纵向和横向定位刚度(特别是纵向定位刚度)对转向架临界速度具有决定性的作用,当轮对轴箱定位节点的橡胶发生老化(出现间隙或刚度严重变小),转向架容易在较低的速度下发生运动失稳(如图7-18和图7-19所示),以致不能满足正常运营要求。因此,为了保证转向架具有较高的临界速度,必须给轮对轴箱合理的弹性定位,纵向刚度一般应控制在10~20 MN/m的范围之内。在保证转向架已具备足够高的临界速度时,不宜将纵向和横向定位刚度选得过大,这样可同时改善曲线通过性能,减小轮轨作用力和轮轨磨耗。为了保证车辆系统的动力学性能,建议在运营过程中转向架的实际一系定位刚度不要超出理论设计值的±20%。

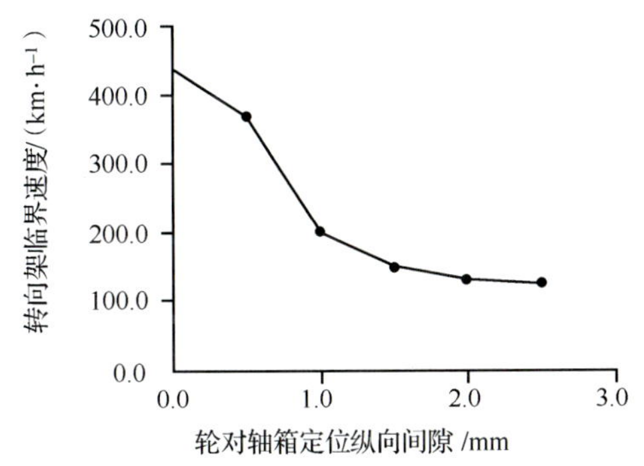

图7-18 一系纵向定位间隙对临界速度的影响

图7-19 一系纵向定位刚度对临界速度的影响

7.1.5 抗蛇行减振器

抗蛇行减振器可有效抑制转向架蛇行运动,提高列车的临界速度,所以抗蛇行减振器

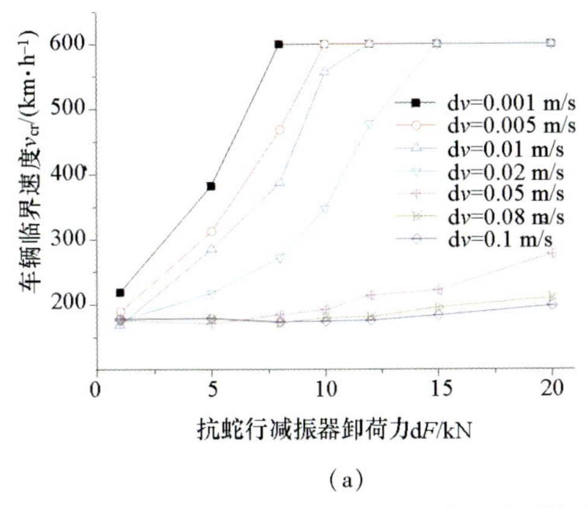

(a)

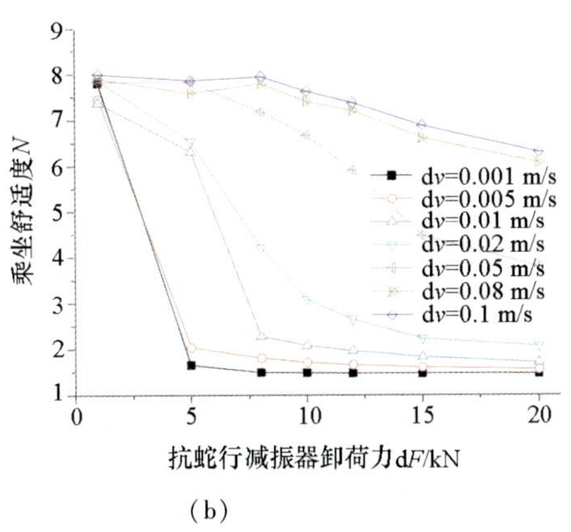

(b)

图7-20 抗蛇行减振器对临界速度和舒适度的影响

对于高速转向架非常重要。从图 7－20 可以看出，当抗蛇行减振器等效阻尼不足时，车辆系统的临界速度会大幅度下降，乘坐舒适度严重恶化。在计算结果来看，CRH2－300 型动车组抗蛇行减振器的卸荷速度应该取 0.003 m/s 比较合理，在运用中抗蛇行减振器的卸荷速度最多放宽到 0.01m/s，这样才能保证动车组的可靠运行。从图 7－21 可以看出，仿真结果和台架试验结果都显示出当转向架的抗蛇行减振器失效一个时，在高速阶段的横向平稳性会严重恶化，实际上此时已出现了蛇行失稳。因此，在运营过程中要时常监控抗蛇行减振器的工作状态，必要时可对转向架的抗蛇行减振器采取冗余设计。

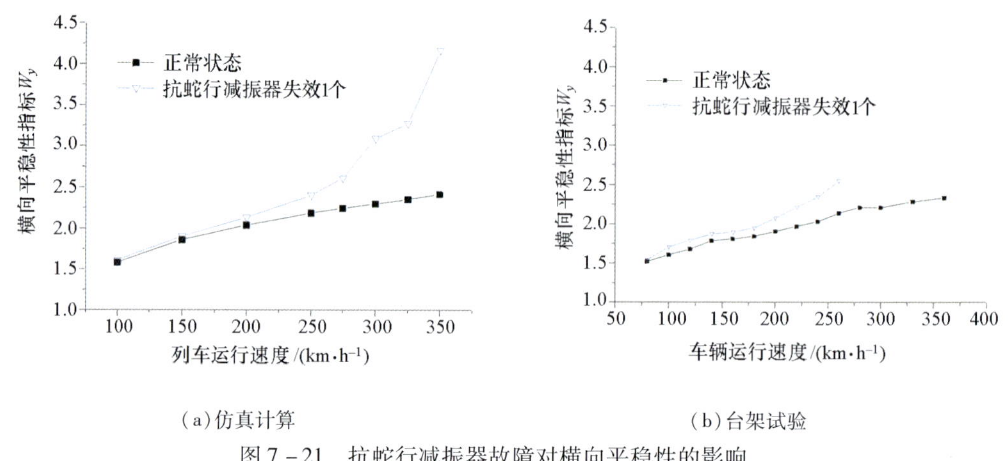

(a)仿真计算　　(b)台架试验

图 7－21　抗蛇行减振器故障对横向平稳性的影响

7.1.6　车间减振器

车间减振器可以提高高速列车系统的临界速度，同时还可改善列车的横向平稳性和增加乘坐舒适性。从图 7－22 可以看出，无车间减振器或车间减振器等效阻尼不足时，车辆系统的临界速度会有所下降，同时乘坐舒适度也会有所恶化。车间减振器的卸荷速度应该取 0.01 m/s 以内才能保证动车组有较高的稳定性。从图 7－23 的仿真结果和试验结果(图 2－36)都显示出当不安装车间减振器时，横向平稳性会有所恶化，尤其在高速阶

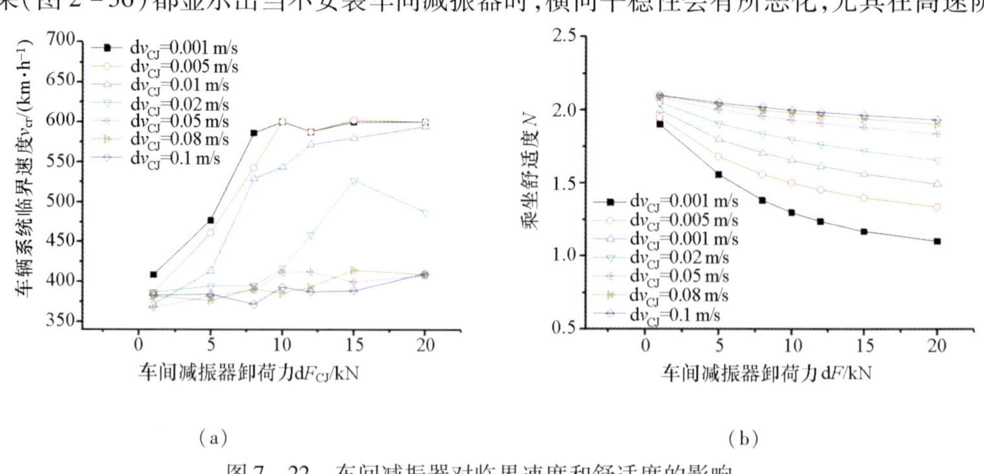

(a)　　(b)

图 7－22　车间减振器对临界速度和舒适度的影响

段。因此,建议在高速列车中安装恰当阻尼的车间减振器,以进一步提高列车的运动稳定性和运行平稳性。

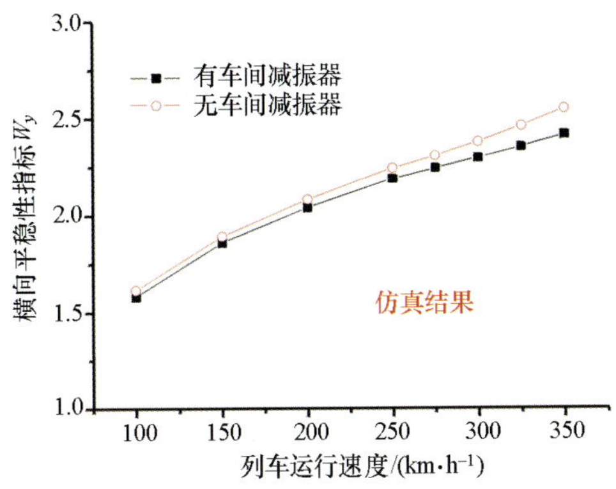

图7-23　车间减振器故障对横向平稳性的影响

7.2　高速列车系统动力学研究体系

7.2.1　高速列车系统动力学研究体系

在高速列车的自主创新过程中,高速列车系统动力学研究贯穿于高速列车的设计、分析、制造、运行和维修,以提高高速列车的动力学性能,实现高速列车与耦合系统的友好匹配。在总结理论研究、试验研究、开发研究和运行维修的经验上,提出了图7-24所示的高速列车系统动力学研究体系,试图建立高速列车系统动力学的研究程序和相应的规范体系。

在图7-24的高速列车系统动力学研究体系中,我们从高速列车系统组成的分解开始,合理确定相对的子系统和相互作用关系(见图7-25),针对所研究高速列车的结构特点进行建模(建模的方法已经在前面叙述),并加载到仿真平台中,形成仿真环境。在研究体系中,建立了相应的试验和运用过程环节,来对高速列车系统动力学的模型和仿真方法进行试验验证,以完善其动力学理论体系。

高速列车系统动力学研究体系的重要功能就是支持在高速列车系统顶层指标下的高速列车总体设计,通过系统研究,提出高速列车的总体技术条件。在此基础上,研究高速列车与线路、接触网、气流和供电等的耦合关系,确定高速列车与相关系统接口匹配关系,并确定各耦合子系统设计原则。当然高速列车的总体设计与耦合系统的设计需要考虑相互的影响关系,因此在图7-24中,它们之间的箭头是双向的。

在高速列车系统动力学研究体系中,根据高速列车总体设计和耦合关系匹配设计,进行高速列车的创新设计,主要是从总体方案和总体技术条件到生产文件(包括图纸及技术文件等)的过程,最终由企业产生出高速列车。高速列车的样机通过高速动车组的零部件试验、整车台架试验、列车的线路试验以及投入运行后的跟踪试验,进行动力学性能

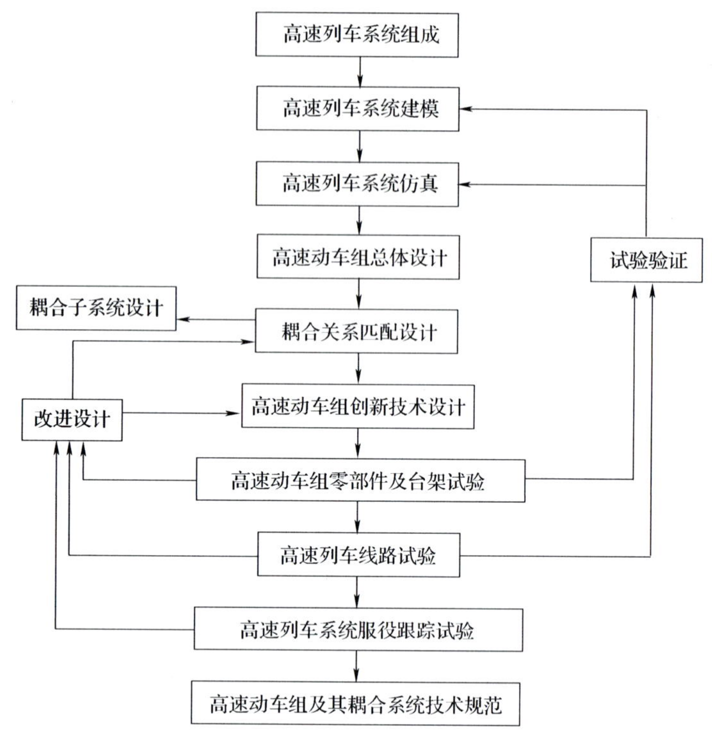

图 7－24　高速列车系统动力学研究体系

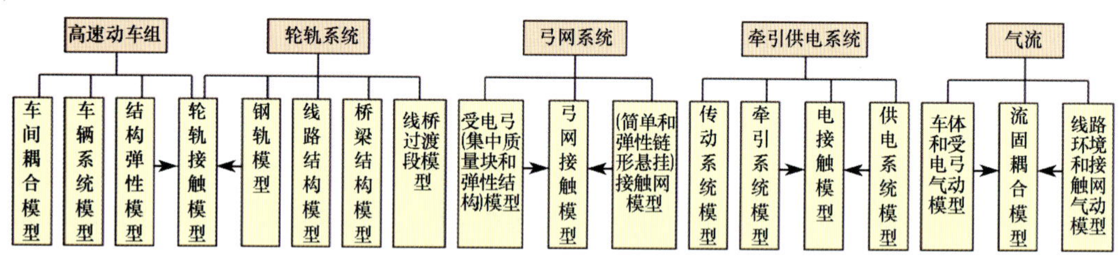

图 7－25　高速列车系统组成和分解

的鉴定和验证，同时确定其动力学的变化规律，并根据试验和运行响应结果，进行高速列车的进一步设计改进，以提升高速列车的动力学性能，从而实现了高速列车性能的闭环反馈优化。

在研究体系中线路试验应该包括三个层面：型式试验、研究性试验和跟踪试验。其中型式试验是根据机车车辆动力学试验鉴定标准开展的，是一种程序性的试验工作，试验流程、试验内容、传感器及其安装、数据处理方法和评定指标都是规定好的，只有其动力学性能达到评定标准的机车车辆方能通过试验鉴定。研究性试验在之前很少开展，为了掌握高速列车的运行行为特征，在京津城际铁路的高速列车联调联试过程中专门安排的研究性试验，从不同的研究目的和研究视角开展试验研究。这样的试验往往不下评定性结论，仅仅是探明相应的动态行为和性能，图 7－26 是研究性试验的主要试验项目，这里包含研究机电（或称车网）耦合关系的检测项目。跟踪试验是最近才提出的一种试验环节，其目的是对高速列车在运行过程中性能进行检测，以掌握其性能的变化规律，保证高速列车动力学性能和安全运行。对于跟踪性试验，由于刚刚开始探索，尚没有形成固定规范，但最终应该成为规定性试验程序。目前在 CRH 系列高速列车列车的运行已经安排了大量测试项目，主要有：

（1）列车系统动力学性能跟踪测定。

（2）踏面磨耗跟踪测定。

（3）结构应力跟踪测定。

（4）牵引供电传动系统热响应跟踪测定。

（5）线路路基沉降跟踪测定。

高速列车研究性试验

图 7－26　高速列车研究性试验项目

研究体系的最后就是依据高速列车系统动力学理论研究和试验研究成果，提出高速列车及其耦合系统的技术规范和相关标准。系统性的技术规范如：

（1）京沪高速列车总体技术条件。

（2）京沪高速列车整车试验规范。

（3）京沪高速列车总体检修规范。

（4）动车组动力学研究体系。

（5）动车组结构可靠性研究体系。

（6）动车组跟踪试验规范。

7.2.2　动力学仿真研究体系

在高速列车的创新研究的重要工作是动力学性能的研究，尽管机车车辆动力学研究一直在机车车辆设计中是一个重要工作环节，但机车车辆动力学研究一直没有形成规范，采用的方法、平台和研究内容比较混乱，甚至在同一个项目中出自不同单位的计算报告，其结果也会出现相互矛盾的地方，这让机车车辆生产企业和评审部门搞不清谁对谁错。所以，建立相应的研究规范是十分必要的。

建立动力学研究系统是为了把动力学研究贯穿到高速列车设计、分析、制造、运行和维修中，在全过程节点保证高速列车动力学性能；同时规范动力学研究和控制过程，使得动力学研究方法更加科学、程序更加规范、结果更加合理。具体建议即建立动力学仿真计算规范和动力学性能过程控制体系。

1. 动力学计算规范

（1）模型建立

① 考虑车体弹性的车体建模方法；

② 考虑构架弹性的车体建模方法；

③ 减振器及其连接的建模方法；

④ 不同空气弹簧的建模方法；

⑤ 不同轴箱定位的建模方法；

⑥ 非线性悬挂特性的表征方法；

⑦ 考虑动刚度和动阻尼的悬挂参数表征方法。

(2)模型检查

① 零部件模型类型；

② 悬挂元件模型类型；

③ 连接方式；

④ 几何尺寸；

⑤ 参数值。

(3)边界条件设置

① 参数计算范围——根据一般的经验、常识和元器件结构确定合理的参数范围；

② 轨道谱设置——用于不同运行线路等级的轨道不平顺谱，特殊线路不平顺状态（谐波和三角坑设置）；

③ 线路设置——平纵断面、竖曲线和特殊线路设置（S 形曲线、扭曲线）、线路刚度和结构参数等；

④ 接触网设置——接触网类型和结构参数；

⑤ 横风设置——各个位置横风的动态速度和方向；

⑥ 计算速度确定——计算分析速度范围和分布。

(4)基本型计算内容和输出变量的确定

① 稳定性计算——失稳速度、不同速度的响应衰减比；

② 平稳性计算——主要部件的振动加速度，平稳性指标和舒适度指标；

③ 安全性计算——轮轨力、脱轨系数和轮重减载率；

④ 故障安全分析——模拟悬挂零部件失效后的动力学性能，特别是安全性性能；

⑤ 参数的优化——悬挂参数和结构参数的优化；

⑥ 悬挂（刚体）模态——悬挂模态振型和频率。

(5)研究型计算内容

① 稳定性计算——极限环及其稳定性，失稳频率和运动模态；

② 平稳性计算——主要部件的振动加速度响应与线路随机不平顺、谐波和三角坑的关系；

③ 安全性计算——包括特殊线路设置条件下的轮轨力、脱轨系数和轮重减载率，横风作用下的倾覆系数；

④ 参数灵敏度分析——确定关键参数和易变化参数对动力学性能的影响度；

⑤ 车轮擦伤对轮轨力和动力学性能的影响——车轮擦伤的长度、深度和形状对轮轨力和车辆动力学性能的影响关系；

⑥ 轮对动不平衡度对轮轨力和动力学性能的影响——动不平衡度和不平衡特性对轮轨力和车辆动力学性能的影响关系。

(6)应用型计算内容

① 悬挂参数的变化的允许范围——确定设计的公差值和维修许用范围;

② 踏面磨耗允许值——型面形状、等效锥度和左右车轮轮径差;

③ 轮重差允许值——确定设计的许用公差值和维修许用范围值;

④ 车轮椭圆度允许值——长短轴之比(或之差);

⑤ 车轮擦伤允许值——长度和深度。

(7)动力学性能评价方法

① 稳定性——失稳临界速度和极限环;

② 平稳性——振动加速度、平稳性指标和舒适度指标;

③ 安全性——脱轨系数、减载率和倾覆系数;

④ 悬挂模态——阻尼比和模态频率;

⑤ 车体结构模态频率——车体结构模态频率和转向架悬挂频率的比值。

(8)计算报告的基本构成

① 项目背景——项目来源,对象的研究和运用背景等;

② 对象描述和主要特征参数——包括悬挂形式、结构特征和主要参数,特别是和动力学性能相关的参数;

③ 计算目的和要求——计算的目的进行简要说明,对计算要求进行详细描述;

④ 计算工况——可操作化计算工况的表述;

⑤ 模型描述——模型简化过程和考虑说明,模型的具体描述;

⑥ 基本参数表述——所有涉及计算的参数详细列车,包括函数、图表类参数的详细描述;

⑦ 边界条件描述——线路、轨道谱、风载荷、地震谱;

⑧ 评估标准描述——分析方法和评估指标;

⑨ 计算结果——计算结果的图表、数据,结果分析;

⑩ 结论和建议——评价性结论和进一步完善结构、参数等建设性意见。

2. 动力学性能过程控制体系

为了保证动车组的动力学性能,以保证动力学性能为目标,建立动力学性能的过程控制体系,包括控制的过程节点和控制内容[2]。

(1) 设计

依据以上动力学计算规范,为保证动力学性能设计和参数选择的正确性,应进行必要的审核和监督程序。

① 模型检验;

② 参数检验;

③ 标准线路的计算检验;

④ 计算结果检验。

(2)制造

在制造和安装环节,对影响动力学性能的环节进行控制。

① 转向架或整车的轮重测定和调整方法和许用误差;

② 转向架轴距、轮对位置、轮径差和轮对内侧距测定方法和许用误差;

③ 高速轮对动平衡方法和许用值。

(3)试验

试验包括实验室的台架试验和线路试验。这里的实验室台架试验主要是指整车的动力学性能试验,同时也包括影响动力学性能的相关特征参数的测定;线路试验包括研究性试验及鉴定试验。控制环节和标准为:

① 转向架悬挂参数测定方法;

② 车体重心和转动惯量测定方法;

③ 车体和构架模态测定方法;

④ 动车组台架动力学性能台架试验方法;

⑤ 动车组动力学线路评定标准。

(4)运行

动车组在运行过程中其动力学性能变化是难免的,掌握在运行条件下与动力学性能相关的特性是十分重要的,以保证高速列车的动力学性能。控制环节和标准为:

① 运行条件下悬挂(刚体)工作模态辨识方法;

② 运行条件下车体与转向架构架结构工作模态辨识方法;

③ 运行过程轮轨磨耗跟踪测定规范;

④ 运行过程动力学性能跟踪测定规范;

⑤ 车辆振动响应监测控制规范。

(5)维修

维修过程是动车组在运行后的性能复原过程,为了保证动车组的性能,必须从维修程序和控制标准上进行控制。

A1 ~ A3 修:

① 车轮踏面磨耗(型面和等效锥度)和车轮椭圆度维修标准;

② 左右车轮轮径差和轮重差维修标准。

A4 修:

转向架悬挂参数测定。

A5 修:

① 轮重和轮对位置测定;

② 组装检验性台架滚动试验;

③ 线路运行动力学性能检验性试验。

机车车辆动力学研究在近几年得到了长足的发展[3]。基于高速列车系统动力学的高速列车设计,是集基础研究、创新设计和工程实践为一体的创新性工作,是传统机车车辆设计向科学化、数字化和规范化发展的革命性转折,是保证我国时速 350 km 以上高速

列车自主创新和安全运行的科学保障。相信随着高速列车系统动力学理论不断发展和研究体系的不断完善,高速列车系统动力学研究将显示出越来越重要的作用,基于高速列车系统动力学的高速列车设计方法亦将越来越科学。

参 考 文 献

[1] 池茂儒,张卫华,曾京,等. 轮径差对行车安全性的影响[J]. 交通运输工程学报,2008,8(5):19-22.

[2] 张卫华. 高速动车组引进技术消化吸收再创新之再创新[J]. 世界轨道交通,2006,(11):32-33.

[3] 张曙光,池茂儒,刘丽. 机车车辆动力学研究及发展[J]. 中国铁道科学,2007,28(1):56-60.